目に見えぬ侵略
中国のオーストラリア支配計画

クライブ・ハミルトン
山岡鉄秀［監訳］　奥山真司［訳］

Silent invasion

CLIVE HAMILTON

飛鳥新社

目に見えぬ侵略

中国のオーストラリア支配計画

SILENT INVASION
CHINA'S INFLUENCE IN AUSTRALIA
by Clive Hamilton

First published in Australia by Hardie Grant Books in 2018

Japanese translation rights arranged with
HARDIE GRANT EGMONT PTY. LTD.
through Japan UNI Agency, Inc., Tokyo

推薦の言葉

「中国が他国をどのように影響下におこうとしているのかを知りたければ、まず本書を読むべきである。本書はオーストラリアの未来にとって重要な意味を持っている。オーストラリアにおける中国の影響力行使ネットワークや、その世界的な影響工作のネットワークが解明され始めた」

ジョン・フィッツジェラルド教授
（『大きな白いウソ：白豪における中国系オーストラリア人たち』
Big White Lie: Chinese Australians in White Australia の著者）

目に見えぬ侵略　目次

日本語版へのまえがき

北京の世界戦略における第一の狙いは、アメリカの持つ同盟関係の解体である。その意味において、日本とオーストラリアは、インド太平洋地域における最高のターゲットとなる。北京は日本をアメリカから引き離すためにあらゆる手段を使っている。北京は、日米同盟を決定的に弱体化させなければ日本を支配できないことをよく知っている。主に中国が使っている最大の武器は、貿易と投資だ。北京は「エコノミック・ステイトクラフト」（経済的国政術）というよりもむしろ「エコノミック・ブラックメール」（経済的脅迫）の使い手であり、中国と他国との経済依存状態を使って、政治面での譲歩を迫っているのだ。すでに日本には、北京の機嫌を損なわないようにすることが唯一の目的となった財界の強力な権益が存在する。中国共産党率いる中国との貿易と投資に関する協定が日本にとって「毒杯」となりうる理由は、まさにここにある。

北京は、増加する中国人観光客や海外の大学に留学している中国人学生たちを通じた人的な交流さえも「武器」として使っており、中国に依存した旅行会社や大学を、自分たちのために働くロビー団体にしている。貿易や投資の他にも、中国は海外での政治的な影響力を獲得するために技術面での依存関係を利用している。だからこそ北京は、世界の国々でファーウェイに5Gネットワークを構築させようしているのだ。ファーウェイがサイバー空間を通じたスパイ活動に使われていることを示唆《しさ》するケースは世界中で報告されている。しかし、西側諸国の戦略担当者たちは、いざ紛争になった時に、北京がファーウェイの機器を使って通信ネットワーク――当然ながら交通、電気、そして銀行などのネットワークも含む――を遮断して相手に障害を与える可能性の方を心配している。たしかにこれは単なる可能性の話ではなく、武力紛争が近くなれば、ほぼ確実に起こるものとみられている。習近平《しゅうきんぺい》国家主席の「軍民融合」を推進する計画には、中国の民間企業を人民解放軍の軍事的シナリオ構想に組み入れることも確実に含まれている。

日本では、数千人にものぼる中国共産党のエージェントが活動している。彼らはスパイ活動や影響工作、そして統一戦線活動に従事しており、日本の政府機関の独立性を損ね、北京が地域を支配するために行っている工作に対抗する力を弱めようとしているのだ。

その一例として、人民解放軍の外国語学校の卒業生が、長年にわたって日本で貿易会社を隠れ蓑《みの》として運営しているケースがある。彼は日本国内で、人民解放軍の士官学校出身者で構成される広範なネットワークに所属しており、中国共産党の海外工作機関と秘密裏に連絡をとりあっている。彼は徐々に、影響力をもつビジネスマンや保守的な政治家たちとのコネづくりを進めており、ビジネスマンや芸術家、ジャーナリスト、そして役人などを中国に訪問させて「中国の友」となるように育てるのだ。すると彼らは次第に「中国の視点」から世界を見るようになり、日本に帰国すると公私にわたって「両国は密接な関係をつくるべきであり、北京を怒らせるようなことは何であっても日本の利益にならない」と主張しはじめる。

この二国の長く困難な歴史的な関係において、北京は日本のリーダーたちと友好関係を求めつつも、憎悪《ぞうお》に満ちた反日ナショナリズムの突発的な盛り上がりを認可するような矛盾に陥《おちい》ることが多い。中国国民の間で反日憎悪を維持することは、中国共産党にとって政治的にも大きな価値がある。なぜなら、党の正統性は排他的な愛国主義の感情を扇動して利用できるかどうかに大きくかかっているからだ。国家的な屈辱の感情を維持できる限り、中国共産党は自分たちを「中国の人民の尊厳を守るための担い手」と見せかけることができる。ただし中国共産党は、当然ながら中国人民の尊厳と権利を毎日踏みにじっており、しかも最も残酷な形で行っていることも多い。新疆《しんきょう》ウイグル自治区におけるウイグル人やその他のテュルク系を収容する広大な強制収容所は、その典型的な例だ。

それでも中国共産党は自らを省《かえり》みることなく、西洋の社会正義に対する真摯《しんし》な意識を利用することで、中国人自身に対して行われた歴史的な蛮行《ばんこう》を冷酷に利用してきた。これは「中国」への同情を獲得するため、そして日本の外交努力を阻害するために実行されたのだ。西側の多くの政治家や、善意を持った白人の活動家たちはみすみすこのワナにかかってしまい、自分たちは自国で中国系市民との連帯感を示すために活動していると信じ込んでしまっている。

北京は西側諸国の間を仲違《なかたが》いさせるように積極的に活動している。だからこそドナルド・

トランプ大統領の孤立主義と同盟国との仲違いは、貿易戦争にも関わらず、中国共産党の野望にとって、またとないチャンスとなっているのだ。北京の共産党の戦略家たちは、二〇二〇年後半にトランプ大統領が再選されることを望んでいるはずであり、その選挙運動を隠れて支援しているものと思われる。アメリカ大統領も同じように中国側からの工作をはねのけようとしている。したがって北京にとって最大の脅威は、アメリカで思慮深い戦略的なアプローチを採用した人物となる。ただし本稿が書かれている時点では、習近平の頭を最も悩ませているのは新型コロナウイルスだ。

ヨーロッパはアメリカという偉大な同盟国から関係を突き放されたと感じており、その同盟相手を中国にシフトさせる危機に直面している。イギリスはすでにその方向で動いており、これは世界における民主制度や人権にとって大きな危機となるだろう。われわれは非常に大きな力を持った、世界覇権国になろうと決意している専制国家に直面している。あなたにアメリカが世界で果たしている役割について何らかの批判があるとしても（そしてそのうちの多くは実際に深刻なものだが）、習近平率《ひき》いる中国は、自由を信奉する人々にとって、はるかに悪い選択肢となるはずだ。

二〇二〇年二月

クライブ・ハミルトン

序

二〇〇八年四月二四日、オリンピックの聖火が北京五輪に向けた世界ツアーの最後に、オーストラリアの首都キャンベラに到着した。私はチベット独立派の人々の列に加わり、彼らへの静かな支持を表明するため、国会議事堂の外の芝生に向かっていた。自分がこれから何に直面することになるのかも知らずに。

そこにはすでに何万人もの中国系の学生たちが集まっていて、その場は怒りと攻撃的な雰囲気に満ちていた。聖火が近づくにしたがって、圧倒的に数の少ないチベット独立の支持派たちは紅い旗を持った中国人の群れに取り囲まれて暴言を浴びせられることになった。その場に集まっていた一般のオーストラリア人たちは、その騒動の後に中国人たちから押されたり、蹴られたり、さらには殴られたと報告している。「お前らにここにいる権利はない」と言われた人もいるという。警官もいるにはいたが、その場を制御するには数が少なすぎたため、私は暴動が発生して重傷者まで出るような事態になるのではと怖くなったほどだ。

この日に起こったことは、私にショックを与えた。彼らは一体どこから来たのだろうか？　彼らはなぜそこまで熱狂的だったのか？　しかもなぜ私は侮《ぶ》辱《じょく》されたのだろう？　彼らはいかなるやり方で、われわれの民主制度の象徴である国会議事堂の前までやってきて、合法なデモを封鎖し、私をはじめとする数百人の人々が、自分たちの意見を表明する権利が奪われたと感じさせるに至ったのだろうか？

私にはそれに対する答えは見つからず、すぐに日常生活が戻り、誰もがそれを忘れたかのように思えた。それでもこの事件は、私の中に拭《ぬぐ》い去れない疑念を残していたのだ。

それから八年後の二〇一六年八月、サム・ダスティヤリ上院議員に、政治スキャンダルが発覚した（このために彼は一年後に議員を辞職している）。ニュースが発生してから数週間以内に明らかになったことのうちの一つが、数人の極めて裕福な中国人や中国系オーストラリア人のビジネスマンたちが、オーストラリアの主要政党の最大の資金提供者となっていたということだ。彼らは実に大きな影響力をカネで買っており、オーストラリアの政治家たちは彼らと結託《けったく》し、それを証明する写真も出てきた。中国とオーストラリアの民主主義は、再び衝突した。私は背後で何か大きなことが動いていると感じ、オーストラリア人に、自分たちの国に何が起こっているのかをわからせるための一冊の本を書こうと決心した。

ところが原稿を書き始めた当初は、本書を出版するのがこれほどまで困難なことになろうとは思っていなかった。私が懇意《こんい》にしているアレン&アンウィン社は、本書の企画を伝えた時には非常に乗り気であり、すぐに出版契約も取り付けることができた。ところが修正した草稿を編集に送る段階になって、アレン&アンウィン社は出版できないと告げてきた。彼らは北京政府からの報復や、オーストラリア国内にいて中国共産党のために行動している人々のことを恐れていたのだ。

この出版中止のニュースは世界のメディアで報じられることになったのだが、私は出版してくれる会社を失ってしまった。他の出版社たちも怖がってしまったからだ。幸運なことに、ハーディー・グラント・ブックス傘下のサンディ・グラント社がこの挑戦を受けてくれることになった。彼らは一九八七年にも英国政府が発禁にしようとしたピーター・ライト著『スパイ・キャッチャー』を出版したことがある。

「アメリカも同じことをやっているんじゃないのか？」

私がオーストラリアでの中国という一党独裁国家の影響が拡大しつつあることについて本を書いていると伝えると、何人かはこのように聞いてくることがあった。米豪が合同で運用する諜報施設であるパインギャップは？　イラク戦争への盲従的な参加はどうだ？　われわれはすでに主権を明け渡しているのだから、いまさら中国について問題にするのは意味がないのではないか、ということだ。

私はこのように言う人々に本書を読んでいただき、その違いを感じてもらいたいと思っている。オーストラリアはたしかにアメリカと同盟を組むことによって、とりわけ国防の分野ではその主権の一部（といってもその度合いについて議論の余地があるだろうが）をすでに失っているのかもしれない。ただし「アメリカによる植民地主義」による数十年の間に、われわれの日常生活や民主的自由が、アメリカという外国によって制限されたと感じることがあっただろうか？

われわれは二〇〇三年以降のイラクでの大失敗についてはアメリカと罪悪感を共有しているが、関係が深かった数十年間において、彼らがわれわれの自由を脅かすようなことは決してなかったことを知っている。アメリカは、中国がわれわれに対して持っているような経済面でのレバレッジを持ったことはなく、要求に応えなければダメージを与えると脅《おど》したこともない。われわれの代議制政府の民主制度を危機に陥れたこともなければ、その政府が資金を使ってわれわれの議員を買収しようとしたこともない。アメリカはわれわれの法の支配を崩そうとしたこともない。また、オーストラリアの政策に反対するために在住の元自国民たちを動員しようと試みたこともない。アメリカ政府は、オーストラリア内のとりわけアメリカに極めて厳しい批判を封じようとしたこともない。そもそもアメリカ政府が、自国を批判した一冊の本を発禁にするために、オーストラリアの法律を使って出版社を脅そうとするような事態を想像できるだろうか？　米豪同盟の中で女性とゲイたちの権利は拡大したわけだが、これは市民社会が繁栄し、マイノリティの権利が保護されたからだ。

一九八九年にベルリンの壁が崩壊したが、この時に西側の人間たちは安堵《あんど》のため息をつくことになった。なぜなら今後は冷戦的な雰囲気や、社会を苦しめてきたイデオロギーの分断の中で過ごす必要もなくなったと感じたからだ。誰もあの時代に戻りたいとは思わないだろう。ところがアジアでは冷戦はまだ終わっていない。その証拠に、東欧での共産主義の崩壊は、中国のイデオロギー戦争の激化や、とりわけ習近平主席の下でのレーニン式の党の強化につながったからだ。

西側の多くの人々は、とくに毛沢東《もうたくとう》主義が失墜《しっつい》した後の一九八〇年代に、中国のことを国内問題に悩まされる「友好的な巨人」だとみなしており、彼らが西側に対して使う政治的修辞である「走狗《そうく》」や「帝国主義の狼」などは、一種の冗談のようにとらえていた。

ところが現在の中国は世界第二位の経済規模（一位の分野もある）となり、中華帝国に対する尊大な態度は危険なものとなってきた。われわれが調子に乗ってこのような態度をとっていると、北京が西洋との競合関係にあるという深刻な事態を見抜けなくなってしまう。

アジアにおける冷戦は、すでに共産主義と資本主義の対決ではなくなったのかもしれない。しかしそれが西側諸国とソ連を競わせることになった、より深いレベルでの戦い、つまり「誰が勝者となるのか」という根本的な争いに突き動かされている点は、変わらないのだ。

第一章
オーストラリアを紅《あか》く染める

属国化戦略

私が本書の執筆のためにリサーチを始めた二〇一六年後半の時点では、「中国共産党は、オーストラリアの最も重要な制度機関に浸透《しんとう》し、影響を与え、コントロールするための体系的な活動を行っている」と論じる人はまだごくわずかであった。彼らによれば、中国共産党の狙いは、米豪同盟を壊し、オーストラリアを属国《ぞっこく》にすることにあるという。もちろん私はオーストラリアが問題に直面していることは知っていたが、このような見解はこじつけにしか思えなかった。ところがこの問題について本格的に調査――これには数十人の専門家たちや、オーストラリアや中国などにいる評論家たちへの聞き取りが含まれる――をはじめると、そのような見解を支える証拠が山ほどあるように見えてきたのだ。

このような活動について極めてよく知る立場にある人物（後に言及するが）によれば、それは中国が世界中に散らばる外交官たちをある秘密会議のために北京に集めた、二〇〇四年八月半ばに始められたという。当時の共産党総書記であった胡錦濤《こきんとう》はこの会議で、最高権力を持った党の中央委員会が、これからオーストラリアを「中国の周辺地域」に組み込むべきであると決定したと述べた。この情報を教えてくれた人物は、私の目を見ながら「これは実に多くの意味を持ちます」と言った。中国は常に陸上で国境を接している国々――「周辺地域」――に格別の関心を寄せてきたが、これはそのような国々を中立化させるためであった。国境を接する国々を統制しようとするこの意識は、中国が歴史的に持ち続けてきた脆弱性《ぜいじゃくせい》の感覚から生まれるものだ。もちろんオーストラリアは彼らにとって、海を隔《へだ》てた遠い国であると常に見られてきたわけだが、いまやオーストラリアは「周辺地域」の内側にある、近隣の国の一つとして扱うものと見なされるようになった。中国側の観点では、その領土は国土の南端から伸びて、いまや南シナ海全体を含むエリアまで広がっている。近年の南シナ海島嶼《とうしょ》の占領と、その上で行われている軍事施設の建設は、中国の最南端の国境をボルネオ島北西部の沿岸まで近づけている。

また、二〇〇五年二月には外交部副部長であった周文重《しゅうぶんじゅう》（Zhou Wenzhong）がキャンベラを訪れて、現地の中国大使館の高官たちとの会合で中央委員会の決定した新しい戦略を伝達している。彼が伝えたのは、オーストラリアを中国の「周辺地域」に含めるうえでの最初の目標として、中国の今後の二〇年間にわたる経済成長のために、オーストラリアを信頼できる安定的な供給源として確保するというものだ。それよりも長期的な目標としては、米豪同盟に楔《くさび》を打ち込むことが掲げられている。私の情報提供者によれば、その場にいた人間たちには「経済、政治、文化など、あらゆる面でのオーストラリアに対する包括的な影響力」を最も効果的に獲得するという任務が与えられたという。

この計画には、両国の政府首脳同士の「個人的な友好関係を構築し、個人的なアドバイスをやり取りする」ために頻繁《ひんぱん》に会合を行うことが含まれるという。また、中国は経済的な手段をつかってオーストラリアに対して軍事関連や人権問題を含む、様々な分野で譲歩《じょうほ》を迫ることもありえるという。処罰の脅しを含めた親密な個人関係を使うやり方は、中国の常套手段《じょうとう》である。北京はオーストラリアを「第二のフランス」、つまり「アメリカに対してノーと言える西洋の国」にしようと考えている。

なぜわれわれがこのようなことを知ることができるのかというと、それは私の情報提供者となっているる在シドニー中国領事館の政務一等書記官であった陳用林《ちんようりん》（Chen Yonglin）が、その会合に参加し、その文書を読んだことがあるからだ*1。その数カ月後の二〇〇五年六月に、陳用林は領事館を抜け出してオーストラリアに政治亡命を求めている。その当時、彼が証言したオーストラリアにおける中国人民解放軍の目標や活動については誰も信じるものがいなかった。ところが数年を経て、広い情報源から様々な証拠が積み上がったことによって彼の警告が正しかったことが証明されたのだ。

陳用林は率直に言う。「中国共産党とは、実質的にすでに決定された戦略計画に沿った形で、オーストラリアに浸透するための構造的な試みを、すでに体系的な形で開始した」のだ*2。オーストラリア（そしてニュージーランドも）は「西側諸国の中の弱い鎖《くさり》」と見なされ、この一党独裁国家の潜入・転覆《てんぷく》のための手段をテストするための場所となっている。陳用林は、オーストラリアの開放性、比較的少ない人口、大規模な中国系移民、そして多文化主義への取り組みなどが、われわれオーストラリア人がこの脅威を認識して防御する力を落としていると指摘している。端的にいえば、われわれはあまりにも開放しすぎてしまったということだ。

脅かされる自由と主権

オーストラリアの主権が北京によって脅かされていることは、わずかな数の中国研究者や政治系のジャーナリスト、戦略専門家、そして諜報部員たちの間では知られている。中には報復を恐れるために公の場でしゃべることをためらう者もいるが、明確な警告を発し続けている者もわずかにいる。このように危険を警告した者は、古い中国のイメージや自己肯定的な理解――中国はオーストラリア経済の明るい未来と切り離せない関係にある理想郷である！――を共有している政財界の強力なロビー活動に直面するはめになってしまう。このような「パンダ・ハガー」（訳注：パンダに抱きつく人々のこと）たちは、メディアや大学、経済ロビー団体、そして議会の中の親中国派に後押しされており、警告を発した人物たちに対してはすぐさま「外国人恐怖症《ゼノフォビア》」や「反中感情」に動かされていると非難する。この本にも多くの「パンダ・ハガー」たちが登場する。

本書では、オーストラリアの主権が奪われつつある実態を描きつつ立証していく。なぜこのようなことが起こっているのを許しているのかというと、それはわれわれが「中国だけがわれわれの経済成長を保証できる」という考えにとらわれており、北京の脅しに抵抗するのを恐れているからだ。よって、ここで問わなければならないのは「オーストラリアの主権にどれほどの価値があるのか？」、「われわれの国家としての独立にいくらの値段をつけるのか？」というものだ。現実的に見れば、われわれはこのような問いに行動を通して日常的に答えており、その答えは「それほど高くない」のである。

私もそうだったように、ほとんどのオーストラリア人は、自国の制度機関――われわれの学校や大学、職業団体やメディア、鉱山業から農業、観光業から戦略的資産である港や送電網、地方議会から連邦政府、そしてキャンベラの主要政党まで――が中国共産党の関係機関によって浸透され、その複雑な制御と影響のメカニズムによって誘導されていることに気が付いたら、その見方を変えるはずだ。

巨大で急速に発展しており、貧困の撲滅に成功し、イデオロギー的には厳格で過敏であり、本質的には無害――これがオーストラリアの一般国民が中国に対してもつイメージだ。これに「中国だけが二〇〇八年の世界金融危機からわれわれを救ってくれたのであり、それ以来われわれの経済的繁栄の最大の源泉となっている」という（かなり誇張された）考えを加えてもいいかもしれない。この見方はオーストラリア内の「チャイナ・ロビー」――これは政財界や政策アドバイザーたち、官僚、ジャーナリストやコメンテーターたちによってゆるやかに構成される集団――によって積極的に提唱されているものだ。

近年になってオーストラリアの一般国民たちは、われわれの中国との関係にややネガティブな面が出てきたことに苛立《いらだ》ちを感じはじめている。金持ちの中国人の入札者たちがオーストラリア人たちから家を購入する機会を奪いはじめ、中国からの移民の流入数は、同化できないほどの速いペースで進んでおり、シドニーの一部は、まるでオーストラリアではないような雰囲気になっている。中国系（そしてその他のアジア系）の学生たちは超優秀なエリート高校を独占しつつある。中国人観光客が国に持ち帰るための乳児用のミルクパウダーを買い漁《あさ》っているために品薄や価格の高騰につながっている。そして中国の億万長者たちはわれわれの政治家たちに対して多額の資金提供をおこない、あまりにも大きな影響力をもってしまったのだ。

あいにくだが、「チャイニーズ」という形容詞は無差別に使われてしまうことが往々《おうおう》にしてあり、中国にルーツを持つ「中国系オーストラリア人」までが一緒に汚名《おめい》を着せられることになる。実際のところ、オーストラリア内で中国という一党独裁国家の影響力の高まりに最も危機感を感じているのが、自分たちのことを「オーストラリア人である」と認識している「中国系オーストラリア人たち」だ。彼らはむしろ、自分たちが定住先として選んだ国家に忠誠を感じている。彼らは新たに押し寄せてくる中国人たち――怪しい経歴や中国共産党と密接なつながりを持つ億万長者たちや、北京の代弁機関をつくっているメディアのオーナーたち、そして生まれた時から洗脳されている「愛国的」な（しかし永住権を求めている）学生たち、そして中国大使館によって設置された親北京団体に先導されているビジネスマンたち――を失望や不吉な予感を感じながら見てきた。新たにやってきた中国人たちに広く共有されている感情の一つが「心は常に母国にある」というものであり、この言葉は中国共産党が好んで使用している。

本書を執筆するためのリサーチの段階で、私は中国共産党がオーストラリア内に百万人以上いる中国系住民に影響を拡大しつつあることに大きな懸念《けねん》を抱いている中国系オーストラリア人たちと話をした。彼らは英国系のオーストラリア人たちが進行中の事態に気がついた時に感じるであろう中華系への反発的な感情を心配していた。彼らはインドネシアやマレーシアのような国で発生した反中国人暴動について極めて敏感《びんかん》で、自分たちが中国共産党政権を嫌っていてオーストラリアの愛国者だと自認しているにもかかわらず、反中の嵐に巻き込まれてしまうだろうと考えている。北京の影響力の拡大に対抗する目的を持った中国系オーストラリア人による組織団体の「豪州価値同盟」の創設者であるジョン・フー（胡煜明）は、「もしわれわれが止めず、白人系オーストラリア人たちが止めるまで待つのであれば、われわれ自身が問題に巻き込まれてしまうだろう」と私に語っている。

共産党と中国人・中国国家の同一視

本書を書いたことによって、私はオーストラリアにおける中国共産党の影響力について警告を発した人間に対して投げかけられる「人種差別主義者《レイシスト》」や「外国人恐怖症《ゼノフォビア》」というレッテル貼りをされ、非難されることになるだろう。ただしこれは中国共産党と中国人を同一視した場合にのみ発せられるものであり、「反中国共産党」は「反中国人」ということになる（これこそまさに中国共産党の思惑通りなのだが）。これは筋の悪い非難ではあるが、この国では発言者を黙《だま》らせる効果的なツールとなるのであり、その理由は「人種間の緊張を煽《あお》ってはいけない」という、適正かつ広く受け入れられている配慮によるものだ。ところがこのような配慮は、逆に中国共産党の活動の実態から目をそらさせたい人々に悪用されてつけ込まれることになる。彼らはわれわれが持つ、いわば「外国人恐怖症恐怖症《ゼノフォビア・フォビア》」とでも呼べるような、われわれの「人種差別主義者と呼ばれることへの恐怖感」につけこむのだ。それでも本書を本物の人種差別主義者がすべての中国系オーストラリア人を中傷するために利用するかもしれないという懸念はある。私がこの懸念をある中国系オーストラリア人の友人に打ち明けた時、彼女は中国共産党がこの国で行っている醜悪《しゅうあく》な活動から目をそむけてはいけないと述べつつ、「われわれはあなたに本書を出してもらいたいと思っております。なぜならわれわれは運命共同体だからです」と言ってくれた。

彼女やジョン・フーのような中国系オーストラリア人たちは、この国の自由、開放性、そして法の支配の価値を学び、自分たちは中国共産党の利益を最優先するような中国系（市民権を持っているかどうかにかかわらず）の人々とは関係ないことを、すべてのオーストラリア人たちに知ってほしいと考えている。彼らには、オーストラリアに忠誠を誓う中国系オーストラリア人の数と影響力が、北京に忠誠を誓い、自分たちは中華人民共和国に属すると考える中国系オーストラリア人の数と影響力に、年を経るごとに圧倒されつつある現状が見えている。

私が「中国への忠誠」ではなく「北京への忠誠」と書いていることに気づいた方もいらっしゃると思う。もちろん外国居住者たちやその子供たちが祖国に愛着を感じることに何も問題はない。ところが本書で見ていくように、オーストラリアにいる「愛国的」中国人は、数十年浴びてきたプロパガンダのおかげで「中国」と「北京」を同一視、つまり「中国共産党」とその厳しい支配下にある「中国」という国家を同じものと考えるよう信じ込まされてきたのだ。西側諸国に新しくやってきた多くの中国人たちにとって最も理解の難しい概念の一つが、国民《ネーション》とその政府《ガバメント》の区別である。これは民主制度に根本的に重要なものだ。この二つの違いを理解できると、彼らは「祖国を裏切った」という罪悪感を持たずに、独裁国家の批判を行うことができるようになる。さらには中国を愛しつつ、その政府を憎む反体制派にもなりうるのだ。

私がジョン・フーと「北京に忠誠を誓う」彼の同

胞たちについて語っていた時、彼は私の間違いを指摘して、正しくは「カネに忠誠を誓う」だと述べた。彼の視点では、共産党の目標を共有しているからこそ北京の指示に従うようなビジネスマンは存在しないという。彼らが言われた通りにするのは、共産党の役員たちの後援がなければ、中国でビジネスを行えないからだ。そして共産党に協力しないと、オーストラリアや中国国内でのビジネスの取引は、中国政府に目をつけられて、取引先にボイコットされるような事態にもなりかねない。

オーストラリア国内の親中派は、中国という国家が抑圧的だと知っている。北京が国内メディアを厳しく統制し、発言の自由を弾圧し、人権侵害を是認し、党へのいかなる批判も認めないことを知っている。ところが彼らはそれらをすべて脇に追いやるのに成功することが多い。その理由は、中国が提供するはずの経済的なチャンスに目を向けた「楽観的な視点」をとることに熱心だからだ。彼らは北京が行っている弾圧について「言われているほどひどくはない」、「こちらで対処できない」、「たしかにひどいが、それでもわれわれには影響を与えるものではない」などと言って、自分たちの中で正当化している。「影響を与えるものではない」というのは真実ではなく、日毎《ひごと》に状況は悪化している。これから見ていくように、中国政府の弾圧的な組織はオーストラリアでも影響を及ぼしはじめており、オーストラリアがいますぐ対抗してわれわれの権利と自由を守ろうとしない限り、すぐに手遅れの状態に陥ってしまうだろう。さもなければ、われわれの制度機関の腐敗が深く進行し、中国共産党の利益が絡《から》んできた時にオーストラリアの国益を守るべく機能しなくなってしまうだろう。

中国共産党はまだ民主化の途上であり、現在の抑圧的な政策はそれに至るまでの一段階でしかない、と考えている人も依然《いぜん》として存在する。ところがすべての証拠が、この考えが単なる希望的観測でしかないことを示している。民主化の最高潮は一九八九年の天安門事件だったのであり、それ以降の中国内での、民主化を求めるムードや組織力は最低レベルに落ち込んでいる。抑圧的な体制は文化大革命以降のどの時期よりも深まっており、習近平体制になってさらに厳しいものとなっている。それでも数億人もの人民を、貧困の悲惨さからすくい上げた目覚ましい経済成長こそ、現代中国の功績《こうせき》であると論じる人々もいる。彼らはこの偉業（たしかに歴史的にも重要だ）に比べれば、抑圧はとるにたらないと主張する。中には成長を達成するために独裁体制が必要だったと考える人もいる。そうなると、チベット独立や人権派弁護士の逮捕の件を繰り返し非難するよりも、この偉業を賞賛して利益を得るべき、ということになる。南シナ海での軍事基地の建設が止められなくなっても、とにかく儲けることに集中しよう、ということだ。私はこのような議論が、われわれの自由にとってどれほど危険かを、本書を読み終えた後に読者のみなさんが理解してくれればよいと願っている。

第二章
中国は世界における自国の立場をどう見ているのか

共産党のイデオロギー教育

一九九〇年代の幕開けとともに、中国共産党は党崩壊の危機に直面することになった。一九七六年の毛沢東主席の死後に、中国人民は毛沢東の大躍進（一九五八〜六二年）と文化大革命（一九六五〜七五年）という災難を直視しはじめた。真実が知れ渡るようになり、国民の間に不満が広がると、共産主義と共産党の正統性《レジティマシー》がゆらぎはじめた。その結果、党にとって共産主義は必須《ひっす》のものではなくなったが、権力の放棄《ほうき》は決してありえなかった。共産党は自分たちの存在意義や、何を目指すべきかわからず迷走した。

一九八〇年代にはこの問題が「三つの思想危機」――社会主義思想、マルクス主義、そして党への信頼の危機、と言われるようになった。新たに発生したイデオロギー・精神面での真空状態の中で、共産党はいかに人民を動員し、いかに自らを支えたのか？

一九七〇年代後半から八〇年代前半にかけて最高権力を保持していたリーダー、鄧小平《とうしょうへい》は、従来の思想の多くを捨てて自由市場の導入へと経済を開放したおかげで、中華人民共和国の中に西洋のアイディアが流れ込みはじめた。何人かの知識人や多くの学生たちは、リベラルな民主化改革を呼びかけた。急激に進んだ民主化運動は、一九八九年に北京の中心部の天安門を中心に行われたデモで頂点に達した。

人民の目から見て支配の権限を失ってしまった政党にとって、民主化思想というのはとてつもない脅威であった。危機が高まるにつれ、その対処方法をめぐり内部抗争が激化した。李鵬《りほう》首相以下の強硬派たちは、最高権力者であった鄧小平の支持を受けて勝利し、デモ隊に戦車を投入した。反対派の考えへの抑圧《よくあつ》がはじまり、ますますそれが強まった。スターリンが「アイディアは銃よりもはるかに強力だ。敵に銃をもたせてはならないのであれば、アイディアをもたせてはならないのは当然ではないか？」と言ったごときであった。

指導層の人々は、民主化運動を強制的に鎮圧《ちんあつ》した後、党の生き残りのために、支配する権限を取り戻さなければならないことを知っていた。天安門事件の数カ月後、党指導層は再び衝撃を受けることになる。一九八九年十一月にベルリンの壁が崩壊し、東欧の共産主義政権が消滅し、社会主義の最大の本拠地であるソ連も分裂してしまったからだ。北京にとり、これらの意味は明白だった。ヨーロッパの共産主義が崩壊したのは、それが政府の情報公開と言論の自由を目指す「グラスノスチ」を許すほど弱体化していたからであった。

絶望的な中国共産党は、自らに人民を支配する権利があることをどう納得させたか？　一九九〇年代の経済成長と繁栄《はんえい》の開始のおかげで、正統性はなんとか取り戻せたが、それでもまだ十分とは言えなかった。なぜなら、全国民にその利益が行き渡るまでに時間がかかるし、国家を団結させる共有されたイデオロギーは、単なる自己利益よりもはるかに強力なものだからだ。そこで中国共産党は一九九〇年代前半、国家のための新しい「物語《ナラティブ》」を中心とした、新たなイデオロギーを急速に打ち立てたのである。

このイデオロギーのエッセンスは、ワン・ジョンの『国家の屈辱を決して忘れるな』（邦題『中国の歴史認識はどう作られたのか』東洋経済新報社）とマイケル・

ピルズベリーの『百年マラソン』（邦題『China 2049』日経BP）という二冊の本のタイトルに集約されている[*1]。何人かの最も鋭い中国専門家に共有されているこれらの本のメッセージは、オーストラリアの未来にとって最も重要な示唆を与えるものだ。

洗脳された生徒たち

子供の思考には、大人よりもはるかに大きな影響を与えることができる。幼児教育は大人への再教育よりもはるかに効果がある。だからこそ中国共産党は幼稚園から大学まで、国家の歴史とその目指す方向についての教育を通じて「愛国者の若者」をつくろうと決心した。天安門事件の二年後の一九九一年には「愛国教育運動」が真剣に開始された。党のトップである江沢民《こうたくみん》自身が、この新しい「物語」の概要を示している[*2]。基本的なメッセージはシンプルだ。それは「中国は外国列強の手によって百年の屈辱を受けた。一九世紀半ばのアヘン戦争から百年間にわたり、中国は外国人によって脅され、屈辱《くつじょく》を受けた」というものだ。封建的な支配者は腐敗していたが、多くの勇気ある中国人たちは国を守るために命を投げ出した。中国共産党は帝国主義者との戦いを先導し、一九四九年には民族を解放して「中華人民を脅すことはできない」ことを証明してみせた（実際は共産党は、侵略者である日本との戦いをライバルだった民族主義の国民党に押し付けたのであり、最終的に一九四五年に日本に勝ったのは連合国であった）。そして、一九四九年には共産党が過去の偉大な国家──まさに「世界で最も偉大な文明」──としての栄光の復活への道をつけたのだ……という形で「物語」は続けられるのである。

この新しい「物語」は、中国の歴史をかなり極端に解釈したものであった。中国共産党は長年にわたり、封建的勢力に対する階級闘争や、人民を抑圧する反動的な勢力の影響は中国国内でいまだにあるとのストーリーを編み出してきた。そして今度は「外国勢力による脅しと屈辱に対する戦い」というストーリーを語り始めた。そうなると「世界の抑圧された労働者たちよ、中国の抑圧された労働者とともに団結せよ」という国際的なストーリーではなく、「中国人が自国以外の世界に対して対抗する」という民族主義的なストーリーになる。もし天安門世代が自分たちを「中国共産党の犠牲者だ」と見るのであれば、新しい世代は自分たちを「植民地主義の犠牲者」として見るべきだというわけだ。新たな愛国者たちは、怒りを内側ではなく外側へ向けた。

これを受けて、強力な中華人民共和国教育部は一九九一年八月、国内すべての学校に対して、歴史教育を見直すよう通達を出した。そこで強調されたのは、中国の目標は「国際的な敵対勢力からわれわれの〝平和的な発展〟を守ること」であった。これこそが「学校における最も重要な使命」だという。教育指導方針の冒頭には、「中国近代史は、中国が次第に半植民地・半封建社会に堕落《だらく》していった屈辱の歴史である」と書かれている。ところが中国共産党の指導の下、中国の人民は独立の達成と社会の進歩を獲得する戦いをはじめたという。上述した『国家の屈辱を決して忘れるな』で、ワン・ジョンは「中国の歴史――〝国民的屈辱の教育〟――は国民教育制度の中で最も重要な科目の一つとなった」と書いている[*3]。この「屈辱の歴史」という考え方や、現在の「国家の偉大なる復興」が、今日の世界における中国の役割を理解する上で最大のカギとなる。

中国共産党は、愛国教育運動を通じて「中国の独特な社会主義の建設という偉大な目標」のために国民を団結させて「大衆の愛国的な情熱を煽った」。党は人民の拡大成長への願望を具現化しつつ、屈辱の「悔《くや》しさと恥《はじ》」を決して忘れず、もう一度偉大な国家になる道を示すことで、国民の目から見た正統性を復活させようとした。つまりわれわれはもはや犠牲者ではなく、勝者だというのだ。

一九九〇年代初期から学校に入ったすべての子供たちは、高校や大学を卒業するまで続けられる、強烈かつ断固とした愛国教育の対象となった。それまでは大学入試の一環として、生徒たちはマルクス主義の政治や毛沢東主席、そして中国共産党の政策に関する試験に合格する必要があった。ある記者によれば、マルクス主義のドクトリンを教えるクラスで我慢《がまん》していた生徒たちも、愛国教育に関しては喜んで受けることが多くなったという*4。ワン・ジョンは自著の最後に、愛国教育運動は「中国の大衆社会の動きを、一九八〇年代の内向きな反腐敗、反独裁的な民主化運動から、一九九〇年代の外向きの反西洋民族主義へと急激に変える点で」大いに役立ったと指摘して締めくくっている*5。

中国内の識者たちに若い世代について聞いたことがあるが、そのうち何人かは「洗脳されているんですよ」と苛立《いらだ》ちを隠せない様子で答えていた。他にも、今の若い世代の中には長年続くプロパガンダから距離を置くことができる子もいると教えてくれた人がいる。ところがそのような子を実際に見つけるのは難しい。愛国教育運動の効果は、二〇〇八年四月にキャンベラの国会議事堂の外で行われた、オリンピックの聖火イベントで数万人規模の中国人学生たちが、中国への愛国的な感情を熱狂的かつ好戦的なデモで示した事件を理解する、最大のカギなのだ。

党は国民そのもの

新たに形成された中国の〝国家的誇りの感覚〟の上に展開された教化運動のおかげで、中国共産党はマルクス主義的な革命、階級闘争、そしてプロレタリア国際主義という考えを放棄《ほうき》した後も、レーニン式の党構造をしっかり維持しながら、支配を強化することができた。その教化はさらに進められている。二〇一六年には、中国の教育大臣である陳宝生《ちんほうせい》(Chen Baosheng)が、教育体制は「党のイデオロギー工作の最前線」であると宣言し、「敵対勢力」が中国の学校に「浸透《しんとう》」し、「あなたたちの未来を破壊」しようとしていると警告した*6。

この運動は国民の歴史観の再形成を狙ったもので、その自国優位主義的なメッセージは生徒たち以外にも大きな影響を与え、一九九〇年代前半からは「国民運動」へと発展し、ワン・ジョンによれば「愛国主義は、歴史や記憶とともに、一党独裁体制のイデオロギー教育のための、最も重要なテーマとなった」のである*7。一九九四年の計画書で、中国共産党は愛国思想が「われわれの社会の核心的なテーマ」になったと宣言している*8。国民の考えをコントロールできれば彼らの行動をコントロールする必要がなくなるため、党は常に、国民に愛国的な考えを注入しようとしてきた。

中国を訪れると、国内のどこへ行っても残酷《ざんこく》な日本や横暴《おうぼう》な西洋列強による「百年の恥辱」や、それに対して共産党が先導した中国人民の蜂起《ほうき》を思い起こさせる記念碑や記念館、遺跡や博物館に出会う。急増したこれらは、共産党の新しい「物語」を支えた。そしてこの教育運動のあらゆる関係者たち――教師、軍の士官と兵士、そして国家公務員全員――には、愛国的な情熱の強化を狙った授業に定期的に出席することが義務付けられた。

党の指導層は、愛国教育を「社会文明建設の基盤計画」にすべきと決断したが、その対象には海外の中国人も含まれた*9。オーストラリアでも他の国と同様、中国の経済力と富の成長のおかげで、この新種の愛国主義がさらに危険になっている。歴史的な屈辱という基盤に立った強力な民族的誇りの感覚は、彼らが国とその政府を区別できないことと相《あい》まって、中国系オーストラリア人たちを含む中国系外国人たちの多くが、なぜオーストラリアの価値観や国益と相容《あいい》れなくても共産党に忠誠を誓い、その行動を擁護《ようご》するのか、説明する上で大いに役立つ。

一九九〇年代前半以降、共産党への忠誠の要求から国家への忠誠の要求へのシフトが可能になった理由は、中国共産党にとり、党こそ国家そのものだったからだ。このアイデンティティの強化は、教育運動の最重要課題だったが、そもそも教育運動によってつくられたものではなく、強力な中華ナショナリズムの歴史観と例外主義《れいがいしゅぎ》の間のうまい取引で成立したものだ。ワン・ジョンが記しているように、「中国人は自国の屈辱の百年に対して、強い集合的な歴史観を共有しており、これが中国の民族的なアイデンティティを形成する中心的な要素となっている」

*[10]。一般的に、この中国の例外主義と歴史的な運命についての信念は、彼らが本土から世界各国に移り住んでも消えることはなく、色褪《いろあ》せるまでに長い時間がかかる。

　中国共産党の長年の努力にもかかわらず、中国国内の全員が国家と政府の区別をできないわけではない。人民大学の教授で、共産党の熱烈な支持者でもある陳生奎《チエン・シアンクイ》（Chen Xiankui）が意見記事の中で「党への愛と国への愛は現代中国では同じことだ」と主張した時、ネット上では反対の嵐が巻き起こっている*[11]。この意見記事を掲載した国家主義的なタブロイド紙、環球時報《かんきゅうじほう》は、国への愛と党への愛を等しく扱えない人々は「洗脳された知識人たちだ」と社説欄に書き、批判者たちをまとめて非難している。

　今日の中国社会をまとめているのは、中国共産党による厳しい統制と、このナショナリズムの存在であり、これが中国共産党の支配を正当化している。党は中華民族を象徴するとともにそれを代表するものとなったのだ。江沢民主席にとって、愛国主義を積極的にあらわさない人間は売国奴《ばいこくど》で「人間のクズ」であった*[12]。この江沢民の働きかけは二〇一三年に習近平が主席に代わった時も充分に引き継がれたのである。

　当然ながら、党が国民のプライドを利用しようとするのを拒否した者もいた。最も強烈だったのが文学批評家で人権擁護を強力に展開したために二〇〇八年にノーベル平和賞を獲得した劉暁波《りゅうぎょうは》であった。彼は現代の中国の愛国主義を「不満に満ち、かつ衝動的なタイプのナショナリズムであり、まるで恋人にふられた人間の感情に似ている」としている*[13]。彼によれば、共産党政権は二〇〇〇年代に「外国人の手による長年の屈辱の歴史と、その復讐《ふくしゅう》を待ち望む民衆」を描くことで、国民の一部に「好戦的で拡大主義的な愛国主義」を煽ることに成功したという。そしてこのような感情はすべて、中国が過去に「天下」を支配していたという信念から生まれる歴史的なうぬぼれによるものだという。劉暁波は自己卑下《ひげ》と自己強大化の、二つの極端な状態を行き来する中国の国家心理を分析したのだ[14]。

「病人」には決して戻らない

二〇〇八年の北京五輪は中国共産党にとり、「党=国家」というアイデンティティを強化し、国民の一党独裁への支持をさらに強める、またとないチャンスとなった。五輪主催の権利の獲得と、金メダル獲得数でトップに立つことは最も醜い国家のプライドの現れとして、国民的な執念となったのだ。党のスポーツ担当者の言葉を借りれば、「母国のために五輪の栄光を獲得することは、中国共産党中央委員会がわれわれに託《たく》した聖なる使命」なのだ[15]。もちろん劉暁波は「ゴールドメダルの輝きは、独裁的な政権が権力をさらに強め、他の目的のためにも使えるナショナリズムの感情を煽る助けとなる」という異なる見方をしていた[16]。

ワン・ジョンによれば、北京五輪の自国優位主義には深い心理学的な原因があるという[17]。一九世紀のオスマン帝国はその衰弱《すいじゃく》ぶりから「ヨーロッパの瀕死《ひんし》の病人」と言われたが、中国が外国からの圧力で混乱している時に、このレッテルを借りて「アジアの瀕死の病人」と呼んだ者もいる。一九世紀には中国人の多くがこの呼名を、中国人の弱々しい体つきや不健康な様子を表現したものとして、屈辱的な侮辱と受け取った。北京五輪は世界に対して、このような軽蔑的な呼び名が間違っており、中国人は世界の最も優れた選手たちと対等に競争できることを証明できる最大のチャンスとなるはずだった。北京五輪組織委員は「〝東アジアの瀕死の病人〟から〝スポーツ大国〟へ」という記事まで発表している。中国のオリンピックはすべてが成功に向かっていたため、失敗は考えられなかった。これが成功すれば、歴史的な屈辱は国家の名誉の高まりとともに雲散霧《うんさんむ》消《しょう》するはずであった。二〇〇八年の本番へ向かう前のキャンベラにおける聖火リレーは、愛国的な熱狂を爆発させた学生たちが（彼らの身体さえも恥だと見なされていると教え込まれる）大規模な洗脳工作の被験者となってきたことを理解できれば納得できる。

中国がメダル獲得数で一位となった時に爆発した愛国的な喜びの波は、まさに本能的に湧《わ》き上がってきたものだ。その八年後にオーストラリアの水泳選手であるマック・ホートンは、このような文化的な歴史を知らなかったために、二〇一六年のリオ五輪で中国のライバル選手である孫揚《そんよう》(Sun Yang)を、ドラッグを使って不正をしたやつだと否定した(実際にこのチャンピオンは二〇一四年にドーピングで三カ月出場停止処分を受けている)。マック・ホートンに対する反発はその直後から激しくなり、中国のネット民たちが超国家主義的な悪口や脅しを、主にフェイスブックやツイッターのアカウント上で熱狂的に煽りはじめた。ホートンは二四万三〇〇〇件もの怒りのコメントを自身の微博《ウェイボー》(ツイッターの中国版)のアカウントで受け取ったと報じられている*18。「カンガルーに殺されろ」「二〇二〇年のパラリンピックはがんばれよ」というコメントもあった。このような敵対的なコメントの多くは、オーストラリアに住む中国系の人々によって書かれたものと考えられている。彼は劉暁波が「中国人のインターネット空間を覆《おお》っている、暴力、人種憎悪、そして戦争を挑発する情熱による、乱暴な言葉」の標的《ターゲット》となってしまった。国営のタブロイド紙である環球時報でさえもオーストラリアのことを「英国の招かざる犯罪者」によってできた国であり、現在は「白人優越主義者」や「野蛮主義のシミ」によって汚れていると攻撃している*19。

この「ホートン&孫事件」の他にも、二〇一六年のリオ五輪をテレビで見ていた愛国的な中国人たちは多いに不満を感じている。テレビ局の一つ、チャンネル7が開会式の様子を放映していた時のこと、中国選手団が入場した時にCMに入ってしまい、怒った愛国者たちがソーシャルメディアに人種差別だ、中華民族への侮辱だと不満を書き込んだのである。テレビ画面で中国の名前の横に誤ってチリの旗が表示された時には、反中陰謀論が一気に加熱している(もしチャンネル7がオーストラリアの旗をオーストラリアの名前の横に表示したら、オーストラリア人は喜んで冷やかしたはずだ)。

いままでシドニーで目撃された最も奇妙なデモのうちの一つは、チャンネル7の不注意なミスに対する大規模な反発から行われたものだ。「建設・森林・鉱業・エネルギー組合」(CFMEU)のメンバー五〜六人がこのテレビ局のスタジオの外に現れ、中国の国旗を誇示し、謝罪を要求したのである。組合の声明文書にはCFMEUの幹部であるユウ・レイ・ゾウ(Yu Lei Zhou)の言葉として、チャンネル7の行動は無知で差別主義的だという発言が引用されていた*[20]。ここで不思議なのは、なぜオーストラリアの主要労働組合がテレビ局の間違いにここまで熱を込めるのかという点だ。後に紹介するが、オーストラリアの労働団体に属するメンバーは、中国共産党の諸機関によって浸透《しんとう》の対象とされているのだ*[21]。

このような迷惑な愛国主義に関する話に気づいた中国系の識者の何人かは、「中国人の中には強力だが隠された、自分たちの持つ劣等感《れっとうかん》によって突き動かされている者もおり、この感情は外国からの承認によってしか緩和できない」と論じているほどだ。ワン・ジョンによれば、「もし承認が限定的なものであれば、当初のプライドは憤《いきどお》りや怒り、そして強い不安感に突然変わる」という*[22]。このような制御不能の感情は、中国共産党自身にとっても脅威となる。

「ねじれた愛国主義」

愛国主義を煽る中で、中国共産党はまるでそれが「虎に乗ること」に似ていることに気づいた。

中国人が触れるあらゆるメディアを通じた二五年間にわたる愛国教育のおかげで、国民の一部は犠牲者としての感覚や民族主義的な怒りを大きく吸収し、外国によるわずかな侮辱に対しても過剰《かじょう》に反応するようになったのだ。ネット上の「紅《あか》いブロガー」と呼ばれる人々は、少しでも独立を推進しているとみなされる台湾のウェブサイトに対して、勝手に連携しながら攻撃を行っている*[23]。二〇一二年には尖閣諸島をめぐって日本と緊張が高まったことを受け、中国国内の数十都市で民族主義的なデモ隊が暴動を起こしている[*24]。デモは政府によって制限を受けているはずだが、日本食レストランやスーパーマーケットは襲撃され、日本車は破壊されてパナソニックの工場は放火されている。警察は暴動の鎮圧《ちんあつ》に手間取っており、ある集団は広州のホテルの屋上によじ登り、国旗を振り、国歌を歌いながら「日本よ中国から早く出ていけ」と叫んでいる。

政府は制御できなくなったため、一斉検挙を開始した。ところが大衆の怒りは収まらず、党の指導者たちは存在しない「日本の帝国主義」に対して、さらなる抵抗の意を表明する必要に迫られた。ナショナリズムの火を煽ってきた習近平主席は、それを自らの行動で証明する義務があり、それをうまく実行しているように見えた。そしてこれは「中国が積極的に他国と争う」ことを意味したのだ。

二〇一六年の南シナ海に関する国際仲裁裁判所の判決の後には非公式なデモが発生すると予測されたため、国営メディアはＫＦＣのレストランの外で計画されていたデモに警告を発した。抗議する人々の中には、すでにＫＦＣの客に対して「非国民的だ」と説教している者もいた。チャイナ・デイリー（中国日報）は「正しい愛国主義」と「国家への害となる自国優位主義」を区別する社説を掲載した[*25]。ｉＰｈｏｎｅを叩き壊している写真をネットに上げた若者たちは、誕生以来強烈なナショナリズムを教えられてきた「怒れる若者」として（皮肉ではなく真面目に）描かれている。中国共産党は二〇一七年に「国民の愛国主義と社会の安定との間の関係を適切に処理するため」に大衆による騒乱《そうらん》を初期の段階から摘《つ》み取ることを宣言しているが、これはおそらく北京がさらに拡大主義的な政策を進めていくことでさらなる暴動の発生を予期しているからであろう[*26]。

超国家主義的な環球時報でさえも、自分たちが煽ってきた愛国的な敵意を抑え込む必要に気づいている。二〇一六年一二月に反日デモの参加者たちが起訴された時、同紙は「ねじれた愛国主義」の危険性を警告している[*27]。

オーストラリアのように、中華系コミュニティの一部で中国共産党への忠誠を維持している人々がいる国では、このような妄想《もうそう》的な危険な感情や傷ついた民族の誇りというものが実際に行動として現れている。上海のある年長の学者が私に教えてくれたように「彼らは愛国的であれば何をやってもいい（愛国無罪）と思っている」のだ。

偉大なる復興

オーストラリアのジャーナリスト、フィリップ・ウェンは、ある酒の席である億万長者が「そのうち世界は中国のものになる」と打ち明けていたという話を紹介している[*28]。この億万長者は、現在ダーウィン港を自分の会社である「嵐橋集団」（Landbridge Group）を通じてコントロールしている人物だ。このような感情は、中国では決して珍しいものではなく、単なる愛国主義の表明以上の、彼らの野望をあらわしている。一九四九年に終わった「百年の屈辱」は、中国が世界の中心的な存在を再び獲得するまでの「百年マラソン」へと引き継がれたのだ。

一九九三年から二〇〇三年まで主席を務めた江沢民は、世界における大国としての中国の歴史的な記憶を思い起こさせる「中華民族の偉大なる復興」という新しいキャッチフレーズを提唱している[*29]。胡錦濤主席もこの「歴史的な使命」を引き継ぐ形で、外国からのいじめを思い出させながら、「中華民族の偉大なる復興は、あらゆる時代の中国人たちが目指してきた揺《ゆ》るぎない目標である」と国民に対して宣言した。しかし彼の戦略は、古典の『孫子兵法』や前任者である鄧小平のアドバイスに従った、野望を隠しながら中国が自らの思い通りに行動できるようになるまで時間を稼ぐというものであり、これは後に「韜光養晦《とうこうようかい》」として知られるようになったものだ。

二〇一二年後半に次の国家主席に指名されると、習近平は「中華民族の偉大なる復興」という「中国の夢」が自らの偉大な野望であると宣言しており、中国はもう隠れて時を待つことはなく、全世界に向かって新たに得た力を行使するという。習近平は自分の「中国の夢」をまだ明確に説明していないが、専門家たちは「過去の中国の栄光の復興」という意味であると解釈しており、これには経済面での支配状態の実現や、中国を圧倒的な世界大国にすることが含まれるという[*30]。

習近平は「中国の夢」という言葉を、人民解放軍の元大佐で軍事研究のタカ派として名高い、劉明福《リュウ・ミンフ》(Liu Mingfu) から借りたといわれている。彼の本は英訳されて『中国の夢：アメリカ後の世界の大国の思考と戦略的態勢』(未邦訳) というタイトルで刊行されたが、これは「中国を歴史的な栄光へと復活させ、世界のリーダーとしてのアメリカに取って代わるための国家戦略を定めた」ものであった[*31]。中国は二〇〇〇年代の最初の十年間で「世界のナンバーワン大国」となるためにアメリカを追い越すことを狙わなければならないという[*32]。劉明福が二〇一〇年に発表したこの本は、中国国内でベストセラーとなり、中華帝国の再興は、中国を世界の中心というあるべき立場に引き戻し、ある学者によれば、その文化、言語と価値観、そして「自由を越えた価値観、法を越えた倫理、そして民主制度や人権を越えたエリートによる統治」の帝国を通じて世界に調和を広める、という壮大な物語を大衆に受け入れるよう訴えかけた[*33]。

アメリカの戦略思想家として長年活躍しているマイケル・ピルズベリーは、人民解放軍と長年にわたって深い関係を持ち、自らの軍の最高指揮官となるよう働きかけを受けていた習近平は、「中国軍内の民族主義〝超タカ派〟たちと極めて近い」と論じる[*34]。彼の「中国の夢」は「強い軍の夢」を強調しているが、西洋ではこのタカ派の影響力がかなり軽視されている。彼らは自分たちの歴史観に理解を示してくれた習近平の下で支配的な存在となった。その歴史観とは、一九四九年に始まった「百年マラソン」や、それを通じて中国は「百年の屈辱」を、アメリカの圧倒的な経済、政治、そして最終的には軍事力における圧倒的な立場にとって代わることによって、借りを返すというものだ。

習近平の台頭は、このような帝国主義的な解釈を好み、中国の世界支配を伝統的な「天下」という考えで正当化する人々に自信を与えている。もちろんその解釈は人それぞれだが、「天下」という概念は中国の皇帝によって支配され、それを中心に回っている世界をイメージしたものだ。ワン・ジョンによれば、このような考え方は決して古いものではなく、「中国人は強い選民思想を持っており、古代や現代において達成してきたことに強い誇りを持っている」という*35*36。

これらが習近平の「中国の夢」の由来だと考えられており、このような壮大なビジョンが、「一帯一路」という莫大《ばくだい》な投資計画から、西洋の制度機関に対する中国共産党の価値観の浸透、人民解放軍海軍の急激な拡大、そして南シナ海の侵略的な併合《へいごう》にいたるまで、世界に対する積極的な関与へと中国を導いているることは明白であろう。半分はでまかせであろうが、劉明福は二〇一五年に「眠れる獅子《しし》」である中国が覚醒《かくせい》し、「習近平はいつでも戦う用意ができている、獅子の群れを率いる獅子」であると主張している*37。さらにタカ派的なエリートたちは、アメリカで二〇〇八年に起こった金融危機はアメリカの金融機関を崩壊させ、「中国主導の世界秩序」を阻止できない状態にまで来たことを教えたと考えている。彼らは正しいのかもしれない。「百年マラソン」は、実際はたった八〇年で終わるかもしれないからだ。

このような動きは、アジアで最も長期に渡って鋭く中国を見つめてきた人物であるシンガポールの元首相であった故リー・クワンユーにとっては明白であった。彼は「世界唯一の大国となるのが中国の狙いである」と言い切っている*38。中国は長期にわたって「平和的台頭」という戦略を追求しているが、この実態は西洋ではあまり理解されていない。この本当の意味は、中国がアメリカとの直接的な軍事衝突ではなく、経済的な支配、つまり劉明福が「非征服文明」と呼ぶものを通じて世界支配の達成を狙っているということであり、時間がかかるが、最終的には軍事の時と同じ結果をもたらすというのだ*39。北京の考えは「アメリカが巨大で効率の悪い軍隊の維持のために費やしている莫大な額に対抗して、自分たちの資金を無駄遣《むだづか》いするべきではない」というものだ。ピルズベリーは中国の戦略を「アメリカ軍をその他の手段を使って軍事的に倒すもの」だと説明している。それが正しかったとしても、中国の軍事費は急増しており、しかも海洋支配が強調され、近隣諸国への圧力は日ごとに高まっている。

中国共産党の指導層は長期目標を宣言すれば反発を生むとわかっているため、本当の戦略を平和的な経済発展や世界への関与という話の背後に隠している。ところがその秘密は露呈《ろてい》されることが多く、たとえば二〇一五年に、国務院僑務弁公室《こくむいんきょうむべんこうしつ》の副主任であった何並非《フー・ヤフェイ》(He Yafei)が、幹部に対しスピーチを行った*40。後に見ていくが、僑務弁公室は中国共産党の最高国家行政府である国務院の主要機関の一つで、その主な任務は、海外に散らばった華僑《かきょう》(中華系)を北京の目標のために動員することにある。中国語で行われたそのスピーチの報告書は、なぜか国務院新聞弁公室《しんぶんべんこうしつ》のウェブサイトに掲載され、何並非のテーマは「中国の声」を世界に広める必要性に関するものだった。彼が触れた六つの分野のうちの一つ目が、西側のメディア集団によって形成される国際的な世論を支配することであり、「血の道を切り開き、西洋の独占や世論の覇権状態を破壊する」必要性についてであった。次に彼は「ソフトパワー」や「文明の衝突」、そして「自由、民主主義、平等な人権」というアメリカと西洋によって発明された重要な概念を、「中国の価値体系」と取り替える必要があると述べている。

「ソフトパワー」のような学者のアイディアと人間の基本的な権利を「西洋の概念」と一括《ひとくく》りにして、それを中国のものと取り替えるという考えだけでも十分に衝撃的だが、彼のスピーチで本当に重要なのは、幹部たちに対して、海外の聴衆《オーディエンス》たちの「欠点や汚染度」に注意するよう促《うなが》している点だ。彼は「もしわれわれによる支配状態だけを強調するのであれば……対外プロパガンダで良い結果を出すことが難しくなる」と述べる。われわれは中国共産党の高級幹部の一人――何並非は外交部の副部長を務めたこともある――がこのような異常な愛国的情熱を示したことを無視して良いものだろうか？　彼はうっかり本音を漏《も》らしてしまっただけなのか？　彼が少なくとも中国共産党の指導層の一部が抱いている野望の本音を語っていたという証拠は豊富にあり、本書でも後の章で紹介していく*41。

ところがオーストラリアでは、われわれのトップの階層の人々がこのプロパガンダに完全に乗ってしまっている。労働党の元首相であるポール・キーティングなどは、「過去のソ連と比べて、中国は国際的にイデオロギーを広めることを追求したイデオロギー大国ではない。たしかに大国ではあるが、根本的には自分たちの領域内で生きることを求めている」とわれわれに心配しないよう説得する*42。これと同じことを、朝起きたら中国軍に、自分たちが伝統的に使ってきた水域の島を占拠されていることに気づいたベトナムやフィリピンのような国々や、チベットのように領土を占領され続けている人々に言えるだろうか。これから見ていくが、キーティングは中国共産党のプロパガンダをそのまま、オウム返しに使うことが多い。

中国研究家の中でもとりわけ鋭《するど》く、豊富な情報を持つデヴィッド・ケリーが指摘するように、中国国内の学者たちは、西洋における「中国の友人」とは違って、習近平政権下で台頭する勝利主義に深刻な懸念を抱いている*43。もちろんあからさまな批判はできないが、それでも彼らは中国が世界のリーダーとしての役割を十分に担《にな》えるほど成熟してはおらず、党とメディアの勝利主義は危険だと指摘する。ある学者は一九三〇年代のドイツと比較しつつ、中国は「世界の救世主」として振る舞うよりも国内の発展に集中すべきだと論じている。ケリーは、彼らのいう「現実主義的」な姿勢が、「現況ではより持続可能な大国の戦略」であると主張する。

ところがタカ派の立場が優勢になってきている。劉明福によれば、中国人は「地球上で最も優れた人々」であり、その偉大な文明とともに中国は「世界をリードする国」、そして「比類なきグローバルなリーダー」になるというのだ*44。今世紀の今後のさらなる不透明さについては、中国専門家であるジャミル・アンダーリニによって以下のように指摘されている。

中国の偉大なる復興のロジックというのは、本質的に「報復主義」的なものであり、その前提として「自分たちの正当な権力の座や影響力、さらには領土の回復まで、まだ長い道のりがある」という考えがある。世界にとって最も致命的な問題は、中国がどの時点で回復のピークを迎えたと感じるかであり、中華民族の一部に属していないそれ以外の人々にとって、それがどのような状況になるのかという点だ*45。

オーストラリアへの領土的主張

習近平との最初の会談のすぐ後に、ドナルド・トランプは記者団に、中国の主席が「朝鮮は中国の一部であった」と教えてくれたと語った。トランプが騙《だま》されやすいことは別に驚きではないが、朝鮮の人々は習近平が何を意図していたかを知っていた。もちろん朝鮮半島は決して中国の一部ではなかった。韓国で最も尊敬され広く読まれている朝鮮日報は、その社説の中で「このナンセンスの根本的な原因は、冊封体制《さくほうたいせい》の頃にさかのぼる強力な覇権的民族主義にある」と厳しく批判している*46。中国共産党の韓国に対する圧力は、「朝鮮半島は服従すべきであるという、弱い者いじめをする側の信念によって動かされたもの」でしかないのだ。

中国以外のアジアの国々は、南シナ海やその中の島々に対して中国が「歴史的な権利」を持っているという主張がいかに怪しくて胡散臭《うさんくさ》いものなのかを、よく認識している。中国は南シナ海全体を二〇〇〇年以上前に発見し、名称をつけて、探査し、利用してきたと主張する。これこそが一九四七年にそのほとんどを手書きで描いた九段線による、主権の根拠だというのだ。この状況を分析したある専門家は、「このような主張は、国際法において根拠になりえず、しかも中国自身の歴史にも基《もと》づかないものだ。単なるナンセンスである」と結論づけている*47。ところがこの「歴史的なナンセンス」も、中国のタカ派の人々にとっては何の抑止効果をもたらしていない。彼らは「たとえその海域で漁業を行ってきたという中国の歴史的な主張が妥当《だとう》なものであったとしても、その中の島の権利へのいかなる主張にとっても関係ない」というハーグの常設仲裁裁判所の判決を、当然のごとく退《しりぞ》けている*48。

オーストラリアの中国研究のトップの一人であり、オーストラリア人文学学会の会長であるジョン・フィッツジェラルド教授は、中国共産党の考え方を以下のようにまとめている。

係争地《けいそうち》の主権を主張する上で、北京は自国のものとして強力に「再請求」できる海や陸の領土の歴史的な所有権を確立するために、千年以上をさかのぼっている。こうすれば強制的に返還を請求できることになる。どの国も侵略は禁止されているため、中国の指導層は「失った」領土を回復すると主張することによって「侵略した」と非難されることはないというのだ*49。

オーストラリア人にとって重要なのは、「領土的な野望を正当化するための偽造的な歴史的主張は、なにも中国の伝統的な影響圏だけに限定されているわけではない」ということだ。中国は偽史《ぎし》を使って将来オーストラリアの所有権を正当化するためのポジションを得ている。二〇〇三年に胡錦濤がオーストラリア議会での演説の冒頭で、突拍子もない歴史修正主義的な考えを披露《ひろう》している。

中国人はオーストラリアのみなさんに対して、当初から友好的な感情を抱いてきました。一四二〇年代には明朝の遠征艦隊がオーストラリアの岸にたどりつき、その後の数世紀にかけて、中国人は「南方大陸」と呼ばれ、現在はオーストラリアとよばれるこの土地へ海を越えて航海し、住み着いたのです。彼らは中国の文化をこの地にもたらし、現地の人々と調和して生きたことにより、オーストラリアの経済、社会、そしてその繁栄する多元的共存文化に貢献したのです*50。

胡錦濤の主張は、おそらくギャヴィン・メンジーズというイギリス人によって書かれた『1421中国が新大陸を発見した年』（ソニーマガジンズ）というい加減な歴史本を元にした可能性がある。これによれば、鄭和《ていわ》提督によって率いられた艦隊が世界を航海し、世界の主な大陸に停泊して、中国人の水兵たちが現地の人々と交わったという。この停泊地には現在のオーストラリアのニューサウスウェールズ州のエデンも含まれているという。メンジーズの主張の証拠の無さは、本が出版される前からすでに指摘されており*51、二〇〇六年にはオーストラリア国営放送であるABCの「フォーコーナーズ」という番組のなかで、間違いを徹底的に批判された*52。メンジーズが自らの主張の論拠として制作した地図は、結果的に間違いであると証明された。中国の学者たちも、西洋の学者たちに負けじとメンジーズの歴史に関する主張を検証し、誤《あやま》りを指摘している*53。端的にいえば、明時代の中国艦隊がオーストラリアの近くまで来たという証拠は一つもなかったのだ（ちなみにメンジーズは一四二一年のネタが尽きたあとに、アトランティスの失われた都市の発見について書いている）。

オーストラリア議会図書館が二〇〇八年に発表した解説記事が記しているように、胡錦濤主席は「発見した」という言葉は使っていないのだが、それでもオーストラリアの通常の歴史とは別の見方を提唱しており、そこでは中国人がオーストラリアの岸に到達し、象徴的にも（中国共産党の考えでは）法的にも意味を持った行動として、名称をつけ、地図を作成し、その土地に居着いた時から歴史が始まったと述べている*54。

胡錦濤の考え方に感化された人々はいた。調和的な協力という感情に流されて、自由党の上院議員であるデイヴィッド・ジョンストンはその数日後に、オーストラリアの歴史は中国の提督の「途方もない遠征の旅と発見」を認め、「一四二一年の中国艦隊が実際にわれわれの岸辺に到達したという胡錦濤主席の声明に同意して」書き換えられるべきだと提案している*[55]。

メンジーズの「歴史」はすでにその誤りを指摘されているのだが、胡錦濤主席の国会議事堂での演説から二年後、在豪中国大使の付瑩《フー・イン》（Fu Ying）は、オーストラリア記者クラブでの会見で「オーストラリアは中国の世界航海の地図に常に記されておりました」と語っている*[56]。同じ年に、中国共産党の中央宣伝部はウェブサイトに、鄭和提督がジェームス・クック船長やエイベル・タスマンよりも数世紀前にオーストラリアの北西部に到達していた可能性が高いという主張を掲載している*[57]。「中国人がオーストラリアを発見した」という主張がほぼ忘れ去られていた二〇一六年、李肇星《りちょうせい》はオーストラリア国立大学で行った講話の中で、元朝時代（一三世紀から一四世紀）の探検家がオーストラリアを発見したと主張している。このオーストラリア史の捏造《ねつぞう》については、誰も問題視していない。

第三章 僑務《きょうむ》と華僑

華僑《かきょう》の動員

華僑の地位が上がり、彼らが民族意識に目覚めるにしたがって、中国の発展と進化を進めるために、彼らの権力をまとめようという欲望が生まれ、それを実行するだけの能力を持つようになるだろう*[1]。

右の国務院僑務弁公室副主任・何並非《フー・ヤフェイ》の言葉で明らかになったのは、共産党の世界的な台頭の野望を実現する上で、海外の中国人（華僑）が果たすべき決定的な役割である。中国共産党は華僑に対する態度を、二〇〇〇年に試験的に、そして二〇一一年には完全に変えた。それは距離をおく姿勢から「海外のすべての中国系の人間を一つにして受け入れる」というものにまで変化している*[2]。

世界に広がる五〇〇〇万人以上もの膨大《ぼうだい》な華僑を動員するために、中国共産党はいくつかの資金豊富な機関によって実行される、華僑を狙った多方面にわたる極めて精緻化されたプランを作成しており、このターゲットには一〇〇万人を超えるオーストラリア在住の中国系市民も含まれる。

このプログラムの歴史、目標、計画や戦術は、ニュージーランドの中国の民族問題を専門とする学者である杜建華《ジェームズ・トウ》（James Jiann Hua To）の、かなり入念に調査された重要な博士号論文を元にした研究の中で詳しく説明されている*3。この研究はオーストラリアの中で何が起こっているのかを知る上で欠かせないものだ。杜建華が、中国共産党の対華僑政策とその実践の実態の詳細を調査できたのは、北京にある多くの機密文書にアクセスできたからだ*4。華僑の管理は「僑務《きょうむ》」（qiaowu）として知られ、これは「社会のあらゆる階層の華僑の取り込みと協力、状況や構造的な状態が中国共産党の望むものになるよう、インセンティブや抑制を通じて彼らの行動や認識を管理することを含む、莫大《ばくだい》な工作」と説明することができるだろう*5。

杜建華のショッキングな説明を読むまで、私は海外における中国共産党の狙いが何なのか、完全にはわかっていなかった。私はその多様なプログラムの主な目的は、反体制派や批判的な声に対抗したり封殺することにあると思っていた。ところがこの「ネガティブ」な目標には「ポジティブ」なカウンターパートがいた。つまり、華僑を使ってオーストラリア国民全体を親中的にし、北京がコントロールしやすいように社会を変えていくというのだ。そうなればオーストラリアは中国がアジア、そして最終的には世界の覇権国となるのをアシストするようになるというのだ。

「僑務工作」は、たとえば豊かな中国のビジネスマンが、われわれの政治体制において献金やネットワーキングを通じた影響力を持っているような、われわれが知るべき文脈を教えてくれる。この文書が暴《あば》いているのは、僑務工作が長期的にみると中国系の人々を組織票として動員することや、中国共産党に忠実な中国系の議員を当選させたり、政府高官を送り込むことが含まれていることだ*6。

実際のところ、北京はオーストラリアのことを、ニュージーランドと並んで、西洋諸国の中の「最弱の鎖《くさり》」であり、アメリカの世界的な展開を断ち切り、習近平の「中国の夢」の実現を助ける戦略を実験する理想の場所だと見なしている。中国共産党が二〇〇〇年代以前の政策とは正反対に、中国系の移民を奨励《しょうれい》するようになったのは、まさにこの理由からなのだ*7。そして北京がオーストラリアのような国に対して、自由貿易交渉の一部として労働市場の規制の緩和を積極的に推し進めている理由もここからわかる。オーストラリア国内に北京に忠誠を持つ中国人が増えれば、北京はますますキャンベラ政府に対し影響力を発揮できるようになるからだ。

二〇〇六年に書かれた国務院の文書では、合法よりも違法に中国を離れる移民の数の方が多いと記されている*8。中国は「違法移民を抑える努力をしている」というが（これには汚職、もしくは汚職をしたと言われている政府の役人やビジネスマンが含まれる）、中国共産党の上層部はこのような事態から目をそむけていると批判する人物もいる*9。たとえば杜建華《ジェームズ・トウ》は、フィジーの首都スバに、二〇〇〇年代初めから、中国の観光ビザや学生ビザで入ってきた女性たちが働く「中国人専用」の売春宿があり、彼女たちはそこで働きながらオーストラリアに入国しようとしていると報告している*10。ちなみに二〇一七年には中国国籍の七七人が娼婦だと指摘され、フィジーから国外退去の措置を受けた*11。そして中国の警察が、顔を隠した彼女たちを家から連れ出して飛行機に乗せたが、これはフィジーの主権の侵害ではないかとの疑問が巻き起こった。すべての文書を検証した後に杜建華が結論づけたのは、北京は違法移民に関して緩やかな態度をとっているというものだった。もちろん「下層の教育のない」違法移民の倫理観のなさや利用価値について心配する向きもあるが、党幹部たちは違法移民の必要性を感じているようであり、それは一〇年や二〇年たてば出先の社会に受け入れられ、党にとって有益な存在となるからだ。

僑務について詳細に見ていく前に、われわれの直面している問題を理解するため、まずはオーストラリアの歴史の一部を簡潔に振り返ってみよう。

ボブ・ホークのプレゼント

一九八九年に天安門事広場で起きたデモの鎮圧が、後にオーストラリアに大きな影響を与えるとは誰も思っていなかったはずである。これから見ていくが、その影響は甚大《じんだい》だ。ただしその前に、広場にいた学生たちを鎮圧するため戦車を派遣した決断の、直近の影響から見て行こう。

事件当時に豪首相であったボブ・ホークは、この時の残忍な映像に大きなショックを受け、オーストラリア内に滞在していた学生たちに対し「母国に強制送還することはしない」と涙ながらに告げている。この決断によって四万二〇〇〇人の中国人たちがオーストラリアの永住権を獲得することになり、後に彼らの近親を含む合計一万人ほどの中国系移民が誕生した。私を含めた当時のオーストラリア人のほとんどは、この決断を慈善的な感覚でポジティブにとらえていた。結局、同じ仲間が殺されたり収監《しゅうかん》されている国に学生たちを送り返す責任を取りたいとは誰も思わなかったからだ。

ところが現実は、当初の想定とは違ったものとなった。政府高官たちからの強い忠告にもかかわらず実行されたホーク首相の独断的な決断は、現在でも大きな影響を及ぼし続けているからだ。この隠れた歴史の一部は、当時のその決断を間近で見ていた元政府関係者から教えられたものだ。まず重要なのは、この当時の学生たちの四分の三はオーストラリアの大学で学んでいたわけではなく、語学研修で数カ月だけ滞在していた短期留学生だったという点だ*[12]。もちろん彼らは週に二〇時間まで働く許可は受けていたのだが、その規制が法執行機関によって強制されることはほとんどなく、多くはフルタイムで働いていた。

移民局の職員たちは、中国人の流入の拡大――これは教育関係者からは「カネのなる木」と見られていたが――を、彼らが語学コースに入学する費用と引き換えにオーストラリアに働きに来るための手段であると見ていた。この短期の語学留学生たちに、当局は厳しい入学テストを行いたかったが、中国人を「カネのなる木」としか見ていなかった教育系の官僚たちに負けてしまった。その中国人学生の半分近くが、ビザの期限を超えて滞在していた。

ホーク首相が一時滞在ビザを優遇したことにより、移民局は何千人もの難民申請者によってあふれかえることになる。申請者たちは永住権、そして最終的には市民権を得ようとしていた。一年の受け入れ体制がわずか数百人分しかない移民局は機能不全に陥《おちい》った。中国人コミュニティのメンバーの証言によれば、いままでほとんど民主化運動に積極的に参加したことのない何人かの学生は、ビザ申請のために民主化運動に加わり、デモに参加したりプラカードを振りかざしたりして、友人にその写真を証拠として撮影してもらったりしていたという。当局はただ単に状況を追認するほかなかったのである。

ボブ・ホークやわれわれのほとんどは、なぜ一九八九年六月四日にオーストラリア国内にいたすべての中国人学生を、ビザが切れて国に帰ったら迫害にあう民主化運動の活動家と信じていたのだろうか？　実際、民主活動家だけでなく、その支持者たちも、留学のために海外に出たことはほとんどないはずだ。ある推定によれば、当時の北米の中国人学生の中で積極的に反共産党だったものはたった一〇パーセントだったと言われる*[13]。オーストラリアでもそうだったように、彼らのほとんどは永住権を取ることができた。彼らを送り返すのは非人道的だと思われたからだ。しかし実際には、彼らのほとんどは経済移民だった。

亡命を認可された数千の人々の中で、何人かはたしかに保護を必要とする民主化運動の支持者だったのは間違いないし、その中の何人かは今日でもオーストラリアへの共産党の影響力の増大に抵抗し続けている。ところがボブ・ホークの天安門事件後の決断は、そもそも移民を許可されないような人々の多くに認可を与えてくれた、いわば「棚《たな》ぼた」だった。もちろん何人かは反共産党活動を始めたが、その他大勢は弾圧を看過《かんか》し、そもそも無関心だった。私が数人から聞いたのは、毎年六月四日に中国系オーストラリア人たちが集まって、自分たちに永住権を与えるきっかけとなった天安門事件を祝い、盃《さかずき》を交わしているという目撃証言だ。中国共産党はこのような華僑たちが自分たちに反抗せず、海外から母国のために貢献する仲間になってくれるはずだと気づいた。政治亡命をした人々の何人かはオーストラリアを「朝貢国《ちょうこうこく》」につくりかえるための北京の運動で、影響力を最も効果的に発揮するエージェントになるはずだからだ。

ホーク政権の教育省長官だったジョン・ドーキンズのような人々は、天安門事件後の中国人の殺到について、オーストラリア国民のスキルを「迅速に知的な面で上昇させてくれるもの」と見ており、他にもジェームズ・ジュップのような移民推進派の人々は「時代遅れのわずかな数」の中流階級に対して「新たな中流階級」を加える意味で歓迎していた。ところがホークの決定の本当の長期的な影響は、オーストラリアを北京の望みに沿わせるための土台づくりにあったのだ*[14]。その実際のやり方は本書で後ほど詳しく説明していくが、まずここでは、現代の中国を動かしているのは何か、その本当の狙いは何なのかを理解しなければならない。

オーストラリアで活動する中央統戦部

「僑務」のほとんどの活動は、中国共産党中央委員会に属する統一戦線工作部（中央統戦部）によって実行されており、それは「マルクス＝レーニン主義的な大衆動員の戦術、テクニック、そして戦略を基盤」としている*[15]。中央統戦部は中国人の社会組織や中国語メディア、学生団体、業界団体、そしてビジネスエリートたちをターゲットにしている。中央統戦部は党の中の一組織だが、中国共産党ではすべての政府機関が僑務の目標を追求することが期待されている*[16]。国務院僑務弁公室（これは党の機関ではなく政府機関）は、僑務の政策や計画を作成し、海外における中国の政策を実行する責任を負っている。中国共産党の中央宣伝部（この海外での役割については中国専門家のアン＝マリー・ブレイディによって説明されている*[17]）も、この工作において中心的な役割を果たしている*[18]。すでに中央統戦部は権力の中心的な存在であったが、習近平国家主席の下でさらにその重要性を増しており、彼は中央統戦部を中華民族の偉大なる復興における「魔法の兵器《マジック・ウエポン》」であると説明している*[19]。中央統戦部がオーストラリア内で行っている活動の全貌《ぜんぼう》については一冊の本が書けるくらい豊富な事例があるため、本章ではその中のいくつかの重要な活動を挙げるのにとどめておきたい。アン＝マリー・ブレイディはニュージーランドにおける中央統戦部の活動について詳しく説明しているが、ここからわかるのは、ニュージーランドにおける活動はいくつかの面で、オーストラリアで行われているものより進んでいることだ*[20]。

中国語メディアの他にも、中国系の人々を指導する主な手段として中国系オーストラリア人たちの民間団体やビジネス団体などがあり、これらが北京のいわゆる「ソフトパワー」を推進している。「中国和平統一促進会」（ＣＣＰＰＮＲ）は中央統戦部の中核的な機関の一つだ*[21]。このオーストラリア支部が「澳州中国和平統一促進会」（ＡＣＰＰＲＣ）で、オーストラリア華僑団体の中でもトップに位置する組織だ*[22]。この会の上層部は中国の国益を推進する上で、大使館から信頼されている人々によって占められている。ＡＣＰＰＲＣは、中国共産党による中央統戦部を使った新たな活動の一つとして二〇〇〇年に創設され、その狙いは北京への忠誠心に疑いのある中国系の古い組織団体を衰退《すいたい》させることにあった。この古い団体とは、僑務の専門家が「三つのナイフ」という蔑称《べっしょう》で呼ぶ人々によって創設されたものだ。その三つのナイフとは、レストラン、市場向け農園、衣料業界で働いた、教育程度の低い中国人たちのことである*[23]。彼らは「六つのマスターたち」、つまり弁護士、エンジニア、医師、会計士、教授、そして科学者たちによって作られた、中国の新たな活力を広めるための新しい団体によって取って代わられるのだ。

億万長者の政治献金者である周澤栄《チャウ・チャクウィン》（Chau Chak

Wing）と黄向墨《ホワン・シャンモ》（Huang Xiangmo）はＡＣＰＰＲＣの高級幹部であり、二〇〇〇年の創立時の会長はウィリアム・チウ（邱維廉）であった。チウは学生時代に過激な毛沢東主義者として母国のマレーシアで迫害されたが、のちにニューサウスウェールズ州で著名人となってオーストラリア労働党の重要な献金者の一人になり、州内の名士たちと良好な関係を築いている。また彼は中国共産党に忠誠を誓う中核的な人物であり、二〇一五年に死去した時には自由党の有力者であるフィリップ・ラドックが連邦議会で行われた葬式で弔辞《ちょうじ》を述べている。ニューサウスウェールズ州知事であったバリー・オファレルは花輪を捧げている。チウの遺灰は、習近平の父を含む、革命の英雄や政府高官のために用意された北京の八宝山革命公墓に埋葬《まいそう》された。彼の棺《ひつぎ》はオーストラリアから持ち込まれたＡＣＰＰＲＣの旗に包まれている。七人いる中央政治局常務委員の一人でＣＣＰＰＮＲの代表、「中国人民政治協商会議」の代表も務める俞正声《ゆせいせい》は、葬儀に花を贈っている。中央統戦部や国務院の僑務弁公室の高級幹部たちも彼の冥福《めいふく》を祈り、人民日報紙はウィリアム・チウを「偉大な中国の愛国者」と称賛した＊24。

北京政府はオーストラリア国内に十数個ある中央統戦部の組織に対し、必ずしも直接的な統制をかけているわけではない。むしろ彼らはこれらの組織に対して助言を行い、資金や大使館のサポート、そして祖国へのつながりなどの面から支援するやり方を選んでいる。キャンベラの中国大使館や主要都市の領事館などでは、このような任務が文化・教育担当の大使館員や領事館員たちの仕事のほとんどの時間を占めている＊25。彼らは数十年かかって発展させた、通常はあからさまな強制を必要としない心理・社会的な手法を使っている。杜建華によれば、結果として僑務工作は「行動を集中的に制御し操作するための効果的なツールなのだが、表向きには寛大《かんだい》で有益に見える」という＊26。法輪功《ほうりんこう》のメンバーやチベット独立支持者のように、このような方法でも納得しない人々は、非難やブラックリストへの掲載、サイバー工作、そして嫌がらせなどを含む、攻撃的かつ高圧的な手段の対象となる。

オーストラリアではACPPRCのような中央統戦部系の組織が北京の仕事を実行しているため、中国共産党自身はその指揮する手を隠すことができ、公的にも友好的な顔を維持できる。結果として、多くの著名な政治家たちも彼らと喜んで関係をつくり、名誉職や随行的な役割などを受け入れ、これによって北京の目立たないプロパガンダに耳を傾けてしまうことになる。

ACPPRCの後援者のリストにはゴフ・ウィットラム、マルコム・フレーザー、そしてボブ・ホークなどが含まれる。名誉アドバイザーには労働党の連邦党首を務め、現在は中国のロビイストであるニック・ボルクス、ニューサウスウェールズ州の労働党の大物であるメレディス・バーグマン、そして二大政党の多数の州議員や連邦議員が含まれる。アーネスト・ウォン（王国忠）はニューサウスウェールズ州の労働党と中国の億万長者たちをつなげる最重要人物だ*[27]。彼は労働党によってニューサウスウェールズ州の州議院に選出されたACPPRCの名誉アドバイザーで、この団体とかなり深く関わっているように見える。クリス・ボウエンは労働党ニューサウスウェールズ州右派の選出で、「影の財務長官」であったが、彼はサム・ダスティヤリ事件（後に詳しく説明する）が起こり、ホームページから彼の名前が削除された二〇一六年までは、ACPPRCの後援者であった。ボウエンの活動はこれまであまり目立たなかったが、彼の中国とのつながりは広範囲にわたって、しかも密接なものだ*[28]。

ACPPRCの活動には、子ども向けの「中国文化」の教育や、多文化的なイベントへの協賛、そして二〇一五年にはシドニー領事館との共催で「日本に対する中国の勝利」を祝うイベントなどを開催している（実際に一九四五年に日本を打ち負かしたのはアメリカの原爆なのだが、これは北京政府のストーリーには不都合だ）*[29]。ニューサウスウェールズ州の元州知事であるマイク・ベアードは中国領事館のイベントに参加することが多く、二〇一五年には領事館側がベアード州政府に対して、シドニーのオペラ・ハウスを中国国旗と同じ真紅の色でライトアップすることで、中国の正月にあたる春節《しゅんせつ》を祝うよう要請した。これによってオーストラリア人たちは自分たちの多文化的なオープンさを讃《たた》えたわけだが、人民日報はこのイベントで示されたシンボル的な意味を見逃さなかった。彼らは記事の中で「シドニーのオペラ・ハウスは漢字の入った真紅の色に染め上げられた」と記し、中国の文化が国民にいかに受け入れられているかを喜ぶオーストラリア総督のコメントを紹介している*30。毎年恒例となった「中国の春節《しゅんせつ》」イベントは、ベトナムや韓国のように陰暦を持つ他のアジア諸国の文化を考慮して、シドニー市議会によって「旧正月」(Lunar New Year)と改名されている。

中央統戦部のオーストラリア国内の工作にとって、このイベントは重要なものとなった。このような伝統行事をプロパガンダやネットワーキングのために使う手法は、杜建華によって発見された国務院僑務弁公室の機密文書の中で推奨《すいしょう》されており、当然ながら、北京に対して疑念を持っている古くからの華僑たちを取り込み、ともに北京の国益を推進していく手段ともなる*31。習近平の指導の下で、中国のソフトパワー構築のための資金や人材が注ぎ込まれ、中華人民共和国文化部(庁にあたる)が先導した旧正月を祝うイベントは、世界の国々では二〇一〇年の六五件から、二〇一五年には一一九カ国で九〇〇件にまで増加している*32。

最近のオーストラリアの春節イベントは、伝統的な龍や花火、肉まんや紅い包み紙などに彩《いろど》られるようになったが、これはフェアファックス社のジャーナリストであるフィリップ・ウェンによって暴かれたように、北京の国務院僑務弁公室が数百万ドルにおよぶ額をシドニーのナンハイ・メディア社を通じて資金提供したものだ*33。旧正月を祝う春節はシドニーの中華街から広まり、いまやオーストラリアのほとんどの主要都市で開催されており、二〇一七年にはシドニー内で八カ所、メルボルンでは五カ所で行われている*34。

これまで数十年間にわたり、ポピュラーな東アジア文化や中国系オーストラリア人を称《たた》えるイベントだったものが、いまや中国共産党のプロパガンダを誇示《こじ》する場となってしまったのであり、シドニーの代理機関にとって、かなりの数のオーストラリアの政治指導者たち（しかもこれは首相によって率いられていることが多い）に対する大きな影響力を獲得するチャンスとなったのだ。政治家たちはおそらく何も考えずに参列を始めたのかもしれないが、同時にオーストラリアの財界もこの流れに乗り、自分たちの多文化主義を誇示すると同時に、中国系オーストラリア人の持つ市場にアピールし始めた。二〇一七年にはオーストラリア国営放送（ＡＢＣ）テレビが番組の合間に何度も春節の広告を流すことで、国務院僑務弁公室の思惑《おもわく》通りの動きをしたのだ。

二〇一六年には「オーストラリア平和と正義保護実行委員会」（the Australian Action Committee for Protecting Peace and Justice）という名前の団体が、六〇カ所の地区リーダーたちを集めて「（シドニーにおける）勢力を結集し、中国国家の核心的利益を守るための会合」を呼びかけているが、この「核心的利益」とは要するに、北京による南シナ海の領有権のことだ*35。この実行委員会の代表はシドニー在住の銭斉国《チアン・チーグオ》（Qian Qiguo）というビジネスマンだが、彼は他のいくつかの中央統戦部傘下の団体でも積極的な活動を行っている*36。

二〇一六年にはターンブル首相が初の中国公式訪問をした際、中国の「コミュニティのリーダーたち」は、首相に対し一致団結して「南シナ海における中国の主権を固く守る」よう要請している*37。広報担当の林斌《リン・ビン》（Lin Bin）という人物は、母国と敵対するリスクに厳しい警告を発した。こうした事情に最も詳しい人物の一人であるフィリップ・ウェンによれば、このコミュニティのリーダーたちは、黄向墨《ホワン・シャンモ》率いるＡＣＰＰＲＣや中国大使館と関係していたという。ターンブル首相への圧力は「シドニー・トゥディ」や、周澤栄《チャウ・チャクウィン》が所有する「オーストラリアン・

ニューエクスプレス・デイリー」のような中国語新聞で、さらに増えていった*[38]。

ビクトリア州メルボルンの主要団体の一つである「中華大会堂総会」(the Federation of Chinese Associations)などは、その狙いをあからさまに明言している。

中国文化を広める他に、中国人協会連盟は、祖国の誇りと国益を忘れず、反中団体や反中的な行動に対して反撃するために、様々な会合を迅速に組織しなければならない。たとえ遠く離れていても、われわれの献身的な心は、わが祖国を徹頭徹尾、情熱的に思い出すのだ*[39]。

中華大会堂総会の会員たちはオーストラリアのパスポートを保持しているが、彼らの熱烈な愛国感情の向かう先は外国である中国だ。中華大会堂総会は国務院僑務弁公室の上海と広東の代表者たちを迎え入れて、メルボルンの領事館とよく連携し、たとえば二〇一六年の「殉国者《じゅんこくしゃ》を追悼し、民族の屈辱を決して忘れないため」の「日本の侵略に対する抵抗戦争」を称賛する愛国的なイベントを開催している*[40]。中国共産党が自分たちの目的のために民族の屈辱的な感情を煽ってきたことはすでに見てきた通りだ。

中華大会堂総会の会長は蘇俊希《ス・ジュンシ》(Su Junxi)である。彼女は二〇一六年に、フィル・クリアリー候補のチームの一員としてメルボルンの副市長に立候補したが、落選している。彼女は以前に中国系でメルボルンの市長と副市長を務めた人物たちを見習ったと述べている*[41]。この団体は政治指導者たちを「支えるための基盤」であり、前の二人の市長は「われわれの団体から選出された」と言うのだ*[42]。蘇俊希が二〇一六年七月、ハーグの国際仲裁裁判所の南シナ海の領有権に関する判決に反論したスピーチは、人民日報にも好意的に紹介された。彼女は「南シナ海のすべての島は中国固有の領土であり、中国は常にこれらの島々を支配する権利を持ち、この歴史を覆《くつがえ》すことはできない」と述べている*43。

蘇俊希がスピーチを行ったメルボルンの会合では、三〇〇〇人以上の華僑たちが北京を支持するために集まった。彼らは中国国旗を振り「平和」を訴えた。この会合は「メルボルンの一六九個の華僑団体」によって、たった数日の告知だけで開催されたと言われる*44。われわれの予測通り、この会合の主催者たちは中国大使館からの許可を求め、そして承認された*45。主催者たちはハーグの裁定が「中国人たちを義憤《ぎふん》に駆り立てた!」と宣言したが、その多くはオーストラリア国民だったことを忘れてはならない。

中国系オーストラリア人の抵抗

二〇一六年九月、中央統戦部系の団体が「毛沢東の愛すべき性格と英雄的な行為」を称える劇場コンサートを計画した。ところが中国系オーストラリア人たちの中には「中国の最も恐るべき独裁者」を称えることに猛反対する者もいた。彼らにとって毛沢東の称賛は、自分たちが愛するオーストラリアの価値観とは正反対だったのだ。このコンサートはシドニーとメルボルンの公民館で開催される予定だったが、ネット上で反対運動が起こり、反対集会も計画されると、トラブルを避けるために中止された。

二〇一七年二月には反共産主義の中国系オーストラリア人団体が「紅色娘子軍《こうしょくじょうしぐん》」というバレエ形式の革命歌劇の上演計画に反対運動を開始した。この歌劇は紅軍を讃えて中国共産党を美化するものであった。シドニー・マイヤー財団のスポークスマンであるカルリオ・ガントナーは、この歌劇は「そのプロパガンダ力を失ってしまった」と述べている。ところが「過去の悪夢」をまだ覚えている中国系オーストラリア人たちにとってはそうではなかった*46。これは党に対して中国文化を「ソフトパワー」という形で世界に広めるよう指示した習近平にとっても同じであった。反対運動の主導者である斉家貞《チー・ジアジェン》（Qi Jiazhen）は作家であり、政治犯として収監された経験を持つ人物だが、この歌劇が憎悪を推進し、虐殺を説くと指摘している。彼女は中国が西洋社会に浸透するために文化交流を使っていると警告する*47。ところが反対運動は失敗し、歌劇は上演された。

北京に忠誠を誓う人々は、オーストラリア内において、ゆっくりだが確実に中国系の団体を支配していったが、これは従来の中国系オーストラリア人のコミュニティに警戒感を発生させることになった。迫害を逃れてきたり、単に自由に生きたいと思っている移民たちは、数の上で圧倒され始めていると感じている。しかし、彼らはまだ負けたわけではない。一党独裁国家である中国が影響力を増しつつあることを嫌う中国系オーストラリア人たちは、二〇一六年九月に新たな「親オーストラリア」運動を開始した。この「オーストラリアの価値観同盟」(the Australian Values Alliance)は、創設者であるジョン・フーの言葉によれば、もしオーストラリアで生きていきたいと決意したのであれば「オーストラリアの価値観に同意すべきだ」という考えを基盤としている*48。フーは僑務工作の狙いや、それが「中国」と「共産党」を同化させようとしていることに強く反対しており、「もしこの国の価値観を嫌っていて、しかも他国を自分の国のように考え続けているのならば、その国へ帰るべきだ」と言っている。

これはかなり強い言葉であり、快《こころよ》く思わない人も出てきそうだ。しかし私にとってはジョン・フーがオーストラリア国内の中国人コミュニティについて語るのを一時間半にわたって聞いたのは、目を開かされる体験だった。われわれはフェリー・ターミナルとシドニー・オペラハウスを見渡せるシドニー現代美術館のカフェで会ったが、当時フーは他にもいろいろと役職をこなしており、そのうちの一つがパラマッタ市議会の労働党の職員だった。彼はシドニーの中国領事館が海外の中国人を操作する活動や、中国の富裕層のビジネスマンが自分たちの利益になるという理由で領事館の命令をどのように実行しているかを説明してくれた。

興味深いのは、私がこのリッチなビジネスマンたちがオーストラリアの政党に行っている巨額の献金について尋《たず》ねた際の「個人的な献金などというものはないですよ」との返答だった。いずれかの形で、領事館が絡《から》んでいるということだ。

中国系オーストラリア人たちと無数の会合をこなしてわかったのは、彼らのコミュニティが、低いレベルながら恐怖心に満ちていることだった。権力を持つ人々は「中国」への忠誠を期待し、彼らを処罰する力も持っている。オーストラリア国民は何も恐れずに気軽にデモに参加するが、オーストラリアの中国系の人々にとって、北京の政策に抗議するデモへの参加は勇気のいることであり、自分の身に何か起こることを受け入れる決断が必要になる。彼らは写真を撮られ、身元を特定され、そして名前が中国大使館に送られるかもしれないことを知っている。彼らは「強力な人々」から警告の電話を受け取る可能性もあるのだ。病気の母親の見舞いをしようとしても、入国ビザが下りないこともある。もしくは兄弟が中国で経営している会社に警察がガサ入れをするかもしれない。彼らの名前や個人情報、そして活動に関するリストはどこかに保存され、いつでも取り上げられる可能性があるのだ。

私はジョン・フーに、北京に忠誠を誓う勢力によるオーストラリアの中国系市民への支配は、すでに手遅れか聞いてみた。すると彼は「まだ止めることはできます」と答えた。しかし彼の見立てでは、まず英国系のオーストラリア人たちが自国で何が起きているか気づく必要があるという。彼は仲間の何人かと協力して、オーストラリアには単一の「中国人コミュニティ」なるものは存在しないことを示し、「白人のオーストラリア人たち」を目覚めさせるために必要なショックを与える活動を開始した。

「中国人らしさ」を巡る争い

中国共産党は、海外に住む華僑たちを以下の三種類に区別している。海外在住の中華人民共和国の国民（huaqiao 華僑）、外国の市民権を持つ中国系の人々（waji huaren 外籍華人）、そして中国系の子孫（huayi 華裔）である。これらはすべて、祖国に貢献すべき中国の「子どもたち」であるという。党は海外に住むすべての中国系の人々に「中国人らしさ」や民族への帰属意識を強化しようとする*49。ところが共産党の上層部は「海外の中国人たちの忠誠心を操作している」と受けとられることに敏感《びんかん》になっており*50、そのため僑務工作の本当の狙いは、杜建華の言葉を使えば「用心深く秘密に包まれている」のである*51。

中国共産党は、とりわけ教育や仕事を求めて海外に向かった中国の若者たちに大きな関心を向けている。過去の移民たちとは異なり、最近の若者たちは「祖国」への愛国心や結びつきが強い場合が多く、自分たちのことを「母国から切り離された少数派」ではなく「別の国にいる中国人の一人」だと感じている*52。彼らは中国共産党の国際的な目標を実現するための完璧な人材であり、さらに彼らがビジネスや科学、そしてテクノロジーなどの面で優秀であればさらに都合がよい。

英フィナンシャル・タイムズ紙の中国特派員であるジャミル・アンダーリニ記者は、習近平が好んで使う言葉のより正確な訳は「中華民族の偉大なる復興」であると論じている*53。これこそが中国人たち——漢民族と非漢民族——が耳にしている言葉だというのだ（中国本土では国民の九二％が漢民族）。ところが中国専門家の中にはこの訳は正確でなく、やはり「中国人民の偉大なる復興」のままで良いと考える人々もいる。ジェフ・ウェイドは「中華民族」とは「中国がユーラシア内で他の民族を支配するのを正当化するため」に二〇世紀に発明された概念だと論じる。これにはチベットや新疆《しんきょう》ウイグルだけでなく、海外に住む華僑たちも含まれることが多い*54。そもそもこの「民族」という言葉は、国籍、国民、そして民族集団や人種など、使われる文脈によって意味が違ってくるものだ。ただし北京は「中華民族」という概念の使用を、漢民族による非漢民族地域の支配を正当化するために促進している。

その正確な訳語がどうであれ、ほとんどの人は中国専門家であるダニエル・ベルの、現代中国に深く根付いた「中国人であるということは一つの人種に属している」という考え方が存在しているとの指摘に同意するはずだ*55。李克強《りこっきょう》首相のような指導層たちも、母国への愛が中国系のすべての人々の「血の中に流れている」という、問題のある指摘をしているほどだ*56。習近平は「中国人の血」には侵略的なDNAは存在していないと語るが、その底流に危険な人種中心主義の匂いが感じられる*57。

中国共産党が、オーストラリア国籍を持つ華僑に対して祖国への忠誠を第一にするよう期待している証拠は、二〇一七年六月の環球時報紙の中国語版に掲載された驚くべき記事にも見ることができる*58。その記事では中国の諜報機関がオーストラリアに対してオーストラリア国内の中国人を「亡命」（より正確には、寝返ってオーストラリア側のスパイになること）させるなと非難していると報告している。この記事では「華人」（huaren）というすべての中国系の人々を意味する言葉が使われていたが、これはオーストラリア国籍を獲得した中国人がオーストラリアに亡命するのを北京が恐れていることを意味する。

海外移民の第一世代だけでなく、中国語をほとんどしゃべれないその子どもたちも、リクルート対象として狙われる。さらには西洋人の家族に養子として引き取られた中国人の子も「中国の夢」を実現する人材として狙われる*59。オーストラリアの中国系の子供の中には、週末になると中国共産党の世界観を教える中国人学校に通う者もいる。無料のサマーキャンプでは十代の子供を二週間ほど中国本土に訪問させ、巧妙な形で「中国人らしさ」を植え付けるものや、党の見解を教え込むものもある。

先進国では若くて優秀な人材が海外に出ていくのを「頭脳流出」と捉《とら》えて嘆くことが多いが、中国共産党はすでに一九八〇年代から別の見方をしていた。「頭脳」が海外にいても、とりわけ科学やテクノロジーの分野で生み出す成果は、母国にとって利益になるからだ。最先端の研究室や研究仲間、そして研究資金が豊富なら、それらの頭脳は母国にとどまるより遥《はる》かに優れた成果を生み出すことができるからだ。共産党中央委員会総書記を務めた趙紫陽《ちょうしよう》が言ったように、「頭脳の力を海外にためておく」のも良い*60。二〇〇一年に中国共産党は「海外から国家に貢献する」という政策を公式化している。杜建華が書いたように、「中国に貢献する移民たちは、本質的には中国人の持つ倫理観や忠誠心によって海外から中国に貢献する移民たちは、本質的には機動的な、現代の新たな〝中国らしさ〟を象徴している」のだ*61。ちなみに本書の第九章と第十章では、オーストラリアにおけるこの活動の内実について論じる。

最大の問題は、中国の「頭脳」たちをどこまで愛国的な状態で、海外で維持できるかだ。それは「頭脳」が幼稚園の頃から体系的に愛国教育工作を受けて洗脳されていれば、まったく難しくない。さらにリベラル派の「海外で教育を受けた中国人学生は開かれた心を持つはず」との期待に反して、実態から言えば、海外から帰国した学生たちも、海外に一度も出たことのない学生と「ほとんど変わらずに愛国的」だった*62。だからこそ習近平国家主席は、二〇一五年に開催された中央統戦部の幹部たちの集まる会合で、海外留学した中国の学生がそのまま外国に残ると決断しても大丈夫だと自信を持って語ったのだ。彼によれば、その滞在先の国からでも「我が国に貢献する方法はいくらでもある」*63。

中国の法律では二重国籍が禁止されており、国籍はどちらか一方の国にするよう要求される。ところがこの法律は、海外の中国人と母国とのつながりを維持・強化する中国共産党の狙いと矛盾する。したがって、実際にはオーストラリアやアメリカなどの他国のパスポートを持っている中国人も中華人民共和国のパスポートを持ち続けており、先祖の祖国と新たな国籍を持つ国との間を自由に行き来できる。中国共産党の最大の狙いは、海外の中国系住民に、北京に忠誠を誓うよう説得・誘惑することにある。政治参加する中国系オーストラリア人が増えるにしたがって（これそのものは歓迎すべきことだ）、オーストラリア連邦憲法の第四四条（二〇一七年に連邦議会を揺るがせた最大の原因だ）は今後ますます議論を呼ぶはずだ。なぜなら「外国に対する忠誠、服従、もしくは加担の認められる者、外国の臣民もしくは市民である者、または外国の臣民もしくは市民としての権利もしくは特権を有する者」は「上院議員または下院議員として選出され、または議会に出席することができない」と規定されているからだ。

この数十年間、「中国人らしさ」は中国共産党の上層部によって、党の義務やその世界的な展開の強化の目的として再構築されている。これは生物学的文化、そしてノスタルジアに基づく、海外の中国人たちが感じ始めている「共通の同胞意識」を推進することで実行される*64。「龍的伝人」（Descendants of the Dragon）という極めて人気の高い歌があり、これは党によってカラオケで歌われる定番曲とされ、歌詞では「黒い髪、黒い瞳、黄色い肌」が称えられている。杜建華によれば、僑務工作は「華僑のコミュニティや個人に浸透して、彼らの間に北京の政治的なアイデンティティに収束するような、国粋主義的、愛国的、もしくは人種中心的な感情を徐々に教え込もうとしている」のだ*65。これは政治的抑圧を逃れるためにやってくることが多かった前の世代の中国移民とは異なり、母国とのつながりを保ちながら世界で成功することを狙い、一九九〇年代から二〇〇〇年代に大挙してやってきた新世代の人々には簡単に成功した。

一九八九年の天安門虐殺事件の後、僑務工作は以前よりもさらに強化され、資金も豊富に用意されるようになった。党指導部は海外華僑の民主化への感情や、民主化を目指す活動の台頭に危機感を覚えた。すぐに留学生への対処方法の計画づくりが始められた。まず、反共産党運動に参加しながらも中国に帰国したがっていた学生には恩赦《おんしゃ》が与えられた。オーストラリアに残った学生たちも「敵」とは認定せず、中国の国益を追求するために動員できる大切な人材とみなしたのだ。強情な分子《ぶんし》たちは攻撃され、追いやられた*66。オーストラリアで華僑を味方につけるこの戦略は驚くべき成功を収め、一九八九年当時の反抗的なムードと比べ、二〇〇八年のオリンピックの超民族主義的で親共産党的な雰囲気との違いは明白だった。

世界中から「民族をかき集め」て単一の中国人というアイデンティティを作ろうとする積極的な運動は、文化の多様性を認めながらも新しい移民集団をオーストラリア国内に取り込むことを目指すオーストラリアの多文化政策に反して進められた。新たな移民はオーストラリアへの忠誠を誓うよう要求されるが、中国共産党は多くの中国系オーストラリア人たちの中国への忠誠を確保することに成功した。このやり方が続く限り、多様化しているがまとまっているオーストラリア国内社会への、中国系オーストラリア人の統合は失敗するだろう。

中国系の「ハンソン主義」

オーストラリアに忠実な中国系オーストラリア人たちとの会話で私が驚かされたのは、彼らの中に右派ポピュリストであるポーリン・ハンソンの主張に賛意《さんい》を示す者が多いことだった。私は彼らに、ハンソンは一九九〇年代、オーストラリアはアジア人たちであふれかえることになると警告し有名になった人物で、アジア人に見える人物に人種差別をする事件が多発したと教えた。ところが中国系アジア人の中にはハンソンの「オーストラリアの価値」を過激な言葉で擁護する姿勢を魅力的なものと捉《とら》える者がいた。彼らは私に「世界で最も人種差別をするのは中国人だ」と何度も言った。シドニーの中心部、キングス・クロスの中華料理店のオーナーが黒人を雇うのを拒否したことがニュースになり、晒《さら》し者にされたことがあったが、彼らの間ではこのオーナーに同情する声が多かった。つまりこのオーナーは、まだオーストラリアでこういうことがタブーであることを知らないだけだというのだ。そして中国人は、歴史的にも他のアジア人たちより自分たちの方が優れていると考えてきたという。中国人はイスラム教徒に同情しないし、ハンソンの不快な攻撃をありがたく思うという。もちろん実際に彼女に投票する者は少ないだろうが、北京の工作員としてオーストラリア国内で活動している人々を次の飛行機で母国に強制送還したいと考えている反共産主義者たちにとって、「非愛国的な住民を国外追放せよ」というハンソンの主張は正しく聞こえるのだ。

中国系オーストラリア人にとって「共産主義者たち」というのはイスラム過激派よりもはるかに強力であり、徐々に権力を握り、行使していく長期計画を持った存在だ。彼らにとってこの敵対勢力は「ハンソン主義」によって煽られた人種差別主義の広がりよりも大きな脅威だった。彼らは街で嫌がらせを受けることより、領事館を恐れていたのだ。一九九〇年代後半にはシドニーの中国領事館が、ハンソンの脅しを使って自らの影響力の下で、中国系コミュニティを団結させようとしていたのである。

ニュースの統制

外国政府が、オーストラリア国内で中国共産党のプロパガンダを放送するラジオ局を秘密裏に所有することは許されるべきなのだろうか？　アメリカではこれは違法であり、ラジオ局を所有する事業主は「外国機関」として登録する義務がある。二〇一五年のロイター通信の調査報道では、オーストラリアを含む世界の一四カ国にわたる北京系のラジオ局のネットワーク局はほとんどが国営の「中国国際放送」によって所有されていて、中国専門家であるジョン・フィッツジェラルドは「中国共産党中央委員会宣伝部傘下の国際メディア機関」だと説明している*[67]。

杜建華が発掘した文書によると、西側諸国における中国語メディアの買収は、習近平による中国の「ソフトパワー」拡大を目指す上で近年になって重視されるようになった。これは僑務工作の「核心的な目標」である「海外の中国人たちをコントロールする」という大きな戦略の中の、注意深く練られた工作の一部だ*[68]。メディア企業は共産党を支持する立場をとれば有利になるという誘引《インセンティブ》を北京から与えられ、これには「補助金、資金の投入、コンテンツの共有、インフラ、技術、リソース面のサポート」などが含まれる*[69]。これを拒否した会社は、積極的な買収工作のターゲットとなるか、逆に閉鎖の憂《う》き目にあい、広告主や、拒否したメディアのディストリビューターへの定期的な脅迫が行われたりする。

杜建華は、メルボルンの中国領事館の領事が、二〇〇〇年に開催された会合で、中国語メディアのリーダーたちに、中国共産党が抑圧する宗教組織である法輪功に同情的な記事を書くなと強く警告した事例を報告している*70。党の方針に従わないジャーナリストたちはブラックリストに入れられた。もし反中的なイベントの開催を察知すれば、北京側は注意を逸《そ》らせるため別のイベントを開催する。六月四日天安門虐殺事件の一七周年追悼式典が行われるのと同時に、北京側がシドニー・オペラハウスで「壮観な」イベントを開催したことがその一例だ。二〇一七年八月にチベット亡命政府の代表がキャンベラを訪れた時には、オーストラリア国立大学で開かれたイベントの席が中国人留学生の予約で満席となり、当日、彼らのほとんどが欠席して会場が半分しか埋まらない事態になった。

独立系の中国語メディアはそうした強い圧力に屈しないよう、強い意思と豊富な資源を必要とする。ところがそのほとんどが屈してしまっているのが実情だ。アメリカでは「大紀元」(Epoch Times) の記者が暴力を受けたりコンピュータを破壊される事件が起こっている。中国共産党による買収や閉鎖ができなかった唯一の新聞社が「大紀元」であり、北京にとって悩みの種となってから、頻繁《ひんぱん》にサイバー攻撃をしかけられている*71。二〇一〇年にはブリスベンの大紀元のオフィスが走行中の車から銃撃されているが、これは中国共産党の支持者による犯行と言われている*72。

オーストラリアの中国語ラジオ局は、いまやすべてが中国に決して批判的なことを言わず、南シナ海から香港の民主化運動、そしてダライ・ラマに至るまで、党の方針に沿ったストーリーしか流さないものばかりとなった。ラジオ局はメルボルンに本拠を置くCAMGメディアグループによって支配されており、このメディアは中国国際放送によって所有されている会社を通じて統制され、おそらく相当額の補助金を受けている*[73]。CAMGはニュージーランドでも積極的に展開しており、この国の領事館関係者らは中国語メディアの操作に関してさらにあからさまな態度をとっている*[74]。

CAMGの代表は姜兆慶《トミー・ジャン》という人物だ。彼は一九八八年にオーストラリアに移住し、おそらく先述したボブ・ホークの中国人留学生への寛大な処置で利益を受けた人間と見られている*[75]。彼は一九九九年にオーストラリア初の二四時間放送の中国語メディア「3CW」を創設し、八つの新聞と多くのラジオ局を含む「中国語メディア王国」をつくりあげた*[76]。姜兆慶は中国系オーストラリア人の著名人となり、二〇〇七年にビクトリア州政府から多文化勲章を与えられたほどだ*[77]。

ところが彼は祖国との強いつながりを維持している。二〇〇四年、新華社通信のサイトに掲載された記事では、姜兆慶が「海外中国人協会」の代表団の一人として中央統戦部が開催するイベントに参加するため、吉林省を訪問したと報じられている*[78]。

二〇〇六年には北京で開催された海外中国語メディア団体を集めたイベントに参加したが、このイベントはもし台湾が分離独立を図った場合、防ぐために戦争を開始すると定め、激しい議論を呼んだ中国の「反分離法」成立一周年を記念したものだった*[79]。新華社のサイトでは、姜兆慶が他の三人の中国系オーストラリア人代表団とともに「反分離法を断固支持し、祖国の早期統一を熱望する」と宣言したと報じている*[80]。

二〇一六年には、愛国的な海外の中国系の人々を集めた「中国のストーリーをよく伝え、中国の声を大きく広める」と銘打《めいう》つイベントで、姜兆慶は中国のストーリーをよく伝えるには「中国の視点、中国の態度、そして中国の立場に立つ」ことが重要だと述べている*[81]。彼は自分が所有するようなオーストラリアの中国語メディアが「国際的なメディアと同じプラットフォームで競合できるだけの資金を持っており、今後は海外でいかに支配的であるかを示していかねばならない」と発言している。

もちろん中国は他国と同じように、自国の良いイメージを海外に広めようとしているだけだと言う者もいる。しかしジョン・フィッツジェラルドが指摘するように、そのような比較は間違いだ。なぜなら「英BBCは情報の独占を目指していないし、批判者を脅したり強要したり沈黙させたりしていない。また、欺騙《ぎまん》や言い逃れを通じて秘密裏に活動したりはしない」からだ*82。中国国内と同様に、オーストラリア国内の親中メディア企業は、国営の新華社通信から、記事の掲載可否の判断を受けている。中国語ラジオ局の中には、番組に出るゲストの政治的志向を事前に中国国際放送に調査させているものもある。フィッツジェラルドによれば「メルボルンでは、視聴者参加型のラジオ番組で、もし視聴者が電話インタビューで政治的に微妙なことを言い始めた場合、北京から派遣された中国国際放送のスタッフ・メンバーがすぐに介入できるように、彼らをスタッフルームに座らせて待機させている」という*83。

オーストラリアの中国語ラジオ局や、ほぼすべての中国語新聞は、そのニュースや社説が（時には文字通りすべて）北京で書かれることを許している。親中派出版社の編集者の一人は、「ほぼすべてのオーストラリアの中国語新聞は中国政府の望むことしか書いていない」と認める*84。愛国的なメディアオーナーたちの忠誠心は、好ましいビジネスチャンスの提供という形で還元《かんげん》を受けている。

共産党の見解に沿わないオーストラリアのメディア企業は、強烈な圧力にさらされる。領事館は中国系企業のオーナーに広告を取り下げるよう圧力をかけ、ビジネスやコミュニティのイベントでも反北京的な出版物を取り扱っていれば、たとえば中国国内在住の家族への脅迫といった形で脅される*85。しかもこれらは、中国系ビジネスに限った話ではない。たとえばシドニーのソフィテル・ホテルは、シドニー領事館から顧客に大紀元紙を配布しないよう圧力をかけられた*86。

ここで触れておかなければならないのは、オーストラリアの親中派ニュースメディアの供給が拡大すると同時に、他人種のオーストラリア人よりも、日常的に読む新聞に大きな影響を受けやすい中国系オーストラリア人たちの間で、その需要が高まっていることだ。中国共産党のプロパガンダの拡大を快《こころよ》く思わない人々がいる一方、中国政治についての西洋諸国の報道への「反論」として歓迎する人々もいる。彼らは台頭する中国が世界中で民族主義的に存在感を高める姿を知りたがっている。中国の人権侵害や台湾への侵略的な態度に対する西側の批判は、彼らをいらつかせるだけだ。

他の国々と同様、オーストラリアにおける中国語メディアの中国共産党のプロパガンダの拡大は、愛国的な国外移住者たちに、様々な問題における北京の立場や思想や活動について教える役割を果たす。シドニー工科大学のメディア専門家、孫皖寧《ワニング・サン》(Wanning Sun) は、そうした「現地化したプロパガンダが中国語話者たちに直接的なインパクトを与えている明らかな証拠はほとんどない」と論じる*87。ところがオーストラリア社会に対する最大の狙いは、国民の中の大規模な集団の認識が北京によって形成された世界情勢を理解し、忠誠は第一に中国にあるようにまとめ、拡大することにある。したがって、中国の指導部は、政治的に動員可能な華僑たちを、自国が世界中で影響力を拡大するのに不可欠な存在と見ているのだ。

孫皖寧とジョン・フィッツジェラルドは、オーストラリア国内で北京当局が国論を左右してしまう力を制限する方法をそれぞれ考察し、フィッツジェラルドはその力を「潜在的に深刻な、外国勢力によるオーストラリアの主権への挑戦」と呼ぶ*88。ソーシャルメディアのプラットフォームで発言の自由を制限しようとする動きに対しては、法的に制限することが可能だ。孫皖寧は大手メディアも中国側（そして他国）の視点をもっと紹介するよう努力すべきだと主張するが、それでは北京に対する批判をそらすことにしかならない。結局、北京は大手メディアに対しても圧力をかけることができる立場だからだ。たとえばフェアファックス・メディアは、悪化していた収入のかなりの部分を毎月「チャイナ・デイリー」紙からの広告記事をあてることで補《おぎな》っていた。メディア・ウォッチの報告によれば、ＡＢＣは中国人の消費者にアクセスするため、自らニュースを検閲し続けているという[89]。

フィッツジェラルドは「ＡＢＣは、中国の抑圧的なメディア戦略を、オーストラリア国内だけでなく国外においても暗黙に支援している。われわれの国営放送と中国との関係は、世界に向かってわれわれの価値や核心的な国益への取り組みは交渉可能であることを伝えてしまっている」と大胆に述べている[90]。

オーストラリアの公共放送であるＳＢＳは、オーストラリアの多様な民族コミュニティに「バランスの取れた公平な」ニュースを提供するはずだが、私が会話した多くの中国系オーストラリア人たちは、ＳＢＳの北京語放送局のラジオアナウンサーの何人かは、自ら中国共産党の党員であると認めていると言っている。彼らはラジオ局が政治的に親中であり、中国国営メディアのストーリーを編集せずそのまま流すこともあると言う。ＳＢＳの北京語ラジオのレポーター／アナウンサーを十年間務めているリー・ウェイグォ（Li Weiguo）は、中央統戦部の直属組織であるＡＣＰＰＲＣの青年部代表である[91]。彼はＡＢＣの「ラジオ・オーストラリア」で番組のプロデューサーとして働いている[92]。

中国の「声」

中国共産党の支配に反対する中国系オーストラリア人たちは、自国における北京の僑務工作の影響力の拡大を絶望の眼差しで見てきた。私はアッシュフィールドにあるシドニーの中国人コミュニティの中心部のレストランで、その中の三人に会った。このレストランの外観は薄汚いが、ドアを抜けて階上に上がると、とても美味しい料理が提供される。ジョン・フーが個室を予約してくれ、彼の他の二人の友人が加わってくれた。

ジンピン・チェン（Jingping Cheng）はおとなしい

タイプの公務員で、前述の「紅色《こうしょく》娘子軍《じょうしぐん》」の上演に反対するため「カミングアウト」を決心したという。彼は数年前まで「オーストラリア中国人専業会」(the Chinese Professionals Club of Australia) の代表だったが、新たに親中派が大挙して参加し、理事会を選挙で排除し、代わりに領事館とつながりのある人々を役職につけたので、辞めたという。彼によると、領事館はあらゆる中国系団体をコントロールする気であり、この種の政治的待ち伏せ攻撃で多くの古参中国人コミュニティ団体が餌食になったという。独立系はほんのわずかしか残っておらず、ジンピンによれば「彼らは民主制度を破壊するために民主制度を使っている」という。

もう一人のジョン・ヂャン・シャオガン (John Zhang Xiaogang) は「共産主義者たちが俺の祖国であるオーストラリアに続々と来ている」ため、公に声を上げたと教えてくれた。ところが彼が声を上げ始めた後、中国本土の病気の母を訪れようとしたところ、ビザの発給を拒否された。彼も私が中国人コミュニティ全般で見聞きしたこと、つまり「みんな領事館を恐れている」ことを認めてくれた。

北京のやり方を明確に知りたいなら、一九九三年から二〇〇一年まで、つまり一九九七年の返還前後に香港の政務司司長を務めた、陳方安生 (Anson Chan) の言葉を聞くこと以上に良い方法はないだろう。香港の行政トップを務めた初の中国系として「鉄の女」として知られるようになった彼女は、返還後も同職にとどまったが、それは彼女が、北京が英国との「一国二制度」の合意による香港の独立を尊重してくれるはずだと自信を持っていたからだ。

ところが「香港クラブ」の高級な雰囲気の中で彼女が教えてくれたのは、中国共産党が香港市民に独立性を許すはずだと期待していた自分が愚《おろ》かだったということだ。彼女は北京が香港の政府機関に浸透し、圧力をかけ、強要するために使った戦略を詳しく教えてくれた。たとえばＮＧＯをカネで買収して動かすやり方から、反対派の声を抑圧するやり方、大学の理事会に親中派を送り込む方法、党派的な協会を創設するやり方、そしてメディアをコントロールし、ビジネスに圧力をかけるやり方など、多岐《たき》にわたっていた。北京は香港人を「中国の支配を拒否した反逆者」とみなしており、しかも段々とイラつきを抑えられなくなっている。陳方安生は彼らにとっての悩みのタネとなり、彼女はもう本土を訪れることはない。拉致されるリスクがあるからだ。二〇一五年には香港の書店の五人の代表（しかもそのうちの一人はスウェーデン国籍）が中国の国家安全部によって拉致された事件が起き、民主化運動の活動家たちに衝撃を与えた*93。彼女は人権や法律を無視する政権が支配する香港では、自分の身の安全が保証されていないことを知っている。

だが陳方安生は次のことを知っているだろうか。二〇一七年、元ビクトリア州知事で「オーストラリア中国商工会議」(the Australia China Business Council) の議長をつとめ、豪中の密接な関係を主張することの多いジョン・ブランビーが、新華社のサイトに、香港の中国返還は決定的な成功で「祝福すべきことが多い」と述べたのだ*94。

二〇一六年一〇月、陳方安生は、香港の弁護士で民主化運動のリーダー、マーティン・リー (Martin Lee) とオーストラリアを訪れ、警告している。首都キャンベラの中国大使館は、彼女と閣僚や連邦議員たちとの会合を阻止できなかった。ジャーナリストのピーター・ハッチャーのインタビューで、陳方安生は中国がオーストラリアに浸透しており、オーストラリア国民は「一党独裁国家の意図」を理解していないと警告した*95。彼女には中国共産党が社会団体やNGO、メディア、そして政府そのものまで覆そうとしていたことが見えていた。その手段が孔子学院の創設や中国語メディアの統制、政治家の買収だった。われわれが目をそらしてはいけないのは、中国共産党が支配する中国は「支配のための、考え抜かれた長期的な戦略」を持っている事実なのだ。

陳方安生とマーティン・リーは、オーストラリアの連邦議員や外相と会った後にニュージーランドを訪れ、以前から予定されていたビル・イングリッシュ副首相との会合に臨んだ[*96]。ところが前夜になって副首相は会合をキャンセルし、その理由を「外交的に機微な問題」だと言った。ちなみにこれは「中国大使館の圧力に屈した」という暗号だ。ニュージーランドは北京からの要求を、オーストラリアよりも積極的に受け入れようとしてきた。早くも二〇〇二年の時点で、オークランド国際空港は法輪功の信者たちが支払った看板広告を取り除けという北京の圧力に屈している。オークランド大学もウイグルのリーダー、ラビア・カーディルの訪問を中止し、世論の反対が激しくなると、中止の決断を覆した[*97]。中国専門家のアン＝マリー・ブレイディによれば、中国はニュージーランドに対して「ソフトパワーのための活動や政治的な影響力を受け入れるように圧力をかける必要はもはやない。ニュージーランド政府はむしろ積極的にそれを受け入れようとしている」からだ[*98]。

中国の法律の範囲の広さ

中国国家安全部がオーストラリアに職員を送り込み、捜査中の容疑者を脅していたことが明らかになった[*99]。これは明らかにオーストラリアの法に違反している。また国家安全部は外国籍の人間を誘拐して中国国内の秘密刑務所に収容している。一九九三年にオーストラリア国籍のジェームズ・ペン・ジアンドンをマカオで拉致して本土に連れ去り、でっち上げの犯罪で投獄した例はまさにこれにあたる[*100]。彼は鄧小平の姪《めい》とつながりのある会社と対立関係にあった。香港の裁判所は後に彼が無実であり、八億ドルが奪われたという判決を出している[*101]。

他にも、国家安全部は暴力団に汚れ仕事を引き受けさせるために、資金を支払ったり報酬を与えたりしている。二〇一四年、そして二〇一七年にも、台湾の民主運動化たちは「白狼」という犯罪者によって率いられたギャングたちに襲われており、彼らは「悪名高い暴力団」や「中国の統一政策のツール」であると報じられた[*102]。中国共産党と暴力団との関係は長年にわたっており、鄧小平は暴力団の中には愛国的な者もいると述べたことがあり、別の政府高官も中国共産党は彼らと手を組むべきだと発言している*103。サウスチャイナ・モーニング・ポスト紙は、過去に中国共産党が香港で犯罪者を政治的な目的で使っていたと報告する記事を掲載している。杜建華《ジェームズ・トウ》は中国の外交官が犯罪者と親交を結び、現地の中国人団体の組織を監視したり浸透したりしていると言われていたと触れている*104。オーストラリアでも秘密結社的な中国系ギャングが存在することは知られているが、中国領事館とつながりを持っているという証拠はない。

中国共産党は国際法に懐疑的な態度、つまり、都合の良いときは使い、そうでない時は無視するか非難する態度をとっている。たとえば都合が良かったのは二〇一七年の例であり、この時に北京はインターポール（国際刑事機構）に対し、アメリカに亡命した後に共産党の政治局常務委員まで含む汚職を告発した、中国人富豪の郭文貴《かくぶんき》（Guo Wengui）を引き渡すよう要求した。警察のような法執行機関の協力を得られるインターポールの通告は、郭の証言がニューヨーク・タイムズ紙の記事に掲載された三日後に出された。ところがこのインターポールの介入はすぐさま疑念を巻きおこすことになった。なぜなら二〇一六年一一月にインターポールのトップは初の中国の公安部部員、以前は公安部副部長も務めた孟宏偉《メン・ホンウェイ》（Meng Hongwei）に交代していたからだ。ある専門家によれば、インターポールは「次第に権力を広げつつある中国政府の機関の一つとなる危険に直面しており……海外にいる気に入らない市民にまで影響力を伸ばしつつある」という*105。

中国との犯罪者引き渡し協定の批准《ひじゅん》は、それを推進する立場の人々による「問題ない」とのなだめるような主張とは裏腹に、北京の絶大な権力がオーストラリアにまで及ぶことを意味する。二〇一七年、豪政府の中国との犯罪者引き渡し協定をめぐるゴタゴタは、オーストラリア国内の議論の断層を浮き上がらせた。この協定は二〇〇七年、ハワード政権によって結ばれたが、二〇一七年三月にターンブル政権が連邦議会に批准への議案（もちろん理論上は否決もありうる）を持ち込むまで放置されていた。連邦議会に提出されたのは、中国の李克強首相の訪問への善意を示す意味があったわけだが、その二週間前に私はある政府高官に、なぜ政府は批准を推進しているのか聞いてみた。すると彼の答えは、そもそもオーストラリアがなぜこのような協定を合意したのか知らないが、とにかくわれわれは「議題として出ているから」評決しなければならない、というものだった。つまりこれは単なる事務仕事だったわけだ。さらに、オーストラリアの司法長官は誰であれ犯罪者引き渡しに合意するわけはないので、多くの保護手段は残ると言った。

当時、外務大臣であったジュリー・ビショップは批准議案が議会を順調に通過すると想定していたようだが、右派の上院議員で、労働党を飛び出し自ら保守的な党を結成したばかりのコリー・ベルナルディが反対姿勢を見せるといらつきを隠せなくなった。小部会で議論した結果、労働党上層部はベルナルディの反対決議を支持することにした。緑の党やその他の独立政党も合意した。彼らの態度の変化は、「オーストラリア弁護士連合会」（the Law Council of Australia）からの「常に政治介入や腐敗にまみれた中国の法体制の実情は、最近ますます悪化している」というアドバイスを元にしたものだった*106。政府にとってさらに不安を呼び起こしたのは、与党側の何人かの議員が野党と共に反対すると示唆《しさ》していたからだ。当時首相だったトニー・アボットは批准を諦めたが、何を隠そう彼自身が反対派だった。

政府は議会に法案を通せず、協定の批准を諦めたが、これは李首相の訪問に大きな恥をかかせることになり、中国大使にあからさまに酷評された。ジュリー・ビショップは再挑戦すると約束したが、李首相の訪問が始まると、中国側に好意的な議論は深刻な危機に陥った。中国の国家安全当局が、中国を訪問していたシドニー工科大学の学者である馮崇義《フェン・チョンイ》（Feng Chongyi）の出国を拒否したからだ。同校准教授だった馮崇義はオーストラリアの永住権を持ち、妻と娘はオーストラリアの市民権を得ていたが、過去にオーストラリア国内で中国が影響力を拡大しつつあることを批判する内容の記事を書いていた。二週間続いた取り調べの後に出国を許されると、馮は協定の批准は「致命的な間違いになる」と宣言した*[107]。これによって中国政府は、オーストラリアにいる反体制派を取り締まるため、罪状をますます捏造《ねつぞう》するようになるからだ。

オーストラリアでは、左右の党派に関係なく「中国の法体制が独立的なものではなく国家の一つのツールである」という認識で一致している。よって法の下の正義は怪しく、拷問も普通に使われ、判事たちは買収されて、指示された通りの判決を言い渡す。中国の法廷では有罪率が九九パーセントである(ちなみにオーストラリアの刑事裁判ではおよそ八七パーセント*[108])。中国の最高裁は政治体制からの司法の独立を「誤った西洋の思想」だと拒否している*[109]。中国の法廷は法輪功の人々を実に数千人規模で投獄しており、刑務所では多くが薬漬けにされ、臓器を外科手術で取り出され、臓器移植を必要とする富裕層の患者に渡すために売られている*[110]。二〇一三年に何人かの活動家や被害者自身の訴えを聞いた後、オーストラリア上院議会は人間の臓器の採取を非難する決議案を採決している。二〇一六年にはクイーンズランド州の臓器移植手術を行う二つの大きな病院が、祖国が臓器移植の採取を行っているという理由で中国人外科医の研修医の受け入れを断ったと報じられた*[111]。

中国を擁護したり譲歩したりする人々は、オーストラリア政治ではソフトな中道派に該当する。経済的な圧力に屈しやすい点はあるが、右派は中国に対して懐疑的な態度をとる点ではまだ一貫している。右派は「共産主義」がつく言葉には常に反射的な敵対心を持っている。もちろん鄧小平後の中国はそうした一つのラベルでは語れないが、それでも右派は「共産主義は本質的に独裁主義的で抑圧的であり、現代の中国がそのすべての論拠になっている」と考えており、中国はソ連のレーニン主義の一党独裁国家体制を超えたものをつくりあげ、それが習近平体制でさらに進化したと信じているのだ。

左派の中には、毛沢東派による大惨事や、一九八九年から今日まで熾烈《しれつ》な抑圧が続いているにもかかわらず、いまだに中国の革命思想にロマンを抱く者もいる。このような盲目的な親近感は、毛沢東以降の中国共産党政権に対しても続いている。このような人物の中で突出しているのが、ジャーナリストであり映画製作者でもあるジョン・ピルガーであり、彼が二〇一六年に発表した「カミング・ウォー・オン・チャイナ」というドキュメンタリー映画では、中国を「アメリカの侵略による無実の犠牲者」と描いている。今から三〇年前から四〇年前なら、このような描き方は正確だったのかもしれないが、ここ二〇年というもの、中国をWTOを含む国際的な経済体制に組み込むことで台頭させようと懸命に助けていたのはアメリカだ。ピルガーは中国共産党の見解そのままに、経済状況の改善は人権侵害を克服するという主張まで繰り返している*112。この種の執拗《しつよう》な反米主義は一九七〇年代や八〇年代まで多くの人に共有されていたが、現在では中国の近隣諸国に対するいじめや、アフリカのような場所で展開されている新しい形の帝国主義の拡大を覆い隠す役割しか果たしていない。

中国との犯罪者引き渡し協定の批准をめぐる騒動が明らかにしたのは、オーストラリアのエリートたちが、北京の思い通りに行かなかった時に中国政府やメディアから発せられる、毛沢東式のヒステリーに極めて敏感だったことだ。ジャーナリストのフレア・アンダーソンが指摘しているように、党派による批准への立場の違いはあれど、現政権を担当する連立与党と野党の労働党は、どちらも「外交関係の悪化を避けるため、中国の法体制に懸念を表明することだけは避けようとしている」*113。興味深いことに、内閣府が二〇一四年に書いた文書では批准を避けるようアドバイスされており、その理由の一つとして、中国の法体制に対しオーストラリア国民から北京を腹立たせる非難やコメントが発せられることになるからだという*114。豪中関係を下支えしているのはこのような「戦争について語るべからず」という態度であり、話を「相互経済利益」という安全な領域だけにとどめたいという欲望だ。オーストラリアの政治家たちはよく中国側と「闊達《かったつ》な意見交換」をしていると主張するが、実際は作り上げられたかんしゃくや「中国人民を傷つけた」という訴えのおかげで、彼らの多くは人権侵害や、中国の一党独裁体制によるオーストラリア社会への許しがたい侵略などを含む問題については黙らされてしまう。中国の作家、劉暁波が刑務所内の病院で死んだ時も、当局の検閲者たちはあらゆる追悼や怒りの表現などの取り締まりに動き、二〇一〇年のノーベル平和賞式典の空席に置かれた絵まで画像認識ソフトを使って削除している。オーストラリア政府の生ぬるい反応のおかげで、中国当局は検閲する必要もなかった。なぜなら豪政府は自らすすんで自粛し、彼の死後になってようやくその話題に触れただけで、単に遺憾《いかん》の意を示しただけだったからだ。もちろんオーストラリア側のこうした「自制」や「国民感情の尊重」に対して、中国が同じように配慮することは決してなく、党の統制を受けたメディアが豪政府や豪国民全般に「道徳観念が欠如している！」と非難する言説を自由に流すことが多い。

犯罪者引き渡し協定は、中国がオーストラリアに圧力をかけるもう一つの手段でしかない。司法省長官が協定の批准の拒否を検討するたび、中国による大げさな、そして経済面からの脅しに悩まされることになるのだ。オーストラリア財界の親中派は、北京が豪政府に対して、たとえばでっち上げの罪状や自動的に収監されるような事態に直面した言論人の引き渡しを要求する際に、圧力をかけるツールとして動員されることも起こりうる。

中国は収監したいと思う人間を強制送還する独自の手段を持つ。「自発的」に帰国するよう促《うなが》す方策があるのだ。中国の警察は「説得工作」により、「逃亡犯は凧《たこ》のようなものであり、身体は海外にいてもその線は中国国内とつながっている。われわれは家族や友人を通じて常に彼らを発見できる」と述べている[*115]。二〇一五年には中国警察がオーストラリア政府に通知せず、突然オーストラリアに現れ、バス運転手で法輪功の信者だったドン・フェン（Dong Feng）に対し、本国に帰国し横領の罪に服するよう違法な説得を行ったが、この時彼の年老いた両親が当局に圧力をかけられていたと報じられた[*116]。

二〇一六年にはオーストラリアの永住権を持ち、孫もいるゾウ・シーキン（Zhou Shiqin）が大連の法廷で汚職の罪に問われている。彼女はその告発に対して強く反発し、政治対立に使われる駆け引きだと主張したが、たしかに中国のビジネス上の争いではライバルを陥れるために裁判官を買収して逮捕状を請求させるのは、それほど珍しいケースではない[*117]。ところがゾウの姉妹の中国国内の資産が凍結され、彼女の顔が中国全土のメディアに犯罪者としてさらされると、彼女の弁護士によれば彼女の心理的圧力は「並外れて」高まり、帰国することになった。フィリップ・ウェンが指摘するように、このケースは「中国当局が二国間の警察同士の協力の協定の範囲外で幅広く使う、圧力工作の実態」なのだ[*118]。

「彼らはやりたい放題だ」

左右両派に関係なく「心ある」オーストラリアの政治家は誰でも、中華人民共和国と犯人引き渡し協定を結ぶことに深刻な疑念を持たなかったのだろうか？　この疑念は、中国で二〇一七年六月に「国家情報法」が制定されたことでさらに深まった。もちろんいつものように、条文の文面は曖昧《あいまい》だが、北京特派員のローワン・キャリック記者によれば、これは中国のオーストラリア国内での諜報工作に権限を与えることになるという[*119]。国外で操業している中国の国営企業内に党の人間がいることは有名だが、この新しい法律は企業に対してスパイの隠れ蓑《みの》となる役職を提供する義務を与えるものだ[*120]。この法律では中国人全員に中国の情報機関に協力するよう求めており、しかも国籍に関係なく、あらゆる中国系の人間を「中国人」とみなしているため、中国系オーストラリア人たちも北京の諜報活動に協力するよう期待されている可能性が生まれる。

最近の中国で、法輪功ほど厳しく追及されて迫害されている組織は他にない。外国の人間からみれば、中国の伝統的な「気功」（ゆっくりとした動きによる瞑想を行う）にのっとってスピリチュアルな行を提唱しているだけの、政治的な狙いもない緩やかな組織が、これほど厳重に中国共産党から弾圧を受けるのは不思議に思える。ところが共産党のリーダーたちは党員よりも数が多く、より熱心な信者たちに脅威を感じ、一九九九年に違法組織と認定した。本土から逃れた信者たちを訴追するため、共産党中央委員会は「六一〇部局」を立ち上げている。彼らの活動の監視やパスポートの没収、そして中国国内の家族が経営するビジネスの破壊、ニュースメディアへの報道規制の圧力、そしてあらゆる階層の政治家たちに法輪功にいかなる支援も行わないよう高圧的に迫る電話をかけることなどが含まれる[*121]。海外の中国人留学生たちはこの「悪のカルト」に騒々しいデモを行うよう仕向けられている。

在キャンベラ中国大使館はオーストラリアの言論の自由――とくにこの「言論」が彼らにとって気に入らない場合――を鎮圧しようと積極的に活動している。この活動に押される形で、二〇〇二年には当時のオーストラリア外相アレクサンダー・ダウナーが、法輪功信者たちが中国大使館前で行っている平和的な抗議活動を縮小させている。北京の工作は効果を発揮し、オーストラリア国内の法輪功の声を抑圧し、公の場で話題にならないよう排除している。その合間にも中国からの親中派移民は増え続け、結果的に大使館が支援の欲しい時に動員できる海外の中国人の数は膨《ふく》れ上がっている。

杜建華は、僑務工作の詳細な研究をまとめるにあたり、オーストラリアやニュージーランドをはじめとする海外で増加する中国人たちが「資金面や技術面での資産となりつつあり、北京の影響力を世界中に拡大するのを推進・支援するソフトパワーの供給源となっている」と警告している[122]。海外の中国人は「国を越えた忠誠心を持つ極めて連携のとれた民族中心主義的な勢力として、政治・経済・外交・そして軍事的な影響力を発揮するために政治化されて動員される可能性を持っている」のだ[123]。

二〇一七年一二月、シドニーのベネロングで行われた補欠選挙では、北京が自由党の現職議員ジョン・アレクサンダーを落選させるため、さまざまな手段を使った。これは新たに外患法《がいかんほう》を成立させせようとしたターンブル政権への圧力の一環だった。もし注目を浴びていた労働党のクリスティナ・ケネリーが勝利すれば、政権が下院で多数派を失うことになるため、この補欠選挙に中央統戦部は活動を集中させたのだ。シドニー北部沿岸のベネロングという町は中国共産党の工作にはとりわけ都合の良い場所だった。この選挙区は、中国系住民の割合が最も高く、二〇％ほどあり、しかも比較的最近になってやって来た移民、つまり親中派が多かった。中央統戦部の工作の手段には、中国語メディア（従来のものに加えてSNS）を動員し「人種差別的」「反中的」な立場をとる政府を猛烈に批判することが含まれる[124]。北京語のソーシャルメディアでは、与党である自由党を「反中で反中国人、反中国系移民、そして反中国人留学生」だと説明し、「われわれ中国人はこの極右的な与党自由党を打倒すべきだ」という著者不明の一七〇〇文字の怪文書が広く出回った[125]（この手紙は中央統戦部の工作員によって配布され、文書そのものはシドニー領事館によって書かれたものと言われている）。この「反中」メッセージは効果を発揮し、労働党は政府を「中国恐怖症」だと非難することで、中国共産党の狙いに沿った態度をとったのである。この中国系の比率が最も高い郊外の選挙区ではしかし、選挙当日に野党の労働党側に一〇％ほど票が流れたものの、現職のアレクサンダーは再選を果たしている[126]。

こうした流れを最も警戒したのは、まず第一にオーストラリアに忠誠を誓う中国系オーストラリア人たちであった。私が反北京派の作家である斉家貞《チー・ジァジェン》にメルボルンで会った時、彼女の友人が語ったのは、中国共産党があらゆるところでコントロールを手に入れようとしていることだった。「彼らは本当にやりたい放題です……絶対に安心できません」という。同胞である中国系オーストラリア人に彼が伝えたい露骨なメッセージは「この場所を自分の住処として選んだのはあなただ。外出してデモをして中国共産党を支持するなら、オーストラリアはあなたを中国に送り返すべきだ」というものだ。

オーストラリアトップの中国専門家と呼ばれることの多いジョン・フィッツジェラルド教授は、中国という一党独裁国家が「巨大で力を持ち、独裁的で個人の人権には無関心であり、リベラルな西洋に憤《ふん》慨《がい》し、その立場を妬《ねた》みつつある存在で、この状態は今後もそのまま続く」と述べている*127。フィッツジェラルドは物静かで思慮深い学者だが、最近になって大きく警鐘を鳴らし始め、「北京は小規模でオープンで寛大なオーストラリア社会に浸透して影響を与えようとしている」と書いている。そして「オーストラリアの言論・宗教・結社の自由を制限しようとしている。社会の調和を脅かしているのだ。これに成功すれば、オーストラリアの主権と国家の安全は侵害される」というのだ*128。

私がある朝、メルボルンの有名な通りの、暑くて混んでいるカフェで彼に会った時、彼のライフワークが、中国に関する学術研究の枠を超えて、より大きなものに使われなければならない状態になったと感じた。彼は北京のプロパガンダによる、異論を許さない雰囲気づくりや、その諜報体制が「オーストラリアに移ってきただけでなく、十分に根を張った」ことに強い警告を発した。彼との会合を終えて外に出た私は、オーストラリアの将来がとてつもなく巨大な力によって奪われる感覚に、恐怖を感じた。そして正直に言って、中国の国家安全部当局の行動範囲の広さや容赦の無さを考え、私も自分の将来の身の安全に不安を感じたのである。

第四章
黒いカネ

中国における黄向墨

富豪実業家である黄向墨《ホワン・シャンモ》のオフィスの壁とウェブサイトには、近年のすべての首相たちを含む、オーストラリアの最も権力を持っている政治家たちと談笑する自分の写真が堂々と掲げられている。このような人たちと関係を持てる唯一の方法は「買う」ことだ。彼は移民としてオーストラリアに来てからたった四、五年のうちに、オーストラリアの中国人コミュニティ内で圧倒的な存在となり、オーストラリアの政党最大の献金者となり、ニューサウスウェールズ州と連邦政界の有力者となった。早ければ二〇一二年一二月頃から、元首相でその後にも再び首相を務めるケビン・ラッドと会談しており、これはおそらく同席した労働党のニューサウスウェールズ州の支部長であったサム・ダスティヤリによってアレンジされたものとされる。

黄向墨はオーストラリアの政界、財界、そしてメディアにまで広がる権力のネットワークの中心にいる人物だ。中国共産党にとって彼が重要人物であることは、二〇一六年にオーストラリアを離れる中国大使の離任晩餐会で最も重要なスピーチを任されたことや、二〇一四年に国賓として来訪した習近平との晩餐会に中国系オーストラリア人コミュニティの代表の一人として招かれたことからも明白だ。このような輝かしい名誉は、オーストラリア国内の中国人コミュニティに明白なメッセージを伝えている。

黄向墨が中国でどのように財を成し、何が彼を出国に駆り立て、そしてオーストラリアで影響力を獲得するに至ったのかを理解すると、オーストラリアが中国の影響から身を守るという点でいかに準備不足かを実感できるはずだ。

黄向墨は一九六九年、広東省の潮州《ちょうしゅう》地区にある玉湖という村で生まれた（潮州は後に紹介する周澤栄の出身地でもある）。彼はこの故郷から自分の会社の名前をつけている。彼はいくつかのインタビューの中で、貧しい家庭に生まれ、非常に若いときに父親を亡くしたと答えている*[1]。中国メディアに掲載された話によれば、家庭があまりにも貧しかったために学校に行けず、働くようになったという*[2]。ところが別の記事によると、広東省社会科学院で勉強したという。この学校は大学院と研究機関を兼ねているため、にわかには信じがたい。とにかくある時点で彼は二〇〇〇年代に驚くほどの不動産ブームに湧いていた、大規模だがあまり特徴のない掲陽《けいよう》市に移り住んだ。掲陽市は潮州地方にあり、黄向墨はこの頃知り合ったビジネス関係者とのつながりを――そのうちの何人かはオーストラリアに移住したが――まだ維持している。彼は掲陽で中国鉄道集団の上級幹部の地位まで上りつめている。

黄向墨は、とにかく何らかの手段で、不動産関連の事業である程度の資産を築き、ビジネスや政治関係者とのコネクションを得たようだ。公式の記録はほとんどなく、会社のウェブサイトや政府の登録情報によれば、彼は「玉湖集団」を二〇〇六年に会社設立したらしいが、ジャーナリストのプリモース・リオーダンのインタビューでは二〇〇一年（つまり二二歳の時）に会社を設立したと答えている。リオーダンは記事の中で「掲陽での創業から十年間で黄向墨のビジネスは拡大し、二〇〇九年には一億五〇〇〇万元（三二〇億ドル）を、友人であった党委員会書記の陳弘平《チェン・ホンピン》(Chen Hongping)の肝入りプロジェクトであった、パゴダ風の巨大な城門(掲揚楼広場)の建設のために献金している」と書いた*3。

富豪の資産や慈善事業リストを出版している「湖潤百富」(Hurun Report)によれば、黄向墨の二〇一六年の資産は六二億人民元(一二五億ドル)だという*4。まだ中国にいた二〇一一年には、様々な慈善団体に対して三億元(六千万ドル)を献金したと報じられた*5。この年に彼は中国で最も寛大な慈善活動家の第一〇位にランクされ、二〇一二年には第二二位に入っている*6。彼は自身の寄付行為については控《ひか》えめな態度をとり、ビジネス上での取引を確実にするために寄付を行っているわけでは決してないと主張している。彼の唯一の動機は同情の念と「社会にお返しをしたい」という思いであり、自分の狙いは「大衆を豊かにすること」*7だと述べている。ところが彼は掲陽で、病院や貧困層にではなく巨大な城門の建設に寄付しており、しかもこれはなぜか市の最も権力を持っている人物、つまり市長よりも権力のある市党委員会書記が情熱を傾けていたプロジェクトだったのだ。

掲揚楼《けいようろう》汚職事件はあまりにも複雑で、ほとんどは謎に包まれたままだ。簡潔にその概要だけ言えば以下のようになる。黄向墨は二〇〇八年に掲揚市に城門を作ろうと情熱を燃やしていた党委員会書記の陳弘平と出会い、一億五〇〇〇万元という巨額の資金を提供すると申し出た*8。城門建設にその資金がどれだけ使われたのか、どれだけ汚職に使われたか、代わりにどれだけ公的資金が使われたのかは明らかではない。掲揚市の別の有力な富豪実業家である黄鴻明《ホワン・ホンミン》(Huang Hongming)もこのプロジェクトに(そしておそらく榕江観音亭にも)巨額の献金をしている。

陳弘平は風水を強く信じており、一六〇〇キロも離れた山東省の泰山の流紋岩の巨大な岩を購入するために何百万元も支払い、それを九つの尖塔で囲んでいる。人民日報は後に彼を「迷信を信じていた」と批判している。黄向墨もこの迷信を共有しているようで、二〇一二年にはシドニー郊外のモスマンのビューティーポイントの丘の頂上に一二八〇万ドルの豪邸を建てている。不動産業者によれば、このエリアは風水的に優れた場所だという*9。黄向墨がこの住居に移り終わるのを見計らうかのように、彼のビジネス関係者の何人かも近くに家を購入したが、そのすべてが丘の下で住居の質も劣るものだった。

掲揚楼は二〇〇九年半ば（同市の党委員副書記の鄭松標《チャン・ソンビアオ》（Zheng Songbiao）の献身的な働きで）完成した。完成式の写真では陳弘平が黄向墨の隣に笑顔で写っている。ところがその直後からすべてが崩壊しはじめた。二〇一二年七月には党委員書記の陳弘平が「双規《そうき》（shuanggui）」と呼ばれる共産党の汚職捜査の超法規的な尋問の対象となった。この尋問では自白を強要するため拷問が使われていると非難されることが多い。報道では汚職捜査当局が、陳弘平が賄《わい》賂《ろ》を強要する手紙やその他の犯罪を告発する手紙を何通も受け取ったと指摘している。双規の対象となったほぼすべての容疑者はすぐに告訴され、有罪判決を下され重罪で処罰された。陳弘平は尋問中に、城門スキャンダルにからんで掲揚市上級副市長である劉盛発（Liu Shengfa）の関与をほのめかしている。二〇一三年二月には副市長である鄭松標も賄賂を受け取ったとの疑惑が出た。この両人とも党籍を剥奪《はくだつ》され、劉盛発は汚職で有罪となっている。

二〇一三年一一月に黄向墨のビジネスパートナーである黄鴻明が逮捕され、陳弘平に賄賂を贈った罪で起訴された。陳弘平は黄鴻明から賄賂を受け取ったと告白し、寛大な判決を与えてくれるよう涙ながらに訴えた。黄向墨は公的には捜査対象とは発表されておらず、何の罪も宣告されていない。しかしある中国のニュースサイトの記事によれば、掲揚市の汚職スキャンダルには少なくとも七社が関わっていたとされる*10。掲揚市のある高官は「掲揚市でのビジネスマンと政府関係者の癒着《ゆちゃく》がピークを迎えたのは二〇〇六年から二〇一一年の間です」と匿名《とくめい》で証言している*11。

黄鴻明はかつての市党委員書記である万慶良《ワン・チンリアン》（Wan Qingliang）とも近い関係だった。万慶良は二〇〇四年から〇八年まで党委員書記を務め、その次に広東省の党委員書記という強力で儲かる地位に出世している。万慶良も掲揚市と広東省で直属の部下だった羅欧《ルオ・オウ》（Luo Ou）と同じように賄賂疑惑で調査対象となった。万慶良と陳弘平は長年にわたって犯罪的な活動を一緒に行うパートナー関係にあったと言われ、掲揚市の汚職ネットワークを率いていたため「掲揚市で過去に一緒に働いていた広東省の一連の高官たち」の最終的な崩壊につながったのだ*12。

二〇一六年九月には最高権力者だった万慶良は、掲揚市市長の時に賄賂を要求した罪で無期懲役の判決を受けている。二〇一七年六月に陳弘平は猶予《ゆうよ》付きの死刑判決を受け、無期懲役になると言われている*13。この事件は現地メディアでは大々的に報道され、二人が同じ愛人を共有していたといったスキャンダルが細かく報じられている。しかしフェアファックス・メディアは「黄向墨の掲揚楼への献金が賄賂だとはみなされていない」と報じている*14。

二〇一七年二月に黄鴻明は陳弘平への賄賂で有罪判決を受け、二年一一か月間の禁固を言い渡された。フェアファックスの記者フィリップ・ウェンとルーシー・マッケンは、汚職事件に近い筋の話として、黄向墨は「親しい後見人的な政治家が収賄によって捜査を受けそうだ」という秘密情報を得て国外に高跳びした」という話を紹介している*15。

掲揚汚職事件はもっと大きな文脈から見ることが重要だ。なぜなら中国が汚職にまみれた体制にあることを知っているオーストラリア人は少ないからだ。典型的な見方は「中国は独裁的な社会だから汚職は体制の隙間《すきま》の中でしか行われていない」というものだが、実際はその反対だ。その体制全体が汚職まみれであり、隙間に誠実さがわずかに残っているだけなのだ。

中国の縁故資本主義

天安門事件以降の時代に顕著《けんちょ》になった中国での汚職の氾濫《はんらん》について、最も体系的かつ詳細な研究として挙げられるのが尊敬されている学者ミンシン・ペイ（Minxin Pei）による『中国の縁故資本主義』（China's Crony Capitalism、未邦訳）である*16。二〇一二年後半から新国家主席となった習近平によって汚職撲滅運動が強力に推進され始め、彼は汚職の蔓延こそが政権の権威を失墜させ、中国経済の安定性を損なうと見た。ところがペイが書いているように、「撲滅運動の最中に明らかになった略奪、放蕩《ほうとう》、完全な不法状態の赤裸々《せきらら》な詳細は、……一党支配による近代化がある種の強欲な縁故資本主義を生み出した」ことを再確認させただけだった*17。

汚職がどれほど根深いものになったかは、習近平自身が撲滅運動開始の際に驚くほど率直に語った演説によって明らかだ。体系的な汚職は、最も低い役人のレベルから国家の指導層、つまり内閣に相当する七人の政治局常務委員にまではびこっているという。国内治安の責任を持つ中央常務委員だった周永康《しゅうえいこう》が逮捕された時には、彼が汚職役人や実業家、少なくとも殺人罪に問われたマフィアのボス一人を使って莫大なカネを自身や家族のために集めるような、ネットワークをつくりあげていたことが明らかになった*18。

このような根深い汚職体制は一九九〇年代からあらわれ、データが示すように、二〇〇〇年代に入ってから極めて有害な影響を持ち始めたのであり、数人、もしくは数十人の政府高官たちが、省庁を越えて共謀して汚職を働く状況も出てきた*19。ペイによれば、中国で汚職にかかわらずにビジネスをしたり資産を形成するのは不可能になったという。つまり腐ったリンゴとそうでないリンゴの比率が逆転したということだ。いくつかの地方では、腐敗にまみれた高級幹部とビジネスマン、そして犯罪組織のボスも含まれるネットワークが、その地方の党委員会書記によって牛耳《ぎゅうじ》られていることも多く、そのつながりがあまりに多方面にわたるため「崩壊的な汚職」だと言われている*20。ミンシン・ペイは広東省の茂名《マオミン》市の事例を説明しており、ここでは二〇一五年に二〇〇名の政府関係者が処罰を受けた。そこには党委員会のトップ三人や二人の市長、警察署長、そして汚職根絶の任務を担当するはずの党の監査委員長も含まれていた*[21]。

汚職の中でも最も頻繁に見られるのが、「買官売官（maiguan maiguan）」として知られる、官界や党の序列の中での役職の売買だ。省や地方の党役員書記たちの多くは役職を買収している。汚職で獲得できる役職の値段は、国有財産を安く売り渡したり、契約を好きな業者に発注したり、横領したり、環境汚染に目をつぶったり、上司を動かして部下に役職を与えることなどによって、どこまでカネを生むことができるかによって違ってくる。市長や党書記長という職は最も高い値段を支払う用意のある人間に対して与えられることが知られている。しがたって職を買収によって得た人間はスポンサーに逆らうことができなくなり、他の汚職も隠そうとする強い動機を持つことになる。汚職が摘発されることがあるとすれば、ある役人が逮捕されて拷問を受け、他の人々の関与をほのめかした場合だ。このような最初の人物の逮捕は、「大衆」からの告発を受けて実行されることが多く*[22]、告発者には役職の「競売」に負けた人物や、裏切られて傷ついた愛人たちなどが含まれることがある。

汚職撲滅運動の開始を宣言するにあたり、習近平は「あらゆる関係《グワンシー》（Guanxi）ネットワークがあまりにも濃く深くなってしまった」ので、役人や実業家たちにますます共謀するようなインセンティブやチャンスを与えてしまっていると指摘している*[23]。習の言葉を借りれば、中国のすべての実業家たちは「政治権力と結びついていない民間の富は、捕食者的な体制の下では必然的に不安定である」ことを理解している*[24]。最大のリスクは、後見人が汚職の疑いをかけられた途端に、政治的な「盾」が一夜にして失われてしまうことだ。その人物よりもさらに強力な政治力を持つ後見人がいない限り、調査が本格的に始まる前に逃げるしかない。中国のことわざにもあるように「木が倒れれば猿も散っていく」のだ。

腐敗した役人たちは自分自身でビジネスをするのではなく、その立場を維持しつつ、利用しながら一族を富ませる。多くの役人たちは愛人たちにも自分のビジネスの一部を管理させている。ただし別れた後に元愛人に密告されることが多いのもよく知られている*25。実業家たちはこうした儲かる「関係ネットワーク」を徐々に築き上げていくことが多く、関係を持ちたいと思った相手には高いレストランへ招待し、高い贈り物をし、足マッサージや売春宿の代金を建て替えておいたりする*26。彼らは春節のように贈り物を交換する習慣のある時期に、小さめの封筒の中に現金を詰めてわたすこともある。

中国に、汚職による破滅的な影響を受けていない組織は存在しない。汚職ネットワークは裁判所にも及んでおり、最高裁も例外ではない。ディン・ハイユ（Ding Haiyu）という実業家は二五人の裁判官を買収し、取引先のほとんどの企業を怪しい根拠で訴え、買収していた裁判官に有利な判決を出させており、ある上級裁判官は証拠を捏造《ねつぞう》する手助けまでしている*27。ディンは「自分の会社を裁判官の買収資金の供給源としていた」のであり、裁判所の関係者たちは自分たちが使った経費を彼に補填《ほてん》してもらっていたのだ*28。

中国のすべてのジャーナリストたちは中国共産党のために愛国的な仕事をするよう期待され、それに背こうとすれば、すぐさま修正させられる。メディアは時として中規模から大規模な会社の調査や、深刻な環境汚染といった不正行為を暴くのを許されることがある。ところが人民日報やそのウェブ版の記者たちは自分たちの調査を通じて集めた証拠を別の目的のために使い続けている。それはその会社を脅すことで口止め料を得ることだ。オーストラリアに亡命したジュン・メイ・ウー（Jun Mei Wu）という記者は、環境汚染が深刻な武漢《ぶかん》市で、まさにそのような調査を行っており「月末になると記者は一万元から二万元が入った封筒を受け取り、それが普通でした」と証言している*29。「川に汚染物質が流されている」という地元の人々からの苦情は、会社に対する脅しの証拠として使われる。中でも最悪の環境汚染を行っていた会社の一つは、人民日報に対して毎年一一万九〇〇〇ドルもの口止め料を支払っていた。また、中央の大手新聞――習近平や中央政治局の委員たち、そしてその他の権力者たちにも読まれている――の編集者や記者たちも、彼らを称賛する記事を掲載するために報酬を受け取っていると噂されている。

軍においても昇進の売買は広く行われている。人民解放軍の腐敗は「蔓延《まんえん》」というレベルにあるといえるだろう*30。二〇一五年三月、新華社は一四人の将軍が有罪判決を受けたり汚職で捜査されていると報じた*31。中国で最も権力を持っていた将軍のひとりだった徐才厚《じょさいこう》も逮捕された将軍の一人で、習近平の汚職追放運動が始まってからその数は四〇名を越えている。中央政治局の委員でもあった徐才厚は、昇進を求めていた部下たちに巨額の報酬を要求することで私腹を肥やしていた*32。二〇一四年に逮捕された時、彼が自宅に保管していた大量の贈り物を持ち出すのにトラック数台が必要だった。二〇一五年始めには十年間にわたって中央軍事委員会の副主席、つまり軍のナンバー2を務めた郭伯雄《かくはくゆう》が「双規」の尋問プロセスに入れられている*33。彼は元国家主席の江沢民とつながりがあり、少将の階級を五〇〇万元（およそ一〇〇万ドル）、中将を一千万元で売り渡したと言われる。

汚職の拡大のおかげで、人民解放軍では昇進の際、有能さや正直さを排して賄賂を使い、部下から賄賂を要求する人間が有利になってしまった。結果として、西側の軍事戦略家たちは中国の軍隊はいざ紛争となれば予測より低い働きしかできないはずと判断している。おそらくこの状態を認識しているためか、最近の人民解放軍は軍内の階級や評価システムを改革することで戦力を上げようと動いている*34。

習近平の汚職追放運動

二〇一二年一一月に国家主席を受け継いでから、習近平は激しい汚職撲滅運動を開始した。掲揚市のような腐敗した汚職詐欺事件は、中国全土の多くの都市で発覚している。同時に習近平はあらゆる反対派に容赦のない取り締まりを行っており、これには多くの人権派弁護士の投獄や、海外に住む共産党に批判的な人物の家族の逮捕などが含まれる。

この撲滅運動は党の最上層部まで到達し、何人かの政治局の人間まで追放されたが、強力な幹部やその子息は追求を逃れており、これには習近平の家族も含まれている。二〇一五年にパナマの法律事務所からリークされた財務文書の山である「パナマ文書」には、習近平の家族がその他七人の政治局常務委員や元委員たちとともに、海外のオフショア銀行に秘密の口座を保有していると記されていた。彼の妹とその夫は莫大な資産を保持していると判明したが、習近平自身がその立場を使ってその資産形成を助けたかどうかは証拠がない*[35]。パナマ文書に中国政府の高官が掲載されていた事実は中国メディアでは規制され報道されなかった。ブルームバーグが習近平一族の資産を詳細に暴いた長文の記事を発表した後、同社の記者たちは中国に出入り禁止となった。後にブルームバーグは北京のルールに従うことに合意している。

何人かの上級幹部（主に習近平の政治支持者だ）に近い実業家や役人たちも追求から逃れたが、それでも彼ら全員、いつ政治の風向きが変わるのかわからないという恐怖に怯《おび》えることになった。また、この運動は元国家主席で、習近平と権力争いを展開している江沢民の派閥の影響力を弱める別の目的もあった。狙われたのは、香港にいる江沢民派の高級幹部たちだったと言われている*[36]。中国人民政治協商会議（政協）のメンバーに賄賂を使って上り詰めた香港の富豪たちだ。ちなみにこのメンバーになれば、最上級会員としての扱いを受け、高級幹部たちとコネクションができる*[37]。何人かは行方をくらましたと言われている。中国の富豪たちは政協に入るため、賄賂を定期的に支払っている*[38]。このメンバーに加わることができれば、最上級レベルまで「関係」を広げることができるのだ。われわれは「関係」を中国式のコネと考えがちだが、実際は縁故主義（えこひいき）と理解するほうが正確だろう。

習近平の汚職撲滅運動は成功したと言えるだろうか？　その公式結果は驚くべきものだ。チャイナ・デイリーの報道によると、二〇一六年には七三万四〇〇〇件の汚職捜査が行われ、四一万人の役員たちが「規律違反や違法行為」で処罰されたという。そしてこれには大臣レベルの七六人も含まれる*[39]。最も深刻な違反者の中には処刑された者もいる。汚職捜査担当者の中には自身が汚職ネットワークの一員だった者もいた。この運動は一般国民から強い支持を集めている（ただし不安なエリートたちはこの限りではない）。ある信頼できる情報筋によると、末端の役人たちはさらに用心深くなり、高級幹部たちは拘束《こうそく》されるリスクが上がったため、実業家に自分たちへの賄賂の価格を吊《つ》り上げたという*[40]。そして賄賂の巧妙な支払い方が発明され、たとえば海外の口座に直接外貨を振り込ませるやり方などが出てきた。

ある優れた実業家などは、アメリカのプロのポーカープレイヤーを雇《やと》って党のボスたちに大勝ちさせた。このやり方なら党のボスたちに「プロのプレイヤーに勝った」と思わせて、彼らの「面子」を持ち上げることができる副産物もある*[41]。

ミンシン・ペイは、レーニン式の一党独裁権力に市場経済が加わると必然的に汚職が発生するのであり、定期的な一斉捜査でも縁故主義的なネットワークをつぶすことはほとんどできていないと論じる*[42]。マーティン・ウルフは「もし市場経済を、汚職の比較的少ない政府と両立させたいのであれば、経済を動かす各プレイヤーたちには独立した司法体制によって守られる法的権利が必要になる。ところがレーニン式の一党独裁国家では、まさにこれこそが決定的に提供できないものだ。なぜならその定義からして、党は法の上に存在するものだからだ」と記している*[43]。あらゆる町や市で、党委員書記は市長や裁判長や警察署長よりも権力を持っている。しかも習近平の汚職撲滅運動のそもそもの目的は、この運動を使って政敵を狙い撃ちすることであり、大義など存在しないのだ。

この二〇年間で富を蓄積し、汚職を始めとする犯罪で告訴されるのを恐れる多くの中国の実業家たちは、海外に逃げ場所をつくり、資産を移動させ、不動産を買い、子どもたちを留学させ、ビザやパスポートを獲得しようとしている。好まれる移住先はアメリカ、カナダ、ニュージーランド、そしてオーストラリアだが、その理由の一部は中国とまだ犯罪者引き渡し条約を結んでいないからだ。

オーストラリアでは、中国人との会話に際し、中国における国家的な汚職体制について触れるのは失礼にあたる。それがたとえ腐った体制であり、しかもその体制下で生きている中国人自身が一番憤《いきどお》りを感じているにもかかわらず、それを指摘すると人種差別だと受け取られるのだ。中国の実業界の人間や政治エリートたちとつきあいのある人々にとっては、彼らの礼儀正しい顔の背後の汚れた秘密を知ることは不快感や倫理的な疑いを引き起こすので、契約合意を祝う盃《さかずき》を交わしつつも、その考えは心の奥にしまい込んだほうが良いということになる。

オーストラリアの黄向墨

黄向墨は二〇一一年あたりからオーストラリアへ移住を開始したとみられる*[44]。彼の「玉湖集団」は二〇一二年にオーストラリアで法人化しており、二〇一三年には半永久的に中国から離れたようだ*[45]。彼はすぐさま自らの豊富な資金を活かして中国系オーストラリア人のコミュニティで台頭し、広範囲にわたる政治的影響力を獲得し始めている。

「玉湖集団」のサイトを見ると、彼がいかに速いスピードで中国系オーストラリア人コミュニティを支配するようになったか書かれている*[46]。二〇一四年には「澳洲中国和平統一促進会」(ACPPRC)の代表になり、これは明らかに彼が新しい影響力を持った証拠である。澳洲中国和平統一促進会はオーストラリアで北京がコントロールする中国系組織の最重要団体だ。キャンベラの大使館やシドニーの領事館によって承認された人間しかこの団体の幹部を務めることができない。澳洲中国和平統一促進会は「中国和平統一促進会」にコントロールされている世界八〇以上の団体で構成される国際ネットワークの所属団体で、つい最近まで兪正声《ゆせいせい》が代表を務めていた。彼は政治局常務委員の一員であることからもわかるように、中国における最も権力を持った指導者の一人である*47。したがってこのオーストラリアの団体は、中国中央統戦部の工作の中心的な組織なのだ*48。

黄向墨はオーストラリアにおける同種の華僑団体の幹部の肩書も持つ。そのうちの一つが澳洲広東僑団総会（the Australian Fellowship of China Guangdong Associations）代表である。二〇一三年九月の創立記念集会の演説で、黄向墨は中国共産党の僑務工作を実行する省レベルの組織の一種である（とわれわれは見ている）「広東僑務弁公室」の支援を受けていると発言している*49。ちなみに労働党の職員でサム・ダスティヤリの秘書であるポール・ハン（韓以文）は上記二つの団体で役職についている。

澳洲中国和平統一促進会で高い役職についている中国系オーストラリア人は、北京から信頼され、愛国的な貢献を期待できる人材と思われている（といっても実際の動機は金銭的なものかもしれないが）。この団体の徹底的な親中姿勢や、南シナ海問題のようなオーストラリアの超党派的な批判的立場に対して一貫して批判的な態度を取ることから明白なのは、彼らがオーストラリア国内の議論で、北京の頼れる代弁機関として働いていることだ。

黄向墨を自分たちの代表と紹介する澳洲中国和平統一促進会の記事によれば、彼は嘆願してこの役職を得たという。それによると黄向墨は「オーストラリアの華僑コミュニティや政界、財界、そして学界において、大きな影響力と訴求力、そして高い評判を得ている」のであり、彼が数年間にわたって総計三億七八〇〇億人民元（七五〇〇万ドル）もの寄付をしてきたと報告している。その記事によれば、首相以下の大物たちとの多くの会合で「黄向墨は、中国の子どもたちが国の内外にかかわらず心と意識で一致団結していることを常に強調している」というの根深いものがある。

新たに移住した国で「関係」、つまり自身のネットワークを築く重要なステップの一つとして、黄向墨はニューサウスウェールズ州の労働党の財務担当者であったエリック・ローゼンダールを雇っている。一九九九年から二〇〇四年にニューサウスウェールズ州の上院議員になるまで、ローゼンダールは労働党のニューサウスウェールズ州の支部代表を務めている。ちなみにこの事務所は、偶然にも(?)シドニーのチャイナタウンであるサセックス通りにある。党の資金調達係のトップの他に、ローゼンダールはニューサウスウェールズ州労働党の選挙活動の担当者で、同州の連邦選挙の担当者も務めていた。彼と労働党重鎮との関係は、サム・ダスティヤリ(詳細は後ほど)の次に圧倒的なものだった。ローゼンダールは前科者のエディー・オビードやその息子であるモーゼスを含む汚職事件で告発されたが、結果的に対汚職独立委員会から無関係であるとされ、黄向墨は影響されることなく活動を続けている。

黄向墨は二〇一二年一一月に、労働党のニューサウスウェールズ州支部に一五万ドル献金している。その後の彼の任期である四年間に、ニューサウスウェールズ州労働党の銀行口座には寛大なことに合計一七八万ドルが振り込まれているが、それは黄向墨の会社、従業員、家族の一員、もしくは同僚たちから渡されたものだ*[51]。黄向墨の部下や同僚たちが多額の政治献金をしていることは記録に残っている*[52]。そのうちの一つは身元不明のメイジャン(アナ)・ウー (Meijuan (Anna) Wu) という人物だったが、後に玉湖集団の秘書の名前と判明している*[53]。玉湖集団に入社して五万ドルを献金する以前の彼女は、マックス・ブレナーというチョコレートバーのチェーン店でバリスタをやっていた*[54]。二〇一四年三月にニューサウスウェールズ州の労働党は蘇昭楷《スー・ザオカイ》(Su Zhaokai) という人物から六万ドルを献金されている。この人物の連絡先として、シドニー郊外のローズという街のアパートの住所とGメールのEメールアドレスが記載されていた*55。この蘇女史は、実際は玉湖集団の課長の一人であった*56。申告書類にはその資金が「サム・ダスティヤリ」宛《あて》と記載されている。

まだ州議員を務めていた当時の二〇一三年三月に、ローゼンダールは玉湖集団のオーストラリア本社を訪れている。同社ホームページでは、ローゼンダールが玉湖集団とオーストラリア政府の関係の促進のために黄向墨に招待されたと記されている*57。ローゼンダールは同月、黄向墨の招きによって中国国内の玉湖集団のプロジェクトを視察している*58。同社のホームページではローゼンダールが「玉湖集団とオーストラリア政府の間の協力関係……を推進すること」に同意したと説明されている。結果的にローゼンダールは玉湖集団のロビイストとなった。

二〇一三年五月には州上院議員を辞職、二〇一四年二月に玉湖集団オーストラリアの副社長に就任、二〇一六年には最高経営責任者に昇進している*59。

ローゼンダールがニューサウスウェールズ州の上院議員という魅力ある仕事を、六年間の任期を残したまま辞職した後、ニューサウスウェールズ州労働党はこの席を王国忠《アーネスト・ウォン》に与えた。このウォンは、バーウッド市の元市長だが、労働党と中国マネーの最も重要なつながり役を果たしているように見える*60。彼も黄向墨と緊密な関係にある。

黄向墨は労働党の首相を務めたジュリア・ギラードとケビン・ラッドたちともすぐに関係を深めている。記録に残っている彼の最初の連邦議員たちとの会合は二〇一二年一二月のラッドとのものであり、この時にラッドは首相への返り咲きを計画していた。この会合に同席していたのはニューサウスウェールズ州労働党の代表であるサム・ダスティヤリであり、彼の政治生命は中国人実業家たちとの怪しい関係によって四年後に危機に陥《おちい》り、二〇一七年一二月には終わりを告げたのだ。

玉湖集団のホームページには、この会合が福建会館協会代表である洪永裕《ホン・ヨンユ》（Hong Yongyu）によって二〇〇二年から開催され続けているものと書かれている*61。洪永裕（Eng Joo Angとしても知られる）は中国系オーストラリア人実業界でも高い地位にあり、少なくとも二〇〇二年から現地の中国大使館と強いコネクションを持ち続けている*62。彼はEng Joo Angの名前でニューサウスウェールズ州労働党に二〇一四〜一五年度に一一万ドルの献金を行っており（後に問われて覚えていないと答えている）*63、澳洲中国和平統一促進会の常務副会長も務めていた*64。洪永裕は黄向墨がオーストラリアで「関係」を作る際に支援している*65。彼は中央政治局委員だった劉《りゅう》延東《えんとう》（Liu Yandong）が二〇一二年一二月、オーストラリア訪問の時に開催された中国人コミュニティのリーダーたちとのイベントの際に、黄向墨の隣に並んで一緒に写真に収まっている*66。

黄向墨は二〇一三年三月、潮州協会と福建協会により福建会館ホールで開催された提灯フェスティバル（盆）のイベントで、ケビン・ラッドと彼の支援者であるクリス・ボウエンの間に座っている。ちなみに黄向墨はその両方の協会で名誉職にある。そこに同席していたのはボブ・カー、洪永裕、そして澳洲中国和平統一促進会の初代の代表で「偉大な中国の愛国者」であったウィリアム・チウ（邱維廉）、そして澳州潮州同郷会の会長である周光明《チュウ・グアンミン》（Zhou Guangming）であった。黄向墨はオーストラリアに移住してから数カ月の内に中国人コミュニティの有力者となることに成功したのだ*67。

民族主義的な環球時報に中国語で掲載された意見記事（これはオーストラリアン紙のローワン・コーリック記者によって報じられた）の中で、黄向墨は「海外の中国人たちは政治面で力をつけなければならない」と書いており、カネが持つソフトパワーに関して「カネは政治におけるミルクなのです」と記している*68。そして華僑たちにはオーストラリアの政治に参加して影響力を発揮する努力がまだ足りないと嘆《なげ》いている。つまり彼は、目指すべき明確な活動目標を持っていたのだ。

政治献金を行うあらゆる人々に共通する目的は、ステータスやビジネスの推進・向上だが、黄向墨の献金は中国共産党の目標や政策を助ける意味で北京にとってもありがたいものだ。専門家によれば、中国国内の実業家たちは中国共産党の政治の方向性に「極めて好意的」であると判明しているが、これは結局、彼らが富と影響力を蓄積できたのは中国共産党体制下であったことを考えれば当然だろう[*69]。

黄向墨がいかに急速に台頭したかは経歴からも明らかだ。彼はシドニーの中国総領事館のホームページに掲載されている記事でその名前を取り上げられるようになり、多くのイベントで総領事と共に写真に収まることが増えた。二〇一四年のたった二本、二〇一五年の三本と比べて、二〇一六年からは七本の記事で触れられており、二〇一三年の時点では総領事館との関係は最小限であったことがうかがえる。当時の中国大使、馬朝旭《マー・ヂャオシュ》（Ma Zhaoxu）も参加したウェストミード病院への献金を祝う式典を除けば、二〇一三年時点でのつながりは発見できない[*70]。

二〇一四年二月、黄向墨はシドニーで他のコミュニティのリーダーたち（洪永裕を含む）や領事館の職員、そしていつものオーストラリアの政治家の集団と春節の式典を開催した[*71]。二〇一六年には大使館によって、新任大使である成競業《チェン・ジンイェ》（Cheng Jingye）の着任歓迎会での中国人コミュニティ代表に選ばれている[*72]。黄向墨はここまで登りつめたのだ。二〇一四年三月には中国共産党の主要メディアである人民日報にインタビューされ、全人代と、当時交渉が進んでいた豪中自由貿易協定について語っている。習近平のキャッチフレーズを使いつつ、「私の〝中国の夢〟は、祖国がますます発展し、それによって人民が自信を強めるのに貢献することであり、私は祖国が平和的な統一を果たし、豊かな成長ができることを願っています」と明言している[*73]。

超党派の「関係」

黄向墨は二〇一二年か一三年頃にオーストラリアに移ってきたが、これは彼が中国国内で汚職事件に関係して「早急な出国をした」と報じられた後のことだ。黄向墨はこの出国のエピソードを否定しているが、真実がどのようなものであれ、彼が自らの豊富な資金を活用してオーストラリア国内の中国人コミュニティで急速にステータスを上げ、政治家たちとのネットワークを築き上げたことは間違いない。

すでに見てきたように、彼は二〇一四年に中央統戦部のオーストラリアにおける先端組織、澳洲中国和平統一促進会（ACPPRC）の代表となっている。中国専門家のアン＝マリー・ブレイディによれば、ACPPRCのニュージーランドにおけるカウンターパートとなる組織は中国共産党の中央委員会にコントロールされており、中国政府による組織化、支援、資金提供を受けているという*74。

「自分は澳洲中国和平統一促進会や中国共産党とはつながっていない」と黄向墨が強く抗議したにもかかわらず、澳洲中国和平統一促進会の幹部の肩書を持つ四人は北京で開催された「第一四回全球華僑華人促進中国和平統一大会」に参加している。これは中国和平統一促進会（CCPPNR）によって二〇一六年九月に開催されたものだ。この会議では澳洲中国和平統一促進会のティアン・フェイ（Victor Tian）と、同会の上級副会長である人物が黄向墨の代理としてスピーチを行っている*75。二〇一七年三月には黄向墨が中国和平統一促進会副主席である孫凌雁《ソン・リンヤン》（Sun Lingyan）に率いられた同会の代表団を歓迎する式典を開催している*76。その同月に黄向墨は国務院僑務弁公室室長である裘援平《チウ・ヤンピン》（Qiu Yuanping）のための歓迎会も開催している*77。澳洲中国和平統一促進会は李克強首相の二〇一七年のオーストラリア訪問を歓迎する公的な支援表明のために組織的な活動を行った*78。この統一促進会というのは、海外にある中華人民共和国の支部としては最も影響力の大きい「非政府」団体であり、オーストラリアの団体もこの例外ではない。その役割はそれぞれの国に住む中国系の人々を動員・統率することによって中国という国家を助けることにある。そしてこの役割は、同国の国務院僑務弁公室と共有されている*79。

オーストラリアの何人かの著名人たちは、澳洲中国和平統一促進会の表向きの顔に完全に騙《だま》されていいている。

る。その典型であるボブ・カーは、以下のように書

毎年開催される（澳洲中国和平統一促進会主催の）夕食会に出席した連立与党及び労働党の政治家たちにとって、会は慈善団体（たとえばオーストラリアの眼科医をチベットに派遣するための資金集め）や中国人コミュニティの傘下組織のような役割を果たしている。中国の中央統戦部とのつながりが後退しているのか旺盛《おうせい》なのかという問題を別として、そのつながりは彼らにとって迷惑な存在でしかなくなっている＊80

これは澳洲中国和平統一促進会の役割や活動についての完全な思い違いである。その慈善的な活動は、常にその政治的な役割を隠すためのものでしかないからだ。澳洲中国和平統一促進会は中央統戦部による産物であり、オーストラリアの高位の政治家たちを巻き込むことは、中国の影響力の増進のための一つの手段でしかないのだ。

黄向墨の政治思想の好みは様々だった。オーストラリアに到着してからというもの、彼と彼の会社は一三〇万ドルもの額を労働党と自由党の両方に献金したのに加えて、その家族や従業員、そして彼に近い関係者たちを含めると、その総額はほぼ二九〇万ドルに達し、労働党には一八〇万ドル、自由党には一一〇万ドルも献金している＊81。

労働党の中でも強い影響力を持つエリック・ローゼンダールの協力を得た上で、黄向墨は二〇一五年に議員をやめて数カ月たったばかりのニューサウスウェールズ州の元副知事で元国民党党首だったアンドリュー・ストナーを雇っている＊82。ストナーは黄向墨がオーストラリア国内の農業ビジネスに投資するために用意した二〇億ドルものファンドを含む、投資アドバイザーという形で雇われた。

黄向墨は連邦貿易大臣のアンドリュー・ロブと密接な関係を築き上げた。いくつもの中国企業で働くためにロブが議員を辞めた後、黄向墨はロブの報道

官を務めていたキャメロン・ヒルを雇って玉湖集団の広報担当者にしている[*83]。

ジュリー・ビショップ外相が黄向墨のつくったシドニー工科大学「豪中関係研究所」（ACRI）の開設記念式典で二二分間にわたる祝辞を述べた時に、この富豪実業家の政府上層部との深い関係が明らかになった。黄向墨は同所長として個人的にボブ・カーを選出したことを誇らしげに語っている。

シドニー工科大学は黄向墨の献金に大きな感謝を感じて、黄向墨に「教授」という地位を与え、人民日報はすぐに彼を「オーストラリアの学者」と呼び始めている[*84]。もちろん黄向墨はビショップ外相と一緒に笑顔で写真に収まっている。二〇一三年八月には玉湖集団がビショップの担当する自由党の西オーストラリア州支部に二三万ドル献金しているが、黄向墨は西オーストラリア州では何もビジネスを行っていないし、それ以外のいかなる関係もなかった[*85]。

ビショップはそのイベントで黄向墨に会えたことがとりわけ嬉しかった、中国は善への推進力である、などと述べている。さらに中国は最大の貿易相手国であるだけでなく「われわれの最大の移民供給国であり、留学生、そして国際的な観光客を最も送り込んでくれている国なのです」と認めたのだ[*86]。

二〇一六年に彼女は中国に対し、南シナ海で国際法を遵守《じゅんしゅ》するよう求める強いコメントを発表しているが、ここから判断すると、ジュリー・ビショップは中国マネーのとりこになるのに抵抗したように思える。もし彼女が今後言葉のトーンを変えるとすれば、それはオーストラリアをアメリカの同盟関係から引き離す北京の策略にとって大成功といえるかもしれないが、今となってはこれは可能性が低いように思える。

黄向墨は首相在任中のトニー・アボットとも写真を撮っている。二〇一五年九月、マルコム・ターンブルがその役職を引き継ぐと、当然ながらこの新しい首相も黄向墨に会う必要に迫られることになり、二〇一六年二月、二人はシドニーにおける春節の式典で仲良く写真に収まっている。

ところがさらに大きな疑問を生じさせたのは、高級閣僚とこの実業家との関係の方であった。二〇一四年四月、黄向墨は香港で、中国・オーストラリア自由貿易協定について議論するため、当時貿易大臣であったアンドリュー・ロブと、在香港オーストラリア領事館の代表を加えた会合を開催している。

黄向墨と彼の会社の社員たちに加え、玉湖集団は中国の二つの企業の代表を招待している。一つは中国農業発展集団（the China National Agricultural Development Group）、もう一つは中国愛地集団（China Aidi Group）として知られている会社だ＊87。その他七人の中国側の代表はすべて玉湖集団の役員だった。ロブは数カ月後に行った酪農業に関する演説の中で、玉湖集団の農業投資ファンドだけを引き合いに出して称賛している＊88。

この会合について玉湖集団が記した報告書によれば、「ロブは年内に豪中両国が自由貿易協定の交渉を終えて合意文書に署名し、それによって八年間にわたって完全に停止していた交渉過程をようやく終わらせることができると期待していた」という。その後、ロブは黄向墨が述べた中国企業側がオーストラリアで投資をする際に直面する問題、とりわけ労働ビザ取得の難しさについての意見を聞きつつメモをとっていたという＊89。

この最後の部分はとりわけ興味深い。なぜなら貿易協定に対して向けられる最大の批判には、その条項の中に中国からの労働者を受け入れることが含まれていたからだ。ロブは後に、中国人労働者導入に反対して「人手不足」の調査を求める労働組合からの要求を「不誠実で不快で人種差別主義的」であり、労働党は「外国人嫌い」と非難することになる＊90。

この会合は成功裏に終わった。黄向墨はすぐに高額な資金を労働党の（ロブの選挙区である）ビクトリア支部と、ロブのゴールドスティン選挙区にある個人的な選挙ファンドへ流している。フェアファックス・メディアグループは二〇一六年五月に「玉湖集団の役員たちは当時の貿易大臣であるアンドリュー・ロブの活動資金管理団体（The Bayside Forum）に対して合計一〇万ドルの献金を行っており、それには豪中自由貿易協定が締結された日に振り込まれた五万ドルも含まれていた」と報じている*91。

ビジネスに関係しないものもあった。二〇一三年にロブは黄向墨に（競馬の最大のレースである）メルボルンカップに招かれ、入場券だけでなく食事の接待も受けている*92。黄向墨はオーストラリアの競馬界でも重要人物となっており、（レース期間中に開催される）メルボルンカップ・カーニバルにおける優勝カップのプレゼンターにもなっている*93。

二〇一五年二月には笑《え》みをたたえた政治家や他の実業家たちと共に、子供のための医療研究などの慈善活動に多額の寄付を行う、いってみれば極度に宣伝活動的な「ギビング・デイ」のイベントに参加している。アンドリュー・ロブは当時の労働党党首ビル・ショーテンらとともに、二〇一六年一月に行われた黄向墨の娘、カリーナの結婚式の名誉招待客であったと考えられている。

北京は二〇一六年までに黄向墨のことを確実に好意的な目で見るようになった。党の信頼の度合いを測る唯一のメディアが、党の広報誌である人民日報であり、実際、同年七月に黄向墨が紙面に登場している。彼は自分が書いた意見記事の中で、共産党の文化は「海外の六〇〇〇万人にのぼる中国人同胞たちに〝共に呼吸し、共に富を分かち合う〟ことを可能にする共通の遺伝子である」と記している*94。

その一カ月前、豪中関係研究所の理事長である黄向墨はオーストラリアン・フィナンシャル・レビュー紙の意見記事欄に寄稿し、アメリカが南シナ海で行っている「航行の自由作戦」をオーストラリアが支持していることに「中国は非常に厳しい目を向けている」と北京の脅しを反映して記している*95。つまりこれは「愚《おろ》かな判断」であり、「オーストラリアは最終的に後悔することになる」というのだ。

彼は続いてオーストラリアが中国に対してとるべきアプローチの参考例として、フィリピンの新しい大統領であるロドリゴ・ドゥテルテ大統領の「現実的」なやり方を真似すべきだと主張している。北京はよもや自分たちの身に、二〇一六年五月にフィリピンが銃を持った元自警団員を大統領に選ぶ幸運が訪れるとは夢にも思っていなかったはずだ*[96]。北京はオーストラリアに対しドゥテルテのような「現実的なアプローチ」をとるよう求めてきたのであり、これと同じ意見を表明してくれる人物として、悪名高い彼の中国メディア向け記者会見で北京が聞きたかった声を代弁してくれた、サム・ダスティヤリを発見することになる。

黄向墨は二〇一六年九月、「第一次ダスティヤリ・スキャンダル」によって生じたイメージ悪化の後、北京から愛想をつかされたと見られている。二〇一六年以降はシドニー領事館のホームページで彼の名前を見つけることができなくなったからだ。二〇一七年一一月の「第二次ダスティヤリ・スキャンダル」に巻き込まれて苦慮したターンブル首相は、黄向墨のことを中国政府に「非常に、非常に近い」外国人であると説明するようになった*[97]。黄向墨は澳洲中国和平統一促進会の会長を辞任した*[98]。

二〇一七年二月のシドニー春節の式典はすでに中国総領事館によって仕切られるようになっていたが、この時、黄向墨は脇《わき》に追いやられており、豪首相のホスト役が薛水和《シュエ・シュイへ》（Xue Shuihe）に任されるのを見守るしかなかった。薛水和は中国生まれの中国人であり、オーストラリアで不動産開発を手広く行っていた人物だ。彼は福建省や四川省などで、建設や織物、そして食品関連のビジネスで富を得たようだ*[99]。中国系協会の数々の名誉職（これには黄向墨の澳洲中国和平統一促進会の上席名誉会長という役職も含む）の他に、薛水和は「澳洲中華経貿文化交流促進会」（the Australia China Economics, Trade and Culture Association）の代表を務めている。この団体は中央統戦部の支部であり、お決まりの高貴な目標として、文化、青少年の発達、調和と平和という言葉を掲げている*[100]。薛水和の兄弟の薛水華《シュエ・シュイファ》（Xue Shuihua）と薛叶光《シュエ・イエグアン》（Xue Yeguang）も同団体の名誉会長を務めている。薛水華は自分の経歴紹介で「われわれは中国の価値の種《たね》を育て、それを海外に広める必要がある」と宣言している[*101]。

周澤栄

中国の富豪実業家たちは、オーストラリアの州や連邦レベルの議会で唯一の、もしくは最も影響力をもったネットワークを築いているわけではない。総合的にみれば、彼らの力は鉱山企業やメディア複合企業が持つ力とは比べ物にならない。ところが鉱山企業やメディア企業も、さらなる利益を追求している。オーストラリアの最も重要な制度機関における中国という一党独裁国家の影響力が増すにつれ、金権政治の拡大を懸念する人々は、中国人実業家のネットワークの潜在力や彼らに従順なオーストラリアの政治家たちが自分たちの政治・経済体制に大きな影響を及ぼし始めることに注意すべきであろう。もし伝統的な財界のロビー団体がこれまでどおり自分たちの利益の確保や企業の成長だけを狙っていたら、その隙に何人かの中国人実業家たちは、その政治的なコネクションを使って中国共産党の目指す目標を推進するのだ。

周澤栄《チャウ・チャクウィン》はネットワークづくりにおいて右に出るものがいないが、公的な場にはなかなか出たがらない人物だ（中国語では目立たないようにすることを「低調」di diaoという）が、シドニー工科大学に建築家フランク・ゲーリーがデザインしたビジネススクールの建物をつくるための彼の二〇〇〇万ドルもの献金は、必然的に注目を集めざるを得なかった（ちなみにゲーリー自身はこの建物を茶色の紙袋みたいに見えると言っている）。周澤栄に多額の献金をしてもらうため、大学の学長であるロス・ミルボーンはずる賢いプランを考えた。それは、周澤栄の息子エリックが同大学の建築科で学んでいたので、学長自らこの学部生に対して世界で最も有名な建築家であるフランク・ゲーリーと個人的に会いにロサンゼルスに行ってくれないかと頼んだのだ[*102]。

二〇〇九年、周澤栄による自由党、労働党、そして国民党に対する莫大な献金は、当然ながらメディアの注目を集めることになった。残っている記録を見る限り、彼は二〇〇七年から四六〇万ドルを主要政党に献金している（二九〇万ドルを自由党、一七〇万ドルを労働党）[＊103]。彼の献金額の増大は連邦選挙が行われた年と一致している。その流れは止まっていない。二〇〇七年から〇八年にかけ、彼はほぼ一四〇万ドルを献金し、二〇一三年から一四年にかけても同額を支払っている[＊104]。二〇一五年から一六年にかけて、彼は自由党を中心に八六万ドルを献金しており、これにはジュリー・ビショップの選挙区である西オーストラリア地区への二〇万ドルも含まれる[＊105]。中国人実業家のみならず、おそらくいかなる実業家でさえも、われわれの政党にこれほどまでに寛大だったことはなかったはずだ[＊106]。もしカネが言葉を話すとすれば、オーストラリアでは段々と北京語になってきつつあるのだ。

　周澤栄はオーストラリアの市民権を持っているが、実際に住んでいるのは中国の広州市にある広大な邸宅である。彼は二〇一五年、オーストラリア人として過去最高額となる七〇〇〇万ドルで、ギャンブル界の大物ジェームズ・パッカーがシドニーのヴォークルーズに保持していた邸宅「ラ・メール」を購入し、しかもそれを解体してしまった。フェアファックスの記者ジョン・ガーノートの最大限の努力にもかかわらず、周澤栄という自称「小さな実業家」である億万長者がどのようにして潮州市の不動産開発のゲームの中で富を蓄えたのかについてはいまだに不明なことが多く、彼自身もあまり多くのことを語ろうとしていない[＊107]。ガーノートによれば、周澤栄の「潮州市の隣人であった謝非《シエ・フェイ》が、一九九一年に広州市の委員会書記の立場まで出世」して、八年間その地位にとどまった時から「運命が好転してきた」という。周澤栄は朱鎔基《しゅようき》元首相の配下である林樹森《リン・シャウセン》（Lin Shusen）が、一九九八年に広州市の市長に任命され、後に党中央委員会の常務委員になってから、さらに出世することになる[＊108]。友人である林樹森が広州市に移動してからは、周澤栄は「巨大な土地の取得に〝彼らしくもない苦労〟」をしていたという[*109]。

ただし彼は、オーストラリアの首相以下の政治家たちへのアクセスについては、何ら難しい問題に直面していない。さらに彼は急速に出世して有名になりつつあった人物たちとの友好関係を築くことにも成功している。二〇〇九年に日刊紙の「ジ・エイジ」紙の三人の記者が指摘したように、「二〇〇四年と二〇〇五年、彼は将来首相となるケビン・ラッド、そして将来の財務大臣であるウェイン・スワン、将来の外務大臣であるスティーブン・スミス、そして将来の農業大臣であるトニー・バークらを中国に招待する旅費の一部を支払っている[*110]。「ジュワイ・ドットコム」（Juwai.com：これは中国人富裕層向けのトップの不動産サイトだ）によれば、彼は「オーストラリアのトップ政治家たちを広州市のすぐ北の従化区にある豪邸でもてなす、話術の名人」だという[*111]。周澤栄がガーノートの申し出で珍しくインタビューに応じた時も、この記者は広州白雲国際空港のエアブリッジで出迎えられ、そこから空港の地下トンネルを通り、待機していた高級車ベントレーに乗せられて周澤栄の自宅（彼の部下は「城」と呼んでいる）まで乗せられている。インタビューの終わりに、周澤栄はガーノートに家族休暇や何本かのフランスのワイン、そして一つの仕事を申し出たという[*112]。ガーノートはこれをすべて辞退し、その理由を当時の仕事仲間に「周澤栄が互恵主義的な罠《わな》を仕掛けて来ており、もしこれらの申し出を受け入れてしまったら相手に〝所有した〟と思わせてしまうことになると考えたからだ」と説明している（後の二〇一六年に発表された別の記事に対して周澤栄はフェアファックス・メディアを名誉毀損で訴えており、本書が出版された時点ではまだ裁判所で審議されていない）。

興味深いことに、周澤栄は黄向墨側の勢力とはあまり関係を持っていないように見える。二〇〇〇年代初期には澳洲中国和平統一促進会の名誉会長を務めていたにもかかわらず、周澤栄は黄向墨が主導している時期（二〇一七年一一月まで）には公式な役職を何も務めていない。周澤栄は労働党のニューサウスウェールズ州支部の幹部たちととりわけ親密になっている。二〇〇六年にはボブ・カーが、周澤栄が主宰する「澳中友好交流協会」(Association of Australia China Friendship and Exchange) の唯一の名誉会長になっている*113。この組織は中央統戦部の傘下にあり、中国の国家主席や「中国人民政治協商会議」の主席まで務めた李先念《りせんねん》(Li Xiannian) に率いられた有名な「中国人民対外友好協会」と密接な関係を持っている。

二〇〇四年、ボブ・カーは周澤栄の娘であるウィンキーに惚れ込み、内閣の自分の外務大臣オフィスのインターンとして迎え入れた。彼女は後任の外相をモリス・ジェンマが受け継ぐまでそのまま内閣のオフィスに残り、カーが政治家を辞めてからはジェンマとコンサルタントビジネスを始めている。ウィンキー・チャウ (Winky Chow) の最近の仕事は、父親である周澤栄がシドニーで立ち上げた中国語新聞の経営だ。澳洲新快網 (The Australian New Express Daily) は二〇〇一年に周澤栄が広州で買収した新聞「羊城晩報」のオーストラリア版であり、同新聞と提携している*114。この親会社の新聞について周澤栄は「北京政府はこの新聞を高く評価している。なぜならネガティブな報道を全くしていないからだ」と述べている*115。二〇〇八年の北京五輪に際し、キャンベラに到着したオリンピックの聖火を守り、「オーストラリアを紅く染める」愛国的な中国人留学生による大規模デモの準備のために、周澤栄の澳洲新快網は千本もの中国国旗を急いで輸入した*116。

二〇〇四年にボブ・カーによって開業されたこのオーストラリア版の新聞は、やはり北京の意向に沿った報道を頑《かたく》なに守っている。ジョン・ガーノートは、そもそも外国人(周澤栄は公的にはオーストラリア国籍)が中国で新聞社を経営できることに疑問を呈すが、当然のように周はその答えを知っている。

周澤栄は「広州總商会」(the Guangzhou Chamber of Commerce for Overseas Chinese Enterprises) のような、中国国内で共産党の支援する多くの協会で重要な立場についており、「中国人民の愛国的な統一戦線工作組織」である「天河区周漢民中国人民政治協商会」（the Tianhe District Chinese People's Political Consultative Conference）にも任命され[*117]、山東省統戦部によって「代表的な人物」と称賛されている[*118]。すでに見たように、習近平政権になってから中央統戦部の活動は改めて重要だと認識されている。中央統戦部の幹部たちは立場の優遇や物的な見返りと引き換えに、その影響圏内に党の見解を広め、その成果を党に報告する役割を期待されている[*119]。

中国共産党の影響力について、フェアファックス・メディア社と「フォーコーナーズ」（Four Corners）が合同で行った調査の成果は、二〇一七年六月に放映されたＡＢＣ社の番組や、同時期に連載されたフェアファックス系の新聞記事にまとめられた。これらの中で主張されたのは、周澤栄が中央統戦部系の組織と関係を持っていることと、アメリカで起こった汚職事件と彼とのつながりを探るものであった。周澤栄は名誉毀損専門の獰猛《どうもう》な弁護士であるマーク・オブライエンを雇い、ＡＢＣとフェアファックス・メディア、そしてニック・マッケンジー記者に対して名誉毀損の訴えを起こし、「彼は大いに傷つき、ビジネス、個人、そして実業面における評判が、悪評や悪感情、あざけりやさげすみなどに晒《さら》され、これからも晒されることになる」と主張している[*120]。本書の出版時点で、裁判所で本格的な審議はまだ始まっていない。

周澤栄の書面での主張によれば、これらの番組や記事は周澤栄が「外国、つまり中国と中国共産党の利益のために、自国となるオーストラリアとその国益を裏切った」と描いたという。つまり周澤栄は自分だけは「中国共産党の党員」や「中国人民政治協商会議（政協）のメンバー」、つまり「中国共産党の秘密ロビー組織である中央統戦部の任務を果たす人間」というそしりを受けない人間だと考えているようなのだ。周澤栄はオーストラリアン紙のサイモン・ベンソン記者に頼んで「権利を侵害された億万長者」という立場の「ソフトなストーリー」を発表してもらっている。彼は、フェアファックスとフォーコーナーズが論拠にしたと思われる、オーストラリア保安情報機構（ASIO）による自分に対する評価を拒絶している[*121]。

中央統戦部に関する周澤栄の「私は何のことかわからない」という主張への反論として、フェアファックスはこれを完全に覆すニック・マッケンジーとリチャード・ベイカーによる記事をすぐに発表した。彼らはこの記事の中で、周澤栄が多くの会合で中央統戦部の幹部たちと会っていたことや、中央統戦部の出版物や中国政府の文書の中で彼が中央統戦部と提携した組織のメンバーの一員と名指しされたことを紹介している[*122]。また彼らは、二〇〇七年にアメリカの外交官によって書かれ、ウィキリークスによって暴かれた「機微《きび》」な報告書の中で、周澤栄（北京語ではZhou Zerong）が「広東海外」（the Guangdong Overseas Chinese Businessmen's Association）という新しい組織の代表であると述べていたとの記述を発見している。このアメリカの外交官は、周澤栄によって率いられているこの新しい組織を「中国共産党の中央統戦部の戦略の一部」と判断しているのだ。

ABCとフェアファックスを訴えるにあたり、周澤栄は「中国政府の腐敗した諜報エージェント」を利用して国連総会議長に二〇万ドルもの賄賂を支払ったという指摘を特に否定しようとした。周澤栄は二〇一五年にも悪質な賄賂スキャンダルに巻き込まれている。アメリカ国籍を持つ厳雪瑞《ヤン・シエリ》（Yan Sheri）はシドニーの社交界の名士の一人だが、ニューヨークで国連総会議長のジョン・ウィリアム・アッシュを周澤栄の広州の豪邸に公式訪問させるために二〇万ドルの賄賂を支払った疑いで、米連邦捜査局（FBI）に逮捕された[*123]。厳雪瑞はロジャー・ウーエンという元オーストラリアの諜報分析官で、元在北京、在ワシントンの外交官を務め、後には国家評価局（the Office of National Assessments）でも勤務した人間と結婚している[*124]。ある時点で、ウーエンはオーストラリアの在中国大使に内定をもらっていたが、現在の彼は香港の親中系放送局の鳳凰衛視（Phoenix

Satellite Television）の副社長を務め、中国の春画の収集家でもある。

報道によれば、国連はアッシュへの贈賄事案への周澤栄の関与について捜査を開始している＊125。周澤栄は厳雪瑞とアッシュの間のやり取りについて何も知らないと主張している。二〇一六年七月に厳雪瑞はアッシュに八〇万米ドルの賄賂を送ったとして有罪を宣告され、これには「告訴状の中で〝ＣＣ－３〟と名付けられた中国人の不動産開発業者が主催した」中国で開催された私的な会合に参加するための二〇万米ドルも含まれている＊126。厳雪瑞は二〇カ月の実刑判決を受け収監された。周澤栄の娘のウィンキーは、賄賂事案への父親の関与について聞かれ、「すべては誤解です」と答えている＊127。

ジョン・アッシュは賄賂に関する脱税で有罪となった。報道によれば、彼は二〇一六年六月に裁判所に出廷する数日前の時点で司法取引に応じており、出廷すればおそらく秘密を漏《も》らしただろうとされる。ところが彼は不幸な事故にあって死亡してしまった。彼の弁護士は当初、アッシュは心臓発作を起こして死んだと言っていたが、後に検死官は、彼が自宅でトレーニング中にバーベルが誤って首に落ちて気道を潰《つぶ》したことが死因と結論づけている＊128。

周澤栄の主張に対する反論として、ＡＢＣとフェアファックスは法廷で、周澤栄が「外国である中国と中国共産党の利益に資するためにスパイ活動を行うことによって、自分の国、つまりオーストラリアを裏切った」と信じるに足る根拠があると述べている＊129。さらにＡＢＣとフェアファックスは、「周澤栄は中国共産党の秘密ロビー機関である中央統戦部の工作を実行し、中華人民共和国、北京政府、そして中国共産党の利益を推進するために活動する組織に属し、オーストラリアの政党に莫大な額を賄賂として献金することによって政治家たちの意思決定に影響を与えようとした」と信じるに足る根拠がある、と主張しているのだ。

この被告側の弁論では、さらに周澤栄が「ＣＣ－３」であり「国連総会議長のジョン・アッシュに対する二〇万ドルの賄賂」を支払い、したがって「自覚的に国連総会議長に対する汚職工作に関与していた」と論じられた。

そして最後にＡＢＣとフェアファックスは「周澤栄はオーストラリアの国益を犠牲にしながら秘密裏に外国の国益を増進させることによって、オーストラリア国籍を得る際の宣誓《せんせい》を破った」と抗弁したのだ。

祝敏申

祝敏申《ジュウ・ミンシェン》（Zhu Minshen）の「トップ教育研究所」（Top Education Institute）周辺に漂《ただよ》っていた怪しい噂を知っていた人は少ないが、それでも何人かはそのニュースが新聞の一面を飾り始める数年前から気づいていた。二〇一三年にプリモース・リオーダン記者がオーストラリアン・フィナンシャル・レビュー紙で報じた記事によると、中国はこのシドニーの私学校に公式な支援を表明したという。この支援は、私学校にとっては信じられないほど得るのが難しいものだ[*130]。

祝敏申によれば、他校がなぜこのような立場を得られないのか不思議だという。ところが一つ明らかなのは、彼が中国で強いコネを持っており、これは李克強首相以下の様々な政府関係者たちと一緒に写った写真をウェブサイトに掲載していることからもわかる。祝敏申がオーストラリアの大物政治家たちと写った写真のほうがまだ説明しやすい。つまり彼は政治家たちに献金したのだ。祝敏申は二〇一四年から一五年にかけて主要政党に二三万ドル、そして二〇一五年から一六年にかけてはさらに七万二〇〇〇ドルを献金し、主にニューサウスウェールズ州の自由党に対して行なった[*131]。彼の献金に関してわれわれが知り得る情報はこれだけである[*132]。ところが儀礼的な写真からわかるのは、彼がマルコム・ターンブル、トニー・アボット、ジュリア・ギラード、ジュリー・ビショップ、ボブ・カー、教育大臣のキム・カーとその後任者であるクリストファー・パインと会っているということだ。

多額の資金を使って名誉学位を与えられた黄向墨

や周澤栄とは違い、祝敏申は古代中国の漢字を専門とした本物の学者だ。彼の父と祖父はともに知識人であり、文化大革命の最中に反動的・反革命的な人間として迫害されている。ただしこの経験があっても祝敏申が中国共産党の支配体制から疎外《そがい》されたような形跡はない*133。彼は一九八四年にオーストラリアに渡ってオーストラリア国立大学で書道を研究し、一九八九年には博士号を取得している*134。いくつかの学者としての仕事を拒否された後、彼はシドニーに移って衣類工場を立ち上げた。彼によれば、これは文化大革命中に上海の綿工場で十年ほど働いていた経験を活かしたものだという。彼はオーストラリアの市民権を持っている。

一九九〇年代初期にはオーストラリア国内で衣類の販売を促進するため、中国国営の巨大な投資企業であるCITIC集団からある種のパートナーシップを得ている*135。中国財務局によって所有されているこの巨大投資会社が、党の「世界への窓」となるために中央統戦部の下部組織を立ち上げたのは、やはり奇妙な動きだったと言わざるをえない*136。祝敏申はやはり重要なコネを持っていたようだ。彼はCITICが設立した会社の役員の一人になっているが、この会社の年間売上は五〇〇〇億ドルにもおよんでいた。この会社で多額の収入を得た祝敏申は、一九九六年に不動産開発業を立ち上げてさらに数千万ドルの富を得ている*137。

すでに富豪となっていた祝敏申は、同年にオーストラリア初の親共産党紙となる「澳大利亜時報」(the Australian Chinese Times)を設立した。ただし当然ながら、この「初の」という立場には、いまだに出版されているオーストラリアの武闘派の毛沢東主義(マルクス・レーニン主義)の「ヴァンガード」という月刊誌の存在を例外とするものだ*138。祝敏申は後に、彼が自分の新聞を立ち上げたきっかけは、オーストラリアの既存の中国語新聞が彼の書いた「あまりにも共産党寄り」の記事の掲載を拒否したからだ、と述べている*139。彼の主張によれば、自分の新聞は断固として「反中勢力」と闘うものであり、「自分の祖国についてのポジティブなプロパガンダ」を書くことに生涯を捧げることを決意して設立したという[140]。その新聞に掲載されたのは、法輪功が「悪のカルト」であることを暴く多くの記事や、「偉大なる中国の再統一は決して止めることはできない」ことを宣言した記事である。

祝敏申博士は有言実行しており、中国国家に対する惜しみない支持を捧げ、密接な関係を維持している。シドニー中国総領事館の政治部代表を務めた経験のある政治亡命者の陳用林《ちんようりん》によれば、澳大利亜時報は本土の新聞に掲載された記事を掲載することで北京から支払いを受けているという[141]。二〇〇三年に南京で行われた新華社通信主催のカンファレンスで、祝敏申は国営新聞から得た記事をどのように掲載しているか語った。ちなみにこれらの記事の多くは法輪功を非難する内容のものばかりであった[142]。祝敏申の共産党国家に対する貢献は一九九九年九月に認められ、豪州訪問中の江沢民を歓迎する夕食会の演台でこの国家主席と同席した数人のうちの一人に選ばれる名誉を受けている[143]。江沢民はとりわけ法輪功を嫌っていたおかげで世界中の中国大使館は海外の信者たちを追跡し、中傷し、分裂させることに多大な努力を傾けることになった。

二〇〇一年に南京で行った演説の中で、祝敏申はオーストラリアへの中国移民には新世代と旧世代で大きな差があると述べている。そして自分の親共産党的な視点を不快に思ったのは旧世代であり、新世代の移民たちは「祖国に強い感情を持っている」というのだ。彼は創刊当時の澳大利亜時報がいかに苦労して「闘ってきた」かに触れつつ、それでも「新しい中国移民たちの力は段々と強力になる」と確信していたと述べた[144]。そして彼は二〇〇〇年代初めに澳洲中国和平統一促進会のアドバイザーに就任している[145]。

祝敏申は常に自分のことを学者とみなし、そのために二〇〇一年には自分の知的好奇心と商才を組み合わせた「トップ教育研究所」を創設している（この「トップ」という言葉は「エリート」を示す中国語〝上屋〟を訳したものだ)。この研究所はすぐに莫大な利益を生み出すことになった。一〇〇〇人にのぼる全生徒のうち、九八・五%はほぼ中国からの留学生によって占められており、この私学校は二〇一六年にクリストファー・パインによって優先的なビザ取得プログラムを許可されたことで生徒が激増した。このようなビザの許可を与えられている私学校は数えるほどしかない。労働党のキム・カーは教育大臣だった二〇一三年当時にトップ教育研究所のビザに関する申し込みを拒否しているが、これは移民局が彼に「留学」しに来る中国人たちと思われる人々が実は単に働きに来るだけ、という意味で「極めて高いリスク」があるとアドバイスされたからだと証言している[*146]。ちなみに祝敏申の学校は、二〇一四年~一五年度に、自由党に対して四万四二七五ドルを献金している。

祝敏申とオリンピック聖火リレー

祝敏申はシドニー大学の孔子学院の役員に名を連ね、有名校である上海の復旦《ふくたん》大学と深い関係を持っている。さらに彼は「中国人民政治協商会議」(政協)の海外代表委員である。この組織は本書でもすでに見てきたように、ある指導部の人物の言葉によれば「愛国的な統一戦線組織である」のだ。政協の委員とは中国の富豪たちや、共産党幹部の指導部へと「関係」のネットワークを拡大しようとしている人々にとって憧《あこが》れの役職であり、委員たちは空港では優先搭乗できるし、到着すればリムジンが待っている。

祝敏申はオーストラリア国籍を持っているが、二〇〇八年にキャンベラで行われたオリンピックの聖火リレーの際の中国人留学生によるデモを組織する上で、重要な役割を果たしたと見られている。キャンベラで留学中の何人かの中国人学生から申し出を受けた時も、彼は財政面での支援を惜しみなく与えた。彼はこの聖火リレーの日を「生涯忘れない一日」であると記している[*147]。彼はおよそ三万人の学生が集まったとし、中国大使館が組織的な役割を果たしたことや、その後に開催された親睦会で章均賽《ザン・ジュンサイ》

(Zhang Junsai) 大使が学生たちの愛国的な行動について いかに「感情的に語った」か報告している。祝敏申はとりわけニューイングランド大学に留学中の中国人学生たちを称賛したが、二〇〇〇年代に彼はこの大学の国際研究所の所長を務めていた*148。彼の記述によれば、ニューイングランド大学には中国人学生が一〇〇人以下しかいなかったが、そのうちの四二人が聖火リレーに参加するために一二時間もかけて車で駆けつけたという。

祝敏申は自身の運営するトップ教育研究所から聖火リレーに参加した九〇人も称賛し、実際はバスをチャーターして「成績にカウントする」授業の一環としての活動にしたという（これによってこの授業は、外国のために国内で先導的な活動を行うことが単位になるという、おそらくオーストラリア唯一のものとなった）。彼は個人的にも学生たちのために中国旗を提供し、小型のものは一〇〇本、大型のものは二〇本、そして三〇メートル四方の超大型のものを一つ準備している。そして生徒たちとキャンベラに到着した時には「旗が振られていて活気に溢《あふ》れていた」状況を目の当たりにしたのである。

聖火リレーに学生たちと参加した後、祝敏申は言葉をさらに大げさにして「一つの中国よ永遠に」「中国がんばれ」という言葉が「空いっぱいに響き渡った」と書いている*149。トラブルメーカーたちの声は「まるで巨大な海の中の藻屑《もくず》のように消え去った」のであり、「二〇〇八年四月二四日は私の忘れがたい日であった！」とぶち上げた。

懇親会の後に学生たちが私に向かって「祝敏申校長、このイベントはわれわれにとっても本当に重要なものでしたので、記念として国旗をいただけませんか？　と言ってきた。もちろん私はこの留学生たちにすべての旗を持ち帰らせた。

祝敏申は、キャンベラというオーストラリアの民主主義制度の中心部で、脅迫的で暴力的になった外国人学生を使った大規模デモを組織する役割を果たしたが、これに関して何の咎《とが》めも受けていない。私が話した強いコネを持つジャーナリストによれば、オーストラリア保安情報機構（ＡＳＩＯ）は「目を完全にそむけて」いて、オーストラリアの無気力な政治リーダーたちは全くナイーブで、たとえば在北京のオーストラリア大使が天安門広場で勢いよくオーストラリア国旗を振りながら数千人規模のオーストラリア人による騒々しいデモを指導していたら、中国側がどういう反応を示すだろうかと考えもしなかった。それどころか、二〇一二年にオーストラリアの新しい外相となっていたボブ・カーなどは祝敏申を連邦レベルの中国大臣諮問会議のメンバーに任命している。彼がボブ・カーとジュリア・ギラード首相を両隣《りょうどなり》に撮った写真もある[150]。それでも、祝敏申が中国とオーストラリアの両政府の上級顧問として同時に名を連ねている事実を奇異に感じる人はいないようだ。

ダスティヤリ事件に祝敏申が果たした役割

二〇一五年四月、オーストラリア連邦財務省は、当時の労働党の新たなスターとなりつつあったサム・ダスティヤリに対し、彼が一年間に旅費として使った九五二七九・六三ドルの過剰分を回収するため一六七〇・八二ドルの請求書を送っている。それを自分で支払うかわりに、ダスティヤリは祝敏申のトップ教育研究所に請求書を回して支払ってもらった。この事実が二〇一六年八月三〇日のシドニー・モーニング・ヘラルド紙のラティカ・バークの記事で報じられると、大騒ぎが始まった[151]。大衆を最も苛立《いらだ》たせたのは、労働党のニューサウスウェールズ州支部と中国人富豪の関係において、ダスティヤリが富豪の友人からいかに気軽に助けを借りていたかという点だった。ダスティヤリはトップ教育研究所のことをまるで「必要になった時に使える便利な財布」のようにみなしていたのだ。この点については黄向墨の率いる玉湖集団も同じであった。二〇一四年、ダスティヤリは法律関係の経費として五〇〇〇ドルを支払わなければならなくなると、彼はそれを黄向墨に肩代わりしてくれるように頼み、黄向墨もそれを喜んで受け入れていた[*152]。中国では政治家にカネを渡すのは一般的な習慣である。

サム・ダスティヤリは労働党の上院議員候補となる前、ニューサウスウェールズ州党本部の中心人物として資金面を担当していたが、悪名高いサセックス・ストリートの党本部をパッラマッタに移したのは彼だった。二〇一四年始めには「中国人民外交学会」の招きで中国へ渡航し、滞在中には黄向墨の玉湖集団の本社を訪れている。また、オーストラリアで影響力を必死に拡大しようとしていた大手通信機器会社のファーウェイ（華為）の本社にも足を伸ばしている。二〇一六年一月には黄向墨が主宰していた「澳洲広東總商会」（the Australian Guangdong Chamber of Commerce）の招きで再び中国を訪れ、この時の旅費の一部は中国共産党の中央対外連絡部によっても支払われている。黄向墨はダスティヤリに高価なワインを大量に贈っている。労働党右派の大物がＣＩＡの招きでアメリカに出向き、共産主義の影響にいかに抵抗するかというワークショップに参加していた事実が、まるではるか昔の出来事のように思えるほどだ[*153]。二〇一六年、交代間近のアメリカ大使が、外国がオーストラリアの政治に干渉する危険について警告したのは、彼の前任者たちがオーストラリア政治に干渉してきたことを考えれば大きな皮肉であった[*154]。それでも中国共産党の「全面的なご機嫌取り」と比べれば、アメリカの干渉など子供の遊び程度だった。

ダスティヤリは自らの罪を償《つぐな》うため、祝敏申が選挙資金財団に振り込んでくれた一六七〇・八二ドルを返金しようとした。なぜ彼がこうすることで自分が富豪の献金者と深い関係にあるとの疑惑を払拭《ふっしょく》できると考えたのかは謎だ。つまりダスティヤリは何もわかっていなかったのだ。結局、彼の選挙資金財団は返金したが、それでも彼の罪は多岐にわたる複雑なものであった。プリモース・リオーダンの記事によれば、ダスティヤリは中国系オーストラリア人の有権者たちにアピールするため、支援者の黄向墨の横に立ち、南シナ海紛争に関してオーストラリア労働党の立場に完全に反する意見を表明したことがある。この時の彼は、まるでスピーチライターが人民日報から抜き出したような言葉を使って、中国語を話す聴衆に向かって「南シナ海は中国が判断することだ。この問題に関してオーストラリアは中立の立場をとるべきで、中国の意思を尊重すべきだ」と語りかけている[*155]。これはまさに北京のためのプロパガンダ・クーデターであり、ダスティヤリの発言は中国の国営メディアに大々的に取り上げられた。

人民日報はダスティヤリを「国際的な親中派の中の主要人物」だと持ち上げた[*156]。キャンベラの記者たちは、議事録の中からダスティヤリが必死に自己弁護している発言や、外交官たちが南シナ海に対するオーストラリアの立場についていて政府にどのようにアドバイスしていたかを掘り出してきた[*157]。ちなみに二〇一〇年、ニューサウスウェールズ州労働党代表として党内改革派の立場だったダスティヤリは、当時のある党会合で「我々は中華レストランでたった七人がすべてを決定するような慣習を終わらせる必要がある」と発言していたほどだ[*158]。

ダスティヤリは他の場所でも自国の立場よりも北京の利益のためになることを、自らの立場を利用して行っている。たとえば彼は二〇一四年に、日本が領有権を主張する東シナ海の島々の上空に中国が強圧的かつ違法に「防空識別圏」を設定したことに反対すべきではないと論じている。これらのおかげでダスティヤリの親中的な行動が注目されるようになった。

ターンブル首相がこの上院議員を「カネをもらってコメントしている」と批判すると、彼は侮辱《ぶじょく》されたと感じたようだ[*159]。ところが億万長者の黄向墨が、労働党が南シナ海に関する立場を変えないため、二〇一六年の選挙の前に約束していた四〇万ドルという多額の献金を中止したニュースを聞いた時のダスティヤリのショックは計り知れない。この報道は、ニック・マッケンジー記者がフォーコーナーズという番組とフェアファックス社の合同調査を通じて、中国共産党がカネによってオーストラリアの政策を変更しようとする驚くべき試みの実態を暴いたものだった[*160]。

ダスティヤリ事件は、結果的にオーストラリアの民主制度の中心部に巣食っていた腐敗を暴きだすことになった。オーストラリア国立大学の安全保障学院の学長であるローリー・メドカーフはこれについて「もし強力な外国政府とつながりのある団体が中国政治の新たなスターに旅費や弁護費用などを支払っていたとしたら中国政府がどのような反応をするかを想像してみればわかりやすい」と分析している[*161]。労働党党首ビル・ショーテンはダスティヤリに辞表を求めず、代わりにこの活発な活躍をしていた上院議員のことを「野党のアセット」であると弁護して、軽い処罰を与えただけで済ませた。しかし政府からの圧力が高まり、彼が銀行関連の分野の不正行為を撲滅せよと主張していたのは偽善的だとしてメディアが批判を強めると、ダスティヤリは辞職に追い込まれた。ところが彼は数カ月以内に社会復帰している。二〇〇七年二月には党の副代表に任命され、同年六月にはメルボルン大学出版の助けによって回顧録を出版している。ＡＢＣは「オーストラリアン・ストーリー」という番組で、彼の経歴にあまり触れることなくこの本を推薦する内容を放送した。メドカーフはこの事件について「争いの激しいアジアにおけるオーストラリアの民主制度が、外国からの影響に対していかに脆弱《ぜいじゃく》であるかを教える極めて重要な教訓となった」と記している。

結局のところ、ダスティヤリの政治生命に終止符を打ったのは黄向墨との関係であった。二〇一七年後半にフェアファックスの記者であるニック・マッケンジーとジェームズ・マソーラ、そしてリチャード・ベイカーらは、ダスティヤリが自身の言動が問題化してから数週間後、支援者である黄向墨のシドニーのモスマンにある豪邸に出向き「電話が諜報機関に盗聴されているかもしれないから気をつけろ」と警告したと報じた[*162]。その同じ日にダスティヤリが南シナ海について労働党の見解と矛盾する発言をした悪名高い記者会見を録音した音声がメディアで公開された。その音声から聞こえたコメントは、彼自身が主張したような「不注意な形」ではなく、実に注意深く用意されたものだった。当時のターンブル首相は、なぜオーストラリアの連邦議員が外国政府と近い外国人にわざわざ対諜報的なアドバイスをするのか、という鋭い質問をしており、「サムはどの国の味方なのか？　どう見てもオーストラリアではなさそうだ」と発言している[*163]。労働党党首ビル・ショーテンは強い圧力に耐え切れず、ダスティヤリを解雇した。

さらに大きな構造を描き出したのは、ニック・オマリー、フィリップ・ウェン、そしてマイケル・コージオルらの報道である。彼らの記事によれば、ダスティヤリは「中国がオーストラリアや全世界で影響力を増すために「中国が築き上げた、政治的に寄付をして影響力を拡大するための大きな機械における小さな歯車の一つでしかない」という[*164]。メドカーフは、この事件が「オーストラリアにおける中国の〝ソフトパワー〟の影響力を行使する広大な構造……が解明され始めるきっかけとなった可能性がある」と示唆《しさ》している[*165]。おそらくその通りだろうが、それでも全容解明にはまだ長い時間がかかるはずだ。

オーストラリアのメディアで、中国人富豪がオーストラリアの政治に影響を与え、親中的な見解をとらせようとしているとの報道があふれると、環球時報はこれを「反中パラノイア」や「中国への警戒感の誇大宣伝」とする社説を書き、このような論調はオーストラリアの何人かのコメンテーターたちにも使われた。この社説は、いつもの脅迫的な口調で、単に仮定の話としながら、もしオーストラリアが「中国の安全保障を脅かすような実際の行動、つまり南シナ海に軍艦を送り込むような行動に出た場合には大きな代償を支払うことになる」と警告した[*166]。

二〇一六年七月、オーストラリア政府が南シナ海における国際仲裁裁判所の判決を尊重すべきだと宣言すると、歯《は》に衣着《きぬき》せぬ形で指導層の感情を爆発させることの多い自国中心主義的な中国のタブロイド紙は、オーストラリアへの怒りを表明している。その社説では、オーストラリアの流刑地《るけいち》としての「恥ずべき歴史」を指摘し、オーストラリアの南極に対する領有権の主張を偽善だと非難し、経済的には中国に頼らざるを得ないためにごますりしてくるはずだと責めつつ、オーストラリアに対して「中国は復讐しなければならない」と述べている。その締めくくりとして、オーストラリアは「張り子の虎」でもなく、単なる「張り子の猫」であり、しかもすぐに崩れ去るという苛烈《かれつ》な文句を記している*167。中国共産党から発せられるこのような民族主義的な暴言は、一見すると冗談のようで笑えるが、その背後には国家の指導層の覇権主義的攻撃性があることを理解できれば、誰もが興《きょう》ざめするはずだ。

政治的な装置*168

政党への献金は、中国共産党がオーストラリアの政治に影響力を及ぼす上で最もわかりやすいチャンネルだが、中国共産党と密接なつながりを持った、小規模ながら増加しつつある中国系オーストラリア人たちも、同国内の政治に大きな影響力を発揮しつつある。この流れは、彼らがオーストラリアの政治に北京の影響力を発揮する非公式なエージェントであるという懸念すべき問題に直結している。そしてオーストラリアの政治に対する中国共産党の影響力の中心地は、労働党のニューサウスウェールズ支部にあるのだ。もちろんその影響力の構造を説明するためにはそれだけで本を一冊書けるくらいだが、ここでは現在の支部代表であるルーク・フォーレイの持っている見解が、北京にとって喜ばしいものであることを指摘しておくべきだろう。二〇一七年九月、フォーレイは上院議員で黄向墨に近い王国忠《アーネスト・ウォン》の隣に立ち、オーストラリアが中国の余剰資金を世界中のインフラ開発に使う習近平の大戦略的なビジョン「一帯一路」への参加に躊躇《ちゅうちょ》していると非難している*169。おそらくウォンが企画した中国訪問に参加した際に知ったであろう中国共産党の言葉そのままに、フォーレイは「冷戦メンタリティ」が中国との友好を害していると述べている。つまりオーストラリアはニュージーランドに続き、すぐさま一帯一路に参加すべきだというのだ。

フォーレイの同僚であるクリス・ミンズは、労働党の注目株であり、将来的には党首になると見込まれている人物だが、彼は自分のスタッフとしてジェームズ・ゾウ（James Zhou）を雇い入れている。ゾウは澳洲中国和平統一促進会の上級名誉会長であり、黄向墨に近い人物だ*170。ちなみにゾウは中国への輸出ビジネスをクリス・ミンズの妻と共同運営している。ミンズは王国忠《アーネスト・ウォン》に敬意を表し、二〇一五年には中国共産党および黄向墨の中央統戦部組織のゲストとして中国を訪問している。この時に彼は野党労働党の「影の財務長官」だったクリス・ボウエン連邦議員と共に訪中したが、この人物は二〇一七年九月に、労働党政府がオーストラリア北部のインフラ開発のためのファンドを一帯一路構想と結びつける用意があるという画期的な演説を行っている。

たしかに労働党のニューサウスウェールズ支部は中国共産党の影響力発信の中心地であるが、自由党も似たような状態にある。二〇一六年の連邦総選挙の夜のこと、クレイグ・ローンディはリード地区での再選のために働いてくれた数十人の選挙スタッフたちと、笑顔で写真に収まっている。ローンディはシドニー市内西部のこの選挙区をその三年前の選挙で労働党から奪ったが、その写真ではスタッフたちの中心にいた男と肩を組んでいる。この男の名前は楊東東《ヤン・ドンドン》（Yang Dongdong）であり、彼はローンディの「コミュニティ・アドバイザー」であると言われる。また彼は選挙区にある大規模な中国系オーストラリア人団体との仲介人でもある。

問い合わせに対して、この自由党の連邦議員は二人が近い関係にあるとする楊東東の主張を否定し、ローンディのスタッフの一人が二人の関係性を問われた時に、楊東東は「コンサルタント」で議員と「極めて近い」と述べたにもかかわらず、楊東東がアドバイザーとして働いていたという指摘を否定したのだ*171。この二人の関係の正確なところはさておき、ローンディが自由党の中で出世する過程において楊東東とずっと近い関係だったことは明らかだ。しかも楊東東はシドニーの中国領事館と近い関係を長年維持しており、彼自身の言葉によれば、中国共産党の目的達成の手助けをしていたという。

一九八九年末にオーストラリアに来る前、楊東東は上海の中国共産党青年団（共青団）の副代表を務めていた。ソーシャルメディアには自分が党組織に属していたことを懐かしむと誇らしげに書き、党の会合で写した自分の古い写真を公開している。一九八八年、彼の名前は共青団名誉メンバーのリストに登録された。彼は共青団の任務である共産党支援に専念する若手幹部としての働きを評価され「上海の新長征部隊」（Shanghai New Long March Shock Trooper）に認定されている[*172]。

彼がシドニーにやってきたのは天安門事件からそれほど経っていない時期で、シドニーの反共産党組織「民主的中国連盟」の著名なメンバーの一人であるチン・ジン（Qin Jing）によると、楊東東は中国人学生に提供される永住権枠に申し込むため「必死」だったという[*173]。楊東東はこの連盟に入り、デモにも参加している。また彼は上海の「隠れキリシタン」だったと証言しているが、これは中国のように信仰の自由のない国からの移民が政治的な保護や居住許可を得ようとする際によく使われる言い訳だ。結果的に彼は永住権と市民権を得ている。

楊東東が初期の民主運動に参加していた証拠は、最近の動きからはほとんど見えてこない。楊東東はいまやオーストラリアにおける中国共産党の最強の支持者の一人としての立場を表明しているほどだ。彼の古くからの友人であるチン・ジンは、楊東東が最も忠誠を誓っているのは北京だと考えている。彼は「中華全国帰国華僑連合会海外委員」（the Overseas Committee of the All-China Federation of Returned Overseas Chinese）や、その下部組織である「上海帰国華僑連合会」のメンバーだ。楊東東の会社のホームページに掲載されている経歴によれば、このグループは中国共産党統戦部の下部組織と説明されている*[174]。楊東東が二〇一四年に上海帰国華僑連合会に提出した入会申込書――これは一時的にネットに掲載されていた――には、彼が中国政府のために行った活動の詳細が記されていた。この申込書の最後には、彼のさらなる詳細についてはシドニーの中国領事館やキャンベラの中国大使館の職員に問い合わせてほしい旨が書かれていた*[175]。

シドニーで携帯ショップを経営した経験のある楊東東は、同じ入会申込書の中で、オーストラリアを訪問中の中国国家主席、中国オリンピック委員、中国外交官、さらには中国海軍にも携帯電話関連のサービスを提供したと書いている*[176]。元外交官の陳用林はこの主張が正しいと確認し、すなわち楊東東が領事館や大使館職員たち、さらには中国の情報機関からかなり高い信頼を得ていたことを意味する。

楊東東は自分のアシュフィールドにある携帯電話店から領事館のスタッフに携帯電話を供給するほど信頼されていたのだ。陳用林は、楊東東がある時「オーストラリア保安情報機構《ASIO》からこれらの携帯の情報を提供するよう持ちかけられた」と中国領事館に報告していたと述べている。オーストラリア保安情報機構は自らの活動についてはコメントしない方針であるため、この事実は確認できない*[177]。

二〇〇八年、キャンベラで行われたオリンピック聖火リレーで、楊東東は二つの「治安維持部隊」のリーダーだった*[178]。彼は以前に中国の国営メディアに対して、チベット独立活動家たちから聖火を守りたいと述べている*[179]。自身が目撃したことに触発されて、彼は「湖のほとりで（キャンベラ中心部で）われわれは寝ずの番をした――オーストラリアがオリンピックの聖火を守った記録」というタイトルの記事を書いている。

楊東東はチベットの主導者であるダライ・ラマがオーストラリアを二〇一五年などに訪問した際に、それを妨害するためにいくつもの反ダライ・ラマ抗議運動を組織している*[180]。さらに彼は中央統戦部と連携している中国和平統一促進会シドニー評議会（the Sydney Council for the Promotion of Peaceful

Reunification of China）の名誉会長だが、この団体は黄向墨が代表を務める「澳洲中国和平統一促進会」と混同しやすい。

楊東東は表向き、ビジネスの発展を目標とするいくつかのオーストラリアの団体——これには澳中企業家年度峰会（the Australia China Business Summit）を含む——を通じて、自由党との接触を強めていった。二〇一五年には当時のトニー・アボット首相が彼に一筆したためて（「親愛なるドンドンへ」という書き出しだ）、協力に感謝すると伝えている。二〇一六年にはマルコム・ターンブル首相と中国大使の馬朝旭《マー・ザオシュー》との乾杯に参加している写真を撮られている。彼は何人もの自由党の大物たちと写真撮影しており、アンドリュー・ロブ、ニューサウスウェールズ州知事のグラディス・ベレジクリアンも含まれる。ちなみにベレジクリアンは自由党内で影響力の大きいジョン・シドティと共に、楊東東にコミュニティサービスにおける感謝賞を渡している*181。しかし彼に最も近かったのは、リード地区選出の議員、クレイグ・ローンディであった。

クレイグ・ローンディはオーストラリア最大規模のパブのチェーンを運営する会社の相続者で、ハンターズヒルという場所の八〇〇万ドルもする邸宅に住んでいる。彼は二〇一三年、シドニー郊外のリード地区の選出で自由党の連邦議員になったが、この地区からの自由党議員の選出は一九二二年の党創設以降、初のことだった。リード地区に住む一〇パーセントの有権者が中国出身だ*182。ローンディは選挙後に多文化担当の移民・市民権省の補佐大臣となり、現在は革新・産業・科学・研究省の補佐大臣を務めている。このターンブルの盟友は将来の閣僚候補の有望株となっている。

二〇一六年のローンディの選挙戦は、楊東東から熱狂的な支援を受けていた。ちなみに楊東東は自由党中国人委員会の創設者である*183。労働党は中国語メディアのキャンペーンが予想以上に効果的だったことに驚かされた*184。楊東東はローンディを称賛する記事を書き、数十人の中国系オーストラリア人たちとともにこの自由党候補者のために街を練り歩いた[*185]。ローンディは連邦政府の中でも中国とオーストラリアの友好を最も熱心に推進する政治家の一人となった。彼はシドニーの中国領事館と正面から協力すると公言してはばからない。二〇一六年には楊東東のビジネス団体が総領事の顾小杰《グ・シャオジェ》（Gu Xiaojie）とローンディの会合をアレンジしている。後に領事館は、この会合でローンディ議員が「領事館と密接に協力して……実際面での（二国間の）協力を深める」との意思を示したと報告している[*186]。

　ローンディが二〇一五年一二月、富豪献金者の黄向墨に会った時、澳洲中国和平統一促進会は、自由党の連邦議員が「黄向墨のリーダーシップの下で澳洲中国和平統一促進会がオーストラリアと中国のために行ってきた活動を高く称賛した」と報じた。ローンディは「オーストラリアの文化、経済、歴史などに関する黄向墨の鋭い意見に感嘆《かんたん》し、黄氏の寛大な慈善活動の貢献に感謝の意を表明した」というのだ。

　楊東東が二〇一四年三月の日本の安倍首相の靖国参拝に対して抗議するデモを組織した時も、ローンディは楊東東の隣で中国と韓国の国旗を振っていた。また彼はデモの参加者たちの嘆願書を外相、首相、そして連邦議会に届け、さらにデモに対する支持を取り付けると約束したのだ[*187]。彼は政府と反対の立場をとろうとしていたわけではないが、それでも北京のプロパガンダ組織が注目して煽動した問題について下っ端的な行動をする彼の姿勢は、中国専門家たちの眉をひそめさせた。

　楊東東は「上海帰国華僑連合会」への入会申込書の中で、自分は「ある連邦議員に安倍の靖国参拝に反対する議会演説をつくらせた」と書いているが、この議員とはローンディのことであろう。なぜなら人民日報の記事――その見出しは「安倍の靖国参拝に反対する声明がオーストラリア議会で初めて現れる」――では、ローンディと後輩の自由党平議員デビッド・コールマンたちが安倍首相を批判したことを高らかに報じているからだ[*188]。二〇一五年七月、シドニーのキャンパーダウンにある中国領事館でチベット人たちがデモを行った時、楊東東のビジネス団体はソーシャルメディア上でクレイグ・ローンディが「シドニーの中国領事館を攻撃した暴漢たちの行為を強く非難する」という声明を発表したと主張している[*189]。ローンディはメディア声明で、「リード地区の中国系オーストラリア人コミュニティ」と対話した後にデモを行った人々の「暴力行為」を非難したと述べている。実際に彼らがやったことは中国国旗を降ろしたくらいで、しかも彼はデモが行われたそもそもの原因である、チベットの高僧が中国の収容所で獄死したことには何も触れていない。

鉱山業界の大物であるクライヴ・パルマーが中国人に侮辱的な発言をした後、楊東東は反パルマーデモを主導している。このデモにはローンディもサム・ダスティヤリと共に参加した。例の入会申込書で楊東東は議会や政府でパルマーに圧力をかけるロビー活動を行ったと主張し、これは最終的にパルマーからの「心からの偽りのない謝罪」を引き出した[*190]。

中国国営メディアはローンディの親中的な立場に気づくと、彼に頻繁に意見を求めるようになった。中国共産党に支配されているいくつかの新聞では、中国のオーストラリアへの貢献を称賛するローンディ議員のコメントが引用され、彼は「ＢＱウィークリー」という中国南方航空と中国国際航空の機内誌の表紙を飾ったこともある。この時の見出しは「中国人移民はオーストラリアの夢だ：特別インタビューでローンディ連邦議員は反中国人的な活動にノーと答える」というものだった[*191]。

ローンディは自分の親中的なコメントや楊東東との関係が「彼が北京の影響工作のターゲットになっているのでは」という深刻な疑念を生み出すはずがないと考えているようだ。ところがサム・ダスティヤリ上院議員の中国とのつながりについては別の判断をしている。二〇一六年九月にローンディは、なんとダスティヤリのことを「頑固なほど無謀と言える」と表現したのだ[*192]。

楊東東の中国共産党との強いつながりを暴く報道が出た二日後、楊が自由党の大物と相談した後、バーウッド市議会選挙への立候補を取り下げたと報じられた[*193]。彼は候補者リストの二番目に載っており、選挙に出れば確実に当選していたはずだ。自由党幹部たちは楊東東を、思いがけない幸運をもたらす存在であり、多くのコネと実績を持つ資金調達者で、中国系市民の票を確実に動かせる人物と考えていた。自由党幹部たちは、非中国系有権者たちの九〇%は中国共産党にあまりにも近すぎる人間を市議会に送り込むことに何の共感も示さないだろうと判断したに違いない。

オーストラリアの政界で、中国共産党と密接に活動している人々は他にも多く存在し、とくに労働党の議員が多い。二〇一七年九月のニューサウスウェールズ州の地方選挙では数十人もの中国系オーストラリア人が立候補した。そして当選した六人は、中央統戦部系の組織とつながっているのだ。

第五章　「北京《ベイジン》ボブ」

「中国×××」研究所

二〇一五年までに黄向墨《ホワン・シャンモ》は中国政治についての準公式コメンテーターの立場を卒業し、自由貿易推進を主張する中国系オーストラリア人のビジネス業界代表として活動していた。おそらくは周澤栄《チョウチャクウィン》の大学とのつながりに触発される形で、黄向墨は二〇一四年五月、「豪中関係研究所《ACRI》」設立目的で一八〇万ドルをシドニー工科大学に寄付している。これによって彼は他の大物たちの仲間入りを果たし、北京で拍手喝采を受ける可能性も出てきた。なぜなら北京は当時、国内外のシンクタンクに大規模な投資をすると宣言したばかりだったからだ。

この新しい研究所を軌道に乗せるため、黄向墨は労働党の元外相でニューサウスウェールズ州知事を務めたこともあるボブ・カーを所長に任命した。カー自身は学界での経験を持っていなかったが、オーストラリア内外に友人のネットワークを持っているだけで十分だった*[1]。当時の外相、ジュリー・ビショップはこの研究所の開所式参加の打診を受け入れ、式典では黄向墨が中国大使の馬朝旭《マー・ヂャオシュ》の横に座ることになった。これは彼が短期間でどれほど成果を上げたかを示す証拠と言えるだろう*[2]。黄向墨に疑いの目を向けていた人々も、彼がそのわずか半年後にキャンベラの連邦議事堂で開催された習近平国家主席の訪問を祝う夕食会に中国大使のゲストとして招待されたと聞けば、腰を抜かしたはずだ*[3]。北京は過去にこの掲揚《けいよう》市の不動産業者に大きな疑いの目を向けていたはずだが、いまや彼に微笑みを向けていたのだ。

オーストラリアの政治において北京の世界観が浸透した度合いを考えれば、黄向墨の豪中関係研究所設立の一八〇万ドルの投資は確実に利益をもたらしている。二〇一六年に用心深いプリモース・リオーダン記者は、豪中関係研究所の報告書が連邦議会において中豪自由貿易協定の利益を擁護する権威ある論拠として引用されていると報じた*[4]。これらの引用は、とりわけ同協定の移民労働者に関する条項に対する労働党や貿易労組の不安を嘲笑《ちょうしょう》するために使われていた。ボブ・カーは労働党の熱心な信奉者であったかもしれないが、様々な保守系の議員たちは協定の条項に懐疑的な労働党を強く非難するために、中国の資金援助を受けたシンクタンクの報告書を喜んで使ったのだ。議会ではアンドリュー・ロブがオーストラリア政府のアジア・インフラ投資銀行（AIIB）――これは北京による世界銀行への挑戦だ――への参加決定を称賛するために、豪中関係研究所の報告書を引用している。豪中関係研究所の経済学者であり副所長であるジェームズ・ローレンスソンは、中国との貿易関係の深化を称賛しまくり、北京に友好的なパキスタンのメディアまでがローレンスソンに会いに来て「中国のオープンな世界経済への取り組みを歓迎する」インタビューを行うほどだった*[5]。

豪中関係研究所にすっかり馴染んだボブ・カーは、「豪中関係に関しては、あえてポジティブで楽観的な立場をとっている」と宣言した*[6]。これは彼が一九八九年当時、ニューサウスウェールズ州の野党のリーダーとして、六月四日の天安門虐殺事件の二日後、シドニー・スクエアでの集会でとっていた立場からはるかに遠いものだ。マルクス・レーニン主義の一党独裁体制を「滑稽《こっけい》なほど時代遅れの考え」と非難し、彼は追悼のために集まった一万人の前で「多数の党が存在する民主制のみが、中国におけるこれ以上の惨事の発生を防ぐことができる」と語っている*[7]。遅くとも二〇一二年の時点までこの外相はオーストラリアの「親中ロビー」を批判していた*[8]。その変わりようは凄《すさ》まじい。

カーは中国との労働条項に対する労組の批判に直面すると、すぐに豪中自由貿易協定を推進する上で、議会を通じた豪中関係研究所の役割を大声で主張するようになった*[9]。彼はオーストラリアが中国のなすがままにされていると信じる人々は「冷戦的な衝動」に動かされていると攻撃している。そして自分のアプローチの方が「現実的」であり、彼らは「極めてイデオロギー的だ」というのだ。労働党の幹部たちの情報によれば、カーは労働党の幹部会などで積極的な親中政策を推し進め、とりわけニューサウスウェールズ州の右派派閥で活発に発言しているという*[10]。

シドニー工科大学は中華街のそばにあり、中国からの多数の留学生を抱えている（二〇一五年には五五〇〇人、もしくは全留学生のうちの四〇パーセント以上*[11]）。これから見ていくように、同大学は中国本土の大学とつながりを深めている*[12]。周澤栄が記念碑的なフランク・ゲーリービルを建設するために二〇〇〇万ドルを献金したのに比べれば抑えめの額と言えるが、それでも大学は黄向墨の一八〇〇万ドルの献金を喜んで受け取った*[13]。この功績で黄向墨は非常勤教授となり、大学は彼を理事会の理事長に任命している。この富豪はボブ・カーを豪中関係研究所の上級部長に「個人的に任命した」と自慢した*[14]。私はシドニー工科大学の副総長代理、グレン・ワイトウィックとビル・パーセルに対し、この事実について直接問いただしたことがある。この時は実に微妙な空気になったが、結局彼らは黄向墨がカーに所長就任を依頼したことを認めた。ただし彼らは文書による問いかけでは私の質問に正面から答えていない。中国では現在「黄向墨教授」と称されている黄はあるジャーナリストに対し、研究所の所長には実は「もっと影響力の大きい政治家」を考えていたと告白している（もしこれが本当だとしたら、ケビン・ラッド以外には考えられない）。ただし結局はカーに頼むことになり、それは「私が彼のことを非常に素晴らしい学者だと考えたからだ」というのだ*[15]。

シドニー工科大学は私の質問状に対する返答の中で、黄向墨について厳格な精査《せいさ》を行っており、彼との関係や彼を非常勤教授にしたことを不適切であると考えておらず、その理由は彼が「ビジネスリーダーとして、また国際関係への貢献者として優れた業績を達成していることにある」と書いている。この返答は、ダスティヤリ上院議員が黄向墨の自宅を訪れ、電話が当局に盗聴されている恐れがあると警告したことで、当時のターンブル首相が、ダスティヤリ議員が外国政府を幇助《ほうじょ》し、黄向墨は「外国政府と非常に近い関係にある外国人」であると発言した、二〇一七年一一月に書かれたものだ*[16]。

窮地に立たされる豪中関係研究所

「学問の自由」や「知的な独立性」を理解できる人にとって、豪中関係研究所は創設当初から問題だらけだった。中国共産党は学問の自由を「堕落的」な西洋のアイディアと糾弾しているが*[17]、権威ある大学であれば「資金提供者は大学の職員の任命には全く影響力を持っていない」と以前なら主張したことだろう。ところが今日の他のオーストラリアの大学の多くと同じように、多額の現金を目の前に積まれたシドニー工科大学は、伝統の品格にはあまりこだわっていないように見える。

豪中関係研究所は「完全に独立性を保っており、学問的にも厳格で、透明性のある研究課題を持っている」と主張している*[18]。ところが大学側は二〇一七年に財務状況を全て公開する予定と言いつつ、最初の一八〇〇万ドルの献金以外の財務状況は不透明なままだ*[19]。これらの動きを失望とともに間近に見ていたシドニー工科大学の何人かの学者たちは研究所に疑いの目を向けており、ある人物は研究所の主催しているセミナーや出版物を「中国政府の党プロパガンダ」に似通っていると主張している*20。オーストラリアの中国専門家、ラトローブ大学のジェームズ・レイボールドはさらに踏み込んで、シドニー工科大学は黄向墨を豪中関係研究所理事会の理事長にしてしまったことで、大きな間違いを犯したと大胆に述べている。つまり「中国系オーストラリア人コミュニティにおける中国共産党の裏口プロパガンダ機関となってしまった」というのだ*21。ボブ・カーとシドニー工科大学は、このような描写を否定している。

二〇一四年五月の開所式典は壮大に執《と》り行われた。当時の中国大使、馬朝旭が研究所を「豪中関係の研究における大きな一歩」だと歓迎し、「われわれの二国間関係における歴史的なイベントだ」と称賛していた。演台に立ったオーストラリアの外相も「相互依存や補完的な結びつき」においてこの二国ほどの深いレベルを達成したものはないと、中国大使に同意している。

中国大使は後に豪中関係研究所のおかげで恥《はじ》をかくことになるとは考えていなかったに違いない。研究所では中国に対する鋭い批判――たとえば人権侵害や反体制派の人間の処刑、さらには近隣国へのいじめなど――は、それがどのようなものであれ禁止されていたのである。研究所における研究は「豪中関係におけるポジティブで楽観的な視点」に立ったものであると明示されている*22。辞書を調べると、「楽観的な視点」とは最善を願う傾向や、物事の明るい面を見ようとすることだ。カーは豪中関係研究所が「人権のような、二国間関係の困難な面について避けることはない」と主張している。しかし今日まで豪中関係研究所は、中国がますます抑圧的かつ残酷になってきているにもかかわらず、人権問題については何も出版していない。この事実に関する私からの質問に対し、ボブ・カーは中国に対して「批判的」であるとされる声明や出版物が数多く掲載されたリストを挙げてきた*23。ただ、それらを読んだ私の感想は、むしろ北京に対して、海外に影響力を拡大する上で注意すべきことをアドバイスしたものでしかないように思えるものばかりだった。

労働党がニューサウスウェールズ州や連邦レベルで親中的立場を表明・推進しているおかげで、カーは「北京《ベイジン》・ボブ」とあだ名されている。このあだ名は確かに言い得て妙であり、たとえばこれは二〇一五年九月、人民日報にある写真が掲載されたことからもよく分かる。この写真は、カーがシドニーで、中央統戦部元副部長で全国政治協商会議・民族宗教委員会主任でもあった朱維群《ジュウ・ウェイクン》（Zhu Weiqun）の歓迎会を開く様子を写したものだった。ちなみにこの民族宗教委員会の任務の一つは、ダライ・ラマと「チベットの分離独立派」を非難することである*[24]。カーの隣には黄金の袈裟《けさ》を着た「生き仏」の共産党のイエスマン、チベット人民を「代表」して北京に通う土登克珠（Tudeng Kezhu）が立っている。中国が歴史的にチベットを領有していたとする主張に対するカーの称賛や（実際は一九五〇年に人民解放軍により武力侵攻されたのだが）、ダライ・ラマに対する敵対的な態度は、彼が外相になる以前からのものだ。二〇一一年には「この狡猾《こうかつ》な坊主には会うな」というタイトルのブログを書き、その中で当時のギラード首相に対し「神権政治を追求する有害な目標」を持ち、オーストラリアと中国の関係を悪化させることを狙ったこのスピリチュアル・リーダーに近寄らないよう要求した*[25]。カーが外相に任命される前、このブログのエントリーは削除された。私がダライ・ラマに対する敵意について尋《たず》ねると、彼の答えは「チベットに対する自分のアプローチはオーストラリア政府と同じだ」というものであった*[26]。

現在のカーとシドニー工科大学は黄向墨の役割にほとんど触れず、寄付金についても「様々なところから受けている」と強調している。ちなみにカーは黄向墨からの献金を不都合なものとは見ておらず、彼からのさらなる献金も歓迎すると述べている*[27]。黄向墨がシドニー工科大学に豪中関係研究所を創設するために行った一八〇万ドルの献金には、すぐに周楚龍《ジュウ・チュロン》（Zhou Chulong）という人物からの一〇〇万ドルが追加されることになった*[28]。この周楚龍とは何者だろうか？ 百万ドル単位で寄付が可能なのに、その素性を確認するのが非常に困難で、奇妙なことにシドニー工科大学と豪中関係研究所はこの人物についての情報をほとんど載せていない*[29]。公的に得られる情報は、彼は深圳《しんせん》にある深圳市志威投資集団(Zhiwei Group)という不動産会社の社長で、澳洲中国和平統一促進会の名誉会長を務めているということだけだ*[30]。深圳市志威投資集団と黄向墨の玉湖集団は、ともに「深圳市潮汕商工会議所」(Shenzhen Chaoshan Chamber of Commerce)のメンバーで、二〇一三年一〇月に周楚龍は黄向墨が住んでいる同じモスマン・ストリートに五六〇万ドルの家を購入している*[31]（ただし、黄向墨の家よりも低い位置にある）。

シドニー工科大学は黄向墨に対して審査を行い、「いかなる不適切な事項」も発見できなかったと主張している*[32]。同大学の副学長は私に、多数の「リスク・パラメーター」を考慮にいれた審査を、外部の会社に依頼して行ったと教えてくれた。ただしこれを聞いて私が感じたのは、この外部の会社が中国語で書かれた文書にアクセスできたのかという疑問であった。そして彼らは、周楚龍に対して審査が行われたかについては確認できないとしている。

研究所の幹部たちには、懸念すべき過去の出来事があった*[33]。二〇〇五年にシドニー工科大学は、学生自治体が行った美術展覧会に法輪功に関連する展示があったとして、中国政府から直接圧力を受けたことがある。中国領事館の幹部たちは不快感を表明し、そのモニュメントの展示を中止するよう主張した。大学側はこれに屈することはなかったが、その直後から中国国内からの大学ウェブサイトの閲覧がブロックされてしまい、中国人留学生を募集する主な手段が断たれてしまった。ロス・ミルボーン学長によれば、中国からの入学希望者の数は激減し、同大学は「極めて大きなダメージ」を被った。他大学でも同様の狙い撃ちを受けたことが報告されており、この分野のビジネスは「地に落ちた」と言われている。シドニー工科大学のサイトは、ミルボーン学長が「守るべき価値を守るためにはシドニー工科大学は損失も受け入れなければならない」と発言したと報じられた後、再びブロックされている。中国政府はもちろんその関与を認めていない。ジョン・フィッツジェラルドはこの一件で明確なメッセージが伝えられたという。それは「自由でオープンな探求は、中国との関与を深めようとする場合には必須でなく、むしろ避けるべきものである」ことだ*[34]。

黄向墨は豪中関係研究所に資金援助を行なうことで、ジュリー・ビショップ外相や労働党幹部議員のタニヤ・プリバーセック、そして中国大使の馬朝旭を始めとする様々な大物たちと付き合えるようになったのだ。思いがけない幸運は二〇一六年二月に訪れた。ブライアン・ウィルソンが大学の臨時学長になった時に訪れた。ウィルソンの前職は外国投資審査委員会(Foreign Investment Review Board)の委員長で、この委員会は中国人富豪による違法な高級不動産の買収を取り締まるよう財務省に指示された組織であった。

シドニー・モーニング・ヘラルド紙は、カーが豪中関係研究所の自らの立場を使って「オーストラリアで最も声高な親中派コメンテーターの一人となった」と論じている*[35]。これについてのおそらく最も辛辣《しんらつ》な批判として、ジョン・フィッツジェラルドは「カーの中国関連の単調なコメント」について書いている*[36]。売られたケンカを買う性分のカーは、自分に批判的な人間――これには自分なら黄向墨のカネは受け取らなかっただろうと述べた、最初の在北京オーストラリア大使だったスティーブン・フィッツジェラルドを含む――たちのことを、「オーストラリア政界で不満をつのらせた少数派の冷戦派戦士の人々」と表現し反論している*[37]。

二〇一六年九月、メディアからの追及が厳しくなると、当時副総長代理のグレン・ワイトウィックは豪中関係研究所について「質の高い、極めて重要なリサーチを行っている」という言葉で大胆に擁護している*[38]。しかし、もし研究所の理事会がリサーチの質や方向性を監督しているなら、黄向墨にはそれを行うだけの資格を持っていると言えるのだろうか？ ダスティヤリ事件が発覚して三週間後、黄向墨は「中国の影響力という想定」にあまりにも世間の注目が集まったからという理由で、理事長を辞任している。自由党の高官で「豪中友好議員連盟」を率いていたフィリップ・ラドックは、この理事長の後任を打診された（ラドックの娘ケイトリンはシドニー工科大学の対企業関係部門の代表だった*39）。ところが大学はこの動きに成功の見込みがないと見て、ガバナンスの再検討を発表した*40。つまり、豪中関係研究所の理事会の解散を決めたのだ。プリモース・リオーダンは「シドニー工科大学に確認したところ、豪中関係研究所はそのガバナンスについて大規模な見直しの対象となり、黄向墨が理事長となっていた理事会は解散し、研究所は副総長代理のビル・パーセル教授に率いられる新たな運営委員会に経営されることになる」と記している*41。

新たな運営委員会で豪中関係研究所副総長代理となったのは、シドニー工科大学の国際部部長を務めていた劉勉《リウ・ミアン》（Leo Mianliu）だった*42。劉勉は大学の国際的な案件を監督する立場にあり、グローバル・パートナーシップの副代表でもあった*43。中国メディアでは彼は何度も「豪中関係研究所の高級幹部」と紹介されている。澳洲中国和平統一促進会は彼を「豪中関係研究所の上級学長」と説明している*44。劉勉は二〇〇〇年代初頭、シドニーの中国領事館で外交官として働いており、亡命者の陳用林は彼を知っていたという。劉勉は総領事の予定を管理する立場にあったらしい*45。劉勉は中国共産党やオーストラリアの中央統戦部系組織と深い関係を維持し、当然ながら澳洲中国和平統一促進会の顧問の一人だ*46。彼は会の青年団のメンバーたちに、政治に積極的に関わり、オーストラリア政界で彼らの力を見せつけるよう勧めている。二〇一五年五月の青年団との会合には、黄向墨と彼の部下であるサイモン・ゾウ（Simon Zhou）も参加し、ニューサウスウェールズ州自由党所属の市議会議員であるマーク・クアーが基調演説を行った。彼はこの演説で、若いメンバーたちに政治に関わっていくコツを伝授している*47。自由党所属の連邦議員デビッド・コールマンも、オーストラリアの政治体制の概要や、将来議員となった時に必要な人間的資質などについて説明している。

劉勉は設立されたばかりの「澳洲北京外国語大学同窓会」の会長も務めている*48。北京外国語大学は、中国教育部に属する大学の一つだ。当時外交部副部長（そして駐オーストラリア大使も務めた）だった付瑩《フー・イン》は、この会合の際に劉勉に祝福のメッセージを送っている。人民日報によれば、劉勉は二〇一五年に天安門広場で開催された、七〇年前の対日戦勝を記念する軍事パレードをステージから鑑賞している*49。天安門の横にあるこのステージに入れるのは招待客だけだ。劉勉は人民日報の記者に「海外在住の中国人として、私は祖国の力をひしひしと感じることができました」と語っている。

豪中関係研究所の理事会は、いまや企業スポンサーだけで構成される「理事長委員会」になっている。私は理事長について質問をしたが、その時の答えはそのような役職はない、ということだった*50。「理事長委員会」では誰がトップなのか聞いてみると、誰もトップではないという答えだ。ボブ・カーは豪中関係研究所の研究計画について理事会で議論をしているはずなのに、その理事会を開催していないと答えている*51。二〇一六年に黄向墨はオーストラリアン・フィナンシャル・レビュー紙に「玉湖集団も豪中関係研究所の理事長委員会から手を引く」と答えており、二〇一七年七月にボブ・カーは、豪中関係研究所はもう黄向墨から献金を受けていないと述べている。ところが同年同月の時点で玉湖集団は、周楚龍の会社の深圳市志威投資集団とともに、満額を納付した「企業会員」としてリストにその名が掲載されたままだ。

中国の「心の友」

その開所式では副部長のジェームズ・ローレンスソンが「豪中関係研究所は中国に関する意見を聞く際に常に求められる最大の情報ソースとなることを

期待する」とコメントしている[*52]。そして何人かの記者が彼を助けている。その一方で、ボブ・カーの中国での評判はいよいよ輝きを増すばかりだった（ただし彼は中国でまったく影響力を持っていないと主張している）[*53]。カーは中国共産党の公式メディアで、豪中関係のニュースの「ご意見番」となっている。

二〇一四年後半にはチャイナ・デイリー紙が豪中自由貿易協定のもたらす利益を称賛し、オーストラリアは「中国の核心的利益」を尊重すると確約すると した豪中関係研究所のコメントを紹介している[*54]。同紙の読者は、二〇一五年の一年間を通じて「元外相」が「中国の新しい立場をアメリカは認めなければならない」と論じ、鄧小平の改革の「劇的な成功」を称賛し、中国の「文明としての強さ」を賛美する姿を何度も見ることになった。さらに、カーはオーストラリアに中国の「異なる政治的価値観」をさらに懸命に理解するよう要求し、自由貿易協定の条項によれば、中国からの移民労働が容易になるという、オーストラリアで広まる認識を「人種差別主義的なウソ」だと攻撃した。

二〇一六年、カーは極めて民族主義的な環球時報（人民日報の傘下にある）で、豪中関係は「次の一五年間を見据《みす》えてオーストラリアが持つ最善のもの」と主張し、中国を批判する人々は冷戦期の「マッカーシーのような赤狩りの激情」という罪を負っていると言い、オーストラリアの戦略的に重要な資産に対する中国の投資への懸念を「反中パニック」や「ヒステリー」によるものだと一蹴している[*55]。彼は自国民に「アメリカの目を通して」中国を見るべきではないと警告しているのだ。

二〇一六年八月、当時のスコット・モリソン財務長官が、安全保障機関からのアドバイスに基《もと》づいて中国の国営企業がニューサウスウェールズ州の配電会社オースグリッド（Ausgrid）を買収しようとしていたのを阻止すると、人民日報はボブ・カーに説明を求めに行っている。その時の記事は「シドニー工科大学豪中関係研究所：オーストラリア政府の盲目的な外国人恐怖症」というタイトルがつけられ、カーはこの決断が中国との経済関係にダメージを与えることになると答えた。彼は中国の読者たちにモリソンの決断は「オーストラリア国民の視点を代弁していない」と約束している*56。カーはオーストラリア国民の事情にずいぶん詳しいようだ。

豪中関係研究所の創設直後の人民日報のインタビューで、カーは自分の外相の経歴の中で最大の功績は豪中の二国間関係を深めたことだと述べ、「私はオーストラリアと中国が外交政策の計画面でもさらに協力――安全保障面における両国の連携の強化など――できるはずですし、実際のところ、これこそが[豪中関係研究所の]現在の研究方針でもあります」と述べている*57。そして彼は「オーストラリアと中国には共通の利益があります。われわれはともに平和を追求しており、領土紛争を回避し、紛争について慎重に対処しようとしています」と、まるで中国の新聞の社説のような言葉を使っている*58。

二〇一七年、中国共産党は自らが「固有の水域」と呼ぶ場所で軍事施設を建設していたが、当時のボブ・カーは、中国が東南アジアの隣国に嫌がらせをするはずがないと主張した*59。アジア各国の首脳たちはすでに新たな戦略的状況を認識しており、そこに参加することを決めた、と彼は書いたのだ。これは中国の「当該地域での成功」を意味し、「ポジティブかつ楽観的な見方」以外の何物でもない。

カーは過去のインタビューで、オーストラリアは常に中立であるべきだと強調している。たとえば彼は「そもそも私は当初から、とりわけ東シナ海における日中間の紛争について、オーストラリアはいかなる状況においても中立の立場を表明し、それを強調することが極めて重要だと考えていた」と発言している*60。さらに彼はジュリー・ビショップ外相が「中国は弱者をリスペクトしない」と述べると「そのコメントを説明するように」求めた。カーは「北京の指導層が聞きたいことをしゃべる」という罠《わな》に陥《おちい》ってしまったのだ。

中国の略奪的な経済政策に批判的なことで有名なドナルド・トランプがアメリカ大統領に当選したこ

とで、カーは「オーストラリアの中国シフト」という自分のビジョンをオーストラリア国民に納得させるチャンスがやってきたと考えた。彼は「トランプ大統領は民主主義制度そのものに冷笑的で軽蔑的な態度をとっている——選挙の結果を受け入れずに選挙の相手を告訴するとまで言っている——」と書いた。つまり、こんなことが起こっている国と本気で同盟を組みたい国があるか、というのだ。カーは自分で墓穴《ぼけつ》を掘っていることに気づかず、オーストラリアはアメリカとの同盟に対する「情緒的未練」を捨て去り、衰退しつつあるアメリカとの結びつきを弱め、中国のオーストラリア経済に対する途方もない重要性に目を向けるべきだと論じている*61。

　カーの部下であるジェームズ・ローレンスソンは、その直後に同じような、オーストラリアの反中ポピュリズムに警告する記事を書いている*62。彼はオーストラリア経済にとって障害になる国があるとすれば、それは中国よりもアメリカだと論じた。さらなる貿易拡大や投資、そして労働者の流入をもたらす意味で、中国はオーストラリアに一種の「黄金の未来」を約束しているというのだ。

　黄向墨は、おそらくカーとローレンスソンに触発されて筆をとっている。彼は中国語のサイトで、トランプ大統領の当選のおかげで、オーストラリアが中国とのつながりを強化しなければ、国民は羊のように「屠殺《とさつ》」されると書いている。この不動産開発業者の大富豪がわれわれに教えているのは、中国との協力関係をさらに強化するのはオーストラリアの国益であり、そのためのまたとないチャンスが訪れているということだ*63。日本の侵略を打ち負かした七〇周年記念パレード後の二〇一五年の記事で、人民日報は「オーストラリアの政治家たち：中国は世界平和を守る核心的な力だ」というタイトルの記事を掲載している。同紙の記者たちは三人の政治家たちにインタビューし、その全員がファシズムに抵抗する上で中国が果たした役割を称賛する意見を表明している。彼らがインタビューしたのは、ボブ・カーと彼の二人の友人《アミーゴ》、サム・ダスティヤリと王国忠《アーネスト・ウォン》だった*64。

この三人の「関係《グワンシー》」は固かった。そもそもボブ・カーを連邦の上院に入れ、さらにジュリア・ギラードを説得して外相にさせるという計画を思いついたのはサム・ダスティヤリだった*65。ニューサウスウェールズ州の労働党党首として、エリック・ローゼンダールの後釜《あとがま》にダスティヤリをつける支援をしたのがカーだった。そして王国忠が、サムを中国系の献金者たちに紹介した*66。サムはウォンが州議員になるのを後押ししている。黄向墨は豪中関係研究所の運営をボブ・カーに任せたと自慢していた。黄向墨はダスティヤリの支払いを肩代わりし、エリックは黄向墨の下で働いている。ウォンは澳洲中国和平統一促進会で黄向墨と働いている。そして黄向墨は労働党を資金面で支えているのだ。

メディアとの取引

二〇一六年五月、中国共産党の幹部たちが、ほぼお忍びという形でオーストラリアを訪問した。中国共産党中央政治局のメンバーの一人で、党中央宣伝部部長でもあった劉奇葆《りゅうきほう》(Liu Qibao)は、中国のトップ二五位に入る人物だ*67。中央宣伝部は過去二五年間に中国を大きく変えた、愛国教育運動を担う部署だ。ここは同時にメディア検閲《けんえつ》も担当し、編集担当者たちを強制的に毎週集めて、言って良いことと悪いことを指導する。国外では中国の「政治戦」工作を遂行する役目を負っており、これには外国の企業、大学、そしてメディアのエリートたちに影響を与えるメソッドも含まれる。このエリートたちは、訪問事業や交流事業、それに共同研究計画などを通じて招かれることになる*68。

経験豊富なジャーナリストでも見抜くのが難しいこの動きの中で、劉奇葆はオーストラリア滞在中にオーストラリア主要メディアと六つの合意を取り交わしている。これは中国共産党から提供される資金と引き換えに、新華社通信や人民日報、そしてチャイナ・デイリーのようなメディアからの中国の宣伝を発行するものであった。メディア王マードックが部分的に所有しているフェアファックスとスカイニュースは、中国のニュースストーリーを掲載したり放送したりすることに合意している*69。シドニー・モーニング・ヘラルド紙、ジ・エイジ紙、そしてオーストラリアン・フィナンシャル・レビュー紙は、チャイナ・デイリーが提供する毎月発行の八頁にわたる折り込み記事を掲載することに同意している。

この訪問は、オーストラリア外務貿易省の現役次官だったゲイリー・クインランが歓迎的に見守る中で実行された。この主要メディアとの合意は、一〇〇〇億ドルの予算を持つと言われる中国の海外宣伝工作にとって大成果だった*70。このニュースはオーストラリア国内ではほとんど気づかれなかったが（結局主要メディアはカネを受け取ったからだ）、ジョン・フィッツジェラルドは中国国内で「党はこの合意を、世界の世論を変えるための海外宣伝工作の一つの勝利と吹聴《ふいちょう》した」ことに気づいている*71。フェアファックスは北京特派員のフィリップ・ウェンによる記事で合意に関するニュースを流した*72。結局、これを報じないわけにはいかなかったのである。

オーストラリアの最も優れた中国メディア研究家であるフィッツジェラルドとワニング・サンは、「レーニン式のプロパガンダ体制は、大衆の口を通じて大衆を説得するのではなく、他者に本当に重要なことを報じないよう脅したり困惑させることで成立するのだ」とコメントしている*73。この合意は、中国が西洋諸国の体制のオープンさを利用した例であると同時に、主要メディアの財政状況の悪さを示していた点で衝撃的だった。合意について何ら反対がなかったという事実——つまり大国で、報道の自由ランキングで一八〇カ国中一七六位の国がわれわれのメディアに影響力を持つようになったこと——は、われわれが頼っている制度そのものの弱さを映し出しているのだ。

二〇一五年一一月、ボブ・カーは北京で中央宣伝部副部長の孫志君《サン・ジジュン》（Sun Zhijun）と会っている*74。この会合を報じた中国側記事は「両者は中国とオーストラリアのメディアの間の友好的な関係を強化し、二国間関係の協力と交流を深化させる」と書いた。また両者は「二国間における関係推進や、それ以外の話題についても意見を交わした」。この会合には宣伝部の「幹部たち」に加え「全中国記者協会」の高官たちも出席していた。

騙されやすいジャーナリストたち

二〇一六年五月の合意の一つに、ボブ・カーの豪中関係研究所と、中国共産党の公式ニュース機関である新華社通信との間の「覚書」があった。豪中関係研究所はこの直後に、オーストラリアの記者たちを中国の研修ツアーに参加させると約束している。外国人記者が「記者」として中国を訪れるのは、認可されたメディアと、政府の公式な認定がなければそもそも不可能だ。よってオーストラリア在住の記者たちに、ボブ・カーは珍しいチャンスを提供できることになった。それはたった一度きりの北京政府の認定を受けた中国ツアーであり、これによって何らかの記事を書けというのだ。

カーはオーストラリアの多くのベテラン記者たちにEメールを送り、五日間の「アゴ足つき」の中国の「事実発見ツアー」に招いた。その行程表を見れば、ツアーは豪中関係研究所と新華社のどちらかがその内容を決めたことがわかる。そしてツアーガイドは、すべての記者が「マルクス的なニュースの価値を学ばなければならない」とガイドラインで規定している党の組織、全中国記者協会から提供されるという[*75]。オーストラリアで最も尊敬されている記者の多くがこの招待を受け入れ、二〇一六年七月にはシドニー・モーニング・ヘラルド紙のロス・ギッティンズ、オーストラリアン・フィナンシャル・レビュー紙のブライアン・トーヒーとアンドリュー・クラーク、そしてジ・ウェスト・オーストラリアン紙のシェイン・ライト記者たちが中国に向かった。

中央宣伝部の戦略は成功したと言えるだろう。ロス・ギッティンズは一連の記事の中で、中国の驚くべき経済力や、その決断力、そしてリッチになろうとする固い決意を絶賛した[*76]。彼は「驚きすぎと言われても仕方ないかもしれないが、それでも私は中国を訪れた時に大きな感銘を受けたのであり……彼らは本当に成功しつつある」と記している。中国はより良い未来の建設のため、大胆に急いでいるのに、オーストラリアのわれわれは幸運にかまけて中国がわれわれの金の卵でいつづけてくれることを願っているだけだ。われわれは北京の大きな「一帯一路」戦略に参加することにあまりにも臆病《おくびょう》であり、日本人や韓国人たちは、「われわれが見向きもしない中国のランチを喜んで食べるだろう」と書いたのだ。

アンドリュー・クラークは中国の「息をのむような」変化の規模の大きさに心を奪われている*[77]。彼は「中国は素晴らしい」と書き、新たな中国では「人々の背が高く、活気に溢《あふ》れ、健康的で声が大きく、幸せそうに見える」という（実際の調査によれば彼らの幸福感は低くなっているらしい*[78]）。彼は「ジョージ・オーウェルの『一九八四年』に描かれたような感覚が台頭している」とは思わなかったという。さらに加えて、生活水準が上がり、あまりにも多くの新たな自由が生まれているため、わずかな政治的な抑圧も正当化できるのではないかとほのめかしている。このツアーでは、最も活発な都市や最も輝いている企業の本社などしか訪れていない。クラークは成都《せいと》市の巨大なビルや世界で最も賑わっているルイヴィトンの店に感銘を受け、中国は「中国人のユニークで柔軟な考えと、眼の前のことに集中するその類を見ない能力によって」自らの道を歩んでいるという。ところが彼は読者に対し暗い口調で、もしオーストラリアがその要求に答えなければ、われわれは中国に悪者扱いされるかもしれないと警告する。たとえば中国の南シナ海における主張を拒否すれば、中国は「オーストラリアのカンガルーの耳をクリップでつまみ上げてしまうことになる」。中国の台頭は現実なのであり、われわれの繁栄はそこにかかっているというのだ。

ブライアン・トーヒーは中国を訪れる前から記事を書き始め、しかも私が今まで見た中で、最も奇妙な部類に属する戦略分析を行った*[79]。それは、ジョン・ハワード元首相が正当な理由なしにイラク侵攻に参加したため、われわれは泥沼にはまった。これを教訓として、オーストラリアは中国の南シナ海の征服を受け入れるしかない、というものだ。もしわれわれがアメリカとその同盟国たちと共に中国の併合に挑戦しようとすれば、確かに軍事的に中国を打倒できる（そして世界経済を破壊する）かもしれないが、本当に打ち負かそうとするのなら、中国本土へ侵攻・占領し、それから「何百万人もの愛国的な中国人たちの行う長期的なゲリラ戦」を戦わなければならなくなる。よってわれわれは戦争を何としても避けなければならないのであり、そのための唯一の選択肢は、黙認するか、それとも軍を動員してイラクの二の舞となるかだ、という。

これこそまさに北京が望んでいた妥協策の擁護《ようご》であった。ところがこのツアーでトーヒーを本当に感動させたのは、彼が深圳《しんせん》で目撃した未来的なテクノロジーへの大規模な投資であった。彼はファーウェイ、BYD（比亜迪股份有限公司）、そしてBGI（華大基因）などに関する驚くべき統計データを記事の中で使っている（偶然かもしれないが、この三社には他の記者たちも同じく感銘を受けた）。トーヒーもオーストラリアを、中国の台頭に外国人恐怖症を感じている「怯《おび》えた国」と見ている。中国資本によるオーストグリッドの配電ネットワークの所有禁止は意味がない。中国がそれを通じてスパイ行為を行えば経済的損害を被《こうむ》るリスクがあるからだ。しかも彼らが本当にスパイ行為を行えば、オーストラリアのスパイたちもそれを探知してアセットを取り返すはずだという。

グレンダ・コーポラール記者には、深圳のまばゆいばかりのガラス張りの高層ビルや新しいスーパー高速道路はそれほど強い印象を残さなかったようだ。むしろ彼女が気になったのは、中国外交部の恐ろしい記者会見だった。この席で外交部の職員は、オーストラリアが南シナ海の領有権についてフィリピン側に有利なハーグの仲裁裁判所の判決を支持したことに中国政府が「とても失望した」と強調している。

コーポラールは報道官たちが日常的に発表している脅しを、オーストラリアが姿勢を変えないと戦争が起こる、というレベルにまで煽っている*[80]。彼女は、中国が求めるのは平和と安定だけだと書いた。ボブ・カーもその会見に参加し、中国に対してオーストラリアの国際法の重要性についての発言をあまり深刻にとらえないよう求めた。これで態度を軟化させたであろうこの外交部職員は、オーストラリアに対し中国からのさらなる投資を受け入れるよう求めた。

それから数日後、コーポラールは後追い記事を書き、中国に抵抗することが、いかにわれわれの経済的ダメージにつながるか——しかもそれはわれわれが発言を止めるだけで避けることができる——を説明する内容を書いている。そして彼女は外交部職員の「中国はオーストラリアが地域の平和と安定について害するようなことを何もしないよう望む」という脅しを強調した。

シェイン・ライトの書いたジ・ウェスト・オーストラリアン紙の記事も、北京による弱い者いじめの拡声器のような役割を果たしており、もしオーストラリアが係争中の島々の近くでアメリカが行う「航行の自由作戦」を支持するのであれば、中国はわれわれに「極めて深刻な対抗策」を行うという脅しを繰り返している*[81]。オーストラリアの主要新聞で発表された彼らの記事に共通して目立つのは、このように影響力を与えるため、綿密に計画され管理されたツアーの中で、自分たちの見たことや聞いたことに対する、批判的な視点を欠いていることだ。中国を離れて二週間後、全中国記者協会による記事が新華社通信を経て発表されたが、そのタイトルは「中国訪問の印象：オーストラリアの記者たちは〝期待を超えた〟と感動を述べたか」というもので、中国の経済・技術面での発展に感銘を受けたと答えた各記者への短いインタビューも掲載されていた*[82]。記者たちはオーストラリアに帰ってから「オーストラリア社会にとって中国の経済発展がオーストラリアに与えられた歴史的なチャンスであると理解し、〝中国の声〟を公平に伝えた」と書かれていた。

ここで注目すべきは、全中国記者協会にはまだ他にもオーストラリアに対してリーチできる手段を持っている点だ。たとえばこの組織はメルボルンにある非営利団体で、アジアにおけるジャーナリズムの質の向上を謳《うた》った「アジア太平洋記者センター」（APJC）の創設メンバー組織だ。APJCは全中国記者協会と連携し、中国の国営メディアの協力を得て、オーストラリアの記者たちの中国本土での研修ツアーを企画している。APJCの代表ジョン・ワレスに聞くと、そこにカネのやりとりはないと教えてくれた。彼によればこの交流事業は経済関係に注目したもので、逆に言えば、人権や報道の自由にはあえて触れないということだ。

二〇一六年六月のフェアファックスとABCの「フォーコーナーズ」の、オーストラリアの政治における中国資金に関する調査報道の後、ジョン・ワレスは周澤栄を擁護する記事を書いた*83。彼によれば、この一連の報道は人種差別主義的な動機が背後にあり、周澤栄と中国共産党とのつながりを示す証拠が欠けているという。彼はこの億万長者を、質の悪いジャーナリズムによる無実の犠牲者と描いた。ワレスの主張によれば、周澤栄に対する扱いは、ルパート・マードックの政治活動が問題なく受け入れられていることと比較しても異常だという。実際のところ、このアメリカの強力なメディア王は、その政治介入のため、かなりの頻度《ひんど》でアメリカやオーストラリアの識者や評論家たちからの厳しい批判にさらされてきた。ワレスは「フォーコーナーズ」のような番組が放送されることが不可能な中国国内のメディア状況にはまったく触れない。ワレスはこの記事を「このような報道のされ方に懸念の声を上げる、オーストラリア国内の中国人コミュニティ向けに書いた」と私に教えてくれた。ところがオーストラリアの中国人コミュニティには、当然ながらそれとは反対の、この番組を称賛する声もある。彼らにとってこの動きは、現実に起こっていることに対してわれわれがようやく気づき始めたことを示していたのである。

おそらくこの研修ツアーが予想以上にうまくいったせいか、ボブ・カーは再びオーストラリアの記者たちを集め、二〇一七年の三月と四月に中国を訪れた。この訪問はシドニー工科大学の学者、馮崇義《フェン・チョンイ》が、天津国家安全局によって拘束・尋問されたのと同時期に行われた。マルコム・ファーとトロイ・ブラムストンの記事によれば（両者とも中国では豪中関係研究所のゲストと紹介されている）、フェンをたった一人の力で解放したのもボブ・カーだという*84。ファーによれば、オーストラリアでは、カーが公的に何も語らなかったのを不思議がる声もあったが、実際に背後で糸を引いていたのはこの豪中関係研究所のボスだという。カーは「中国政府高官」から、中国は「メガホン外交」を好んでいるわけでは（それは当然だが）ないと教えられたという。つまり「中国は静かに目立たないやり方で問題を解決したがっている」（ここまで問題を悪化させてしまえば当然であろう）ということだ。この話の中で唯一の情報源として引用されているのは、この話のヒーロー本人だけである。ファーの書いた記事のタイトルは「ボブ・カーの秘密裏の行動がシドニーの学者の中国での悪夢を終わらせた」というものだった。

その一方で、トロイ・ブラムストンの記事では、カーが中国政府の高官たちに非公式に抗議したという事実を「暴く」ことができるという。彼も「われわれはメガホン外交を好ましいものと思っていない」という北京のメッセージを伝える。当然、北京にとっては人権活動家の弁護士たちをインタビューしようとした学者を拘束する人権侵害について、全世界から批判されるのは避けたいことなのだ。

ところがこのエピソードに関与した他の人々は別の見方をしていた。オーストラリアに帰国した馮崇義は、解放の際にボブ・カーが果たした役割について質問され、秘密裏の交渉の効果を否定している。彼はマルコム・ファーの「静かで穏やかなアプローチが最適である」という主張を「完全に戯言《たわごと》だ」と言ったのだ*85。もし「机の下」で何かを行い、それを秘密のままにしておくことは、中国側に完全なコントロールを与えてしまうことになり、彼らはやりたい放題にできることになるからだ*86。

豪中関係研究所の実態を正確に説明しよう。それは、正式な研究所の皮をかぶった、北京に支援されたプロパガンダ機関だ。その究極の狙いは、オーストラリアの政策や政界での中国共産党の影響力の拡大にある。学問の自由や適切な業務を目指すはずの大学の中に設置されたこの組織は、資金への渇望《かつぼう》によって歪み、自らが北京の価値あるアセットになりつつあることが理解できない、いわば「関連性欠乏症」(relevance deprivation syndrome)にかかった元政治家に率いられているのだ。

少なくとも彼は、自分の親中的な立場があまりに多くの批判や嘲《あざけ》りを集め、信頼性を失うまで、確かに北京にとっての価値あるアセットだった。最近の彼の行動は批判を恐れるあまり、過剰な自己防衛に走る「バンカー・メンタリティ」(bunker mentality)の症状を示しているように見える。たとえば彼は二〇一八年一月、ベルリンでツイッターに書いた文章の中で、明・清時代の肖像画に関する展示会を見たと記し、こうした展示会はオーストラリアでは開催できないと言っているが、その理由として、オーストラリアは「マッカーシズム的な反中パニックにとらわれて」おり、豪美術館はナーバスになりすぎていると主張していた。

第六章　貿易、投資、統制

「経済的な結びつきは政治目標の達成に資する」＊1

オーストラリアのGDPで、財とサービスの輸出は一九％を占める＊2。この割合は中国も同じだ。ドイツではこれが四六％になり、韓国では四二％、そしてフィリピンでは二二％になる。アメリカではこれは一二％だ＊3。オーストラリアの輸出先の三分の一は中国である。この割合は過去数年で急激に上昇し、そのためオーストラリアは中国に影響されやすくなっているが、この割合はすでにピークに達していると見られている＊4。オーストラリアの中国への輸出依存度は高いが、それでも輸出がGDPに占める割合はそれほど高くないため、リスクは抑えられている＊5。

ところがビジネス系のコメンテーターの中には、中国がくしゃみをすればオーストラリアは肺炎にかかるので、われわれは「北の巨人」の機嫌をそこねないようにすべきだという者もいる。もし彼らが言うように、われわれがそこまで脆弱《ぜいじゃく》であるとすれば、その現実を受け入れるより、中国への依存度を下げる方策を考える方が正しいのではないだろうか？

われわれはどれほど依存しているのか？

オーストラリア国立大学の戦略学の教授、ローリー・メドカーフが指摘するように、中国がオーストラリアに圧力をかけるため、われわれの最大の輸出品である鉄鉱石の輸入を制限する可能性は低い。なぜなら中国の鉄鉱石の輸入の内にオーストラリアが占める割合は六〇パーセントだからだ*6。ただし石炭、観光、そして教育のようなオーストラリアの他の輸出品に関して中国は別の選択肢を持っており、これらを別の国から購入することによってオーストラリアを制裁しようとしても、中国が受ける実害は少ないはずだ。経済面での強制については次章で検証するが、とにかく本章で論じたいのは、オーストラリア政府と輸出品の生産者たちは自国の脆弱性《ぜいじゃくせい》を分析し、それらを解消する方策を講じるべきであるという点だ。ところがそれどころか、わがオーストラリアの貿易大臣や州政府は、自らの依存度を上げるために中国の望む通りのことを行っているようにしか見えない。

二〇一五年の豪中自由貿易協定は、われわれの中国への輸出にほとんど影響を与えていない。実際のところ、そこでの問題は貿易ではなく、投資にあったのだ。この協定では中国人が投資する際、オーストラリア人が自国内で投資する場合と同じ条件にすることが明白に合意されていたからだ*7。これは第九条の三項に記され、表面的には相互的なものとされていたが、その相互性が中国側にも適用されると思っている人はこの世には存在しない。投資の合意は裁判所によって強制執行されることになるわけだが、中国におけるオーストラリア人投資家は何も保証を得られない。外国投資審査委員会（ＦＩＲＢ）が審査を開始する際の基準となる額は以前よりはるかに高いレベルまで引き上げられた（分野によっては低いままだが、それでも二億五二〇〇万ドルから一〇億九四〇〇万ドルへ上げられた）*8。そしてこのオーストラリアへ流入する資本の洪水こそ、われわれの主権にとって最大の脅威なのだ。

「中国の友人たち」は、国民の不安を和らげるために、中国の保有するオーストラリアの資産の総額を、アメリカや日本の企業によって保有されるはるかに大きな額と比べようとする。しかもアメリカは百年間、そして日本も五〇年間にわたってオーストラリアの資産を買い続けているという。中国からの投資が激増したのはここ十年ほどで、しかもこれは高いレベルで何年も続くと予想される。

ところがオーストラリアの人々が知っておくべきデータは、むしろ以下のようなものである。世界的に見れば、オーストラリアは中国からの大規模な資本流出先としてアメリカに次ぐ第二位で、しかもその差はほんのわずかだ。ＫＰＭＧの分析によれば、アメリカは二〇〇七年以降に累積で一〇〇〇億ドルもの新たな投資を中国から受けており、オーストラリアは九〇〇億ドルだという*9。われわれの経済がアメリカのたった一三分の一の規模しかないことを考えてみれば、その割合から考えて、オーストラリアに流れ込んでいる中国資本はアメリカへの流入分と比べて一二倍の大きさになることを意味する。

財界の「中国の友人たち」は、このような資本の流入を恐れる必要は何もないと繰り返し述べる。その理由は、われわれは海外からのあらゆる投資を必要としているからだ。彼らにとって嬉しいことに、二〇一六年はオーストラリアにとって中国からの投資額が最大になった。ビジネスの契約やオーストラリアのインフラへの投資、農業への投資、そしてタスマニアへの投資（これについては後述する）などで、それぞれ過去最大の記録を更新したからだ*10。

二〇一六・一七年の会計年度で見ても、中国人の農地の所有数は上昇しており、その数は十倍に増え、最大の所有数のイギリスに次いで中国が二位となっている。ちなみに英中はオーストラリアで外国人の所有する土地全体のそれぞれ二五％を占めることになる*11。中国の政府関係者たちは自国で深刻になりつつある「動物性タンパク質の欠乏」を克服するため、オーストラリアの農業に注目し始めており、この傾向は当分続くはずだ。中国の一人あたりの食肉消費量は台湾と同じレベルにまで達する勢い（年間一人あたり六〇～七六キロ）で、これには「新たに一五〇〇万ヘクタールの農地――イングランドとウェールズを合わせた広さ――が必要となるが、中国にはこれだけの農地はない」のである[*12]。多くの国々（ブラジルやアルゼンチンなど）は中国企業が自国の耕地を買い占めるのを阻止する対策をとったのに対し、豪中自由貿易協定はそのような障壁を取り除き、世界的な銀行が買い占めに協力すべく列をなしている[*13]。

中国全体のオーストラリアの資産への入札状況を見ると、投資計画は二〇一五・一六年度の九〇億ドルから、二〇一六・一七年度には二〇五億ドルへと伸びており、海外からの投資計画の全体に占める割合は五四％になっている[*14]。その内八〇％以上が、エネルギー、鉱山、そして公共設備に向けられたものだった。

オーストラリアのエリートたちに広まっている中国への大きな思い違いがわかるのは、以下のジョン・ハワード元首相の言葉である。彼は「われわれは中国からの投資に対して、日本やアメリカからの投資と異なる条件を適用することはできない」と言った[*15]。「ドライスデール報告書」――これはオーストラリア国立大学の経済学者たちと北京にある党のシンクタンクによって共同執筆されたもので、次章で詳しく論じる――では、中国国営企業は中国政府からの統制を受けていないという主張を繰り返した後、「膨大な数の中国の国営企業を、その他のオーストラリアへの潜在的な投資元と差別して扱うことはまったく論拠を欠いている」と、全く同じ間違いを犯している[*16]。ダーウィン港の新たな所有者である嵐橋集団（ランドブリッジ社）が北京と密接な関係にあるとの主張には根拠がないとされ、その理由は中国の一六三万社もの民間会社にはすべて党の委員会があるからだという。つまりこれは「中国の政治体制による自然な結果」で、警戒すべきものは何もないというのだ。「チャイナ・マターズ」というコンサルタント会社で中国専門家を自認しているリンダ・ジェイコブソンやアンドリュー・パーカーでさえ、「中国共産党と関係しているから中国の投資をお断りするというのは、まるで中国からのすべての投資を欲しくないと言っているようなものだ」というナイーブなコメントをしている[*17]。「チャイナ・マターズ」の主なスポンサーたちは中国に大きな権益を持つ企業であり、リオ・ティントやＰｗＣ、アウリゾン、ウェストパック、そしてジェームズ・パッカーのスター・カジノ・グループなどである[*18]。

ところが中国からの投資は、やはり異質である。アメリカの企業は、アメリカの戦略的利益に沿った行動をするよう指導するワシントンからの命令に従うような傾向は持っていない。もしアメリカ企業がそのようなことを行おうとすれば、豪州の市民社会からの激しい反発を受けるはずであり、メディアの追求で説明責任を負うことになる。そして当然、アメリカの企業は海外で贈収賄事件に関与した場合には起訴されて莫大な罰金を払わされることになる。ハワード元首相は一九七〇年代の日本からの投資に対する不安感と、今日の中国からの投資に対するそれを同等視しているが、これはまったくつじつまが合わない。外国からの影響に対する嫌悪感は、確かにオーストラリアの国民性の中に存在する。ところが中国からの投資に対する疑念は、政治的な真実に立脚したものだ。この投資は、オーストラリアを支配しようとする独裁体制によって操作されているものだからだ。これは前代未聞の事態なのだ。

事実、われわれは中国の、ビジネスとは別の目的を持った投資に対して、異なる基準を適用して対応できるし、実際にそうしなければならない。中国共産党に媚《こ》びを売るようなジェイコブソンとパーカーの主張と比べて、より現実的な見方をする専門家のジェフ・ウェイドは、中国が「戦略面でのレバレッジを拡大するため、世界に対して財政的な力をオープンに使用している」と指摘する[*19]。イギリス、アメリカ、そして日本の投資家たちは、日常的に海外との貿易や投資を用いて、自国の戦略的利益に沿う政策的な立場を取るよう他国に圧力をかけ、強制を迫る一党独裁国家から来ているわけではない。彼らの指針は「経済的な結びつきが政治目標に資する」ものでもない。また、秘密的で欺瞞《ぎまん》的、そして汚職だらけの運営をし、企業の中に入り込んでいる本国の独裁的な党に従う政治系幹部によって重要な決断がなされることもない。中国が国家としてこのようなやり方を止めた時、われわれは初めて中国からの投資を他国と同等に扱うようにすべきなのだ。

党・企業複合体

二〇一六年一二月、世界の工業先進国は中国に対し「市場経済」というステータス——これは北京が実利的な意味や政治的な価値の両方から切望していたもの——を与えるのを拒否した。中国の行動が自由市場の行動基準から外れている証拠は無数にあり、それは通貨の操作から、世界市場における鉄鋼のように、補助金によって製品をダンピングさせて競合企業を潰すこと、さらには政治的な理由から衛生法などを不当に使って輸入品を処罰し、外国企業に様々な障害を設けることなど、中国の投資家たちがアメリカやオーストラリアでは決して直面しないようなことを行っている。

ここでの最大の問題は、市場《マーケット》のオペレーションに北京政府が介入することではない。むしろ事態はそれ以上に、はるかに深刻だ。中国という国家と市場は切り離せないもので、中国共産党は国内すべての大企業に絡んでおり、政治的・戦略的な狙いの達成のために彼らの意思決定を操作したり、直接コントロールしたりしている。オーストラリアの企業人たちは自分たちの付き合いのある中国企業に党委員会があることを知っているが、それらを企業運営に何も影響を持たない過去の遺物《いぶつ》と見て、問題視しない。もちろんこれほど真実からかけ離れていることはなく、北京政府にとって、外国人がそう信じ込んでくれるほどありがたいことはない。

中国専門家のグレッグ・レベスクは、時事問題専門誌「ディプロマット」誌で、中国共産党の「民軍融合」や「一帯一路」に関する政策は、民間企業を使って一党独裁国家の世界目標を推進するために考案されたものだと指摘している[20]。国営企業は支援を受けて強化され、中国共産党が支配力を強めているという。二〇一六年には習近平主席が、国営企業は党の決定を「実行するための重要な力」となるべきだと宣言している。企業重役たちは、今後は大きな決断を行う前に党委員会（党委）の指導を受けるべきであるということだ[21]。

党の統制は、中国の生産量の三〇％を生み出す国営企業だけに限られたものではない[22]。この分野に詳しい練乙錚《イ・チャンリアン》（Yi-Zheng Lian）によれば、中国共産党は「拡大する民間企業の中に体系的に浸透しており、いまや非国営企業の半分以上で活動している。つまり党はこうした会社、とりわけ大企業や外国企業まで操作し、統制することが可能なのだ。つまり現在の中国経済は、党と企業の複合企業体《コングロマリット》」なのだ[23]。

党委を会社のマネージメントにまで介入する、独立した政治組織であるかのように捉えるのは間違いだ。党委は実際、企業マネージメントの構造に深く組み込まれている。たとえば党委書記は企業の幹部を任命・解雇でき、取締役を選抜することができる。彼らは取締役会の議長や高級幹部の役職を務めることもある。二〇一六年後半には定評ある財新金融ニュースが「中国の国営企業の多く」が取締役会の議長と党委書記の「両方を融合させている」と報じている[24]。上場企業における党委の役割の詳細な研究によれば、調査した九〇％の企業において共産党が「戦略と政策に重大な影響力を発揮している。なぜなら会社の高級幹部が共産党の党員であるからだ……党委が民間企業で果たしている役割は大きく、影響も大きい」と結論づけている[25]。その企業の規模が大きければ大きいほど（国営・非国営の両方とも）強力な党委を持っている可能性が高まる。

この状況は中国共産党の統制への欲望を反映したものと言えるが、強力な党委を持つことは企業経営にとっても都合がいいのも事実だ。なぜなら強い政治的なコネクションを持つ党委は仕事を持ってきてくれるし、汚職にまみれた官僚制度を迂回《うかい》できるからだ（これは中国の大学にも同じことが言える。企業の場合と同じように、大学の学長の上に党委が居座り、大学が一党独裁国家の要求に応えているかどうか目を光らせるのだ)。

このような状況でも、いくつかの国営企業では、取締役会と党の方針とが合わず摩擦を起こすこともある。だからこそ二〇一六年一二月に、党委書記と取締役会の議長を同一人物にすべきであるという通知が出たのだ*[26]。この改革の狙いは「国営企業に対する党の指導力を強化すると同時にガバナンスを強化する」ことであった。

二〇〇〇年代初期から、中国共産党は資本家や企業幹部たちを党の組織構造に引き込む政策を取り始め、中国人民政治協商会議に任命して、党の援助を餌《えさ》に、党の指揮系統の中に引き入れた。億万長者や銀行家、そして社長たちは党に入るよう促《うなが》された。北京政府が彼らを説得する際に使ったやり方は抵抗し難いものであった。ジャック・マーのような起業家のスーパースターでさえ、北京が政治・戦略面で望んだことを断るわけにはいかず、たとえば天安門事件で学生たちを戦車で鎮圧したのは「正しい判断だった」と言わされている*[27]。

北京の対オーストラリア戦略

中国は世界を支配しようと計画しており、オーストラリアとニュージーランドを西洋での優位性を行使する戦術を試す試験場として使っている。本書を書く二年前の私は、このような主張を荒唐無稽《こうとうむけい》で現実離れしたものと見ていた。ところが北京がその野望や計画を隠そうと必死になっているにもかかわらず、あまりにもその証拠が積み重なってしまったため、この結論は不可避となりつつあるように見える。

歴史家たちによれば、このような野望は中国人の意識の中で長きにわたって休眠状態にあったという。ところが第二章で説明した愛国教育キャンペーンによって再燃しつつあり、このおかげで「中国が世界の中心であり、調和的秩序のとれた宇宙の中の天下(tianxia)を支配する」という古いアイディアに、装飾や実体が与えられたのだ。このアイディアが歴史的に正しいかはさておき、この古くからの夢は二〇〇〇年代初期に中国の経済力が拡大したことによって、すぐさま手の届きそうな望みとなり、とりわけ二〇〇八年の金融危機で西洋諸国の本質的な弱さや中国の独特な発展の優越性が明らかになったように見えた後には、ますます現実味を帯びてきた。オーストラリアの元指導者で今は北京に非常に近い関係の人物が説明するように、ウォール街でのパニックは中国の指導層を驚かせ、「これは中国に対して、アメリカが管理している金融体制を信頼する時代は終わりに近づきつつあると信じ込ませること になった」という。そしてこのリーマン・ブラザーズとウォール街による金融危機こそ、中国を「注意深く、控えめで限定的」な政策から、「明確に明言する野心的」な政策へと移行させるきっかけとなったのである*28。

われわれは第一章で、二〇〇四年に胡錦濤と共産党政治局がオーストラリアを「全体的な周辺部」の一部にすると決定し、キャンベラの大使館にオーストラリア国民を征服するための戦略を作成するよう求めたと説明した。経済のコントロールや外交面での圧力、そして軍事的拡大までをカバーする中国の一党独裁国家の地域的・世界的な戦略が見えてきたわけだが、われわれがこのまま何も対策を打たなければ、内部からの破壊行為や北京からの過酷な外圧、そして民主主義の価値観へのコミットメントが失われることにより、オーストラリアは再興した「中心国」の衛星国になるしかなくなってしまう。

貿易政治

二〇一三年九月、アンドリュー・ロブが貿易相に就任すると、彼は部下たちに、オーストラリアは直ちに中国と自由貿易協定を締結すると言明している。ところがその部下の官僚たちは、中国側の虚勢《きょせい》や圧力に抵抗し、彼らにとってなんとか「公平」と言えるような合意文書の作成に向けて、それまで十年間かけて厳しい交渉を行ってきた。中国は交渉相手にダメージを与えるために卑怯《ひきょう》な策略を使うことで有名だ。よって官僚たちは、ロブが就任して、どのような条件でも交渉をまとめると言った時、失望した。

経験豊かなオーストラリアの官僚たちは、中国側の交渉相手が組織的に使うおせじや付き合い方、圧力、ごまかし、さらには巧妙な脅しなどに対抗する方法を身に付けてきた。ところがそれと反対に、なんでも請け負うような積極的なタイプの政治家が最も簡単になびくのであり、とりわけ自分は「中国と長年にわたってビジネスをしている」から、すべてを理解していると考えるような人物は中国側の絶好のカモになっている。ジャーナリストのジョン・ガーノートが指摘するように、中国側は「共産党中央対外連絡部」という「外国に対して影響を与えることを計画・実行する」の専門機関まで持っている*29。その実質的な方針は「外国を中国に貢献させること」なのだ。

そのやり方の一つが、自分たちの利益に貢献してくれる「世話好きな友人」を獲得することだ。鉱山業界の億万長者であるアンドリュー・フォレストはそのような「友人」の一人となって、オーストラリアの政治家が中国側の申し出に理解を示さないと批判した。オーストラリア政府が中国の「アジアインフラ投資銀行」（ＡＩＩＢ）にすぐに参加表明せず、躊躇《ちゅうちょ》していたこともフォレストの厳しい批判を呼んだが、これは北京から発せられる言葉とほぼ同じもので「オーストラリアは世界の中のこの地域において独立する必要がある。われわれは中国を敵として扱ってはならない」というものだった*30。ところがガーノートによれば、何も知らない外国人であるフォレストの中国の「良き友人」で、定期的に彼を中国に招いている邢運明《シン・ユンミン》（Xing Yunming）は、実は人民解放軍連絡部の中将だったという*31。中国が欲しがるものを与えると決意したアンドリュー・ロブは、自由貿易協定法案を上院で通過させなければならなかった。彼はメディアを通じて「真夜中の五分前だ」と厳しい警告を発し、もしこれ以上締結が遅れると「中国は交渉から去り、いかなる国も経験したことのない最大の協定」は終わってしまうと言った（ところが交渉術を知っている人間は、ゲームの最後の手が立ち去ろうとすることだとよく知っている)。

オーストラリア貿易組合委員会（ACTU）が懸念していたのは雇用だった。合意文書の原案では大規模なプロジェクトにおいて、中国企業に特別な移民枠を提供することになるからだ。ACTUが求めていたのは、中国から輸入された安い労働力によってオーストラリアの労働者の雇用が失われないようにする強い規制だった。その他の貿易協定と違い、この合意では比較的スキルの低い移民労働者でも仕事を得ることができた。オーストラリア移民局の発するメッセージは複雑だったが、中国企業としては雇用できるオーストラリア人がいないことをわざわざ証明する必要はなかったのである*32。

労働党はこの件に疑念を表明したが、結局は、政治的な争点として闘う姿勢を見せなかった。同党の見解は、ボブ・カーの豪中関係研究所や、合意の実現を狙った「中国マネーに買われた」ニューサウスウェールズ州右派の活動に影響されている*33。

労働市場の専門家たちは、オーストラリア国内の労働者保護は弱いと結論づけていた。ところがボブ・カーの中国の資金で運営されるシンクタンクの研究員、ジェームズ・ローレンスソンは「ポジティブで楽観的な見方」を選び、その保護は完全に適切だと主張した*34。合意は「オーストラリアにとって大成功」となるという。ところが豪中関係研究所に加わるたった一年前、ローレンスソンは「なぜオーストラリアの中国との自由貿易協定は決してつじつまが合わないのか」という題名の論文の中で、中国との自由貿易協定に反対すべきあらゆる理由を挙げていた*35。同時に北京では、中国輸出入銀行（Export-Import Bank of China）の頭取である李若谷《リ・ルオグ》（Li Ruogu）が、オーストラリアの労働力は高すぎるので、中国人労働者を大量に連れていくことで問題解決できると言い続けていた*36。

自由貿易協定法案は連邦議会を通過した。この法的拘束力のある法案（Article 10.4.3）では、オーストラリアのすべての党に対し、中国から訪れる労働者の数にいかなる制約も設けず、あらゆる「労働市場における規制」を禁じるよう明確に取り組むことが書かれていた*[37]。オーストラリアは敗北した。自由貿易協定締結の勝利の直後、アンドリュー・ロブは政界を引退して中国企業でいくつかの仕事を得ており、これには彼に年俸として税込み八八万ドルを支払うダーウィン港の貸借人である嵐橋集団（ランドブリッジ社）も含まれている*[38]。

ビジネス専門家イアン・ヴェレンダーは、後にロブ貿易相が「自分の自由貿易協定に関する熱狂について少しでも疑念を示そうとした人物に猛抗議するようになった」と記している*[39]。連邦議会で荒っぽい行動をし、労働党の報道官であるペニー・ウォン（Penny Wong）上院議員の、国内の雇用は保護されるべきだという発言は、野党の「外国人恐怖症の人種差別的な活動」だと非難している。中国を批判する者に人種差別主義・外国人恐怖症と非難するのは効果的な戦術だ。なぜならそれは、白豪主義のオーストラリアの嘆《なげ》かわしい歴史――金採掘の時代から始まった反中国的な感情も含む――に根ざしたものだからだ。中国の国営メディアや親中派の中国系オーストラリア人たちはこの戦術をよく使う。しかし、批判の本質は、外国人に対する恐怖ではなく無慈悲な独裁主義に対する恐怖によって発せられたものなのだ。

「海辺の豪邸が発明されて以来最も素晴らしいもの」と売り込まれていた貿易協定がもたらす利益は、独立系の分析によるとそのほとんどが中国に渡ってしまい、オーストラリアは損をすると言われている。たとえば自由市場主義の経済専門家が集まる「生産性委員会」（Productivity Commission）――特に二国間合意が外国の投資家に対して与える法的な権利に批判的だった――によって猛反対されている*[40]。

中国との合意に関するオーストラリアでの議論は、いつもの視野の狭い短期的な視点を反映したものだ。われわれはそれが北京でどう理解されているかを完全に見逃している。ジェフ・ウェイドが述べたように、この合意は「中国のグローバルな戦略的野望の重要な土台の一つを構成している」*41。習近平の「中国の夢」を実現するプロセスは、莫大なチャイナマネーを世界中に輸出して、インフラだけでなく、資源、エネルギー、そして食品関係の産業を狙う段階にある。これらの投資を流入させるべく経済面で門戸をこじ開け、それを利用して政治的な影響力を次第に獲得していくことは、中国の戦略において決定的に重要なことだ。中国との合意の実体は、貿易面での取り決めではなく、中国にとって非常に有利な投資面での取り決めであり、これによって「中国の夢」という壮大な計画を支える「一帯一路」や「アジアインフラ投資銀行」という別の要素を強化するものだ。

ウェイドが指摘するように、中国が最近になって締結した貿易合意のほとんどは、アメリカの同盟国とのものであった。ASEAN、ニュージーランド、シンガポール、韓国、そしてオーストラリアであり、EUとの合意も俎上《そじょう》に上がっている。その最大の狙いは、北京の決定への依存度を高めて、これらの国々やブロックがアメリカとの関係から離れるのを奨励《しょうれい》することだ。アメリカの同盟関係の破壊こそが、北京の戦略的な面での最重要の狙いなのだ。

二〇一七年二月、中国の国営メディアは、中国が「新世界秩序」をリードして、この目標のために国際社会を「導く」と習近平が誓ったというニュースでもちきりだった*42。これはドナルド・トランプの下でアメリカが世界のリーダーシップから手を引き、しかも一八世紀以来の西洋が形成してきた世界秩序が終焉に近づいていると見られ始めたことに対する、中国からの反応だと広く解釈された。その一カ月後にダボスで開催された世界経済フォーラムの演説で、習近平は「経済のグローバル化」における世界のリーダーとしての責務を中国が担うと宣言している（「経済」なので人権におけるリーダーシップは問わないことになる）。

豪中自由貿易協定の可決を報じた環球時報の記事へのネット民たちのコメントは見ものだった*43。たとえば、「中国はあらゆる国との貿易や相互利益、そしてさらなる地球の平和に向かって努力しているにもかかわらず、対照的に戦争好きなアメリカ政府は、そのエネルギーとフォーカスを戦争の煽動《せんどう》……つまりＩＳＩＳのテロリストたちを支援して武装化させることに注いでいる」というものや、「中国はオーストラリアに対して、自分たちの平和的台頭や、いかなる国にとっても脅威とはならないことを、あらゆる形で証明しようとするだろう。中国はオーストラリアをアメリカから段々と引き離さなければならない」というもの、さらには「このカンガルーはそれなりに豊かな方向に向かうから、わざわざ引き離さなくてもよい」というものまであった。

投げ売りされる天然資源

オーストラリアは長年にわたって、中国からのあらゆる投資を、まったく疑うことなく歓迎してきた。公的に懸念を示すと「外国人恐怖症《ゼノフォビア》（排外主義）」として軽蔑《けいべつ》の的となり、情報機関からの警告は「冷戦思考だ」と退けられてきた。経済学者、財界、政界のエリートたちの間では、自分たちを「最もオープンな経済」と示すことがまるで聖書であるかのような扱いになった。この点に関して、アメリカ政府は守りを固めることを学んでいる。たとえば彼らは、中国企業が軍事施設に近い場所の土地や港、それに産業施設を買収しようとしていることを察知している。ある企業は米海軍の兵器システム訓練基地の隣に風力発電所を建設しようとしている*44。ところがわがオーストラリアは、人民解放軍と関連した企業が、オーストラリアの北辺の防衛にとって決定的な港を購入することに対し呑気《のんき》に構えていたのだ。

しかし二〇一六年、ターンブル政権はオーストラリアが問題を抱えていると気づいたようだ。「中国に特定のアセットが買われてしまうと国益を損なう恐れがある」という数多くの情報通による警告は、ようやく聞き入れられたようだ。ターンブルはインテリジェンス関連のブリーフィングで説得され、彼の政権としての最初の行動は、何年も機能していなかった「外国投資審査委員会」（ＦＩＲＢ）を強化することだった。ダーウィン港の中国企業への売却に関するアメリカからの抗議が警鐘を鳴らすことになったのだ。ターンブル政府はオーストラリア安保機構（ＡＳＩＯ）の元長官と、デビッド・アーヴァイン元北京大使を外国投資審査委員会の委員に任命し、国家の安全保障上の懸念を最優先すべきという指示を下した。さらにその重要性がわかるのが、二〇一七年、委員長だったブライアン・ウィルソンが、アーヴァインと交代させられたことだ。ウィルソンは委員長を務めている間に、アジア系の会社の買収に特化した民間金融会社に籍を置いていたと批判されたからだ*45。

二〇一七年一月、豪政府は「中枢インフラセンター」（Critical Infrastructure Centre）という組織を、財務省やオーストラリア保安情報機構のような複数の省庁から人材を引き抜いて新設し、発電や港湾、そして水道関連のような国家の安全に関わる、海外の人間に買われる可能性のある施設を登録する制度を作った。これによって外国投資監査委員会は簡単に基準を見て判断できるようになる。

これら新設され、強化された機関が、この問題に対処できるだけの予算や人員、それだけの決意をもって取り組むことができるかは誰にもわからない。同じことは、連邦政府そのものにも言える。結局、オーストラリアの二大政党は中国の献金者たちとのつながりや、北京に忠誠心をもった人々による浸透工作によって、かなり深刻に屈従《くつじゅう》させられているのだ。すでにいくつかは手遅れになっており、たとえば中国の「党企業複合体」によるオーストラリアの重要なアセットへの浸透は、ほとんどの人々が考えるよりも深刻な状態だ。徹底的な調査は不可能になっており、その理由は、どの機関も記録をとっていないからだ。ただしその雰囲気だけは、以下のいくつかの事例でおわかりいただけると思う*46。

エネルギー関連のアセット

中国国営企業の国家電網公司は、オーストラリアのエネルギーネットワークのかなりの部分を保有しており、これにはビクトリア州の五つの電力供給会社と、南オーストラリア州唯一の送電会社の一部の所有権が含まれる。香港拠点の長江基建集団《ちょうこうきけん》（億万長者の李嘉誠《りかせい》が所有している）という巨大企業が、残りの所有権を保有している。エナジーオーストラリアは三〇〇万人もの顧客を持つ、オーストラリア西部州の三大電力販売会社の一つだが、これは香港に拠点を置き、北京と関係の深い中電集団（ＣＬＰ）によって完全に保有されている*47。アリンタ・エナジーはオーストラリア最大級のエネルギーインフラ企業だったが、「オーストラリアのアセットを探し求めていた」香港の宝石商、周大福《チョウ・タイフック》（Chow Tai Fook Enterprises）に、四〇億ドルで売却されている*48。

現在の電力分配は電信サービスと融合しているため、これを所有すれば、オーストラリアのインターネットと電話のメッセージ機能にすべてアクセスすることが可能となる。たとえばトランスグリッドの例では、戦略政策の専門家、ピーター・ジェニングスが指摘していたように、「ニューサウスウェールズ州や首都特別地域にあるオーストラリアの国防・諜報機関に通信ネットワークを提供し、さらに国内第三位の電信網を運営」していた*49。

二〇一六年八月、連邦政府は、ニューサウスウェールズ州が所有するオースグリッドの、九九年間の租借権を国家電網公司か長江基建集団に売却しようとしていたのを阻止したが、親中派のロビイストたちは、その姿勢が一貫していないと批判した。彼らにとっては、オーストラリアは姿勢を一貫させることで、同じ間違いを犯し続けるべきだということになる。中国によるエネルギーアセットの買収を見逃すために、外国投資監査委員会は中国側にごまかす手段を与えた。検査官が、重要インフラにあまりにも手を伸ばす中国企業にはセキュリティー上の問題があると指摘すると、ボブ・カーはすぐさま、スコット・モリソン首相が「外国人恐怖症の魔女」に屈したとするコラムを書いた*50。新華社はこのカーの言葉を直ちに翻訳し、オーストラリアで中国投資への懸念が出ていることを非難する記事で引用した*51。

奇妙なことに、二〇一七年四月には、新たに警戒レベルを上げたはずの外国投資監査委員会が、なんと長江基建に率いられたコンソーシアムによる巨大インフラ運用会社デュエット社の七四・八億ドルの買収を許可している。デュエット社は、バンブリーからダンピアーまでをつなぐ戦略的に重要なガスパイプラインや、ビクトリア州の電力供給のインフラのかなりの部分を含む無数の大規模なエネルギーアセットを所有しており、同州において圧倒的な存在だった*[52]。同じコンソーシアムはすでに同州のガスの供給網を所有していることを考えれば、これはまるで意味をなさない行動だった。

なぜわれわれはこの事態を懸念すべきなのか？その理由の一つは、二〇一七年の「オーストラリア・サイバーセキュリティーセンター」の調査報告で明らかなように、スパイのリスクが上がるからである。その報告書では「オーストラリアの民間企業分野における外国からの投資は、敵対国がオーストラリアの国益を害するサイバー面でのスパイ活動を実行しようとする、新たな動機やチャンスをつくりだしている」と書かれている*[53]。もう一つの理由は、それが中国企業に政治面で大きなレバレッジを与え、紛争が起こった際に電気の供給をカットできる能力を与えるからだ。デビッド・アーヴィンは、すでに中国のハッカーたちがわれわれの電力網を遮断《しゃだん》できるようになっていると警告している*[54]。なぜわれわれは防御を固めるよりも、ハッキングをさらに簡単にしようとしているのだろうか？

もしオーストラリアがアメリカと中国の間の戦争に巻き込まれたら、敵国の電力網を遮断できる北京の能力は恐るべき武器となるはずだ。彼らは状況的に追い込まれれば、それを使うことをためらわないだろう。それなのに、われわれは北京にこの武器を渡してしまった。アメリカの電力網の制御システムは、いざ紛争が勃発《ぼっぱつ》した時にそれを遮断しようと企む敵対勢力により、おそらくすでにサイバー攻撃のターゲットとなっている*[55]。オーストラリアのエネルギー網の中国の所有者たちは、わざわざシステムにハッキングする必要がない。彼らこそが所有者だからだ。現代戦の最初に行われるのは、そのすべてがサイバー領域だと言われている。

中国関係企業がオーストラリアのエネルギーインフラに浸透している事態は、さらに懸念すべき結果をもたらす可能性がある。「エネルギー・ネットワークス・オーストラリア」は、オーストラリアの電力・ガス網を所有する企業の利益団体だが、この団体の理事会の半分を占めるのは、北京によって支配され、もしくは関係のある国家電網公司と長江基建集団の二社なのだ*[56]。二〇一六年には同団体がオーストラリア連邦科学産業研究機構（CSIRO）と協力して、次の十年間のオーストラリアの電力網変革の詳細なロードマップを記した報告書を発表している*[57]。つまり今後のオーストラリアのエネルギー網の構築は、そのすべてが北京に筒抜けなのだ。

港湾と空港

二〇一五年、ダーウィン港の九九年間の租借権が、中国共産党と密接な関係のある中国企業に売却された。二〇一四年には国営の複合企業体、招商局集団（China Merchants）*[58]が、ウィリアムタウンの空軍基地に近く、世界最大の石炭積出港であるニューキャッスル港を買収するため、一七億五〇〇〇ドルを支払った。二〇一六年、メルボルン港は投資家たちのコンソーシアムに売却され、中国国営のソブリン・ファンド、CICキャピタル（中国投資有限責任公司）がその二〇%のシェアを獲得している。

中国はオーストラリアの地方港湾施設に、長年にわたって目をつけてきた。タウンズビルは、中国企業が足場を作ろうとしている地域の典型的な例だ。つまり経済的に豊かでなく、大都市から見放され、投資に飢えている場所である（欧州におけるギリシャと似ている）。タスマニアも似たようなターゲットだ。タウンズビルはクイーンズランド州の輸出拠点の最北端にあり、主な産物は鉱物や農産物である。クイーンズランド州北部は、主に観光業の分野で中国からの投資を呼び込んで発展してきた。

二〇一五年三月、中国南部の広州と恵州《けいしゅう》の都市機構が、中国の「海洋シルクロードイニシアチブ」の一環としての投資の可能性を探るため、代表団を送ってきた*59。クイーンズランド州政府によれば、タウンズビルは「この地域の港と畜牛市場の存在のおかげで、このプロジェクトの重要なパートナー候補に上がっている」と説明されたという*60。この代表団はタウンズビルと恵州の間の航路開発の計画を推進することで、タウンズビル港と覚書《おぼえがき》を取り交わした。二〇一三年、タウンズビルのジェニー・ヒル市長は、もし港が民営化されれば中国によって占有されてしまうと警告した*61。彼女は「特定層への示唆的メッセージを発している」と非難されたが、おそらく彼女は、タウンズビルにオーストラリア軍の最も重要な基地が二つあることを理解していたのであろう。そこには空軍基地の他に、陸軍のラヴァラック兵舎《へいしゃ》があり、たくさんの部隊に混じって戦闘通信連隊が所属している。また、中国共産党が屈服させることができていないシンガポールは、タウンズビル演習区域でかなり大規模な軍事演習を行うことでオーストラリアと合意している。

二〇一七年五月には、中国がシドニー西部にあるバジェリーズ・クリークに計画されている新たな国際空港の建設に興味を示していることが明らかになった*62。ここまでくれば警戒すべきであろう。この空港はオーストラリアの主な玄関口となるはずで、したがって中国政府が関心を持つあらゆる種類の人物——実業家、トップの政治家、反体制派の人間、そしてスパイ——の動きを監視・追跡する上で価値の高い場所となる。ビデオ監視と高度な顔認証のテクノロジーを組み合わせた総合的なシステム（これは今や中国全土で活用されている）を使ったり、単に航空会社の発券システムにアクセスできるだけでも、北京からすべての通行が監視可能となるのだ。

これは単なる憶測《おくそく》ではない。実際に中国企業が空港を建設すれば、これらはほぼ確実に試みられるはずで、誰が運営しようと同じことだ。たとえばこの空港に中国軍とつながりのある世界最大の監視カメラ会社、ハイクビジョン（Hikvision）によって製造されたカメラが数十個設置されたらどうだろう。たとえば大規模な「中国パキスタン経済回廊プロジェクト」の一環として、パキスタンのペシャワールからカラチまで二四時間監視システムが設置されることが北京政府によって計画されている*[63]。中国国内でも共産党政府が全土を一種の監視国家にしようとして、あらゆる通りやビルを常に監視し、顔認証を含む大規模なデータを収集し、それを最先端のＡＩテクノロジーを使った、高度で精緻なコンピューターシステムで分析しようとしている。中国国内ではすでに一億七九〇〇万台もの監視カメラが運用され、これは国民七人に一台の割合にまで迫り、その台数はさらに急激に増加しているのだ*[64]。

一帯一路

「一帯一路」も大戦略的なアジェンダで、中国をユーラシア大陸全域やアフリカ、そしてオセアニアと密接につなげようとするものだ*[65]。古代のシルクロードにヒントを得て、二〇一三年に習近平主席によって始められたこの一帯一路は、現時点で陸と海の二つのルートを持っている。この戦略的イニシアチブを動かしているのは中国が対外投資や援助のために蓄えている莫大な資金だ。強力な動機の一つは、中国の資金、ビジネス、そして労働力を海外に送り、中国経済の拡大を継続することである。これにはエネルギーの供給ルートの分散化や、本国の貧しい地方の経済を刺激し、鉄鋼その他の建築資材の過剰な工業生産力を使い切るはけ口を養うことも、狙いに含まれている。ところがこの野心は、経済面だけにとどまるものではない。

一帯一路で最も強調されているのが、インフラの建設や獲得だ。つまり港湾、鉄道、道路、エネルギーネットワーク、そして通信網などであり、これらはすべて「接続性」を推進するためのものだ。特に強調されてきたのが、港湾施設の建設や購入で、二〇一七年の中国国営テレビの報道によれば、所有する外国港湾の数は六〇にもなるという*[66]。とりわけ最も重視されているのはパキスタンへ向かう西への陸路であり、他にも中央アジアから西ヨーロッパやロシアに通じているもの、海路としてはインドネシアや東南アジアを通ってオーストラリアまで向かっているものが重要性を増している。ここでの狙いは「一帯一路に沿って大規模な港をつなぐ、スムーズで安全、そして効率の良い海路の建設」である*[67]。中国企業は、国営・民間を問わず、一帯一路攻勢の最前線に送り込まれるのだ。

一帯一路における国営企業の重要性は、国務院国有資産監督監査委員会の代表を務める肖亜慶《シャオ・ヤチン》（Xiao Yaqing）によって認められており、彼は二〇一六年、中国の海外投資で国営企業によるものが六〇％になっていると書いた。国営企業で働く一千万人の共産党員たちは党の支配で「最も結束が堅く、信頼のおける階級的基盤」であるという*[68]。

一帯一路は新たに国家主席となった習近平の独特の考えから出たもので、中国国内で巨大な政治的ムーブメントを巻き起こした。その宣伝のされ方は、グローバル化の新たな段階というものであり、底流には安く調達可能な開発資金の誘惑が横たわっていたが、実質的に一帯一路は、習近平の「中国の夢」を具現化したものと言え、中国が本来得るべき地位を、軍事的な手段ではなく、経済的な支配によって回復するものだ。習近平の考えは何年間か続いていたそれまでの流れを結実させ、新たな経済超大国となってから出てきた計画に注ぎ込まれた。ここで目指されているのは「中国本来のあるべき地位を得た世界の創設」だが、これは「百年マラソン」の最終地点である「中華民族の偉大なる再興」というくどいフレーズでうまく表現されている。したがってこれは地政戦略的であると同時に、経済的な狙いも含まれる。この分野に詳しい専門家の言葉を使ってまとめると、習近平主席が一帯一路を、自分の政権独自の対外政策のテーマとして、さらには「中華民族の復興」の推進や、世界トップの国としての地位を確立する「中国の夢」を具現化したものと見ていることは間違いない*[69]。

海外の中国専門家たちの中には、中国の台頭に目がくらみ、一帯一路を二一世紀の最大のトレンドと見て、北京の「ウィンウィン」の協力という温和なストーリーをそのまま繰り返す者もいる。ちなみにある中国の学者は「植民地主義、帝国主義、そして覇権主義」の後の中国のグローバル統治の新しい理論を「ウィンウィン主義」と名付けている*70。中国共産党はアメリカの気の抜けたビジネススローガンを国家のイデオロギーにしたのだ。

一帯一路というプロジェクトに対する中国の莫大な資金は、中国の国営銀行を通じて投資されている。中国は一帯一路計画を進めるために、アジアインフラ投資銀行(AIIB)——北京の多国間銀行で、オーストラリアを始めとする多くの国から支持されており、世界銀行を超えることを狙ったもの——を運営している*71。ウェイドが指摘しているように、AIIBはそもそも一帯一路の傘下にあるプロジェクトに資金を提供するために創設されたのだ。

一帯一路は中国の経済的影響力を増加させる大戦略で、参加国の間で人民元を貿易取引や投資の基軸《きじく》通貨《つうか》とすることも含まれる*72。そして実に多くの国が、開発プロジェクトに流れ込む財政面の期待から歓迎した。ところがプロジェクトの中には難題に直面したものもある。スリランカ政府がハンバントタ港を招商局集団(前出ニューキャッスル港も保有)に売却すると発表した時、現地住民は暴動を起こした。シルクロード開発の一部として新たに建設される予定の工業団地は、現地の農民たちの土地を奪うことになるからだ*73。現地の政治家たちは「中国の植民地」になりたくないと発言し、工業団地の開設式には中国大使が五〇億ドルの投資と十万人の雇用を約束したが、その近くでは警察が仏教の僧侶を含む現地の市民と衝突騒ぎを起こしていた*74。この中国大使は、ハンバントタ港がインド洋に向けた中国海軍の戦力投射にとって戦略的に重要なことに一言も触れていない。二〇一七年七月、スリランカは港湾の七〇パーセントの権利を中国に売却せざるを得ない事態に陥ったが、これは港湾施設を建設するために中国から借りた多額の負債を返済するためだった。莫大な負債の創出は、一帯一路における中国の強力なツールである*[75]。

その他の国の中でも、とりわけベトナムやインドのように、中国と紛争をした歴史を持っている国はかなりその計画を疑ってかかっており、この新しいシルクロードは戦略面や経済面で優位になるために中国が使おうとしている恐るべき手段だと捉えている。あるインドの学者は、一帯一路を「鉄の拳を覆ったシルクのグローブ」として中国が使っている、と主張している*[76]。

中国は東南アジア（カンボジアやミャンマーなど）やアフリカ（ナミビア、アンゴラ）などの貧乏な小国を、すでに支配している。ラテンアメリカにおける中国の影響力の増大は、メキシコの貿易省のトップに「中国の〝次のアフリカ〟にはなりたくない」と言わしめたほどだ*[77]。中国はローンの貸付やインフラのコントロール、そして天然資源の所有権を通じて、影響力を拡大させており、一帯一路はこのプロセスをさらに増進するものだ。すでに国営企業や北京とつながりの深い運営会社などは、港、空港、鉄道、エネルギーネットワーク、そしてダムなどを含む、東南アジア全域におけるインフラ投資を行っている。とりわけ港は重要視されているが、それは中国が海上貿易に依存していて、平時・戦時にかかわらず、それらが戦略的な機能を持っているからだ。

中国大陸からマレーシアやインドネシアのような国への一帯一路の投資資金の流れを、南シナ海のコントロールと分けて考えようとするのはあまりにもナイーブだろう。すべての国にこの致命的に重要な経済・戦略地域の事実上の併合を認めさせようとする中国の動きへの抵抗は、経済的な影響が拡大すれば沈静化するだろうし、とりわけそれは、地域全域の港や道路、そして鉄道をつなげようとする明確なインフラ計画によって弱体化が確実となる。

さらに懸念すべきは、一帯一路に関わる地域において中国の資産や国民を保護する目的での人民解放軍の役割が、軍事戦略家たちの間で活発に議論されていることだ*[78]。人民解放軍が一帯一路沿いの中国の権益を守るため、派遣されるべきだという点については コンセンサスができているようだが、それを実行する人民解放軍にどれほどの能力があるのかについては様々な意見がある。この議論を分析しているある専門家によれば、人民解放軍は「一帯一路にかなり注目」しており、「中国の海外における権益の保護と、平時における人民解放軍の使用の関係は強まっている」という*[79]。

二〇一七年のペンタゴンの報告書によれば、人民解放軍の世界展開は中国の経済資産の拡大と合致することになると予測しており、アデン湾のジブチにある中国の海軍基地は、人民解放軍海軍にとって海外で最初の恒常的な拠点となると指摘された。そこでは漁業や港湾施設で働く、軍で訓練を受けた大量の民間人によって構成される海上民兵の存在も指摘されている。この民兵の任務には、情報収集や、南シナ海のような場所におけるライバル国の漁民に対する脅しを含む「権利の保護」も含まれるという*[80]。アメリカ海軍大学の戦略学の教授、アンドリュー・エリクソンは、人民解放軍の指揮下で「中国の海上民兵は、戦争にエスカレートさせずには対処できないような活動を通じて敵を圧倒したり強要したりする海洋活動を行う上で、中心的な役割を果たしている」と記している*[81]。海上民兵は習近平政権下でさらに強化が図られている。新たにダーウィン港を管理することになったランドブリッジ社（嵐橋集団）についても、ジェフ・ウェイドは同社の文書の中から、同社が海上民兵の部隊を運用していることをつきとめている*[82]。

われわれは中国の海外インフラ投資がある程度の規模まで続き、中国の経済がこのまま発展して世界的な影響力を持ち、しかも価値が高いのに遠距離にある資産に依存しているような、一〇年後か一五年後の世界を想像してみる必要がある。もしこれらの資産のコントロールが現地の反乱や封鎖、もしくは国有化などで危機に陥《おちい》ることになれば、中国がその兵力を海外に派兵して中国が所有する施設や自国民を保護しようとするのは時間の問題でしかない。すでに軍戦略家たちは人民解放軍が一帯一路の枠組みの中で建設された資産を守るために人民解放軍をどのように使えるのか、議論しているのだ＊83。

これはまさにアメリカが中南米で行なったことである。人民解放軍や海上民兵がオーストラリアにある中国の資産を守り、取り返すために使われるような状況を想像するのは、もうそれほど非現実的な話ではなくなっているのではないだろうか？

一帯一路を「中国の世界的な野望を支える一つの手段」と見なしているオーストラリアの国防・諜報分野の上層部の人々は、経済至上主義の経済関連の省庁や外務・貿易省と意見が割れている＊84。北京で練られた戦略プランに沿って、主に国営企業が主導する投資に対抗する際、オーストラリアへの経済面でのリターンだけを考えるのは意図的に脅威を無視することになる。

オーストラリアにおける一帯一路とのつながり

北京はオーストラリア北部に目をつけている。早ければすでに二〇一四年一一月の時点から、オーストラリアは一帯一路に紐付《ひもづ》けられており、それはまさに習近平のオーストラリア連邦議会での演説に端を発している。彼は「オセアニアは古代の海洋シルクロードの自然な広がりの中にあり、中国は二一世紀の海洋シルクロードへのオーストラリアの参加についてオープンな立場をとっております」と言明している＊85。彼はオーストラリア北部への注目を明確に表明し「中国はオーストラリアの北部開発計画の実行を支援します」と述べている。ちなみに北部開発を最も強く主張しているのは、ＩＰＡ（the Institute of Public Affairs）というシンクタンクを通じて大規模なロビー活動を財政的に支援したジーナ・ラインハートであり、この結果として自由党は二〇一三年の選挙の前にこの案を採用することになった。その一年後のＧ20のサミットでも、習近平は同じテーマに触れ、「中国は一帯一路イニシアチブをオーストラリアの北部開発計画と提携させる意欲を持っており、その北部のインフラ建設に中国企業を参加させるつもりです」と明言している*86。

この二つの演説の間の二〇一五年八月には、財務大臣のジョー・ホッキーと貿易大臣のアンドリュー・ロブが、強大な権力を持った中国国家発展改革委員会(National Development and Reform Commission)のトップである徐紹史《シュウ・シャオシ》(Xu Shaoshi)と会談した時、一帯一路について明言したという。人民日報はこの様子を次のように熱く語った。

中国の一帯一路計画や国際的な生産能力は、オーストラリアの北部開発計画と国家インフラ開発と共通する点が多いという認識で一致した。両国とも開発戦略をつなげることで互いに協力できる範囲を拡げ、そのレベルを高めることに意欲的だった*87。

首都キャンベラの中国大使館は、この統合計画を推進するよう入念な司令を受け、その翌日の二〇一五年八月一四日には馬朝旭《マー・ジャオシュ》大使がオーストラリア国立大学で以下のようなスピーチを行っている。

中国とオーストラリアが共に「二一世紀海洋シルクロード」をつくりあげるためにどうすべきでしょうか? オーストラリアはこのイニシアチブに極めて大きな関連性をもっております。海洋シルクロードは中国の東部の沿岸都市と、南シナ海を通過して南太平洋につなぐものです。オーストラリアはこのルートの終わりにある大きな国の一つなのです*88。

オーストラリア北部の農業開発を中国の国家的支援の投資先として望ましいものとしたのは、中国の長期的な食糧確保に関する懸念である*89。二〇一六年半ばまでに、オーストラリア国内で一帯一路プロジェクトと関わる可能性のあるものとして九〇〇件もの事業が挙げられている*90。二〇一六年一一月には北京が元外相の李肇星《りちょうせい》をキャンベラに派遣し、一帯一路を表明する公開演説を行った*91。さらに二〇一七年二月には王毅《おうき》外相がやってきて、一帯一路をオーストラリアの北部開発計画と連携させようとする意思を強調した（さらに一帯一路をオーストラリアの国家イノベーション科学アジェンダとつなげたいとも述べている）*92。

この頃からオーストラリア政府は一帯一路参加に完全に動き始めている。二〇一七年二月には新任の貿易大臣スティーブン・チオボーが中国国家開発改革委員会のトップ、徐紹史とともに一帯一路を宣伝し始め、新設された「中枢インフラセンター」――これは強制的な精査を必要とする分野をリストアップする部署だが――は、中国の投資家たちにとっていかに便利になるか指摘している*93。

言うまでもないことだが、オーストラリアの政財界のエリートたちは自ら一帯一路を称賛するようになり、オーストラリア全土への拡大を促《うなが》すようになった。その役を最も積極的に買って出ていたのはおそらくアンドリュー・ロブであろう*94。また世界最大の鉱業会社ＢＨＰグループのディレクターで理事でもあるオリカ・マルコム・ブルームヘッドも熱心だった。両者とも「豪中ベルト＆ロード・イニシアチブ」（ＡＣＢＲＩ）の委員に招き入れられたが、この組織は一帯一路とは明確なつながりのない中国国家開発改革委員会の中の目立たない三人の人物によって北京で結成されたものだ*95。ＡＣＢＲＩは自らの組織について「オーストラリアと中国の財界のリーダーたちに一帯一路を通じて明らかになるビジネスチャンスの発信を可能とするプラットフォームである」と説明している。

その他に、ＡＣＢＲＩは「中国とそれ以外のアジアとのインフラ建設計画の相互連携を促進する」ことを狙いとして掲げている。外務貿易省はこれを二万ドルの助成金で支援しているが、おそらく出処《でどころ》は中国政府の可能性が高い。アンドリュー・ロブはこの助成金を利用して、オーストラリアの財界幹部二〇名を中国に連れて行き、一帯一路のパイプライン計画におけるビジネスチャンスを探っている。

一帯一路に関してはニュージーランドの方が動きが早く、与党の国民党政府（当時）は積極的に参加を表明している。「ニュージーランド一帯一路委員会」にはビル・イングリッシュ元首相の義妹であるジョアンナ・コフランのような親中的な人物が集結している。ちなみに彼女はこの委員会と、いわゆる「一帯一路シンクタンク」の両方の代表を務めている。この一帯一路ロビー団体は、国民からの支持を喚起することを狙った意見記事を発信しており、これに政治的な抵抗はほとんどなかった。唯一の例外はウィンストン・ピーターズであり、彼はニュージーランドの一帯一路への参加に反対し、北京による支配の危険を警告することが多かった[*96]。ところが二〇一七年末にニュージーランド外相に就任すると、ピーターズはいきなり方針転換し、中国を称賛し、中国から学ぶことは多いと示唆し、「自由を求めるロマンス」を何度も繰り返す人々を批判し始めた[*97]。

彼に一体何が起こったのだろうか？

資金を投入して専門家や批評家たちの意見を好意的なものにするという、いつもの戦略と同じやり方で、北京政府はオーストラリアで一帯一路を説明・推進するセミナーやカンファレンスをクイーンズランド大学とシドニー大学を中心に開催するために資金提供を行っている。オーストラリアの学者たちはかなり安上がりに買収できる。二〇一五年、李克強首相は海外の中国人たちに一帯一路を推進する助けとなるよう期待を表明し、彼らの「資本、テクノロジー、マネージメント、そしてビジネスネットワーク」を使うよう要請している[*98]。

二〇一六年一二月には国営の新華社通信が、世界中の孔子学院の代表が集まる会議で、一帯一路の推進が合意されたと報じている。中国企業に雇用された現地の労働者たち全員に言語教育を提供するだけでなく、孔子学院は「シンクタンク」として行動することも可能であり、オーストラリアのような国では堂々と工作を拡大することができる[*99]。

中国のオーストラリア北部への戦略は、単なる口先だけの話ではない。二〇一六年一月には人民日報が、一帯一路とオーストラリア北部の統合について報道し、「オーストラリア北部の入り口であるダーウィンは、中国の南岸から飛行機でたった五時間だ」と指摘した*[100]。ダーウィン港の租借権の売却というやっかいな問題は、オーストラリアの政治と国防の指導層に対する中国の影響力の大きさをオーストラリアが見誤った、完璧な実例である。

中国側の宣伝者たちは、かわいい西洋人の子供たちをモデルとしたキャラクターに、習近平と一帯一路を称賛する歌――「誰もが友達になれるよ」とさえずるもの――を唄《うた》わせるアニメをアップするネット上のキャンペーンを開始した。この中には、このキャラクターのお父さんが、自分の娘を寝かしつけながら「グローバル化を進める」ための偉大な「チャンス」の素晴らしさを褒め称える物語を語るシーンも出てくる*[101]。二〇一五年にはアメリカなまりのキャラクターたちが第一三次五カ年計画を称賛する歌を唄う奇妙な動画があったが、これは謎の「フーシン・ロード・スタジオ」（Fuxing Road Studio）によって製作されたと言われている*[102]。かわいい米語をしゃべる子どものキャラクターは、中国を自由貿易や国際協調を守る新たな本拠地と描いているのだ。中国が貿易や投資において、いまだに規制や制限を設けていることに詳しい専門家は、北京のこうした宣伝戦は「皮肉の度を越えている」と述べている。このような事情にもかかわらず、「オーストラリアの国益にかなうから参加せよ」とアドバイスしたオーストラリアの戦略思想家、ヒュー・ホワイトは、中国の意図に何ら疑いを抱いていない*[103]。

ところが二〇一七年三月、キャンベラでこのような誇大宣伝に水を差す事態が発生した。李克強首相の訪問中に、オーストラリア政府は北部インフラ施設と一帯一路をつなげる覚書に合意しないと表明したのだ。外務貿易省は合意に前向きだったが、国防省は懸念を抱いていた。政権幹部の間では、自分たちの理解できないものには合意すべきではないという雰囲気があった。北京在住のオーストラリアのビジネスコンサルタントで、元中国大使であるジェフ・ラビーは、これは軍や公安分野の指導層の影響だと嘆いており、彼らは経済ではなく「価値観」をあまりに強調しすぎていると述べている。弱腰だったオーストラリア保安情報機構や国防省は復活しつつあったのだ。北京のラビーのオフィスの先にある人民大学の国際関係専門家、時殷弘《シー・インホン》（Shi Yinhong）教授は「南シナ海について根本的に異なる意見を持っていることから、オーストラリアは海洋シルクロード計画にはためらいがちだった」と、かなり本質に近い指摘をしている*104。ところが二〇一七年九月、労働党「陰の財務長官」であるマーク・バトラーは、もし労働党が政権をとれば五〇億ドルの北部オーストラリア・インフラ施設を一帯一路につなげると宣言したのである。

第七章
誘惑と強要

巨額の入札競争勝利

二〇〇二年八月、オーストラリアのメディアは、同国を中心としたコンソーシアムが激しい競争の中から広州省に天然ガスを供給する契約を勝ち取ったとのニュースを嬉しそうに報じた。当時首相であったジョン・ハワードは、二五〇億ドルのガス供給案件を勝ち取ったことは「金メダル級のパフォーマンス」で、これは中国と密接な関係を築いた成果だと宣言した*1。オーストラリアの案件を有利に進めるため、ハワード首相は他の世界のリーダーの誰よりも江沢民主席と会っていた。この入札競争はかなりの接戦で、合意のわずか二週間前には、オーストラリアがカタール、マレーシア、ロシア、そしてインドネシアに勝てる見込みはなかった。ところがオーストラリアは勝利し、それ以降、財界では勝者としてのハワードの持つオーラは色あせていない。

人民日報の報道（おそらく笑みを必死に抑え込みつつ）によれば、「オーストラリア側は単一のものとしては最大の輸出案件を得たことで興奮を隠せない様子だった」という*2。オーストラリアは祝杯をあげていたが、実際、これは北京に操《あやつ》られていたと言えるものであり、それ以降もオーストラリアは操られ続けているとも言える。当時、中国のシドニー領事館で政治担当の職員だった陳用林はこの一連の動きを内側から見ていて、後に内実を暴露している。それによれば、北京側はすでに最安の契約案を提示してきたインドネシアに契約を与えるつもりだったが、北京の共産党中央委員会がオーストラリアに与えてやれと命じてきたという。陳用林によれば、「彼らはオーストラリアをかなり重要視しており、当時は完全にアメリカと同調していたため、オーストラリアをこちらに振り向かせるために経済的な手段を使うべきだと考えていたようだ」という*3。

オーストラリアがあまりにもすばやく経済的な手段に反応したため、これ以降北京は「オーストラリアを操作するため経済的な手段を使う」ことにした。実際、ハワード首相はこの二五〇億ドルの契約というニンジンにつられて、ダライ・ラマとの会談を拒否している*4。契約合意の一カ月後には、全国人民代表大会常務委員会委員長の李鵬《りほう》が、ハワードが契約を勝ち取ったことを祝い、「相互の信頼を高め、共通の土台を広げ、協力を深める」ためにオーストラリアを訪問している*5。二〇〇二年の天然ガス案件の契約は、オーストラリアのエリートたちの頭の中を占めている「中国はわれわれの未来だ」という熱狂の始まりにすぎなかったのであり、これはまさに北京の狙い通りだった。周澤栄《チャウ・チャクウィン》はこの交渉で決定的な役割を果たしたと言われており、これによってオーストラリア内のエリートたちと友人関係を構築したと言われる。ジョン・ハワードは、周澤栄の「帝国的な宮殿」に何度も主賓《しゅひん》として招かれている*6。

オーストラリア内の中国の第五列

中国の経済的なツールとして最も影響力のある一つは、経済的に被害が出るのを恐れる国に、深刻だが曖昧《あいまい》な脅しをかけるものだ。これが効果を持つのは、相手政府がこうした脅しを信じるからだ。これから見ていくように、中国というのは他国に対し積極的に害を与えようとする国だ。オーストラリアでは、中国の脅しが国内の企業という「第五列」によってさらに威力を増している。この第五列とは、豪中間の経済関係で成長した財界のエリートたちのことで、無意識の内に外国の主人に忠誠を尽くす行動をして、オーストラリアの主権を内側から侵食している。このビジネスリーダーやそのアドバイザーの集団は、豪中二国間を行き来して契約を行ない、中国と「友人」（もちろん自分たちだけが相手の背景や動機を知っているつもりになっているだけなのだが）としての関係を築いている。

第五列のエリートたちには、彼らが電話を入れれば首相や財務大臣が受けるような、この国の最も強力な財界人たちが多く含まれる。彼らは「中国を知っている」と思い込み、オーストラリアの未来は対中経済関係の深化にその全てがかかっており、政治や「価値観」の違いを差し挟《はさ》むことは許されないという大前提を持っている。彼ら自身は「国益」にかなう動きをしているように見せているが、彼らの言うオーストラリアの「国益」が、中国のそれと常に一致しているのは偶然ではない。彼らの選択肢についての理解は、北京の虜《とりこ》になっているため、狭められているのだ。

中国の強力な友人からの揺さぶり以外にも、オーストラリアが経済的な圧力に弱い理由がある。「経済最優先」との不文律《ふぶんりつ》の前提を持つ自由市場的な考え方の莫大な影響力は、たとえばわれわれの守るべき「自由」という概念さえ乗り越えてしまう。親中派は自由の重要性や、自由に対する脅威を、何度も軽視しているのである。もしくは経済成長こそが、汚職をもたらすのではなく、自由を守る上で最高の方法であるというのだ。さらには、カネによって法の支配を買収することができるかのように主張する。彼らのグローバリスト的な商業的世界観では、国家主権は過去の遺物《いぶつ》となりつつある。あるオーストラリアの政府高官は、私に対して「中国で人権のために流された血など誰が気にするものか！」とあざけるように言い放ったほどだ。

「中国こそがわれわれの運命」

中国はオーストラリアの未来にとって極めて重要な位置を占めているのだが、それはオーストラリア経済がそれに依存しているから、もしくは、そのように言われているからだ。より正確に言えば、「オーストラリアが経済的依存状態にある」という認識が、中国に、オーストラリアでの莫大な影響力を与えている。たとえば広く信じられているのが、「二〇〇八年の世界金融危機でわれわれを救ったのは中国との密接な経済関係である」という考えだ。当時の中国は自らの経済成長に必要となる鉄鉱石やその他の天然資源をオーストラリアから購入する以外のことは何もしてくれなかったが、それでも当時は「中国に救ってもらったことに感謝すべきだ、われわれは彼らに借りがある」という見方が多かった。これは中国側も同じであった。ところが南シナ海などで双方の見解の違いが出てくると、中国側のネット民が「オーストラリアはわれわれが与えた恩を忘れた」と非難し始めた（これはオーストラリア人が非文明的であるという意見とともに主張されることが多い）。ところがオーストラリア側の評論家や政治家たちは、反論――たとえば「われわれの天然資源によってあなたたちの経済ブームを支え続けることに合意したことに感謝すべきだ」など――をするわけでもなく、その議論をそのまま受けて「われわれは何かしらの形で中国に借りがある」という見解を披露している。

「オーストラリアは中国の意向に左右されてしまう」という脆弱性《ぜいじゃくせい》の認識は、オーストラリアでその浸透を拡大しつつある中国共産党の影響力に対する、われわれの抵抗への意思を弱めてしまう。これを察知した北京は、今後も健全な経済関係を続けるには調和的な政治関係――この調和はオーストラリアが北京の意向に沿うことで保証される――が欠かせないことを何度も繰り返し思い起こさせているのだ。オーストラリア国立大学の国家安全保障学院の代表、ローリー・メドカーフは「北京が貿易相手の国に求めているのは、実質的に自国民との取り決めと同じものである。つまり、経済的利益を与える代わりに、政治と安全保障で自分たちに黙従せよということだ」と述べている*7。

本書第十二章ではこのような見解をとるオーストラリア媚中派の代表的な人物たちを紹介するが、「中国こそがわれわれの運命」という議論が国内でどのような役割を果たしたのかについて、ここで一言述べておく必要があるだろう。

「中国についてのリアリスティックかつ繊細な議論を刺激するため」に創設された「チャイナ・マターズ」（China Matters）という非営利団体のリンダ・ジェイコブソンは、中国からの特定の投資案件について「感情的な反発」があると嘆《なげ》いている。もちろん彼女は「中国にいるすべての幹部クラスのビジネスマンが中国共産党と密接な関係を持っていること」を認めているが、それはまさに中国の実態なので、わざわざ恐れる必要はないというのだ。われわれに「成熟した議論」ができるのであれば、中国からの投資がなければ病院や学校に支出する額は減ることに気づくはずで、だからこそ「公共の場での口喧嘩」をやめてわれわれは現実を受け入れようというのである*8。

ジェフ・ウェイドはそれよりも懐疑的な立場であり、このような媚中的な態度に対して、中国企業への党の影響と、これらの企業が利益を出すことだけを追求しているという考えに矛盾があると指摘している。つまり「資本は……中国という国家が望む方向に向かっている」という*9。したがって、もし国家から指示を受けている中国資本がオーストラリアのエネルギーインフラ関連企業や通信会社、さらには港湾などを買収しまくっているのであれば、「公共の場で口喧嘩」をするほうが、砂に頭をうずめてやりすごすよりもはるかに成熟した姿勢だと主張している。

ジェイコブソンは二〇一七年のベイツ・ギルとの共著の中で、中国と豪中関係はあまりにも複雑で入り組んでいるため、どのような問題にも明確な答えを出すことができないと論じる*10。彼らはオーストラリアに移民してきた時、この国の中国に対する無知のレベルに驚かされたと告白している。つまりオーストラリアの対中対処には、思い違いやつまずき、そして失敗が頻繁《ひんぱん》に見られるという。一般大衆だけでなく、いわゆる中国専門家と呼ばれる人々の多くもこの複雑性を理解できておらず、そのため批評や政策アドバイスは、本当に中国を知っていて理解している（自分たちのような）専門家にすべて任せてしまうべきだというのだ。

「中国はわれわれの運命である」という信念は、実際は財界の権益や中国によって生計を立てている人々によって作り出された誇張で、それがメディアによって増幅されたものだ。元中国大使であり中国ファンのスティーブン・フィッツジェラルドのような人々は「われわれは中国の世界に生きている」と信じている*11。つまりわれわれの唯一の賢明な対処法は、中国への深い理解を獲得し、さらなる感性とスキルを使いながら付き合っていくものだという。

確かに後者は正しい。そもそも本書の目的は、中国をさらに理解することにあるからだ。ところがわれわれがもはや中国の世界に住んでいると信じてしまうのは、策略《さくりゃく》にはまったも同然だ。それはウソであり、われわれは複雑な多極世界に生きている。中国の世界に生きているとすれば、それはわれわれがそう意識して選択したからにすぎない。

スティーブン・フィッツジェラルドは、オーストラリアにおける中国の影響はほぼ穏健で歓迎すべきものだと論じる。その後に彼は、中国共産党がオーストラリア国内の社会や政治に介入する実に様々な方法を紹介しつつ、それがわれわれの価値観をどれほど弱体化させているか分析している*12。われわれはどのように対処すべきなのか？　彼の議論によれば、オーストラリアは中国にさらに近づくことによって「北京において頻繁に求められ、傾聴《けいちょう》される声になれる」という。これは実におめでたい考えだ。実質的にフィッツジェラルドが説いているのは、オーストラリアが生き残るための唯一の方法がアメリカとの関係の解消であり、北京の「宮廷における友人」になることだという。これを言い換えれば、朝貢国《ちょうこうこく》になるということだ。中国は戦略的パートナーを持っていないが、ドナルド・トランプに怯《おび》えたフィッツジェラルドは、その最初のパートナーになるべきだと言うのだ。オーストラリア人の中には主権を諦めようという人々はまだ少ないが、フィッツジェラルドはオーストラリア国内の大企業に自分のビジョンを支持してほしいのであり、以下で紹介するドライスデール報告書を称賛している。この報告書は、北京の経済的なアジェンダのすべてを、まるでオーストラリア自身のものであるかのように巧妙に論じたものだ。

われわれは中国の公式プロパガンダを無礼なもので、笑ってしまうものとさえ感じることがあるくらいだが、西洋側の中国観に対し北京がいかに影響を与えてきたか、驚かされることがある。自分は中国通だとみなしている人々も騙されているからだ。アンドリュー・フォレストのような幅広い視点を持ったビジネスマンでさえ、中国関係者によってつくられたものの裏側を見ようとしないほどであり、学者や経済アドバイザーなどは推《お》して知るべしだ。この知的ナイーブさの一例として、二〇一六年八月に大々的に発表された、オーストラリアと中国の経済関係の将来についての報告書に触れないわけにはいかない。豪中関係についての「最初の大規模かつ独立系の研究」と売り込まれた『変化のためのパートナーシップ』(Partnership for Change)は、オーストラリア国立大学の経済研究所東アジア局と、中国国際経済交流センター(ＣＣＩＥＥ)の共同研究として準備されたものだ。この発表式にはターンブル首相も参加している(ところがあからさまにその内容を支持してはいない)*13。

この報告書の「共同編集者」はピーター・ドライスデール教授であったが、彼は日本専門家で、長年にわたりオーストラリアで最も熱心な自由貿易主義者の一人である。彼は中国からの「旅行者や留学生、投資家、そして移民たち」の大規模な流れを通じて中国とオーストラリアの経済・政治関係を「ターボチャージ」するよう主張している*14。彼はオーストラリアの「保護された産業」は中国との競合によって利益を得ることになると考えている（ただしオーストラリアの輸入障壁は中国の圧倒的なものと比べると、ほぼ存在しないに等しい）。

この報告書の最初の前提は「オーストラリアはこの二国間関係について何もすべきではない」というもので、これはこの国に強固に根付いた信念であり、北京がオーストラリアに対して発揮できる最も強力なツールだという。この報告書が強調かつ誇張しているのは「オーストラリアの経済的繁栄の将来は、結局のところ中国の経済面での成功にかかっている」という考えだ*15。もしそれが本当であれば、中国との関係にますます依存させるよりも、それを分散化したいと考えるのが普通と思うが、ドライスデール報告書では、オーストラリアの政財界は中国からの「対外投資の利益を理解していない」のであり、中国の投資家たちの不平等な扱いを終わらせるべきだとしている*16。この報告書は中国からの投資は他国からのそれと変わるものではなく、制限を設けるべきでないとしており、イギリス、アメリカ、そして日本などとは違って、中国が経済のほとんどを共産党政権が統制する独裁体制にあり、政治面での影響力や地域での戦略面での支配のためにその統制を使っている事実を無視している。この報告書が示唆《しさ》する最大の問題は、中国の重要なビジネス面での決定が一党独裁国家の利益や戦略的狙いと密接に結びついていることが多いという点ではなく、オーストラリア国民が無知であり、それが外国人恐怖症によって動機づけられている点だというのだ。

本書第九章でも見ていくが、この報告書にある「オーストラリアは最先端の科学・テクノロジー研究における中国からの自由な投資に優先権を与えるべきだ」とする提言は、とりわけ懸念すべきものだ。アメリカ、カナダ、そしてEUは、このような中国からの投資がどれほど危険かを最近になって認識し始めており、二〇一七年、アメリカは中国からのハイテク分野における略奪目的の投資から防御する方法に関して調査を開始している。

戦略的な分野へのいくつかの投資案件をオーストラリアが拒否したことに対する北京側の不満に同調しつつ、この報告書は中国からの投資に対する抑制的な効果に不満を表明しており、まるでオーストラリアには対外貿易と投資を最大化すること以外に、国益は存在しないかのような書き方をしている。この報告書は、中国がその経済を海外からの投資のためにもう少し開放してくれるはずだという淡い期待（多くの西側の企業は北京政府の規制があまりにも強いために中国国内でビジネスをするのを拒否している）を表し、オーストラリアが中国からの投資に対して設けた制約を全廃することを求めている。

二〇一四年、ドライスデールは、鉱山ブームの時期に最もオーストラリアに投資していたのは中国だったのにその流れが低下してしまったのは「大衆迎合主義的な反応」——これはエネルギー関連のインフラや農業関連のアセットを中国の国営企業が買い上げたことへの懸念を暗示した言葉——による部分があると指摘する*17。彼は中国の国営企業が他の企業と何ら変わらないと主張し、その理由として彼らもオーストラリアの法律や規制に従う義務を負っているからだと説く。もちろんそれはその通りだが、その企業のトップたちが共産党の幹部であり、党から任命され、党からの指示に従わざるを得ない事実を変えることはできない。

この報告書は、北京の経済的な野心を称賛し、それに対するオーストラリアのためらいをすべて軽蔑《けいべつ》することに何のためらいも感じていないため、北京のＣＣＩＥＥのシンクタンク研究員たちがオーストラリア国立大学の研究員たちの頭脳を混乱させているのではないかという疑いを忘れてしまうほどだ。

この報告書は「オーストラリアの地政学・地経学的な立場、そして多文化社会は、中国と西洋諸国とのつながりを形成できるという点でユニークなアセットとなっている」と指摘する。たしかにその通りだが、これは逆に中国共産党の戦略家たちから利用できると認識されているという意味で、オーストラリアにとって最大の弱点となっている。

この報告書の最大の狙いは、北京がオーストラリアをどのように狙っていたかをよく理解する、ある人物によって明らかにされている。彼の仕事は、その戦略をオーストラリア国内で長年にわたって実行する立場にあったからだ。オーストラリアに亡命した中国の外交官、陳用林《ちんようりん》は、二〇一六年に中国共産党はオーストラリアを、西洋世界への影響力拡大を試す場所として三つの利点があると見ていると書いている。一つ目はオーストラリアの地政学的な位置関係である。これは「西洋諸国の最弱の鎖《ウィークスト・リンク》」というのだ。二つ目は大規模な中国人コミュニティを抱えていることで、中国系移民は「中国と密接かつ多様なつながりを持ち、イデオロギー的な教育を受けていることが多く、そのほとんどは中国の優越心を共有している」のだ。そして三つ目はオーストラリアの多文化政策であり、これは北京に忠実な在豪中国人に「中国の価値観や習慣」を普及させ、それを中国共産党の立場を向上させるために利用されてしまっている*18。

もしオーストラリア国立大学の経済学者たちが北京のパートナーたちに騙《だま》されてしまったとすれば、それはいつものことだと言えよう。北京側は誰をパートナーとすべきかよく理解していた。二〇〇九年にピーター・ドライスデールは、中国の複合企業体、中国アルミニウム（Chinalco）がリオ・ティントン社の株を大規模に購入するのを止めたオーストラリアの政治指導層を「ピエロの集団」だと非難している。

つまり、もし彼らが自分と同じように「中国政界のトッププレイヤーたちと頻繁《ひんぱん》に交流していれば」その理由がなぜだかよくわかるはずだというのだ*19。オーストラリアのエリートたちがその「トッププレイヤーたち」との会談の後に、すべてを理解したと信じ込まされて帰ってくる様子を目にするのは痛々しい。彼らは西洋の人々に語るべき本当の話をつかんでくる代わりに、「中国の動きを本当に理解できた数少ない人間の一人になった」と信じ込んでしまうのだ。ドライスデールは様々な陳腐《ちんぷ》なレトリックを使いながら「中国共産党はオーストラリアの政治に影響を与えようとしている」という主張を馬鹿にしている[20]。

北京の政治エリートたちは、中国専門家たちの書く「独立した」共同報告書が党の見解に沿っていることを知っている。ＣＣＩＥＥは二〇〇九年、「中国国内で最高レベルのシンクタンクとなるよう……温家宝首相の指示に従って」設立されたものだ[21]。最初の理事長は元国務院副総理の曾培炎《ゼン・ペイヤン》（Zeng Peiyan）で、いくつかの信頼性の高いシンクタンクが必要であると決定したのは中国共産党だった。二〇一六年に習近平主席は、共産党の将来のリーダーをリクルートする場所としてのシンクタンクの強化を明確に要求している[22]。国のガイドラインでは、シンクタンクは「党や政府の意思決定に資する活動を行わなければならない」と規定されている[23]。ブルッキングス研究所の中国のシンクタンクについての報告書では、それらが「独立」していることは決してあり得ず、ＣＣＩＥＥは「国家発展改革委員会の指示の下で運営されている」と指摘されている。そこに所属する専門家たちは事実上の政府の役人であり、党の考えの外で考えることはほとんどないと言える[24]。

この「共同報告書」では、もしその提言が採用されれば「豪中関係は完全に新たなレベルに到達することになる」と結論づけられている[25]。これはまさに疑いのないところだ。なぜなら中国共産党のオーストラリアの経済面への影響力は不可逆的かつ完全なものとなるからだ。北京ではＣＣＩＥＥの幹部たちが祝杯を挙げたはずだ。アメリカのシンクタンクとの共同報告書では、中国からの投資へのあらゆる制限や、国営・民間の中国企業によるアメリカの先端テクノロジーへの自由なアクセスを撤廃するようなことは決して書かれないであろう。アメリカは完全にその反対の方向に向かっているからだ。

オーストラリア国立大学のメディア向けの発表では、この新しい報告書の表紙にオーストラリアと中国の大きな国旗を振る人々の写真が掲載されている。

ところがその国旗を振っているのはすべてが中国系の人々で、しかもこれが意味する象徴的な図柄を誰も気にしていないようである。

ノルウェーとダライ・ラマ効果

反体制派の作家、劉暁波《りゅうぎょうは》が二〇一〇年にノーベル賞を授与された時、中国共産党は面子《めんつ》を潰《つぶ》され激怒した*26。もちろんノルウェー政府はこの決定に全く関わっていないのだが、北京は中国のサーモン市場におけるノルウェーのシェアを大きく削減することで報復した*27。自由貿易交渉は中止され、外交関係は凍結状態に陥《おちい》った。この様子を見ていた他国はこのメッセージをしっかりと受け取り、劉暁波から距離をとり始めた。

オスロ政府は反省し、その四年後にダライ・ラマがノルウェーを訪問した時には首相が面会を拒否している。ノルウェーの外相は記者団に対して「ダライ・ラマは一九八九年にノーベル平和賞を受賞してから数十回訪れていますが……現在の状況はその頃とは変わっており……われわれは中国との関係を注視する必要があります」と述べている*28。劉暁波にノーベル賞が贈られた六年後、ノルウェー政府は中国に対して卑屈《ひくつ》な謝罪ともいえる行為を行っている*29。ノルウェーの人権擁護の守護者としての評判は決して復活できないであろう。

ある研究によると、ある国の首脳がダライ・ラマに会えば、その国の対中輸出は八%下落する恐れがあるという*30。世界では首脳たちがこの精神的なリーダーとの会談を中止するよう強い圧力にさらされ、多くはその要求に屈している。オーストラリアでは、二〇〇二年のジョン・ハワード、二〇〇八年と二〇〇九年のケビン・ラッド、そして二〇一二年には中国の公式メディアから会談を拒否したことを「称賛された」ジュリア・ギラードがいる*31。

中国共産党にとって、チベットの独立は「五毒」の一つである（その他の四つは台湾の独立、ウイグル分離主義、法輪功の存在、そして民主化運動である）。ダライ・ラマは「僧の袈裟《けさ》をまとった狼」や「反中分離主義者」として非難されている（映画『モンティ・パイソン：ライフ・オブ・ブライアン』が公開されて以来、誰かを「分離主義者」と非難するのは西洋人の耳には奇妙にしか聞こえないことを、誰か共産党の宣伝局に教えるべきであろう）。北京はこのチベットのリーダーの世界における莫大な「ソフトパワー」に対抗しようと絶え間ない努力をしている。その結果としてダライ・ラマに会うのを拒否せざるを得なくなった首脳たちの数は多く、南アフリカ、インド、デンマーク、ノルウェー、そしてスコットランドがそのリストに入る。中国からの圧力で、フランシスコ教皇もダライ・ラマとの会談を断っている。イギリスの首相（当時）、ディヴィッド・キャメロンは二〇一二年に会談した後に北京から「ペルソナ・ノン・グラータ」（好ましからざる人物）とみなされるようになり、二〇一五年になってから会談を断わることで北京に許してもらおうとし、ダライ・ラマはそれを嘆《なげ》いて「カネ、カネ、カネ。これがすべてです。道徳観念はどこに行ってしまったのでしょう」と記している[32]。

二〇一七年に中国はチベット仏教が広く信仰されているモンゴルの弱い経済に対して強烈な圧力をかけ、尊敬されているその精神的なリーダーを二度と歓迎しないと宣言させられている。その逆に、強力な圧力をはねのけた例がある。二〇一七年にボツワナのイアン・カーマ大統領は、ダライ・ラマと会談することに合意し、北京に対して「われわれはあなたがたの植民地ではない」と述べたのだ[33]。

中国の地経学

もしあなたが、北京の政治リーダーたちが求めることをしなければ、彼らはあなたを経済的に罰するだろう。彼らは世界中の政治家たちに経済的な万力をあてがっており、これを長年続けて、しかもそれが効いているのだ。ショーン・レイン（中国マーケットリサーチグループ、上海）[34]

軍事的な手段で他国を支配しようとするのは、コストもかかるし危険である。これはイラクの例を見ればば十分であろう。近代国家には、他国に強要する上ではるかに安価でリスクの低い手段がある。これは「経済的な国政術《エコノミックステイトクラフト》」や「地経学《ジオエコノミクス》」として知られているものだ。中国はこのような手段の世界的な使い手となった。地経学というのは他国に対し、自国の好みの政策を採用するように経済的な処罰や報酬を行使することと定義できる。ロバート・ブラックウィルとジェニファー・ハリスはアメリカ外交評議会の専門家で、その主な手段として七つ挙げている。貿易政策、投資政策、経済制裁、サイバー空間、援助、金融政策、エネルギーや商品における政策である*35。

これらは経済的な力を持ち、しかもグローバル経済に密接に関わり、同時に自国の企業に対する支配力のある国にとって最適な方策となる。戦略的な狙いに貢献した自国の企業には報酬《ほうしゅう》を与え、もし貢献しなければ処罰《しょばつ》を与えるのだ。中国がやっているのは、まさにこれだ。北京の中国経済支配は、その度合が上がることはあっても下がることはない。

二〇一三年に発表された「フォーチュン・グローバル五〇〇」に掲載されていた八五の中国企業のほぼすべてが、国営企業だった*36。北京は確かに軍事力を拡大しているが、その本当の実力は、経済を武器として使えるところにある。

軽薄《けいはく》な批評家たちの中には、中国自身も被害を被《こうむ》るため、オーストラリアからの鉄鉱石の輸入を禁止するのは中国の利益にもならないと論じる者がいる*37。しかしこれは、共産党支配下の中国の本質を見誤ったいつものパターンだ。中国は戦略的なゴールを追求する点で、われわれよりはるかに経済的な痛みを受け止めることに積極的だ。その限界値はわれわれより高い。われわれの政治体制は、たとえその規模が小さくても声が大きい産業界のロビー活動に極めて脆弱だが、中国企業は政権から目をつけられたくなければ不満を言わないし、労働者たちも街頭でデモを行えば報復を免《まぬが》れることはできない。

北京が地経学的なツールを使って相手に本物の経済的な痛みを押し付けても、北京はその実行を否定することが多い。北京のこの秘密主義の理由の一部は、あまりにもあからさまな強制を行えば反発を生む可能性が高い点にあり、その行動のほとんどが世界貿易機構（WTO）のルールに違反するからだ。中国は権力を欲しているが、同時に世界的な経済市民として、責任ある存在と見られたいと思っている。

もちろん政治・戦略的な目的のために商業的な圧力を使う国は中国だけではない。ただし今日、中国の存在感は圧倒的だ。アメリカも経済政策を使うことがあるが――北朝鮮やイランがその一例だ――、その使用は稀《まれ》で、安全保障における脅威に特定されている。ところが中国は隣国を屈服させるために、このような武器を使って強制を行おうとする。しかもそれは隣国に限定されない。先述した権威ある研究で、ブラックウィルとハリスは、アメリカが世界的なエンゲージメントから手を引いたことを嘆いている。なぜなら、これによって「中国は脆弱なアフリカやラテンアメリカ諸国に対して自由にものごとを行えるようになった」からだ*[38]。いくつかのアフリカの国々では、ここ数年間で不満が蓄積している。早くも二〇〇七年の時点で、ザンビアの野党党首、マイケル・サタがこの不満を鋭く表現している。それによると「われわれは中国に出て行ってもらい、古い植民地時代の支配を回復して欲しいと願っています……少なくとも西洋の資本主義には人間の顔が見えますが、中国のそれはわれわれの収奪しか考えていないから」だというのだ*[39]。

中国はすべての言い訳を捨てて、最大限の圧力を無慈悲にかけてくることもある。たとえば二〇一七年三月、アメリカは韓国からの要請を受けて、弾道ミサイル防衛システムのTHAAD（終末高高度ミサイル設置を開始した。これはミサイル能力を高め、攻撃的になった北朝鮮から発射されたミサイルを撃ち落とすためのものだが、中国はこのシステムの設置に強烈に反対している。このシステムについている先進的なレーダーが自国の本土をスパイするために活用され、中国の攻撃対処能力を無効化してしまうことを恐れたからだ。

中国はTHAAD設置を決定した韓国に、四三件もの報復措置を行った。韓国財閥のロッテはそのシステムを設置する土地を供給したが、中国国営メディアによって喚起された中国国民の怒りを引き受けることになった。環球時報は、韓国は処罰を受けるべきであり、中国の消費者たちはソウル政府に教訓を与えなければならないと宣言している*[40]。新華社通信は「ロッテにとって悪夢となる可能性がある」と警告したが、これは中国国内のロッテが所有するデパートに暴力的なキャンペーンを開始させ、そのほとんどを閉店に追い込んだ、民族主義的なリーダーたちによって実現している*[41]。消費者によるボイコットや政府の報復は休止せず、二〇一七年九月にはロッテがすべての店舗を中国に売却して撤退すると発表した。しかしこれは単なる始まりでしかなく、中国は韓国製の化粧品や電子機器の輸入を停止し、K-POPのスターたちの公演を中止させている*[42]。韓国からの観光客は中国の街で嫌がらせを受け、中国で人気が高かった韓国映画は北京国際映画祭で出展禁止となった。実に子供じみた行為だが、中国のタレントショーで審査員をやっていた韓国のポップスター、PSYの顔にはモザイクがかけられた。

韓国の観光業界は、中国が団体旅行を禁止して旅行客が落ち込み、パニックに陥った*[43]。ソウルの韓中国際旅行社は、旅行客が八五%も減少したと報告している。中国の主要旅行社の一つの幹部は「旅行業は外交の一部である」と認めた*[44]。大きなサッカーの試合前には韓国から中国へのチャーター便がキャンセルとなり、韓国代表チームは直前の定期便に乗らざるを得なくなったこともある（この疲労のおかげで優位と見られていた韓国が中国に負けたと言われる）。中国の何人かの女子プロゴルフ選手は、ロッテが提供するハワイで開催されたトーナメントをボイコットしようとした。

二〇一七年六月にはハト派寄りとなった新たな韓国の政権が、最初の六基が設置され稼働状態になった後、THHADミサイルの設置を中止している。

設置場所付近の地元の人々の中には、安全保障面や環境面から設置に反対している人もいる。ところが金正恩が核実験を行い、日本の上空を越えてミサイルを発射し、アメリカへの攻撃の脅しをした後の九月に入ると、残りの四基も設置された。

中国はオーストラリアやアメリカのような国に対して、独自の優位性を持つ。社会的な圧力によって自国民を動員し、はるかに効率よくボイコットを行うことができ、外国企業に処罰を加えることができるからだ。中国によるボイコットや制裁は自国の消費者や労働者にとっても痛みを発生させることになるが、これは「地経学的な政策のために国内的なコストを引き受ける北京の許容力の高さを証明するだけ」である[*45]。

中国の経済的強制力の使用を研究する専門家たちは、二〇一〇年のレアアースの日本への輸出禁止の例を引き合いに出すことが多い。レアアースは多くのハイテク製品の製造に欠かせないもので、日本からの輸出品の中にも使われている。そもそもこれは係争海域において日本の海上保安庁の船に体当たりした中国漁船の船長を日本が逮捕したことがきっかけとなっている。この当時の中国はレアアース類における事実上の独占状態にあったが、これはある国営企業が一九九五年にアメリカ・インディアナ州の最新式の精製工場を買収したことで実現したものだ。この中国企業はこの工場を少なくとも五年間は継続して稼働させる予定だったが、オーナーたちはその期限が過ぎると工場を解体して中国で再建した[*46]。アメリカはこれでレアアースの生産能力を失い、中国に戦略物資のコントロールを手渡してしまったのである。

苦しい立場に追い込まれた日本は、すぐにその船長を解放した。ブラックウィルとハリスたちはレアアースの輸出禁止について「その厚《あつ》かましさは驚くべきものだ……アメリカの正式な同盟国に対して中国がここまで大胆に強要をしたからだ」と指摘している[*47]。これらの案件からわかるように、中国が経済面でのグローバル化をリードしなければならないとする習近平国家主席のすべての主張は、自国の戦略的な利益に関わる状況になれば、中国は法の支配を基盤としたグローバルな経済秩序を積極的に崩していく意思を持つことを示しているのだ。

二〇一二年には中国の波止場で、一五〇個のコンテナに積み込まれたバナナが腐ったまま放置されたことがあったが、これはフィリピンがスカボロー礁《しょう》に侵入した中国漁船を非難する声明を出したからだ。およそ二〇万人のバナナ関連の労働者たちがこの影響を受けた*[48]。北京は旅行業者に対してもフィリピンへのツアーを一時停止するよう命じた。マニラ政府はこれに屈せざるを得なくなり、南シナ海の反対側からこの様子を見ていたベトナムは、領有権の主張を控えめなものに修正している*[49]。

とりわけフィリピンは北京からの影響に弱い。中国系フィリピン人はフィリピン資本の半分を握《にぎ》っていると考えられており、全人口のたった一・五％しかない集団としては飛び抜けた政治力を持つ*[50]。さらに二〇〇七年、フィリピン政府が中国の国家電網公司にすべてのエネルギー網の管理権を与えた。つまり、たった一社の中国国営企業がフィリピン全土の配電盤を所有していることになる*[51]。

日中間の緊張が高まっていた二〇一一年には、中国から日本の国会に対してサイバー攻撃が行われた。その後、国防装備品や原子力発電所関連の情報がネットを通じて抜き取られている*[52]。これらの攻撃が中国政府の指示の下に行われたものかは定《さだ》かではない。しかし「北京の愛国的なハッカーたちは台湾政府やそのインフラネットワークを狙ったサイバー戦を積極的に行っている」のだ。台湾は特に中国のサイバー民兵たちの標的となっており、彼らは「台湾の金融、交通、運送、軍、そしてその他のネットワークを妨害、遮断、麻痺させるために無数のサイバー攻撃」を行っている*[53]。

台湾で二〇一六年五月、独立志向の蔡英文《さいえいぶん》総統が誕生した直後から、中国本土から台湾を訪問する旅行者の数が三六％減少し、本土からの流入で急激に成長してきたこの業界の存続を危機に陥《おとしい》れることになった*54。北京は本土の旅行業者に対し台湾へのツアーの数を減らすよう指示している。これを受けて、台北の街では旅行関連業者で働く何千もの人々が、政府に対し北京に配慮して親中的な立場をとるようデモを行った*55。北京の指示による観光客の激減を受けて、台湾は中国以外の観光客も誘致するよう迫られることになり、本土からの旅行者数を制限するようになった*56。

北京はオーストラリア国内に愛国ハッカーを派遣していると考えられている。もちろん中国政府はこうした手段を使っているのを認めないが、中国に批判的な人々を不安に陥れている。ブラックウィルとハリスたちも指摘するように「実際のところ、このような中国の専横的な規制システムは、北京の地経学的なツールの使用の効果を高めているものの一つ」なのだ*57。法律によって運営されるオーストラリアのような国にとって、地政学的な目的のために国内規制を使って海外からの輸入品や投資を処罰するのは、はるかに困難なことである。

オーストラリアへの強要

一般的に、日本、台湾、そして韓国は中国近傍《きんぼう》の戦略地域に属しており、北京はオーストラリアのような国にはこの種の脅しは仕掛けないものであると考えられている。ところがここでギリシャの例を考えてみていただきたい。

国連の場で、EUほど人権を一貫して固く擁護してきた地域ブロックは存在しない。アメリカの立場が揺らいだ時も、EUは国連憲章に定められた人権擁護の精神、つまり公平な裁判や報道の自由、そしてLGBTの権利を侵害する国に声を上げてくれるはずだとの信頼性を保っていた。少なくともこれは二〇一七年六月までは正しかったと言える。この時ギリシャは、中国が反体制活動家たちを迫害するのを非難したEU決議に拒否権を発動したからだ*58。このギリシャの裏切り行為はEUに衝撃を与え、ある外交官に「少なくとも不名誉と言わざるを得ない」と言わしめた。ギリシャ代表は、人権侵害についてはより非公式な場で指摘する方が効果的だと説明したが、これはあらゆる重要なことを公的な場から隠す中国の典型的な戦術に屈したものだった。そして二国間における非公式な場で議論すべきだとした*59。

ギリシャはなぜ裏切ったのか？　理由はそれほど複雑ではない。中国は近年、ＥＵに押し付けられた緊縮財政で苦しむギリシャ経済に、何十億ドルもの資金を投資してくれている。二〇一六年には中国最大の造船会社である国営の中国遠洋海運集団（ＣＯＳＣＯ）が、ギリシャ最大のピレウス港の所有権の大半を購入した。ギリシャのアレクシス・チプラス首相はその合意式典に参加し「この合意は中国とギリシャの友好における歴史的な記念碑となります」との中国大使の言葉を聞いている*60。ギリシャの港は一帯一路における欧州へのアクセスに死活的に重要な拠点となると見られている。

それに加えて、二〇一六年には中国の国家電網公司が、ギリシャの電力網管理会社の四分の一の所有権を獲得した。これはＥＵがギリシャに対し債権放棄する代わりに、国家資産を民営化するよう要求した後のことだった（ただし同社がオーストラリアのニューサウスウェールズ州のオースグリッドの所有権を獲得しようとした時は、国家安全保障上の理由から連邦政府が阻止している）。中国共産党の上級幹部は、ヨーロッパの銀行に負債を抱えるギリシャに狙いを定めており、密接な戦略的パートナーシップを発展させるとの展望と同時に、ある専門家の言葉を借りれば、ギリシャをＥＵにおける一種の「中国側の監視員」にしようとしたという*61。チプラス首相は北京に何度も巡礼している。ＥＵは思いもよらぬ形で、ヨーロッパへの橋頭堡としてギリシャを使おうとする中国に、ギリシャを差し出してしまったのだ。

二〇一七年八月、エーゲ海の反対側にあるトルコ政府が、あらゆる反中的なメディア報道を禁止する約束をした*62。中国は二〇一五年のラマダンの最中に、トルコが新疆ウイグル自治区におけるウイグル人の虐待に抗議デモを行なったことを不快に感じていた。デモ隊は首都アンカラの中国大使館前で抗議行動をした。しかしトルコ政府は、エルドアン大統領がその三カ月後に北京で開催された大規模な一帯一路の国際会議に参加した後から、プロジェクトを通じた中国からの資金の流れを注視するようになった。

オーストラリアは、曖昧《あいまい》に定義された中国による経済的な報復の脅しに何度も屈している。二〇一六年、中国共産党のリーダーたちは、ハーグ国際仲裁裁判所の下した南シナ海島嶼《とうしょ》における中国の違法な占拠に関する裁定へのオーストラリアの立場を変えようと動いた。結局彼らは、われわれの立場を変えることができなかったが、オーストラリアが台湾や韓国のような扱いを受けるようになるのは時間の問題だ。二〇一八年一月、北京は環球時報の一本の記事を通じて、オーストラリアに経済的ダメージを与えると脅している*63。この記事によれば、オーストラリアが犯した間違いは、南シナ海の件に関してアメリカの側についたことであるように読める。ただしこの脅しの核心は、どうやらターンブル政権が中国共産党の影響工作を厳しく抑制する新しい国家安全保障法を提案したことにあるようだ。国際法を破って係争中の島を併合し、重武装の軍事拠点にしたのは中国なのだが、彼らにとってみれば、周辺海域で海軍艦船を通過させるのを許可して「挑発」したのはオーストラリアだということになるらしい。

この報復には、オーストラリアの輸出業者をウソの検査結果で摘発し、中国への輸入を一時停止することや、オーストラリア企業の職員を濡《ぬ》れ衣《ぎぬ》で逮捕すること、ビジネスマンへのビザ発給の拒否、そして民間人や政府の秘密機関からサイバー攻撃をしかけることなどが含まれる。中には中国への依存状態が過剰となってしまった分野もある。粉ミルク、健康補助薬、ワイン、そして特定の食品などである。これらが明日突然、埠頭《ふとう》で足止めされることもあり得る。

しかし中国の経済的な脅しに対し、オーストラリアで最も脆弱性が高い分野は、教育と観光である。二〇一六年、この両分野は中国からそれぞれ七〇億ドルと九二億ドルを稼ぎ出している。観光業はとりわけ脆弱で、急激な成長（二〇二〇年までに一三〇億ドル）が予想されているが、蛇口を閉められるのも簡単だからだ（学生は定住するが、観光客は代わりにタイに向かうこともできる）。さらに、観光業界は大学よりも政治力を持っている。二〇一三年四月、当時の首相ジュリア・ギラードとの会合で、習近平主席はすでにオーストラリアへの中国人観光客の重要性について隠れた脅しをほのめかしていた*64。二〇一六年後半には連邦政府が中国の複数の航空会社にオーストラリア国内の通過権を与え、これによって好きなだけの数のフライトが乗り入れることが可能となった。ヴァージン・オーストラリア社の株の二〇パーセントは海南島に拠点のあるHNA航空に購入されたが、この会社は中国共産党のために動いているとされる、秘密度の高い不透明な組織である*65。ちなみにHNAはオーストラリアの地方空港のパイロット養成学校を買い漁《あさ》っている*66。専門家の中にはオーストラリア国内のパイロット訓練は、間もなくすべて中国資本の傘下になると予測する人もいる。オーストラリア公正取引委員会はヴァージン、HNAおよび他の中国の航空会社二社にオーストラリア行きの運行を連携させる許可を与えた。まとめて言えば、北京は自分たちのコントロールできる航空会社を通じ、観光客の流れの栓《せん》をいつでも閉めることができるようになったのだ。

ところが連邦政府はこのような事態に無頓着《むとんちゃく》で、二〇一七年を「中国観光の年」と定めたほどだ。クイーンズランド州政府は、ケアンズ、ブリスベン、そしてゴールドコーストに中国人観光客を大量に呼び込み、観光業関連で地域経済を活性化することを狙って、大規模な投資を行っている*67。二〇一一年〜一六年には他国からの観光客数は頭打ちになったが、中国からのそれは三倍近くも伸びており、クイーンズランド州はまだその数には伸びしろがあると予測している。

観光業を使った脅しに対するオーストラリアの弱さにはいくつもの要素がある。北京は中国の旅行会社を通じて予約した団体ツアー客の流れをさらに容易にコントロールできるが、個人旅行者はその妨害を受けることは少なく、落とすお金の額も大きい。オーストラリアの観光業への中国からの投資も「爆上げ」しており、二〇一六年度のなんと四〇パーセントを占めている*[68]。中国の投資家たちは大きなホテル（メルキュール、シェラトン、ヒルトン、アイビス、ソフィテル）を買収しつつあり*[69]、投げ売り状態のクイーンズランド州のリゾート（デイドリーム島、リンデマン島）を買い占め、新たなものを建造し始めている。その中には中国のツアー会社とつながりを持つものもある。観光客の流れが止まるのは彼らにとっても打撃だが、彼らの不満の声に、北京の誰も聞く耳を持つことはない。

第八章
新旧のスパイ

ＡＳＩＯへの諜報活動

　首都キャンベラにある広大な中国大使館とオーストラリア保安情報機構（ＡＳＩＯ《エイジオ》）のガラス張りの建物は、バーリー・グリフィン湖のちょうど正反対の、二キロ離れた場所に位置している。その二つの建物の間では、オーストラリアの未来をめぐって熾《し》烈《れつ》な争いが展開されている。オーストラリア政府機関への潜入を恐れたＡＳＩＯは二〇〇五年、エスカレートする中国スパイ活動を監視・対処することを主任務とした、新たな対諜報部門を創設した。この後、対テロを優先するためＡＳＩＯの対諜報能力を実質的に閉鎖してしまうこともあったものの、それを主導したデニス・リチャードソン長官の辞任によって*1、ことなきを得た。

　それ以来ＡＳＩＯは、必死に任務に励《はげ》んでいると言われている（中国語ができてオーストラリアへの忠誠が確認できた人間には新たな昇進の道が開けた）。ＡＳＩＯは、中国がオーストラリアに対して「フルコート・プレス」、つまり全面攻勢を仕掛けてきたと考えており、その下部組織と共に、湖の反対にある中国大使館が連携して仕掛けてくる工作に抵抗しなければならないとしている。もちろんオーストラリアは対テロの情報機能を軽視するわけにはいかないが、オーストラリアの長期的な将来にとって、対課報や対転覆作戦の方がはるかに重要なのは間違いない。

オーストラリアのこの諜報機関の新しいビルが、バーリー・グリフィン湖のそばに建造されることになった時、中国側諜報員にとってはまたとない機会が訪れた。二〇一三年にビルが完成すると同時に、ABCはこのビルの設計図がほぼ中国からと特定されたサイバー侵入によって盗まれたと報じた。盗まれたものの中には、フロアの配置図やケーブルの配線図、さらにはサーバーの位置まで含まれていたという*2。ASIOは設計図がハッキングで盗まれたことを否定したが、「影の（野党の）司法長官」であるジョージ・ブランディスは連邦議会で、諜報機関の情報源からこの報道が正しいと確認したと述べている。この新しいビルは通信システムを再設置するまで入居不可能となった。北京の外交部報道官はこの報道を否定し、中国はあらゆる形のサイバー攻撃に反対する、と真顔《まがお》で宣言している*3。


二〇一五年、ジャーナリストのプリモース・リオーダンとマーカス・マンハイムが、ASIO本部から道をはさんで反対側の開発地区が、人民解放軍とつながりのある中国人の億万長者・梁光偉《リャン・グアンウェイ》（Liang Guangwei）が支配する会社に買い上げられたという記事を発表した*4。梁光偉は前国家主席・胡錦濤を含む中国の要人たちを、自らが董事長（理事長・代表取締役）を務める深圳華強集団（Shenzhen Huaqiang）の本社に招いたことがある。ASIO本部からたった八〇メートルしか離れていないSHL不動産という会社があるが、梁光偉はこの会社がキャンベラのC5区画を購入する一カ月前まで社長を務めていた。キャンベラ在住の彼の妻は、同社の三人いる重役の一人のままである。キャンベラの不動産開発に投資しているのは他ならぬ梁光偉本人で、二〇一六年と一七年には他の二つの大きな区画も購入している。その競売では他の参入者たちはまったく手が出なかった*5。

ASIO本部から八〇メートルしか離れていない

五階建てのアパートは、本部に出入りする車両を監視するのに完璧な場所だ。嘆かわしいことに、人民解放軍と関係を持つ企業に大きな区画が売却されるまで、政府による審査や査定は行われていなかった。地元の新聞によると、オーストラリア首都特別地域（キャンベラ）政府の首相であるアンドリュー・バーは、この開発計画に好感を持っており、ＳＨＬ不動産の開催した工事の着工式にも招待され参加したと認めている。そしてこの土地売却に疑問をもつ人物は「人種差別主義者《レイシスト》」であるとまで発言した[6]。さらに彼は、もしセキュリティ面で問題があるとすれば、それは居住地域のそばに本部を置いたＡＳＩＯの責任であるとまで言い切ったのだ[7]。

一〇〇〇人のスパイと情報提供者たち

二〇〇五年、シドニー領事館からの亡命後に行われたメディアのインタビューで、陳用林《ちんようりん》は「一〇〇〇人以上の中国人秘密工作員と情報提供者のネットワーク」がオーストラリア国内に存在し活動していると主張した[8]。一見するとこれは驚くべき主張のように思えるし、これについて懐疑的な見方をする者もいた。実際のところ、冷戦期のロシアもオーストラリア国内に数十人程度のスパイやエージェントしか忍び込ませられなかったからだ。ところが中国の諜報活動はそれとは異なるモデルで活動している。伝統的なスパイ活動の他に、北京は有益な情報を集めて報告させるため、大規模な数の中国系人材を採用し、この情報にはビジネスや軍事関連での秘密の他、民主化運動や法輪功のような「非愛国的」なグループの活動についての情報も含まれる。大使館はこれらの情報を収集して北京に送り、豪州内での自身の活動のためにも使うのだ。

ＡＳＩＯにコネをもつ、ある諜報専門家によれば、「中国の諜報活動は手広く行われているが、それほど目立つ形ではなく、しかも大枠で見れば法律を破る性格のものではない。ただしそれは実に大規模に行われている」という[9]。陳用林の証言は、中国がアメリカで行っているさらに大規模な工作の話とも合致する。ある元FBI対諜報官によれば「妥当と思われる推測」だけでも、中国は米国内にすでに二万五〇〇〇人の諜報員を忍び込ませ、一万五〇〇〇人の情報提供者をリクルートしているという*[10]。

本書でもすでに見たように、オーストラリアの中国人留学生は他の留学生や学者たちを監視し、中国共産党を批判したり、ダライ・ラマに関する映画を鑑賞する「反中的」な活動やスピーチが行われる会合を報告している。中国とビジネス上のつながりを持つ中国系オーストラリア人には、愛国主義への訴えや強迫などを通じて説得工作が行われ、オーストラリアの政財界トップたちとの会話で何か貴重な情報を得た場合には大使館側に報告するよう要求される。貴重な技術・科学関連の情報へのアクセスを持つ人物も、情報を渡すよう要求されている。報道では、ASIOはスパイが観光客として入国している可能性を憂慮《ゆうりょ》していると言われる*[11]。

このような状況を概観して、アーロン・パトリックは二〇一六年、オーストラリアン・フィナンシャル・レビュー紙で「中国の諜報機関は、オーストラリアがこれまで直面した外国による諜報収集の中で、最も盛んに活動している」と記している*[12]。諜報専門家であるポール・モンクによれば、中国の諜報員は「大遠足（having a field day）」を行っている最中であり、「中国の諜報は、ソ連が冷戦時代最盛期に達成したものを遥かに超えるレベルで行われている」という*[13]。杜建華《ジェームズ・トウ》は、海外在住の中国系の人々が、現地の業界団体や女性団体、学生団体、そしてテクノロジーや戦略を得るために企業などに浸透する低レベルの諜報活動を行うためにリクルートされていることを、その包括的な暴露記事の中で報告している*[14]。従来の形のスパイ活動を監視するASIOは、この種の「分散化されたミクロスパイ活動」を追いかけるような組織や十分な予算を持っていない。私がある分析官に教えてもらったのは、オーストラリア側も予算を急激に増加させてはいるが、それでも「中国の諜報活動の規模はあまりにも大きすぎるため、根絶することはできない」とのことだった。

豪政府の中にはもちろん、この脅威の規模の大きさや深刻さに気づいている者が何人かいる。ところがアメリカやカナダの担当者たちとは違って、オーストラリア側はあえて沈黙を保《たも》っている。中国のリーダーやメディアからの強引かつ、時にヒステリックな非難に怯《おび》えながら、彼らは北京からの報復を恐れ、国内の反中感情を惹起《じゃっき》しないよう配慮しているのだ。二〇一七年五月に辞任間近のデニス・リチャードソン国防長官は最後の公務として、北京のスパイ活動と影響工作に警告を発する演説を行った*15。

もしオーストラリア国民――財界の人々、公務員、そして一般市民たち――がこの種の活動への警告を受けていれば、彼らは前代未聞の規模の市民社会へのスパイ活動に対し、防御手段をとれたはずである。ASIOにも、中国に一言も言及しない曖昧な記述の年次報告書ではなく、この脅威の性質についてもっとあからさまな報告書を書くよう奨励《しょうれい》できたはずだ。北米のように、証拠が発見されれば、中国人スパイを告発できるようにすべきだ。政府首脳たちがこれらについて恐る恐る語れるようになったのは、ようやく二〇一七年になってからなのだ。

ここで覚えておかなければならないのは、多くの中国系オーストラリア人たちが中国の目的達成を大なり小なり助けているのは、彼らが圧力を受けているからであり、見方によっては彼らも中国共産党の犠牲者だと言えることだ。

オーストラリアでの生活を安定させる間の長い沈黙の後、陳用林は二〇一六年、ABCに対して、中国スパイの数は彼が最初に暴露した一〇〇〇人から、その後、はるかに多く増えているはずだと語った*16。

ファーウェイとNBN

一党独裁国家・中国がオーストラリアの通信ネットワークに侵入するため、サイバー面でのスパイ活動をすでに何年にもわたって行っていることは広く知られている。二〇一三年、「フォーコーナーズ」

というドキュメンタリー番組で、オーストラリアの最重要政府機関が中国本土のハッカーたちから侵入を受けていると報じられた。これには首相官邸や国防省、外務省、そしてオーストラリアの海外諜報部門であるオーストラリア秘密諜報局（ＡＳＩＳ）のコンピューターが含まれる。中国によるオーストラリア外務省への最初の侵入は二〇〇一年に起きたと考えられている。ハッキングは二〇〇七年と二〇〇八年に最高潮を迎え、これによって「オーストラリアの諜報関係者たちの間にとてつもない恐怖」を発生させることになった*[17]。

オーストラリアの通信ネットワークへの侵入は、上海郊外の無名のビルの中で運営される、悪名高い六一三九八部隊のような秘密組織の活動だけに限られていない*[18]。北京はオーストラリアやそれ以外の国の通信ネットワーク（これには機密のものも含まれる）にアクセスするため、国営企業や民間企業を使っていると疑われている。二〇一二年三月、ギラード労働党政権は、これを受けて中国の巨大通信機器企業ファーウェイの、オーストラリア国家ブロードバンドネットワーク（ＮＢＮ）に関連する機器への入札を禁止した。オーストラリアの諜報機関はファーウェイが中国軍のサイバースパイ機関である人民解放軍総参謀部第三部（３ＰＬＡ）と関係を持っている「信頼に足る証拠」があると警告してきた*[19]。同社社長は中国諜報機関、国家安全部の下部組織であったと認めたことがある*[20]。

その間、ファーウェイは一般的な信頼性のイメージ向上に努力し、たとえば表看板としてオーストラリアに理事会を創設したりしている。そこにはアレクサンダー・ダウナーやジョン・ブランビーのような自由党や労働党の長老たちを招き入れ、後にジョン・ロード元海軍中将を理事長にした*[21]。ロードは企業の研究開発に関わった経験があり、この機会を心待ちにしていたという。彼は批判的な見方をする人々に対して、ファーウェイが自分を理事長にしたことで「オーストラリア軍に侵入」する意図は消えたとし、むしろ自分に興味を持ったのはキャンベラの人脈に詳しいからだと説明している*22。

しかしアメリカの政策担当者たちは、中国のもう一つの巨大通信機器製造会社ZTEと共に、ファーウェイを注意深く観察している。二〇一二年一〇月、アメリカ連邦議会は、ファーウェイが中国政府やその諜報機関と近い関係を持つ疑惑を確認するような暴露的報告書を発表した*23。この報告書は、これら企業によるアメリカの通信コミュニケーション市場への継続的な侵入に「アメリカ政府は疑いの目を持って注視していかなければならない」と結論づけている。そしてファーウェイによるアメリカ企業の買収や合併は阻止《そし》されるべきで、すべての政府関連のシステムからファーウェイ製の機器は排除されるべきだと提案した。結論として、ファーウェイとZTEは「外国政府の影響を受けていないとは言い切れず、アメリカとわれわれのシステムに対してセキュリティ上の脅威となっている」と警告したのだ。

この議会の調査報告でさらに印象的なのは、ファーウェイ（とZTE）と中国政府との関係を解明しようとしている箇所だ。ファーウェイは中国では「戦略的分野」の企業に指定され、特別な援助を受けている。この報告書の調査員はファーウェイに正直な回答を求めたが、同社と幹部たちはあいまいでお茶を濁《にご》す対応を繰り返し、結局はウソをつこうとしていたという。われわれはその理由を知っている。本当のことを言えば、これまでファーウェイが長年かけて注意深く築き上げてきた「近代的で独立した、株主の利益のためだけに働くグローバル企業」というイメージを壊してしまうからだ。

もちろんファーウェイは国営企業ではないが、政府の支援を受けて世界第二位の通信機器製造会社となり、世界中の通信ネットワークに電子機器を供給する契約を結んでいる企業が、中国の諜報機関と日常的に情報をやり取りしていないと考える方がナイーブすぎるのではないか。英エコノミスト誌はファーウェイが「莫大な量の知的財産を盗んでおり、外国のネットワークに「トロイの木馬」として侵入するために同社を使おうと熱心だった中国政府から、事業拡大のために多額の補助金を受けていた」と書いている*24。

ファーウェイの中国諜報機関とのつながりは、創業者が人民解放軍元士官だった任正非《レン・ゼンフェイ》（Ren Zhengfei）であることからも明らかだ。任正非は解放軍信息工程大学（The PLA Information Engineering Academy）の学長を務めていた。彼は解放軍、とりわけ総参謀部第三部（3PLA）と呼ばれる通信信号諜報部門のために通信関連の研究をする担当だった*25。米空軍のためのランド研究所報告書によれば「中国軍はファーウェイと強いつながりを維持し、あるときは重要なカスタマーとして、または政治面での支援者、さらには研究開発のパートナーという多方面の結びつきを持っている*26。二〇一一年のCIA報告書では、ファーウェイの取締役会長だった孫亜芳《ソン・ヤファン》（Sun Yafang）が、中国のCIAにあたる国家安全部で働いていた経験があったと暴露している*27。

このような破滅的な情報にもかかわらず、ファーウェイはオーストラリア内に強力な支持者を持っている。ギラード政権がNBN（国家ブロードバンドネットワーク）からの同社排除を決定した際、野党の財政担当報道官だったアンドリュー・ロブはこの決定を「完全に機能不全に陥《おちい》った政府の、最新の不器用で挑発的で素人的なエピソードだ」と非難していた*28。このコメントは、ロブが深圳《しんせん》のファーウェイ本社を、全額同社の費用負担によって訪問し、それほど時間がたっていないタイミングで発せられた*29。ケリー・ストークスはパースのブロードバンドネットワークを構築する際にファーウェイの助けを借りた人物で、同社に対し「最高の尊敬の念」を持っていると証言している*30。アレクサンダー・ダウナーは、ファーウェイが中国の諜報機関とつながりがあるとの指摘を一蹴《いっしゅう》する。ファーウェイのオーストラリア理事会のメンバーである彼は、「オーストラリアが何を心配しているのか、意味がわからない。ジョン・ル・カレのスパイ小説の話と勘違《かんちが》いしているようだ」とさえ述べている*31。

ダウナーには前科がある。彼は二〇〇四年、オーストラリア外相として中国を訪れた際、中国外相にアンザス条約は単に「象徴的」なものでしかなく、オーストラリアは台湾との紛争でアメリカを支援する義務を負っていないと語った。彼は中国と安全保障や政治面での連携を行う、いわゆる戦略再編に好意的で、これによって二人の批評家が以下のような鋭い指摘を行うことになった。曰く「北京におけるダウナー氏の発言は、キャンベラの親米政権がアメリカのカギとなる戦略態勢から距離を取ってしまうほど、いかに急速に中国の台頭する経済とその影響力に屈してしまうかを、衆目に晒《さら》すことになった」*[32]。陳用林によれば「ダウナーのスタンスはすぐに中国共産党のリーダーたちの関心を呼ぶことになった」という。彼らはそこに、豪米間に楔《くさび》を打ち込むチャンスを見たからだ*[33]。

二〇一三年一一月にはＡＳＩＯのアドバイスを聞いたアボット政権が、ファーウェイのＮＢＮ機器供給契約からの排除を再確認したが、それを受けてオーストラリアのファーウェイ理事長ジョン・ロードは、落ち込む同社の社員たちに対し「私が明確にしておきたいのは、ファーウェイ社自身や、それが持っているテクノロジーがセキュリティ・リスクだとする、いかなる証拠も示されていないことだ」と書いている*[34]。彼のこのなぐさめは、アメリカの連邦議会が作成した決定的な報告書発表の一年後に書かれた。この元提督はファーウェイが関与するオーストラリアの携帯電話キャリア、オプタス（Optus）の4Gネットワーク構築を含む、ファーウェイの素晴らしい展望を語っている。ロードはファーウェイには「何も隠すものがない」と主張するが、これは同社が公聴会での証言で言い逃れをしていたと判断した、アメリカ連邦議会の委員会報告書と矛盾する。ちなみに同委員会はファーウェイが移民法に違反しており、贈賄行為や汚職に関与していたことを示す、信頼に足る証拠をもっていると報告した*[35]。

奇妙なことに、豪連邦政府はファーウェイを禁止しておきながら、同時にＮＢＮへのＺＴＥの参入を許可した。アメリカの連邦議会の委員会はこの二社に対して同程度の疑いを持っていたにもかかわらずだ。この決定はどうやらＡＳＩＯから承認を得たおかげのようだ。二〇一七年初頭、ＺＴＥはアメリカ製の機密テクノロジーをイランに売却したとして、制裁違反で九億米ドルの制裁金を課《か》せられている[36]。この制裁は、司法調査に対して同社が長年ウソをつき続けた後に決まったものだ。ＺＴＥの当時のＣＥＯ（董事長）である趙先明《ヂァオ・シャンミン》（Zhao Xianming）は、この制裁の後に「コンプライアンシー、健全、そして信頼できる新たなＺＴＥ」を宣言した[37]。

連邦議員の中にはファーウェイについてメッセージを受け取っていた者もいた。二〇一六年、インフラ・交通相ポール・フレッチャーが国会議事堂をファーウェイのスマートウォッチ（同社からのプレゼント）をつけて歩き回るようになると、ペニー・ウォン上院議員は政府の主任情報官に対して、そのスマートウォッチは議事堂のビルのネットワークにつながっているか、厳しく問い詰めた。ところが主任情報官は情報を確認できず、このデバイスのリスク査定は自分の任務ではなく、ファーウェイについてもよく知らないと答えた[38]。だが二〇一一年、議事堂のコンピューターネットワークは中国にハッキングされており、中国諜報機関はオーストラリアの連邦議員のＥメールに最長で一年近くアクセスできていたという[39]。このネットワークは機密情報の通信には使われていなかったが、ハッカーたちは現在、そして将来のリーダーたちの個人的な関係や、中国やアメリカに関する本音の意見、そして友人や政敵に関するゴシップなど、使えそうなあらゆるデータを蓄積していた可能性が高い。

二〇一六年当時、オーストラリア国防相だったデニス・リチャードソンは、このような状況をあまり心配していない様子だった。二〇一二年三月には外務貿易相を務め、プロラグビーのクラブ、キャンベラ・レイダーズの取締役会メンバーでもあったリチャードソンは、ファーウェイがクラブと交わす一七〇万ドルのスポンサー契約のために、わざわざ半日の休暇をとっている[40]。それまでファーウェイはプロラグビーにはまったく関心を示しておらず、実際、同社にとってこの契約がスポーツ団体のスポンサーになった初のケースだった＊41。中国（やその他の国々の）企業は、広告用の予算を使って影響力のある人物に近づく戦術をよく使う。ではオーストラリア外相やＡＳＩＯの元長官、さらにはすぐに国防大臣になりそうな人物の中で、誰にアクセスするのが最も効率的だろうか？　キャンベラ・スタジアムでキックオフの笛が鳴《な》る時、リチャードソンはファーウェイの高級幹部や、共にレイダーズの理事会のメンバーを務める元国防相のアラン・ホークと当たり前のように肩を並べて立っていた。

権力を持った人間との慎重な個人的関係の構築は中国人の特技であり、二〇〇五年以降はこれが新たなレベルで体系的に応用され始めている。レイダーズはすぐにファーウェイとのスポンサー契約の有益性を称賛するようになった。これには、同社のスマートウォッチを利用して選手の身体の水分レベルや睡眠、ダイエット、さらには体調面まで二四時間監視するものも含まれ、同社のタブレット端末を使いながら位置情報や動きのスピードまで計測できる＊42。こうした機能は（同社製品を身につけている）政治家にとっても便利なものだ。同クラブのマーケティング担当者によれば、レイダーズの「勇気、リスペクト、首尾一貫性、そしてプロ意識」という企業価値は、「ファーウェイの企業価値と相性が良い」という。

ファーウェイの浸透範囲

アメリカ連邦議会は、ファーウェイに関する報告書の中で、「中国本土に端《たん》を発する、コンピューターネットワークへの高度な侵入の継続的な猛攻撃」を指摘している。その報告書は「中国は悪意ある目的のために通信会社を利用する手段、チャンス、そして動機を持っている」と結論づけた＊43。同社の機器類はオーストラリア国家ブロードバンドネットワークからは排除されているが、それでもボーダフォンやオプタス（オーストラリア第二位の通信会社）、そしてテルストラ（オーストラリア最大の通信会社）を含む他のネットワークには大々的に機器を販売しており[44]、それは他社との競合に優位に立つ、本国からの補助金による支援にも助けられている[45]。

二〇一四年にサウスチャイナ・モーニング・ポスト紙が、ロンドンの内務省がセキュリティ上の懸念から、ファーウェイ製のビデオ会議用機器の使用を排除したと報じている[46]。諜報面からの盗聴リスクのアドバイスに従い、イギリスのすべての省庁はファーウェイ製機器の使用を停止するよう命じられている。ところがオーストラリア政府省庁には同じような禁止命令は見受けられない。

これよりもさらに懸念《けねん》すべきなのは、ファーウェイがビクトリア州と南オーストラリア州の電力ネットワークの大部分を保有しているステートグリッド（国家電網）社と、極めて密接な商取引関係を持っている点であろう。ファーウェイ製の機器を使用しているステートグリッド社は、電力の使用に関する膨大な量のデータを集めることができる。また、すでにインストールされていなくても、オーストラリアの電力網を実質的に運営できているため、それをファーウェイ製のハードウェアにインストールされたソフトウェアに依存させることもできるのだ[47]。

二〇一六年には、ニューサウスウェールズ州の配電ネットワークを管理するオースグリッド社を、ステートグリッド社へ売却する案件が差し止められたが、これはおそらく上記のような懸念によるものであると推測される。結果としてアメリカの連邦議会が警告していたのは、「エネルギー網や金融ネットワークなどの超重要インフラにバックドアのついた機器を埋め込むことは、中国にとって計り知れない武器となる」という点であった[48]。ウェイドは以下のようなレトリック的な疑問によってその全般的な懸念をうまく表現している。

人民解放軍や国家の諜報活動と密接な関係を持つ中国の国営企業が、国の主要インフラを統制する外国投資検査委員会からのお墨付きをもらい、さらにはオーストラリア政府官庁の光ファイバー通信を担当するニューサウスウェールズ州の電信ネットワークを買収することについても承認を得るという事態は、一つの重大な疑問を生じさせる。それは、オーストラリアにおける外国からの投資案件や承認を再考すべき時が来ているのではないか、ということだ*49。

ファーウェイはオーストラリア国内でブランド向上と影響力行使のネットワークを入念に築き上げており、それは現役・元国防相や、元海軍中将、元外相、そして元州知事などに限定されない。政治家への攻勢は気前のよい贈り物や招待旅行に彩《いろど》られている。ターゲットの一例として挙げられるのは、財務副長官ケリー・オドイヤーである。ファーウェイは彼女の選挙区で開催された旧正月（春節）のイベントに、獅子舞の踊り手の費用を負担し派遣している。そして当然のように、サム・ダスティヤリもそのターゲットの一人で、彼は二〇一三年に深圳《しんせん》のファーウェイ本社を訪れている。また、同社はニューズ・コープ（オーストラリアで複数の新聞を発行する米メディア企業）所属の記者グレッグ・シェリダンを無料で中国に招待しているが、これは彼が中国企業にはすべて共産党委員会が存在することを指摘しつつも「ファーウェイの悪評には論拠がない」と述べ、同社はアメリカのサイバーハッキングに対する不安によって無実の罪で敵視されていると示唆する、ファーウェイ社を大げさに絶賛する記事を書いたからだ*50。その後、シェリダンの目からは鱗《うろこ》が落ちたはずだ（かつての私と同じように）*51。

ファーウェイの接待を受けた人々、もしくは取締役会のような地位についた人たちは、決して違法なことをしたわけではない。しかしファーウェイが彼らの立場や評判を使って、自社の評判を底上げし、その成功に貢献させたことに疑いを持つものはいないだろう。

二〇一八年一月にはアメリカの通信大手AT&T社が、顧客にファーウェイ機器の供給を中止した。アメリカの上院・下院の諜報委員会は、連邦通信委員会に対してファーウェイに関する議会報告書に記された証拠を指摘しつつ、さらなる証拠が明らかになったとの内容の手紙を書いている*52。

ハニートラップ

トニー・アボットは二〇一四年、オーストラリアの首相として中国を初訪問した際に、首相補佐官のペタ・クレドリンを連れていった。彼ら一行は中国で「最も盗聴されている」と評判の、世界の高官たちが集まるボアオ・フォーラムに参加した。オーストラリアの政府高官やジャーナリストたちは、訪中前にASIOから、セキュリティに関するブリーフィングを受けている。そこで提案されたのは、いつもとは別の携帯電話を持っていくこと、ホテルの部屋に備え付けの充電器で携帯電話の充電をしないこと、土産の中に入っているUSBメモリーは捨てること、セフティーボックスの中も含めて、部屋にラップトップコンピューターを置いていかないこと、などだ。クレドリンは最初に自分の部屋に入った時、まず注意深く観察した*53。彼女はまず時計付ラジオとテレビの電源プラグを抜いた。するとその後すぐに「ルームサービスです」といってドアにノックがあり、ホテルの従業員が部屋に入ってきて時計付ラジオとテレビの電源プラグを入れ直してから出ていった。クレドリンがまたそれを抜くと、再びルームサービスがやってきてドアをノックした。再び電源を入れ直して出ていったので、彼女はその代わりに時計付ラジオを外の廊下にある電源プラグにつないだ。それからテレビセットはタオルで覆った。フォーラムでは、首相がメディアに対して、オーストラリアは中国の「本物の友人だ」と語ることになっていた*54。

政府高官が宿泊する中国のホテルの部屋では、盗聴器のしかけられた時計・ラジオが唯一の危険物ではない。オーストラリアの政治家が中国に公式訪問するたび、ホテルの部屋に「女性たち」がいるのを見たという話は枚挙《まいきょ》にいとまがない。われわれが聞く事例では、それを見つけた議員は即座に部屋を離れて訪問団のリーダーに報告しているらしいが、報告されない場合は、ハニートラップにかかり、そのまま生涯使われてしまうパターンもあると思われる。諜報専門家ナイジェル・インクスターによれば、ハニートラップは中国のエージェントが非中国人をリクルートする際によく使われる手段だという*55。オーストラリア諜報機関はこのようなケースの「数々の例」を認識している。単なる噂《うわさ》かもしれないが、私自身もオーストラリア政界の元重鎮《じゅうちん》がそのような罠《わな》にかかり、現在は信頼される親中派のコメンテーターとなっているという話を聞いたことがある。

売春婦とのスキャンダル的な写真を撮られることへの恐怖も、ハニートラップの一種だ。恐怖だけでなく誘惑を利用するものもある。北京のために働く中国系女性と、価値ある情報へのアクセスを持っている男性との間の情事、さらに結婚などは、かなりよく知られている。

心を奪われた男というのは、おかしなことをするものだ。二〇一四年、ハワイで二七歳の中国人女子学生が、元米軍士官の国防コントラクターを誘惑したケースがある。付き合い出した直後に、彼は米軍の戦争計画やミサイル防衛に関する機密情報を、学生の彼女に渡してしまっている*56。他にも中国系アメリカ人のＦＢＩ捜査官で、北京のダブルエージェントでもあったカトリーナ・ランが、自分を管理していたＦＢＩ側の上司でロサンゼルス地区の対中防諜部門のトップと性的関係を持ち、この上司は彼女に機密情報を二〇年間にわたり供給し続けていたという話もある。

中国の広範囲にわたるスパイネットワークが、オーストラリアの学者、専門家、そしてジャーナリストたちから情報、とりわけ機密情報を得るために活動しているはずがないと考えるのはナイーブでしかない。中国の諜報機関は人間の「四つの不徳」である情欲、復讐欲、名声欲、強欲を利用することで知られている。アメリカではスパイ行為に関する一連の裁判が行われ、その文書から中国による工作の数々のテクニックが暴かれている。ところがオーストラリアはスパイを起訴しないため、国内でどのような工作が行われているかについての情報は、ほとんど得られていない。

二〇一七年七月、アメリカのフリーランス・ジャーナリストであるネイト・セイヤーは、中国国家安全部に属する諜報機関、上海市国家安全局が、自分をスパイ活動に従事させるため積極的に雇おうとしてきた経緯を、詳細に記している*57。同局は上海社会科学院（SASS）を通じて活動しており、この肩書を隠れ蓑《みの》にして、外国の学者を北京のスパイとして採用するという（中国科学院も同じだ）。セイヤーによれば、「FBIは上海市国家安全局がSASSと密接な関係を持っており、SASSの職員を監視役や評価担当者として利用していると見ている」という。セイヤーの記事が発表されて間もなく、元CIA工作員がヴァージニア州の裁判所に召喚され、スパイ行為を行ったとの判決を受けた。彼は上海社会科学院に所属していると主張する二人の男と会うために、上海まで旅行したという*58。

私自身はオーストラリアの学者やシンクタンクの研究員、もしくはジャーナリストたちがこのような形でリクルートされた証拠を見たことがないが、それでも二〇〇八年にジャーナリストのフィリップ・ドーリングは、オーストラリア労働党の職員が中国の工作員にリクルートされた一件を報じている。この職員は労働党の高級幹部たちの個人情報を提供したり、党内事情に関する報告書を、少額の報酬をもらって書いた*59。二〇〇七年の総選挙（当時、シドニーの中国領事館はケビン・ラッドを支持していた）が近づくにつれて、この職員は閣僚たちの下で働くよう促《うなが》された。彼が閣僚のオフィスで働くにはセキュリティチェックを受けなければならないと気づいた時、ようやくその中国の工作員との関係を断ったという。

セイヤーは中国の諜報活動に詳しいアメリカの専門家の言葉として、「FBIのワシントン地区のオフィスは、中国対策として対防諜部隊を少なくとも五つもっており、それらはシンクタンク、ジャーナリスト、学生、武官、外交官、そして国家安全部と公言する職員たちまでカバーされている」と引用している。このアメリカの報告書は、学者、専門家、そしてジャーナリストたちが頻繁《ひんぱん》にオーストラリアと中国の間を行き来していることに警鐘《けいしょう》を鳴らしている。たとえば「豪中評議会」(the Australia-China Council)は、上海社会科学院にあるオーストラリア研究センターに資金を提供しており、シドニー大学は交換合意を締結している。これは上海社会科学院を訪れたオーストラリアの学者をリクルートしようとしていると考えるのが正確であろう。

フィッツギボン―リウ(劉)不倫事件

一九六三年、イギリスで大きなスキャンダルが発覚した。陸軍大臣ジョン・プロフューモがクリスティン・キーラーという愛人を、ロシアの諜報工作員であるイフゲニー・イワノフと共有していたことが明らかになったからだ。プロフューモ事件は政府の信用を失墜《しっつい》させ、首相の辞任までささやかれ、メディアを何カ月にもわたって騒がせた。結果として、政府のセキュリティの全般的な見直しが行われ、十数冊の本や映画がつくられることになった。アンドリュー・ロイド・ウェバーがこれを題材にしたミュージカルを製作したほどの大事件だった。

二〇〇九年、当時のオーストラリア国防相ジョエル・フィッツギボンは、中国系の実業家である劉海燕《ヘレン・リウ》と「非常に親密」な関係にあると報じられ、後に彼女は中国の軍諜報組織と近い関係を持っていたことが判明した*60。彼女は豊富な資金をもつ不動産投資家でもあり、オーストラリア労働党に多額の献金を行っていた。この一件を報じたリチャード・ベイカー、フィリップ・ドーリング、そしてニック・マッケンジー各記者たちによれば、フィッツギボン国防相が首都キャンベラに滞在する時は、劉海燕《ヘレン・リウ》の妹クィーナ(Queena)の所有するタウンハウスを借りているという。

軍の諜報系職員たちは非公式のセキュリティ調査の結果、劉海燕《ヘレン・リウ》が人民解放軍の総参謀部第二部とつながりをもっていることを突き止めた。この部署は、海外の軍事、政治、そして経済に関する情報を、人間を通じた諜報（ヒューミント）を通じて集めている*[61]。他にも懸念すべき理由として挙げられたのは、フィッツギボンが国防相になる前、ファーストクラスを使って二度も中国にお忍びで訪問していた点だ*[62]。ある国防省幹部によると、この問題に関する非公式な報告書の内容が上層部に上げられたが「あまりにスキャンダラスだった」ため、もみ消されたという。当時の首相はケビン・ラッドだったが、彼は劉女史と食事を共にしたと報じられており、フィッツギボンに辞任を迫らなかった。そしてわれわれの知る限り、劉とフィッツギボンのペアはASIOの捜査対象になっていない。

　劉海燕《ヘレン・リウ》と中国の諜報機関とのコネクションは、さらに深いものであることが判明している。二〇一七年には彼女の会社が、中国のスパイ活動の隠れ蓑となっている香港企業に、多額の支払いをしているのだ。ベイカー、ドーリング、そしてマッケンジーの記事によれば、この企業のオーナーである劉超英《リウ・チャオイン》(Liu Chaoying) は、かつて人民解放軍の中佐であり、ミサイルや人工衛星に関する技術の調達担当だったとされ、現在もそうではないかという*[63]。彼女は劉海燕と個人的に親しい関係で、アメリカ当局にもよく知られた存在であった。彼女は一九九〇年代半ばの「チャイナ・ゲート」、つまり中国の諜報機関から支払われたと思われる巨額のカネが、影響工作の一環としてビル・クリントン財団に振り込まれた事件に大きく関わっていたからだ。劉海燕は劉超英を知っていることは認めたが、彼女が諜報機関と関わりを持っていたことについては何も知らないと答えている。その間も劉海燕は、ニューサウスウェールズ州の労働党やフィッツギボンの選挙資金団体に多額の献金を行っている。ただしベイカーたちは「フェアファックス・メディアは、フィッツギボン氏が他に申告の義務のあるものを劉女史から受け取ったことを示唆しているわけではない」と記している。

　一国の国防相が中国の諜報工作員と近い関係にあ

るという、明白なセキュリティ上の疑惑があるにもかかわらず、あまり注目されていないのは、オーストラリア人が中国全般に関していかにナイーブな見解しか持っていないかを物語っている。ほとんどのジャーナリスト、編集者、政治家、そして批評家たちは「中国がスパイを浸透させるほどオーストラリアに関心を持っているわけがない」と考えていた。この案件は、これ以上捜査する価値がない、偶然の出来事として扱われた。オーストラリアの二大政党のトップの政治家たちは、中国との関係が悪化するという理由や、オーストラリア国内で反中的な感情を扇動してしまうという理由で、シドニー・モーニング・ヘラルド紙を発行するフェアファックス・メディア社に対して、フィッツギボンと劉の問題を報じないように働きかけている。もちろんこの二つの理由については、彼らの懸念は正しかったのかもしれないが、同時に両党とも劉女史と深い関係を持っていたため、隠しておきたいと考えていたことも確かなのだ。

劉海燕は一九八九年の天安門事件当時、シドニーに留学していた。民主化運動の活動家たちによれば、彼女は当時、反北京デモに参加していたが、その後に行方をくらませ、数年後に豊富な資産を持つ実業家となって再び姿をあらわしたという*[64]。それからすぐに明らかになったのは、彼女が中国と強いコネクション——とりわけ共産党の高級幹部たちと——を持っていることであった。二〇〇〇年代半ばには周澤栄《チャウ・チャクウィン》と共にACPPRC（中国平和統一促進オーストラリア評議会）の名誉会長に就任している。

二〇〇九年にフィッツギボン案件が明るみに出ると、ボブ・カーはすぐさま劉海燕《ヘレン・リウ》の擁護を表明し、彼女がオーストラリアにとってセキュリティ・リスクであるかのように語るのは「恥ずべきこと」だと主張している。彼女がミステリアスな女性だという議論について、カーは「ミステリアスという意味では他の女性と変わりがない」と述べた*[65]。カーと彼の妻ヘレナ（マレーシア出身の中華系）は劉と親密な関係にあった*[66]。この時点で、中国の国営企業も株式を保有していた劉の会社は、ニューサウスウェールズ州のオーストラリア労働党に九万ドル以上の献金をしていた。リークされた文書には、劉が中国銀行を通じた北京への報告の中でフィッツギボンを買収できたと述べていたと示唆され、彼女は「われわれが彼に支払った資金には価値があった」と記していたという*67。

この本を書いている時点では、移民局は劉海燕に、どのような状況でオーストラリアの市民権を得たのか聴取《ちょうしゅ》したいとしている。どうやら彼女は一九八九年に学生ビザで入国している最中に、偽装結婚して不正に永住権を獲得したようだ。これに関わった人物として、ナイーブなオーストラリア人女性がいて、彼女は劉の中国人のボーイフレンドと結婚し、彼女の本当のボーイフレンドは劉と結婚したことを告白している*68（劉はこの「夫」と数年後に離婚している。どうやらこれは彼女が新たに獲得した資産の半分の権利が、彼にあることに気づいたからだと推測されている*69）。

劉海燕《ヘレン・リウ》の結婚の正当性に関する疑問は、二〇一二年に当時野党だった自由党の「影の移民相」であったスコット・モリソン（その後財務大臣、二〇一八年から現在まで首相に就任）によって移民局にもたらされた*70。ジャーナリストであるベイカーらは、移民局が当時の移民相だったクリス・ボウエンのオフィスと相談した後、劉の結婚に関する情報公開を拒否したと記している*71。

ハイクビジョン（海康威視数字技術）

二〇一六年九月、ロンドンのタイムズ紙は一面トップで、中国政府にコントロールされているハイクビジョン社（海康威視数字技術）が、監視カメラのマーケットで急速にシェアを拡大していると伝えている*72。ハイクビジョンのカメラはイギリス国内で一四パーセントのシェアを獲得し、様々な政府関係のビルや、ロンドンのスタンステッド空港とグラスゴー空港、そしてロンドンの地下鉄に設置されている。政府関係者は、この監視カメラがネットに接続可能になっていれば、データが北京に供給されると懸念している。タイムズ紙は、ハイクビジョンは人民解放軍の監視部門から発展した組織で、国有銀行からの非常に低金利の借入金を元にした事業戦略で競合相手を打ち負かして、急激にシェアを拡大してきたと指摘する。

ハイクビジョン（Hangzhou Hikvision Digital Technology）は今や、世界最大の画像監視関連機材の供給者となっている*73。同社は二〇〇一年創立の国営企業で、政府の研究機関から発展したものだ。同社は大規模な国営技術企業である中国電子技科集団（CETC）の傘下にある（ちなみに同社がシドニー工科大学に浸透している状況については本書第十章で論じる）*74。陳宗年会長は同社の党委書記も務めている。彼は「ハイクビジョンの夢」と「中国の夢」を共に実現することを、社員に強烈に鼓舞《こぶ》している*75。二〇一五年に習近平国家主席は、杭州《こうしゅう》を視察で訪れた際、はるかに有名なアリババ社ではなく、ハイクビジョンの本社を訪れた。習主席は同社の研究開発部門のトップである浦世良《プー・シリャン》（Pu Shiliang）と面談したが、この人物は中国の安全保障部門の頂点である公安部のテクノロジー研究所のトップも務めていると報じられている。公安部は大規模なビデオ監視計画を推進中で、中国国内の反体制派の鎮圧《ちんあつ》や、拷問《ごうもん》を含む大規模な人権侵害を行っている*76。

ハイクビジョンの最先端カメラは、霧の中でも車のナンバープレートを認識することができ、高度な顔認証テクノロジーを使って特定個人を追跡することも可能だという。アメリカでは、空港、刑務所、そして学校、さらにはミズーリ州の軍事基地で同社の機器が設置されているが、専門家の中にはこのような状態に警告を発する人物も出てきた。ある人はアメリカ政府に対して「これらの機器の一つがインターネットに接続されるたびに、あなたのデータが中国国内の三つのサーバーに送られることになる。この情報を元にして、北京政府はあらゆるカメラシステムにいつでも侵入することができる」と書いている*77。他の業界リーダーたちはそれほど懸念していないが、監視ソフト会社の大手であるジェネテック社（Genetec）はハイクビジョン（もしくはファーウェイ）への供給をセキュリティ面での懸念からやめると告知している。そのような批判に対してハイクビジョンは、冷戦思考だと非難している。

ハイクビジョンは二〇一三年、オーストラリアで子会社を設立した。それ以降、キャンベラのセキュリティ専門家の言葉を借りれば「驚くほど安い（ネットに接続可能な）IPカメラ」のおかげで、急成長するマーケットのシェアを年々拡大している[*78]。同社はすでに、オーストラリアのビデオ監視関連機器の最大の供給元になっている可能性がある。この同じ専門家は、たしかにハイクビジョンのカメラは民間の商業施設や学校、アパートのような場所の監視用として人気だが、空港や（少なくとも首都キャンベラの）政府関連のビルを監視する高度な用途への使用には質が劣るとしている[*79]。ハイクビジョン社は、自社製のカメラとトップブランドの差は埋まりつつあると述べている[*80]。同社のカメラはほとんどの場合、すぐそばに設置されたサーバーと常時接続しているが、画像は世界中のあらゆる場所のサーバーに転送される可能性がある。

あるオーストラリアのサプライヤーは、貿易関連の雑誌がハイクビジョンと中国共産党との関係を明らかにした記事を読んで、取引を停止している。私自身がインタビューした専門家たちも、発言を録音されることには気乗りしない様子だったが、全員がハイクビジョンの疑惑について認識していた。販売店がハイクビジョンのカメラを販売していなかったとしても、オーストラリアの監視カメラのトップブランド——スワン（Swann）やハニーウェル（Honeywell）を含む——のほとんどは、中国で作られたハイクビジョン製品を、ブランド名だけ付け替えて販売している（カメラの製造元を公開していないブランドもある）[*81]。ハイクビジョン製品も扱う、監視カメラの国内最大サプライヤーのある会社の人が私に教えてくれた情報によると、彼の顧客たちはハイクビジョンを使用するリスクを認識しておらず、これは政府機関も同じだという[*82]。そのような話が出ると、ほとんどの人は陰謀論だとして取り合わない。中国の浸透工作の深化を、警戒感を高めつつ観察している、あるセキュリティ・監視分野の専門家は、オーストラリア国民の現状は「眠ったゾンビ」だと表現したほどだ。

二〇一七年三月、専門家たちはハイクビジョンが自社の監視カメラに「管理者権限レベルのフルアクセス」を許す「バックドア」を仕込んでいたことを突き止めている。ハイクビジョンはそれを断固として否定したが、アメリカの国土安全保障省はこの報告を確認し、ハイクビジョンのカメラには最悪のセキュリティ上のリスクがあるとしている[*83]。二〇一七年五月に同省は、ハイクビジョンのカメラにハッキングすることで、ネットワークの機微《きび》な情報にアクセスする、悪意を持った侵入者の存在を警告した[*84]。ハイクビジョンのカメラは「最弱の鎖」と見なされているのだ。

私はセキュリティ業界のある幹部の人に「中国政府はハイクビジョンのカメラを通じて、それが設置されたビルをスパイすることができるか」と質問したことがある。彼の答えは「もちろんスパイ行為に使えます」とのことであった。二〇一六年に配信した一連の調査記事の後、IPVMという貿易関連のニュースサイトは「世界は中国共産党に支配された組織が、ビデオ監視システムの供給者だというリスクを真剣に考慮すべきだ」と結論づけた[*85]。ところがハイクビジョンの監視カメラは政府から何のコメントもないまま、オーストラリア中で設置され続けている。

サイバー窃盗

二〇一五年末、オーストラリア気象庁のコンピューターシステムが「大規模」なサイバー攻撃にあった結果、悪意あるソフトウェアがインストールされてしまった[*86]。単なる天気予報を行う機関に対して、そんな大きなダメージを与えても意味がないと考える人は多いだろうが、実際のところ気象庁というのは「広範囲な環境関連の諜報機関」と、とらえてもいい存在だ*87。ここから出てくる情報の成果は、天気予報や気候変動の研究調査の最先端のものなのだ。さらに言えば、ここにあるスーパーコンピューターは政府各部門の機微なシステムとつながっており、その中には、オーストラリア軍の部隊を展開させている世界中の地域の気象情報を毎日受け取っている、国防省のものも含まれる。もし中国と紛争が発生した時には、天気予報に関する能力の妨害は戦略面での大きな優位となる。ピーター・ジェニングスによれば、気象庁はハイセキュリティの部局へアクセスする際の「最も脆弱《ぜいじゃく》なリンク」で*88、中国のトップシークレットのサイバーエージェンシーである六一三九八部隊などの格好の餌食《えじき》となる。この二〇一五年のサイバー侵入案件でのダメージを修復するのには、何十万ドルものコストが必要だと言われている。

二〇一六年後半には、オーストラリア国立大学の国家コンピューターインフラセンター（ＮＣＩ）が、北京政府も株を所有している中国企業レノボ社のハードウェアとソフトウェアの導入を決めたことで、セキュリティ上の懸念が指摘された*89。アメリカ国防総省は、隷下《れいか》の各機関にレノボの機器の使用を禁止するよう警告している*90。オーストラリア国立大学の施設には、気象局、科学産業研究機構（ＣＳＩＲＯ）、ジオサイエンス・オーストラリアなどが入っている。ＮＣＩのある人物が教えてくれたのは「（現状では）いずれ機密は漏れてしまう」とのことだった。というのも、中国製の機器はあらゆるところで使われており、彼のような専門家は、常にシステムが浸透されているものと想定しているからだ*91。できることといえば、ハッキングしたユーザーの侵入をいかに制限するかだけである。

中国の劇的な経済成長がどれほど外国の技術に依存しており、しかもそのほとんどがかなり怪しい手段で獲得されたのかについて、よく理解されているとは言いがたい。中国がハイテク経済に向かうにつれ、その依存度はさらに高まっている。中国の第一三次五カ年計画で強調されているのはこの方向性や、そのためのテクノロジー獲得のやり方だ。中国は科学技術に関連する教育に莫大な資金を投入しているが、習近平はまだ中国が海外のテクノロジーに依存しすぎていると不満を漏らしている*92。このギャップはあまりにも深刻であり、アメリカのシンクタンクのサイバーセキュリティの二人の専門家は、中国の経済計画では大規模な国家支援による盗みが前提とされていると結論づけている*93。

中国の今後の経済成長における西洋のテクノロジーへの依存は、二〇一三年の日本の新聞に掲載された、中国とのテクノロジー面でのつながりを作るシリコンバレー中国人海外ビジネス協会（ＳＣＯＢＡ）の幹部を務めるジャック・ペン（Jack Peng）というＩＴエンジニアへのインタビューでも明らかになっている。

もしわれわれ（海外の中国系学者）たちがアメリカから離れ、全員が中国に帰国してしまったら、中国の発展は止まってしまうはずです……中国はわれわれのような海外で暮らす者を必要不可欠とみなしています。われわれにまで手を伸ばして、本国でその研究成果を花開かせようとしているのです……われわれのほとんどはＳＣＯＢＡを通じて中国政府のアドバイザーを務めており……全員がフルスケールの協力システムの中に入っているのです*94。

オーストラリアでも、その他の技術先進国と同じように、サイバー窃盗が大きな問題となっている。ロシアは中国よりもうまいやり方をしているが、中国はなんといってもその回数が多い。中国が独特なのは、商業的な情報を盗むための体系的な計画を、長年にわたって実行していることで、この計画は中国政府によって計画され、実行され、支援されている。知的財産の窃盗はアメリカとオーストラリアでは長い歴史を持つものの、諜報機関が企業をスパイするのは、中国とは違って違法なのだ。中国が明示的に狙うのは、自国のテクノロジーやエンジニアリングの能力を、他国の研究実績を拝借《はいしゃく》して築きあげようとすることだ。

アメリカ軍のサイバー軍はこの溢《あふ》れんばかりの窃盗について「史上最大の富の移管」と表現している[*95]。ある信頼の高い情報源の推測によれば、アメリカ経済における知的財産の窃盗による損失は、年間六〇〇〇億ドルにも及び、その最大の容疑者は中国である[*96]。

ＦＢＩのサイバー犯罪部門の代表を務めたことのある人物は、あるアメリカの企業が十年間かけて集積した十億ドルの研究成果のすべてを、ハッカーたちがたった一晩で盗んだ実例を教えてくれた。盗まれているのは軍事・商業的な情報だけではない。二〇一四年から一五年にかけて、中国国家が支援する「ディープ・パンダ」と呼ばれる組織が、健康保険業界のコンピューターにハッキングし、八〇〇〇万人分のアメリカ人の患者の情報を盗み出している。これは個人情報の調査資料や、狙った人物を脅すための情報として使うことが可能だ[*97]。別の国家支援組織であるアクシオム（Axiom）も、エネルギー関連企業や気象関連サービス、メディア、ＮＧＯ、そして大学などにハッキングを行っている[*98]。最も簡単なのは、内部の「悪意のある個人」を説《と》き伏《ふ》せて、Ｅメールに添付されているＺＩＰファイルを開けさせるだけでいい。そうすれば「ポイズン・アイビー」や「ハイキット」のようなマルウェアを組織のシステムにインストールさせることができる。

アメリカはサイバー面での脅威の性質や規模、さらにその対処の仕方などについて、実に率直な態度をとっているが、オーストラリア政府はつい最近まで国民に何も明かしてこなかった。現在はこの話題について語るようになっているが、それでも中国の名前は出していない。おそらく従来のように、北京を怒らせない方針のままのようだ。アメリカ政府はかなりの数の人間を産業・軍事スパイなどの疑いで起訴しており、そのほとんどが中国系である。ところがオーストラリアでは誰も起訴されておらず、その理由の一つに、オーストラリアの国内法が弱いことや、そうする意欲がそもそもないことが挙げられる。気象局がハッキングされた時も、政府は中国が犯人であることはほぼ確実であるにもかかわらず、そのような指摘をしようとしていない。

ほとんどの企業は、自社のサイバーセキュリティの甘さを開示したり、自分たちの知的財産の窃盗被害を公表することで、株主を怖がらせるようなことはしないものだ。ところがその例外がコーダン(Codan)社である。アデレードに本社をおくこの通信・鉱山技術会社は、高度な金属探知機を製造して世界中で販売していた。二〇一三年から一四年にかけ、この部門の売上が爆発的に伸びていたが、突然、売上が止まった。後に判明したのは、中国で廉価版《れんかばん》のコピーが作られ、アフリカで大量に売られていたということだ[*99]。

コーダン社のある幹部が二〇一二年に中国を訪問した時、彼のラップトップがホテルのWi-Fiにログインしている際にハッキングされた。彼はマルウェアが仕込まれたパソコンをオーストラリアに持ち帰り、そのウイルスが本社のシステムに感染することになった。これによって金属探知機の設計図が盗まれたのだ(中国を訪問する政府職員は、ホテルのWi-Fiを避けるだけでなく、携帯電話を自宅に残して、ホテルの部屋にあるセフティーボックスも使わないようアドバイスされている)。コーダン社はASIOの職員がやってきて、自社のコンピューターシステムが侵入されていると知らされるまで、その事実にまったく気づかなかったのである。

このようなケースで最も気がかりなのは、オーストラリア政府の反応である。コーダン社のCEOであるドナルド・マクガークは連邦政府に問い合わせ、ハッキングした人間を捜査し起訴してくれと頼んだ。ところが彼は「自社で対処してほしい」と言われたという[*100]。政府は中国と自由貿易協定の交渉中であり、このようなうしろ暗い話題によって友好的な雰囲気を壊したくなかったらしい。北京と問題を起こす恐怖は、オーストラリア政府の中国との交渉で常に出てくる問題だ。北京とその下位組織は、どのタイミングで大げさな芝居を打って、オーストラリアの文化面での弱みを利用すればいいか心得ている。コーダン社は独自に犯人を追及せざるを得ず、最終的には中国内の探偵会社の助けを借りることになった。

コーダン社は金属探知機だけでなく、軍の装備品も製造している。たとえば同社の携帯用無線は、暗号化されたメッセージを長距離届けることができ、オーストラリア軍の訓練や作戦、さらにはアメリカやイギリス、そしてオーストラリアの国境警備などで広く使われている。ＡＳＩＯがコーダン社に接近してきたのはこれが理由だった。オーストラリアのすべての防衛関連企業は中国にとって価値の高いターゲットである。敵の通信システムの会話を盗聴することは、軍事的にも最高度の優先事項で、これは最後の伝書鳩が引退した時から変わっていない（鳩の奪取は何度も試みられている）。輸出には政府の許可が必要だ。そしてマルウェアが本当に盗もうとしていたのは、野外通信機の設計情報だった＊[101]。中国の国防戦略は、優位なアメリカという敵の通信・監視能力の妨害に大きく依存しているのだ＊[102]。

スパイたちが先端素材やナノテクノロジーなどの研究分野をターゲットにしているのは当然のように思えるが、農業などの分野も安全とは言えない。二〇一六年にアメリカ政府は、遺伝子組み換え種子に関心を持つ中国のビジネスマンに注意するよう警告している＊[103]。北京政府の支援を受けたスパイネットワークが、アイオワ州の農場から種子を掘り出して中国に送っていたことが判明している＊[104]。アメリカ当局はこれを単なる犯罪ではなく、国家の安全保障に関わる案件として起訴している。先端食品テクノロジーの窃盗が多数報告されており、バイオテクノロジーは何十億ドルもの研究計画の成果だからだ。これらの事例はオーストラリア農業における中国からの投資――ジョイントベンチャーを含む――の増大に新たな一面を加えることになったのだ。

人種プロファイリング

アメリカ当局は「人種プロファイリング《レイシャル》」と非難されるのを恐れて、北京へのスパイ捜査で慎重に行動しなければならなくなっている。スパイたちのほとんどは中国系だ*105。アメリカ国内の北京と関係を持つ組織は、アメリカ当局に対して遠慮せずに「人種プロファイリングを行っている」と非難するが、彼らはオーストラリアでも「外国人恐怖症《ゼノフォビア》」という言葉を使って批判者を沈黙に追い込んでいる。アメリカではかなり勝てそうなケースでも起訴断念に至っているが、これは政界トップがこの種の非難に神経質になっているからだ*106。皮肉なのは、中国という一党独裁国家が海外へ展開する際に、人種――つまり人種プロファイリング――を土台にしている点だ。つまりこれは冷戦期のようなイデオロギーではなく、肌の色が重要であるということだ。

もちろん中国は西洋のリベラル派の敏感さに最大限つけ込もうとしており、その「代理人」や「擁護者」たちに対して、人種差別《レイシズム》というカードを使いながら、スパイ行為という非難がいかに誤っているかを指摘するよう勧めている。さらに皮肉なのは、北京の諜報機関自身が「危険な愛」というタイトルの漫画のポスターを使いながら、国民に対してスパイ行為への注意を喚起するキャンペーンを開始したという事実だ。これは若い女性公務員たちが、「客員研究員」のようなハンサムな西洋人に誘惑されるリスクを警告したものだ*107。もしオーストラリアの司法長官が、自国の公務員たちに中国系の女性に誘惑される危険性を訴える漫画を出版したら、たちまち大騒ぎとなるはずだ。

中国大使館や領事館は微妙な立場にある何百、いやおそらく何千人もの中国系オーストラリア人たちを操《あやつ》っている。たとえばアレックス・ジョスクがインタビューしたキャンベラの法輪功の信者などは、彼の妻の親友に突然連絡を断たれたと証言している。後にこの友人は「オーストラリアの市民権を持ち、公務員として務めているにもかかわらず、北京政府にそのようにせよと強制された」と認めた*108。このような中国系オーストラリア人も、犠牲者なのだ。

サイバー戦士たち

二〇一六年、連邦政府は新しいサイバーセキュリティ戦略を発表したが、ここではオーストラリアをサイバー脅威から守るため、予算の増額やスタッフの増強、方針の強化などが謳《うた》われている。新たに強化された「サイバーセキュリティセンター」は、トップシークレットの存在であるオーストラリア参謀本部国防信号局（ASD）によって指揮統制される予定だ。サイバー犯罪への対処は、国防分野では数十年に一度の大事業だったが、これに加えて政府は軍全体の改革も始めている。これにはオーストラリアを敵対的な攻撃から守る任務の他に、敵に対するサイバー攻撃能力を持ったサイバー戦部隊の構築も含まれている。この組織のトップは、従来の陸海空という三軍種のトップと同レベルになると言われている。

サイバー戦において新たに強調されたのは、大きく見れば二〇一四年に、中国が人民解放軍は「サイバー優勢」を達成すると宣言したことへの対処である。たしかにオーストラリアは部隊や装備では中国にかなわないが、正確に狙いを定めたサイバー攻撃であれば大きな損害を与えられる可能性がある。私はアメリカで、オーストラリアのサイバー戦の主要な担い手たちがピーター・シンガー（アメリカ人政治科学者、有名な哲学者とは別人物）たちの書いた『中国軍を駆逐せよ！』（Ghost Fleet：邦訳は二見文庫）を読んでいると聞いた。この小説は「筋金入りの調査研究に基づいたもの」であり、中国のサイバー戦能力の優位によって、アメリカの人工衛星システムやコンピューターネットワークを乗っ取られ、敗北して占領されるという内容だ。これはつまり、外国の諜報機関が将来の破壊行為のために、すでにマルウェアを仕込んでいると信じられている現実を暴いている*109。

すでに民間労働市場ではサイバー分野のスキルを持つ人材が枯渇《こかつ》しているにもかかわらず、オーストラリア軍がサイバー能力を強化すると表明したため、さらに一〇〇人ものサイバーセキュリティ専門家がすぐに必要となり、その数は今後一〇年間で九〇〇人になると言われている[*110]。これだけの人材を本当に確保できるのだろうか？　ビクトリア州・メルボルン近郊の公立大学、ディーキン大学は、オーストラリアで数少ないサイバーセキュリティ専攻の学士と修士コースを提供している。その卒業生たちは政府機関やＣＳＩＲＯのような科学機関、そしてオーストラリア軍に就職することを期待されている。同大学のサイバーセキュリティ研究イノベーションセンター（ＣＳＲＩ）は「業界や政府との共同研究を通じて、大規模なサイバーセキュリティの脅威からの防護を提供するために活動している」という[*111]。ところがこのセンターは中国系の研究者で溢《あふ》れかえっている。ウェブサイトに掲載されている十人の教員のうちの六人は中国出身で、これにはセンターの代表を務める項陽《シアン・ヤン》(Xiang yang)教授も含まれている。

ＣＳＲＩの代表である項陽教授はディーキン大学で博士号を取得し、同時に同大学のネットワークセキュリティ&コンピューター研究室（ＮＳＣＬａｂ）の代表でもある。この研究室の資金の一部はオーストラリア研究会議（ＡＲＣ）から出ている。この研究室はオーストラリア気象庁の共同研究機関だと記されてているが、ここは前述した二〇一五年の中国からとみられるサイバー攻撃のターゲットとなった組織だ[*112]。ＮＳＣＬａｂのウェブサイトには、オーストラリア軍大学（ＡＤＦＡ）の胡建坤《フー・ジァンクン》(Hu Jiankun)教授が運営するサイバーセキュリティ研究所を、唯一の「姉妹研究所」としてデータを共有しているという[*113]。

項陽教授は西安電子科技大学と密接な関係を持つ。二〇一七年、彼は北京政府から「長江学者賞」を受賞し、これには西安電子科技大学の教授職を与えられることも含まれていた。彼の受賞はＣＳＲＩでも大々的に取り上げられ「サイバーセキュリティの連携にとって大きな追い風となる」と称賛された[*114]。次章でも見ていくが、西安電子科技大学は人民解放軍と密接なつながりを持ち、同窓会や学術交流などを通じた海外のネットワーク拡大に強い関心を寄せている。西安電子科技大学は中国でもコンピューターサイエンスや暗号学の研究機関としてトップクラスの学校の一つで、近年にはサイバーエンジニアリングの学校を開校したばかりだ＊115。

ただし、本書で名前の挙がったすべての中国系の科学者や、項陽のようなオーストラリアの大学や研究所で働いている人の記述について、以下の点に注意すべきだ。それは、彼らの全員が、オーストラリアを利用して人民解放軍や諜報機関に貢献するように動いているわけではないということだ。それでも中国人民解放軍や諜報機関とつながった研究者たちと連携する事実、オーストラリアを犠牲にして北京政府の利益になるリスクは存在する。彼らの人民解放軍の研究者たちとの連携という事実は、もちろん自動的にオーストラリアに忠実ではないということにならない。なぜなら彼らは国際的な科学分野における文化にあるように、共同で科学の発展に貢献しているという意識を持っているかもしれないからだ。

項陽は少なくとも二〇一五年の時点から西安電子科技大学の「綜合業務網理論・核心技術国家重点実験室」客員教授となっている＊116。この研究室の学術委員長は于全《ユ・クアン》（Yu Quan）で、人民解放軍統参謀部第六十一研究所のチーフエンジニアを務めたこともあり＊117。これは元米陸軍の専門家によれば「人民解放軍の情報技術研究の主要センター」であるという＊118。于全は人民解放軍のテクノロジー開発に貢献したとして、軍事テクノロジー関連の賞を六回も受賞している＊119。同実験室主任の高新波《ガオ・シンボ》（Gao Xinbo）は三度にわたって軍事装備計画に関わっており＊120、二〇一六年には国家科学技術賞で第二位受賞という栄誉に輝いている＊121。

項陽は西安電子科技大学の「111プロジェクト」（世界のトップ100大学・研究機関から1000人以上の科学者を招き、国内に合同研究チームを約100ヶ所設立するという国家プロジェクト）の一つである「移動互聯網安全・学科創新引智基地」（Mobile Internet

Security Innovation Talent Recruitment Base）の、海外専門家の一人である。ちなみにこれは北京政府のテクノロジー強制移転やイノベーション計画に属するものだ。このプロジェクトのために設置された「網絡与信息安全学院」は通信・インターネットセキュリティの第一人者である沈昌祥《シェン・チャンシャン》（Shen Changxiang）が代表を務めた（執筆当時。現在の執行院長は同大学の李《リ・》暉《ホイ》教授）。沈昌祥は人民解放軍海軍の少将も務めている[*122]。彼は中国海軍から「科学・技術の分野では理想的な労働者」としてその功績を讃えられており、一七の軍事技術関連の進展への貢献で受賞し、人民解放軍海軍の「海軍艦艇機要技術研究所」（Classified Warship Technology Research Institute）にも務めている[*123]。彼の研究分野での成果は「軍事面で広範囲に利用できるもの」と説明されている[*124]。

ディーキン大学の項陽教授が西安電子科技大学の教授職を引き受けた際に、彼はサイバーセキュリティの分野や人材発掘の面で積極的な助言や指導を惜しまないと約束しており、同大学において新たに偉大な学術面での成功を実現したいと述べた[*125]。

オーストラリアが将来、サイバー戦の司令部をつくるための訓練場として、ディーキン大学をしのぐ存在となりつつあるのがオーストラリア軍大学（ADFA）であり、国内のどの大学よりも充実したサイバーセキュリティ関連の育成コースを提供している。次世代のサイバー戦の専門家の大部分は、ここで育成されることになる。二〇一六年に同大学は「サイバーセキュリティ」、「戦略と外交」、そしてさらに「サイバーセキュリティ諜報活動に必要な高度なノウハウ（advanced statecraft）」という三つの修士号のコースを設置し、これはオーストラリアのスパイ機関へのキャリアを想定したものだ。同大学は「オーストラリア・サイバーセキュリティ・センター」も学内に招《まね》いており、ここではオーストラリア軍将校たちの中でも、サイバーセキュリティの最先端ツールを研究する、博士課程の人間を育成している。オーストラリア軍大学のサイバーセキュリティ研究や教育は、オーストラリアのサイバー戦能力の向上が図られていることが明確であるため、中国側にとって、浸透のターゲットとして非常に魅力的な対象となっている。中国は何年かにわたってここの博士課程に学生を入学させ、ポスドクの研究員として働かせるよう送り込んでいる。彼らは同センターのコンピューターシステムにアクセスできるようになり、さらに重要なのは、オーストラリア軍や諜報機関などの将来のリーダーたちと人脈づくりができる点だ。

二〇一五年、同大学サイバーセキュリティ担当の胡建坤教授が、中国大使館で中国人学生たちに対し、奨学金が「中国に帰国して多くのチャンネルを通して国家のために貢献してくれるように励ます」ことになると述べた[*126]。胡教授は国家安全部や、北京にある暗号科学技術国家重点実験室（the State Key Laboratory of Cryptology）の専門家たちと共同研究を行っている[*127]。彼はまたハルビン工業大学や北京航空航天大学の研究者たちと多くの論文を発表しているが、この両校は「中国において最も秘密主義でミステリアスな研究大学」の中の五校に入っている[*128]。

オーストラリア軍大学はキャンベラ空港に近いドゥントルーンの王立軍事大学に隣接しているが、私が訪れて驚いたのは、スーツを来た中国人の団体がそのキャンパスを歩き回って写真を撮影していたことだ。ニューサウスウェールズ大学のような他の大学キャンパスと同じように。

ここにはセキュリティがあるようには見えなかった。しかも構内の廃棄《はいき》された文書の処理を含む清掃業社のスタッフは、中国系によって占められていた。私がオーストラリア国内の中国共産党のスパイ活動の専門家と、オフィスの中で話をしていた時、中国系の清掃係が入ってきてゴミ箱の中身を処分していた。しかもこの大学には中国学生教授会（ＣＳＳＡ）の支部もある。他国ではＣＳＳＡはスパイ活動を行っていると非難されているにもかかわらずだ[*129]。

ジェームズ・スコットとドリュー・スパニエルは『中国のスパイ帝国』（China's Espionage Dynasty、未邦訳）という著作の中で、中国人の修士・博士号課程の学生たちは、科学・テクノロジー系の研究室で大学のシステム――もしくは研究プログラムのネットワーク――にウイルス感染したUSBを差し込むことで、マルウェアをインストールするよう圧力をかけられている可能性があると主張している[*130]。二〇一一年にFBIが発表した、アメリカの大学へのスパイ活動に関する報告書では、海外留学生（中国からだけではないが）の中には共同研究を行うために送り込まれ、ある程度のポジションと信頼を得てから、情報を抜き取っていく者がいると警告している[*131]。その一例として、報告書ではベルギーに亡命した元CSSAのメンバーが「一〇年にわたってヨーロッパ中の産業スパイのエージェントたちと連携していた」と告白したことを挙げている。そしてターゲットとされた教授は、まず身元を特定され、その「動機、弱み、政治思想や野望」について綿密に調査されるというのだ。それから友人として近づかれたりリクルートされたりするのだが、時には情報を素直に提供してくれることもあるという。懸念を強めたアメリカ国務省は、二〇一六年に研究プロジェクトや国防関連技術やエネルギーエンジニアリング、さらには航空宇宙などの分野における留学生の受け入れを禁止する提案を行ったほどだ[*132]。これと比べてオーストラリア軍大学はあまりにも無頓着《むとんちゃく》なように見える。

第九章
「悪意あるインサイダー」と科学機関

「一万人の華僑動員」

中国の影響工作の司令は、国家の最上部である中国共産党政治局によって作成され、それが党中央委員会に下りてくる。そこから責任が二つに分断され、国務院僑務弁公室と中央統一戦線工作部に分けられる*1。彼らはそれぞれ異なる役割と機能を持っているが、オーストラリアをはじめとする国では大使館や領事館を通じて連携が図られる。この体制を通して北京はオーストラリアの中国系の人々の隅々《すみずみ》まで影響力やコントロール、そしてスパイ工作を及ぼすのだ。この工作には中国系コミュニティーそのものへのスパイ活動も含まれる。とりわけここで明記しておかなければならない事実は、中国共産党が海外移住者たちを使って、内通者《ないつうしゃ》や情報提供者、そしてスパイをリクルートしたり、無意識の工作員となって影響力を行使する人物を取り込んだり、カネを払って雇ったりしている点だ。これら全体が、対外政策のための効果的なツールとして機能している。オーストラリア保安情報機構《ASIO》の二〇一六～一七年度版の年次報告書では、名指しはしていないものの、明らかに中国の脅威を意識していることがわかる。その中では「われわれは外国勢力が、自国の政治目標を達成しようとして、秘密裏にオーストラリア国民たちやメディア組織、そして政府の職員たちの意見を変えようとしていることを認識している」と述べている*[2]。そこではオーストラリアの民族コミュニティが、中国への批判を封鎖する狙いをもつ、隠密の影響工作の対象となっていると書かれている。過去の報告書でもＡＳＩＯは「コミュニティ団体、ビジネス・社会団体」に対する外国からの影響工作を警告しており、とりわけ「移民コミュニティに対する監視、強要、脅迫」を強調している*[3]。どの国を意識しているかは明らかだ。

　ところがＡＳＩＯの能力のほとんどは対テロ工作にまわっており、対スパイ工作や、この新たなセキュリティー防護の第三の構成要素となる「対転覆(counter subversion)」工作には手が回らない状況である。中国の社会・ビジネス系の組織に対する中央統戦部の工作については、メディアの注目も熱いが、中国系ビジネス団体に対する北京からのコントロールはほとんど注目されていない*[4]。ところがこれが北京の諜報目的の情報収集や、オーストラリアからのテクノロジー窃盗の重要なルートとなっているのだ。

　すでに見たように、北京は海外のすべての中国系移民、もしくは外国生まれの中国系たちまでが祖国に忠誠を誓う義務があると公式に宣言している。つまり中国共産党は、中国系であれば誰でも自分たちに従うべきだと考えているのだ。そもそも国務院僑務弁公室の目的は「華僑」（これ自身が誘導的な言葉だが）とのコンタクトを確立して関係を発展させ、党の目的と協調させることにある。政治的には台湾独立の阻止などがあり、商業的にはテクノロジーの強制移動などがある。

　二〇一七年三月には李克強首相と一緒に、僑務弁公室の裘援平《チウ・ヤンピン》主任がシドニーを訪問している。彼女はオーストラリア内で最も著名で信頼されている中華系のコミュニティのリーダーたち、とりわけ金持ちで政治献金を行っている周澤栄《チャウ・チャクウィン》、祝敏申《ジュウ・ミンシェン》、そして黄向墨《ホワン・シャンモ》などと会った。裘は澳州中国和平統一促進会（ACPPRC）の代表たちを含む観衆の前で、李克強首相の訪問が両国間の「包括的な戦略的パートナー関係を強く推し進めることになる」と述べた*5。彼女は習近平国家主席と李克強首相が「華僑に対して特別な思い」を持っていると聴衆に訴えかけ、そこから今年計画されている発展工作の方針を説明し「みなさんが積極的に参加」することによって「華僑の心と強さ」を引き出し、「習近平の中国の夢や、中華民族の偉大なる復興を支援するよう促した」のだった。

黄向墨は裘に対して、オーストラリアに祖国の「温かさと好意」を持ってきてくれたと公式に感謝を述べている。二〇一六年のダスティヤリ事件で評判を落としたにもかかわらず、黄向墨は北京によって中国人コミュニティーをコントロールする工作員の代表に再任命されている。このイベントは「海外の中国人はどのようなパスポートを持とうとも、まず祖国への貢献を最優先すべきである」という北京の前提となる考えを露骨《ろこつ》に教えてくれるものだ。このようなイベントに自発的に出席した者は、このような考えを共有しているはずだとの前提がある。

こうした観点から見て、さらに興味深い会合が（報道によれば中国人のみの参加）、その翌日の三月二四日に開催された。裘はシドニー工科大学を訪れ、シドニー地区の二〇人の中国系の学者や研究者たちと「ゆったりとした会談」を行ったのだ*6。裘は僑務弁公室の最新の政策である「一万人の華僑のイノベーションへの動員」の遂行《すいこう》について語ったが、これは「海外の人々」を中国に帰国させて、イノベーションとテクノロジーの発展に寄与させることを謳《うた》ったものだ。これは、海外にいながら祖国に貢献する人々へのアピールを狙ったものでもある*7。留学後に海外にとどまる四〇〇万人ともいわれる中国人は「イノベーションの発展と促進を目指す中国の戦略を実行する上で最も価値ある存在の一つ」であり、北京にある彼女の組織は「あなた方を皇帝のようにもてなします」と述べている。

他にもこの愛国的なメッセージに浴した人物とし

て、シドニー工科大学のデータサイエンスのエグゼクティブ・ディレクターであり副学長である張成奇《ジャン・チェンチー》（Zhang Chengqi）教授（ボブ・カーの豪中関係研究所の理事の一人でもある）、同大学の電子エンジニアリング教授である朱建国《チュ・ジャングォ》（Zhu Jianguo）（中央統戦部傘下の組織で後に説明するＦＯＣＳＡのメンバー）、ニューサウスウェールズ大学の電子工学の教授である彭綱定《ペン・ガンディン》（Peng Gang-Ding）、同大学の製造エンジニアリング科教授の王俊《ワン・ジュン》（Wang Jun）、ウーロンゴン大学のエンジニアリングの教授である 姜正義《ジアン・ゼンイ》（Jiang Zhengyi）、そしてシドニー大学の医学部の教授である包士三《バオ・シサン》（Bao 'Bob' Shisan）准教授があげられる。

ヒューミント（ヒューマンインテリジェンス）

サイバーハッキングの「見えない敵」が最も注目を集める中で、実際は情報を盗む点で、それが最も効果的な手段というわけではない。たとえばアメリカでは二〇一六年にオバマ大統領と習近平国家主席の間で、商業目的のサイバー攻撃を互いに抑制することで合意した後、サイバーハッキングは減少したと報じられた。オバマ大統領は経済制裁による報復をちらつかせたため、中国はネットではなく人間を使った浸透へと工作をシフトさせた*[8]。北京は長年にわたって米国企業の中国系従業員たちを使い、機密情報や機微なテクノロジーを盗んできた*[9]。米連邦議会のある報告書によれば、アメリカでは重要な研究データにアクセスできる科学者たちが中国のために働いていることは、長年にわたって知られていたという*[10]。

軍事機密だけでなく民間のデータの窃盗を大々的に行っている人民解放軍は、総参謀部第三部として知られる組織を抱えており、ここはサイバー攻撃やハッキング、そしてデータの抜き出しなどを行う大規模なプログラムを統括している*[11]。同第二部は従来のヒューミント、人間を使った情報収集を担当している。『中国のスパイ帝国』（前出）という著作の中で、著者のジェームズ・スコットとドリュー・スパニエルたちは、総参謀部第二部には三万から五万人のスパイが所属していると推測し、世界中の組織に侵入し、その狙いは機密情報などを収集して中国に送ることだと分析している。ちなみにサイバー攻撃は、組織内に入り込む人的エージェントの痕跡《こんせき》を消すために行われると考えられている*[12]。

サイバー窃盗は世界中のどこからでも実行可能だが、オーストラリアの組織に対して行うヒューミントには、その場に工作員を潜り込ませておく必要がある。二〇一六～一七年度のＡＳＩＯの年次報告書では、「悪意あるインサイダーたち」について特筆し、これは主に機密のテクノロジーへアクセスできる特権を持つ公務員や外注業社のことであり、外国の諜報機関と連携している人々のことを指すという*[13]。

アメリカでは中国にリクルートされたスパイの実例が明るみになっているが、これは主に起訴を通じてわかってきたことだ*[14]。その一つの例が、中国のシノヴェル（Sinovel）という会社に風力発電のタービンに必要な、高度な「電子脳」を卸《おろ》していたアメリカのＡＭＳＣという会社のエピソードだ*[15]。ＡＭＳＣは特殊な機器を供給するビジネスモデルを持っていたが、ある日シノヴェルからの取引が停止となり、山積みの部品が返却されてきた。そこからすぐにシノヴェルがテクノロジーを盗んだことが判明した。同社はドイツにあったＡＭＳＣの施設で働いていたセルビア人のソフトウェア開発者に賄賂《わいろ》を与えたのだ（この人物は有罪判決を受けて収監されている）。シノヴェルは韓俊良《ハン・ジュンリャン》（Han Junliang）によって創設されたが、彼は大連重工業集団という巨大国営企業で働いていた時に名を上げた人物だ。シノヴェルへの重要な投資者の一人は太子党の温云松《おんうんしょう》（Wen Yunsong）であり、彼は温家宝《おんかほう》元首相の息子だ。韓は天然資源部のトップと近い関係にあり、このコネを使ってシノヴェルを世界第二位の風力タービン製造会社に成長させた。

もう一つの例が、グレン・シュライバーというアメリカ人のエピソードだ。彼は中国本土で中国語を学ぶうちに、二人の男性と一人の女性と仲良くなった。彼らは後に国家安全部の職員だったことが判明している*[16]。彼らはシュライバーに帰国後、政府の機密に近づける分野で働くよう説得し、何度も現金を渡していた。CIAに応募する際には四万ドルを渡したこともあるという（ただし彼はCIAに入れなかった）。結局シュライバーは逮捕されて刑務所に四年間収監されている。このエピソードからわかるように、北京のためのスパイ活動はたしかに中国系によって行われる場合がほとんどだが、中国系以外の人間も皆無ではないということだ。

　カナダの諜報機関は、数年来にわたって中国を諜報面での深刻な脅威とみなしており、中国は主に中国系カナダ人を工作員に採用し、活動していると認識している*[17]。観光客も疑われている。カナダ安全情報局（CSIS）のトップによれば、「非常に往来が活発な観光客の数について、その数の多さやどこから来ているのかを調べてみると、驚かされることがある」のであり、CSISのある報告書には、早ければ二〇〇四年頃から「留学生や学者、ビジネスマンや移民たちが情報提供者としてリクルートされている」との指摘がある*[18]。二〇一三年には中国系カナダ人である黄清《ホワン・チン》（Huang Quentin Qing）が、中国に対抗するためのカナダの軍艦調達戦略に関する機密情報を渡した罪で逮捕されている*[19]。

　ナノテクノロジーは北京政府にとって「大躍進《だいやくしん》」のための唯一の道と見られている*[20]。二〇一六年には中国国籍の五人が台湾のナノテクノロジー企業から知的財産窃盗の罪で起訴されている*[21]。彼らはその特殊なテクノロジーを利用して本土に自分たちの工場を立ち上げようと計画していた。二〇一三年にオーストラリア連邦科学産業研究機構（CSIRO）施設に対して行われた疑いのあるスパイ行為（本章後段で説明）も、ナノテクノロジー絡《から》みであった。

　オーストラリアでは中国系の人物が産業スパイや、政府へのスパイ行為に従事していたとして起訴されたケースはないが、だからといって実際に行われていないと考えるのはあまりにもナイーブだろう。北京政府が中国の発展計画に貢献させるために、オーストラリア国内に機密情報や知的財産を盗むネットワークを張り巡らせていることはほぼ確実だ。たとえば「一一一計画」（前章で詳述）は、海外の中国人科学者に帰国を促《うなが》すため、（巨額の助成金や好条件での）寛大なインセンティブを提供している。アメリカの大学からの知的財産窃盗について多くの記事を書いているダニエル・ゴールデンによれば、リクルートされた人々は手ぶらで帰ることが許されない雰囲気があるという*22。

高度な技術を持った中国系オーストラリア人の数は増えており、しかも今や、全国の科学・技術系の研究室で働いているため、リクルートする人材の宝庫となっている。これらの中国系オーストラリア人たちは、北京の影響・強制の精緻化されたテクニックを使う完璧なターゲットである。その中には、企業や大学、さらには政府機関の中で、中心的な機能や国家の意思決定に関わるような上位の管理部門で働く人材もいる。科学者、エンジニア、IT専門家やそれらのプロたちは、祖国のための愛国的な任務のネットワークに組み込まれたり、入るよう圧力を受けたりしている。中国で生まれた人は、一党独裁国家からすべからく「主たるターゲット」とみなされ、究極的には祖国に忠誠を誓うことを期待されるのである。

このようなパターンの事例は、その他の多くのことと同じようにアメリカでも発生し、詳細が明らかになっている。ウィリアム・ハンナス、ジェームズ・マルヴィノン、そしてアンナ・プイージの共著『中国の産業スパイ網』（草思社）には、アメリカ国内で中国の科学者やテクノロジー業界に従事している人々が、深く結びついた驚くべきネットワークについて詳しく書かれている。このネットワークは、そのすべてが北京と深いつながりを持ち、祖国がアメリカを凌駕《りょうが》する目標達成に貢献するため、高度な技術を中国に移し替えることを狙ったものだ*23。シリコンバレーにはこのような組織が集中している。その理由はハイテク関連の労働者のうち、およそ一〇人に一人が中国本土から来た人々だからだ*24。

プロフェッショナルたちの集まる協会

これと似たような北京と結びついた専門職者協会のネットワークは、オーストラリアにも存在しており、その名前や目的もアメリカのそれとよく似ている。これらの協会はコネづくりや出世を支援する場を提供し、後に彼らは北京政府で働くために採用されることもある。これらの組織は北京の提案で創設され、採用には愛国的な面が強調されることもあるが、すでに高額な給与額の上に「極めて高い」給与が加わるのを約束されることもあるという*25。

杜建華《ジェームズ・トウ》の情報ソースに綿密にあたった信頼性の高い研究で判明したのは、人民解放軍と国家安全部は情報収集のための候補者を、その人物が中国を離れる前から見定《みさだ》めておくことだ。そして「彼らは違法なスパイ活動をするよう要求されるわけではなく、単に情報を共有するよう招かれるだけ」だという*26。海外にいる彼らのマネージャーたちは親しいコネを夕食会や文化交流・ビジネス交流会などのイベントを通じて作り上げる。アメとムチも使われる。アメの方は、中国に帰国した時に約束されている良い仕事と邸宅であり、ムチのほうはビザ発給拒否や家族に危害を加える脅しなどが含まれる。修士や博士の研究者たちは「スリーパー」工作員となることもあり、後に彼らが当局の望む情報へアクセスできるような仕事を得たとたん、任務を開始するよう促《うなが》される。杜建華によれば、秘密の攻撃的な手法は、主に科学、テクノロジー、そして軍事面における価値のある情報を提供できる、海外の中国人に対して使用されるという。

中国国際人材交流協会（ＣＡＩＥＰ）はあまり目立たないように活動しており、海外に住む中国人もその名をほとんど聞いたことがない団体だ。ところがその下部組織は、世界中で活発に活動している*27。ここオーストラリアでは、その下部組織は澳中国際人材交流協会（ＡＣＡＩＥＰ）として知られる。事務所はメルボルンのコリンズ・ストリートに、常設オフィスは北京にある*28。その主な任務は、中国出身の研究所などで働く科学者たちとつながりを築いて、ハイテク関連の情報を吸い上げることにある。

澳中国際人材交流協会は、中国国務院に直属する国家外国専家局の傘下の、数多くのフロント組織の一つだ。ハンナスらは国家外国専家局を、テクノロジー移転組織として最も重要な組織だと指摘している*[29]。実際のところ、中国国際人材交流協会か中国国家外国専家局のどちらと協力しても結果は同じだ*[30]。アメリカでは国家外国専家局が、米国製ステルスミサイルの機密度の高い機器の設計図を北京に提供してくれるエンジニアをリクルートしていたことが判明している*[31]。このエンジニアは実刑を受けて三二年間も収監《しゅうかん》された。

国家外国専家局の狙いは、北京にとって貴重な情報を集めるスパイをリクルートすることにあり、ウェブサイトからもそれを見てとることができる。たとえば組織のミッションとして「多くの種類のリクルートのチャンネル」を使い、「政府や姉妹都市との交流、国際経済・貿易交渉、国際会議のような機会をフル活用」することによって海外の専門家をリクルートするのだ*[32]。国家外国専家局そのものや、そのフロント組織は、オーストラリアでも積極的な活動を展開している。二〇一六年一二月に国家外国専家局局長の張建国《ジャン・ジングオ》は、オーストラリアとニュージーランドを訪問した。オーストラリアの移民国境警備省の職員と会談し、交流事業の障害を取り除くよう要求したと見られている*[33]。

制度的な関係や個人的な関係を発展させるのは、スパイのリクルートのための下準備だ。澳中国際人材交流協会は、オーストラリアと中国の大学の間の協力関係の取り決めを仲介するファシリテーターとして行動し、メルボルンのビクトリア大学と重慶能源職業学院との間や、ビクトリア大学と遼寧《りょうねい》大学、そして中国国家留学基金との間の協力などがそれに該当する。澳中国際人材交流協会のようなフロント組織の利点は、国家外国専家局と北京とのつながりを隠すことができ、オーストラリアの国益に反する目標を持つ外国を支援する不名誉から、オーストラリアの大学を「隔離」することができる点だ*[34]。

アメリカの場合と同じように、オーストラリアでも北京とつながりのある中国系の科学者が集《つど》う協会が存在し、しかも科学者それぞれが北京とのつながりを持っている。これらの協会は出世するためのコネづくりの場を提供し、同時に大使館が科学者やエンジニアたちを操作する場ともなっている。スパイ活動の専門家であるハンナスらの著作によれば、北京は「このような団体を援助し、心理的圧力や政治的なコントロール、そして金銭的な面によるインセンティブなどを組み合わせることで、彼らの活動を舵取《かじと》りしている」と記している＊35。

これらの業界団体のトップに君臨《くんりん》するのが全澳華人専家学者連合（ＦＯＣＳＡ）だ。この団体は一三の協会を束ねて「オーストラリアにおいて中国の学者を代表する」ことを狙っているという＊36。二〇〇四年一〇月には人民日報がこのＦＯＣＳＡの発足を称賛し、これは「オーストラリアの中国大使館の教育処（教育部）からの熱狂的な支持と支援」によって始まったと記している＊37。在オーストラリア中国大使だった付瑩《フー・イン》は中国語の報道によると「専門家や学者たちには、テクノロジー面での成果を中国に持ち帰ってくれることを期待している」と述べたという。この組織は首都キャンベラ郊外、オマーレー（O'Malley）にある中国大使館教育部のオフィスで会合を開いている。

北京の教育部は最初の五年間を振り返り、ＦＯＣＳＡが祖国の科学教育に大きな貢献をしたと称賛している。つまり「国益に資するプロジェクトやイベントに会員を参加させようと、様々な手段で頻繁《ひんぱん》に促し、教育部が主催する『春光計画《しゅんこう》』を積極的に組織・参加し、そして仲間（オーストラリアにいる中国系の学者たち）同士が連携や交流するための機会を常に広めている。ここに所属するメンバーの多くは本土の研究・教育機関との長期的に安定した関係を維持している」というのだ＊38。

ＦＯＣＳＡの副会長の一人は余星火《ユー・シンフォ》（Yu Xinghuo）教授で、彼はメルボルンのＲＭＩＴ大学の科学研究プログラムの管理を担当し、フォトニクスや先端製造研究を監督するオーストラリア政府のメンバーの一人である*[39]。現在のＦＯＣＳＡ会長は叶林《きょうりん》（Ye Lin）教授で、シドニー大学でナノテクノロジーをはじめとする研究を行う先端マテリアルテクノロジーセンター教授を務めている。彼は謎の多いハルビン工程大学と北京航空航天大学の出身で、両校は中国の軍事研究では二位と四位のランクとなっている*[40]。彼はこの二校とも関係を維持しており、二〇一四年には北京航空航天大学で講演している。二〇一六年には中国の軍事研究で一位のランクを得ているハルビン工業大学でも講演している。

西澳華人科学者協会（ＷＡＣＳＡ）はとりわけ活動が活発だ（同じく西部で活動的な組織として西澳華人工程師協会と西澳華人石油協会がある）。二〇〇三年に設立されたＷＡＣＳＡは「中国系の専門家や学者としての資格を持つ人間たち」に門戸《もんこ》を開いているという*[41]。そのメンバーはそれぞれの分野のトップレベルの科学者たちで、政府の中でかなり高い地位を得ている者もいる。会長は馬国偉《マー・グォウェイ》（Ma Guowei）で、西オーストラリア大学エンジニア科の教授だ。オーストラリアにおける他の中国系の科学者たちと同じように、彼は中国系の科学者だけと研究を行っているようで、論文の共著者の中には西洋人的な名前はほとんど見受けられない。ＷＡＣＳＡのウェブサイトを見ると、パースの中国領事館やそれが支援しているＦＯＣＳＡのホームページへのリンクがあるのがわかる。二〇一五年には協会がパースの総領事を招き、中国の一帯一路戦略について講演をしてもらっている。同領事館によれば、聴衆は「中国の発展についての自信に満ち、中国とオーストラリアの協力関係への期待に満ち溢れていた」という*[42]。二〇一七年二月、同協会は大規模なカンファレンスを開催し、当時のオーストラリア外相ジュリー・ビショップと中国総領事の両名が開会式に参加した。

目立つ組織として昆士蘭（クイーンズランド）華人科学家与工程師協会（ＱＣＡＳＥ）があり、ここもブリスベンの中国領事館や中国本土の機関と密接な関係を持っている*[43]。ブリスベンの総領事、孫大立《そんだいりつ》

(Sun Dali) はQCASEの総会で基調講演を行った。内容は北京の外交部の報告によれば「孫総領事は熱狂的な雰囲気の中で、〝愛国主義、イノベーション、包括性、そして美徳〟という北京の精神をすべての人々に実行するよう勧め、重ねてその場に集っていた科学者たちに春節の祝いを表した」という*44。

創立以来のQCASE名誉会長はマックス・ルー(Max Lu、中国名は逯高清《ルー・ガオチン》Lu Gaoqing)である。彼はナノテクノロジー分野のトップを行く専門家で、クイーンズランド大学で博士号を取得してから二〇年にわたり学問や行政の面で出世し、今の幹部的な地位を獲得した。彼の専門分野であるナノテクノロジーは、軍事、薬学、そして電子関連へ応用できるものだ。

二〇〇四年にマックス・ルーはFOCSAを設立し会長となった。二〇一一年には北京の科学技術部で表彰され、中国科学院(CAS)の海外イノベーターチーム——瀋陽《しんよう》インターフェイスマテリアル研究センター——のコアメンバーを務めていた。CASはルーの、ソーラーエネルギーの触媒《しょくばい》やエネルギー貯蔵、そして水素貯蔵技術を高めた功績を認めている*45。

ルー教授は二〇一七年「教育や、素材・ナノテクノロジーの分野における国内外での研究、さらにはエンジニアリングやオーストラリアと中国の友好関係に貢献した」ことでオーストラリア勲章(オフィサー)を受賞した。表彰状には北京との密接な関係が記され、中国国務院の専門家諮問委員会の一員であることも書かれている*46。二〇一五年の中華全国帰国華僑連合会(the All-China Federation of Returned Overseas Chinese)の記事によれば「マックス・ルーは長年にわたり中国とその生まれ育った土地への関心を決して失ったことはない。外国で二八年間働いていながら、逯高清は祖国と生まれた土地への感情は〝決して変わっていない〟と語っている」という*47。ルーは新華社通信で中国の対外政策を強く支持すると語っている*48。同時に彼は影響力のあるオーストラリア政府の諮問機関でいくつもアドバイザーを務めているのだ。二〇一六年四月、ルー教授はイギリスのサリー大学の代表と副総長という新たな地位につき、「西洋世界でもトップの大学の代表についた最初の中国人」となった*49。

オーストラリアにおける中国系オーストラリア人や中国人の多くの専門家協会の中で、とりわけ興味深いのはキャンベラ（堪培拉）中華学社（CSCS）である。この組織は中国大使館と密接な関係を持ち、二〇一六年には大使館教育部の中で理事会の会合が開かれているほどだ*50。この会合には中国大使館の教育担当である徐孝《シュー・シアオ》（Xu Xiao）参事官の講話も含まれていた。CSCSのメンバーは、オーストラリア国立大学、CSIRO（オーストラリア連邦科学産業研究機構）、オーストラリア国防大学、そして諜報組織を含む、連邦政府の省庁の職員から選抜されている*51。二〇一七年前半にはCSCSが「国に仕《つか》えるために帰国する予定の華人学者」というタイトルのワークショップを開催しているが、帰国予定者のうち二一人はCSIROの職員であった*52。

中国の他国のテクノロジーに対する欲求――入手経路が遵法《じゅんぽう》か違法かを問わず――は、複数の手段によって満たされている。一つのやり方は、西洋諸国において特定のテクノロジーを必要としている中国企業からの要求を受けつけることを任務とした企業を立ち上げて、競合他社で働く中国（もしくは他の）系のエンジニアや科学者たちの中から供給元となる人物を探し出すのだ*53。省や大都市も、中央統戦部と直接つながった採用プログラムを持っている。二〇一六年一一月には北京に忠誠を誓う「深圳・オーストラリアコミュニティ協会（澳大利亞深圳社団総会）」がシドニーで「深圳（豪）海外ハイレベルタレントフォーラム」を主宰して、シドニーの大学の学者たちと「深い交流」を行った*54。この会合では中央統戦部の二人の幹部や、シドニーの華僑総会、在シドニー中国領事館の科学・技術担当の参事官、そしてオーストラリアの国家外国専家局の代表が演説している。黄向墨も深圳・オーストラリアコミュニティ協会の代表として話をしている。

このイベントについての人民日報中国語版の報道

によれば、西シドニー大学の副学長ラン・イーゼン（Lan Yizhen）教授が出席していた*[55]。ランの実際の肩書は西シドニー大学の国際副総長代理（Deputy Pro Vice-Chancellor（International））である。彼は様々な中央統戦部関連組織と密接な関係を持っており、黄向墨が主宰する澳洲中国和平統一促進会や、澳洲中華経貿文化交流促進会（ＡＣＥＴＣＡ）の名誉顧問を務めている*[56]。また参加者の中にはシドニー工科大学豪中関係研究所（ＡＣＲＩ）のエグゼクティブ・ディレクターと紹介されている劉勉《リウ・ミアン》も来ていた（第五章を参照）。劉勉も中央統戦部のフロント団体である澳洲中国和平統一促進会の名誉会長を務めており、同じくシドニー工科大学の同僚として副総長代理のビル・パーセル教授が来ていた*[57]。

オーストラリア連邦科学産業研究機構（ＣＳＩＲＯ）

機密研究を管理する仕事をしている、ある公務員が教えてくれたのは、「大学よりもＣＩＳＲＯ（オーストラリア連邦科学産業研究機構）のほうが心配だ」ということだった*[58]。彼によれば、オーストラリアの大学はカネによって動かされているが、ＣＳＩＲＯはカネに執着する傾向がさらに強いという。私が本書で暴いているような中国の浸透工作に対してＣＳＩＲＯはどのように対応しているか聞くと、彼は「正直なところ、私はそのことを考えないようにしています」と認めざるを得なかった。

二〇一三年一二月、ＣＳＩＲＯの運営担当部門がオーストラリア連邦警察を呼び、組織の中にスパイが活動している疑いがあると報告した。メルボルンの物質科学・エンジニアリング研究室で働いている中国人研究者が行方不明となり、機微な情報を持ち逃げしたと疑われたのだ*[59]。オーストラリア連邦警察ハイテク犯罪工作部門の職員は彼の自宅を捜索したが、発見したのは唯一残されていたＣＳＩＲＯのラップトップコンピューターだけだった。後にオーストラリア連邦警察はフランス政府の協力を得ることになったが、それは容疑者がフランスに高跳《たかと》びしたからだ*60。

オーストラリア連邦警察は容疑者を追い詰めることができたが、彼は協力を拒否している。彼の職場の同僚たちは彼の「仕事のできなさ」に懸念を抱いていたようで、そもそもなぜその職場で仕事を得ることができたのかも謎であったという*61。彼が共有していたコンピューターを解析しても、彼がスパイ行為を働いていた証拠は出なかったようで、最終的に警察は起訴を見送っている。ところがCSIROの高級幹部は警察に対し、この一件は「組織全体にとって目覚めの警告」だったとのEメールを送っている。私はCSIRO本部にこの一件や、それが組織にもたらした影響について尋《たず》ねるため電話したが、彼らは何も答えてくれなかった。

ここまでくると、CSIROのすべての研究成果が中国で、無料で閲覧可能になっていると考えても驚くべきではないかもしれない。CSIROは中国のスパイ活動の主要ターゲットになっていると考えられる。つまりオーストラリアの主要科学研究機関は高度な産業・戦略的に価値のある研究を中国のために行っているわけだ。しかし上の経過で判明しているように、CSIROはこの問題について何も知らず、懸念すらしていない。

二〇一五年にはCSIROの四八四人の研究員たち、つまり全体のほぼ一〇パーセントにあたる専門家が中国出身だった*62。中国大使館にとって彼らは、北京に質の高い情報を伝えてくれる、価値ある情報提供者を引き抜くための集団となっている。

CSIROの製造・採掘資源担当のチーフ科学者であり中国担当の代表を兼務しているのは衛鋼《ウェイ・ガン》（Wei Gang）教授で、彼は中央統戦部と関係のあるFOCSAと連携している。彼はCSIROと中国との、とりわけナノテクノロジー分野の共同研究を促進する任務についている。同時に彼は中国でも様々な肩書を持ち、その中には教育部傘下で「愛国的なビジネスマン」である李嘉誠《りかせい》が中国人研究者の中の「最も優れた人」を支援する「長江学者奨励計画」（Cheung Kong Scholars Programme）の海外監査専門家も含まれている*63。彼は雲南師範大学の理事を務め、上海ナノテクノロジー促進センター専門アドバイザー委員会のメンバー、そして華東理工大学の特任教授、深圳市政府の上級アドバイザーである。これらの役職から給与を得ているかは明確ではないが、衛鋼教授が北京から祖国に忠実な人間と見られていることは明らかだ（ちなみに私はEメールで彼にインタビューを申し込んだが、返信はなかった）。

アメリカではＡＩのような高度なテクノロジー（しかも軍事に応用の効く）を研究している革新的なアメリカ企業に対し、北京の支援で積極的に投資の機会を狙う中国企業への懸念が噴出《ふんしゅつ》している*64。機密扱いのアメリカ国防総省の白書では、シリコンバレーへの中国資金の急激な流入に言及され、ワシントン界隈では警戒感が広がっている。二〇一七年八月にはトランプ大統領が、企業合併やあからさまな窃盗を通じた知的財産の中国への移管を止める方法を調査するよう大統領令を出した。

中国はオーストラリアで、機微なテクノロジーへアクセスする、さらに直接的なルートをもっている。それはＣＳＩＲＯや大学との共同研究プログラムだ。オーストラリア側の研究機関がテクノロジー窃盗についてどこまでリスクを認識しているかは知る由《よし》もないが、それは学者や研究者たちにとっての「窃盗」が、従来の知識の共有以上のことを意味しないからだ。これらの機関のナイーブさを考えれば、彼らが「無害で互いに利益がある」と考えている共同研究に対して、深刻なセキュリティー対策を行っているとは考えられない。

データ61（Data61）

中国は二〇三〇年までに人工知能（ＡＩ）分野で世界をリードする目標を持つ。ＡＩの応用には無害なものも多いが、北京の計画の中心にあるのは国内（そして世界中での）監視やインターネットの検閲の強化だ。現在開発中の一つの応用例として、「犯罪者」を実際に犯罪を実行する前に特定するものがある*65。ＡＩ技術は軍事的にもかなり応用が効く。

　ＡＩはオーストラリアでも関心が高い。「データ61」というのは、とりわけ注目を浴びているＣＳＩＲＯのデータ研究センターで、ＡＩ研究部門がある。同所は「世界最先端のデータ科学の研究とエンジニアリング」を謳《うた》い、一一〇〇人という大規模なスタッフの他に四〇〇人の博士号課程の研究者がいる。ここはオーストラリア最先端のＡＩ研究の中心地であり、その応用について幅広く研究されている。たとえば大学やその他の研究センターなどとの連携を通じて、オーストラリアのサイバーセキュリティー支援で決定的な役割を果たしている。データ61の多くの共同研究の中で、九三〇万ドルの予算の「防衛科学技術グループ」（ＤＳＴ）との共同研究は「九つのオーストラリアの大学とサイバーセキュリティーに関する研究プロジェクトを確立するもの」である*66。またここではデータ貯蔵やブロックチェーンの転送技術も集中的に研究している。

　データ61の多くの専門家たちは、中国の軍事機関の研究者と共同論文を執筆している。王晨《ワン・チェン》（Wang Chen）はデータ61の上席研究者で、南京大学で博士号を取得し、専門はクラウド・コンピューティングシステムやスマートグリッドのためのエネルギーサービスだ*67。ＣＳＩＲＯにいる合間に王晨は中国人民解放軍国防科技術大学（ＮＵＤＴ）で数多くの研究者たちと共同研究を行った。ＮＵＤＴは中国トップランクの軍の教育機関で、習近平が代表を務める中央軍事委員会に率いられている。ここでは人民解放軍の近代化における最先端の兵器の開発が熱心にすすめられている。

　王晨の最近の共同研究者たちの中には、以下のようなＮＵＤＴの研究者たちがいる。

- **劉暁鋮**《リウ・シャオチェン》（Liu Xiaocheng）：ＮＵＤＴのメカトロニクス・自動制御学院のシステム・シミュレーション研究室所属。二〇一五年にＮＵＤＴからクラウドシミュレーションで博士号を取得。中国のスーパーコンピューター天河《てんが》（Tianhe）の「父」と称される**黄柯棣**《ホワン・ケディ》（Huang Kedi）が論文の主査*68。黄柯棣は人民解放軍の少将でもあり*[69]、戦いでのシミュレーションテクノロジーの使用について論文を書き、軍におけるシミュレーションテクノロジーに関する会議に参加している*[70]。劉暁鋮の業績には人民解放軍第九二九四一部隊や*[71]、海軍装備部との共同研究が含まれる*[72]。

- **陳彬**《チェン・ビン》（Chen Bin）：同じくNUDTのメカトロニクス・自動制御学院のシステム・シミュレーション研究室所属。人民解放軍第六三八九二部隊や第九五九四九部隊、空軍第一航空学研究所、そして海軍装備部との共同研究を行っている*[73]。彼はNUDTの軍事コンピューター実験・並列システムテクノロジー研究センターでの職歴があり、戦闘シミュレーションの研究の経験もある*[74]。
- **邱暁剛**《チウ・シャオガン》（Qiu Xiaogang）：同じくNUDTのメカトロニクス・自動制御学院のシステム・シミュレーション研究室に所属し、過去には軍事コンピューター実験・並列システムテクノロジー研究センターで働いた経験もある*[75]。二〇一六年には自らの論文の中で、NUDTと人民解放軍第三一〇〇二部隊の研究者であると説明していた*[76]。彼はラサに本拠地を持つ人民解放軍第七七五六九部隊で働いていたNUDTの研究者と共同研究も行っていた*[77]。

その秘密主義的な性質のため、ここで触れた人民解放軍の部隊について、信頼に足る情報はほとんど存在しない。ところがそれらの部隊から出されている出版物を読めば、所属する研究者たちの任務は直接、軍事に応用できるものであることがわかる。むろん、だからといって、王晨が共同執筆者たちに対して、貿易に関する機密やCSIROの知的財産を提供したとは言い切れない。

NUDTの研究者や人民解放軍の研究機関の間にある「回転ドア」状態、密接に混じり合った関係性を踏まえてみれば、やはりNUDTのメカトロニクス・自動制御学院は人民解放軍の研究機関の一つとして扱うべきであろう。ここで指摘したＮＵＤＴの三人の研究者たちは、戦闘シミュレーションの開発に関わり、王晨がＣＳＩＲＯでの研究を通じて得た並列システムやクラウドコンピューティングの知識を使おうとしている可能性が高く、それを通じて戦闘シミュレーションの改善だけでなく、広く中国軍に資することになっているかもしれないのだ。

陳士平《チェン・シピン》（Chen Shiping）はデータ61の主要研究員の一人で、一九九九年からＣＳＩＲＯで働いている。彼は一九八五年にハルビン工業大学で学士を取り、一九九〇年にはロボットやドローンなどの研究で知られる国営機関、中国科学院瀋陽自動化研究所で修士号を修め*[78]、そこで一九九五年までシステムエンジニアとして働いていた。二〇一七年六月には同研究所がアメリカで産業スパイに関与し話題になった。中国人エンジニアである于龍《ユー・ロン》（Yu Long）は、軍事技術を含む機密文書を盗んで瀋陽自動化研究所のディレクターに渡していたことが判明し、有罪判決を受けたのだ*[79]。于龍はＦ－22ラプターとＦ－35ライトニングのジェットエンジンを製造していたアメリカの装備会社で働いていた。ちなみにオーストラリアはＦ－35をすでに七二機も調達している*[80]。

陳士平は二〇〇一年、ニューサウスウェールズ大学の博士号をコンピューターサイエンス専攻で取得している*[81]。彼が古巣の瀋陽自動化研究所と関係を維持してきた証拠はないが*[82]、二〇一五年に北京郵伝大学の「網絡与交換技術国家重点実験室」（the State Key Lab of Networking and Switching Technology）のチームと、ネットワークとデータサイエンスに関する三本の論文を書いた*[83]。この実験室は軍事研究と深い関わりを持っているように見える。ここの学術委員会のメンバーには空軍装備研究所の陳志傑《チェン・ジジェ》（Chen Zhijie）少将がいる*[84]。同委員会の委員長は人民解放軍総参謀部第六一研究所の于全《ユ・クワン》が務めている。于全は通信分野の専門家で、オーストラリア・ディーキン大学のサイバーセキュリティー研究・イノベーションセンター代表の項陽《シアン・ヤン》とつながりがある。于全は西安電子科技大学の綜合業務網理論・核心技術国家重点実験室の学術委員会の委員長を務め、そこでは項陽が客員教授を務めている。陳士平の三本の論文共同執筆者の一人に陳俊亮《チェン・ジュンリャン》（Chen Junliang）という人物がいるが、彼は中国の宇宙開発や通信ネットワーク研究に関与し、これは人民解放軍のための、もしくは人民解放軍と共同の研究だ*[85]。通信システムで使用される「外国の諜報ネットワークの製品による侵攻を阻止した」研究の協力者と明記されている*[86]。

ここでは陳士平や、以下で触れる朱黎明《ヂュ・リンミン》（Zhu Liming）が、貿易機密やCSIROの知的財産を中国の共同研究者たちに渡したと言っているわけではない。朱黎明はデータ61のソフトウェアや計算システムプログラムの研究主管で、これにはビッグデータ、ブロックチェーン、そしてサイバーセキュリティー研究が含まれる。彼はオーストラリア財務省と協力しているデータ61のチームを率いており、このプロジェクトではブロックチェーン技術の金融取引への応用を研究している*[87]。彼は同時にニューサウスウェールズ大学の教授でもあり、同大学で博士号を取得している。彼は中国と公式にはつながりを持っていないようだが、人民解放軍とつながりのある研究者と共同研究は行っており、同軍の大学の研究者たちとデータ収納に関する論文を執筆している。その共同執筆者の一人である盧凱《ルー・カイ》（Lu Kai）は前出の国防科技術大学（NUDT）、人民解放軍系で最も重要な大学の教授だ*[88]。盧凱は中国のコンピューター科学者のトップの一人で、当然ながら人民解放軍と密接な関係を持つ。彼は国防関連技術において四件の特許を持っているが、その中身は当然のごとく機密であり、「軍事技術の発展」における最優秀賞を三度も受賞した*[89]。彼は自分のスーパーコンピューターに関する研究で、中国の「強力な軍隊を持つ夢」に貢献したと証言している*[90]。

1989年6月4日の天安門虐殺事件の後、オーストラリアの首相（当時）であるボブ・ホークはオーストラリアにいる中国人留学生たちに在留資格を認めると宣言した。結果的にその中の本当の民主化運動の活動家の数は非常に少なかったが、そのほとんどは活動家であるかのように振る舞っていた。
Graham Tidy/Fairfax Syndication

2008年の北京五輪に際し連邦議事堂の外で聖火リレーが行われたが、チベット独立派の支持者たちは中国大使館によってオーストラリア中から動員された何千人もの怒れる中国人学生によって囲まれ、暴力を振るわれた。

Jason South/Fairfax Syndication

北京の統一戦線戦略の狙いは、オーストラリアにおける中国共産党に対するあらゆる批判を抑え込むことにある。そのターゲットとなっているのは、民主化運動家、法輪功の信者、そしてチベット独立の支持者たちであるが、このような団体の活動について聞かなくなって久しい。

Jason South/Fairfax Syndication

人民日報は2016年の記事で「シドニーのオペラハウスは中国風に赤く染まっている」と誇らしげに書いているが、これはニューサウスウェールズ州政府が、中国共産党の下部組織による、オペラハウスを中国の新年である「春節」に合わせて赤く照らす計画を承認したからだ。

James Alcock/Fairfax Syndication

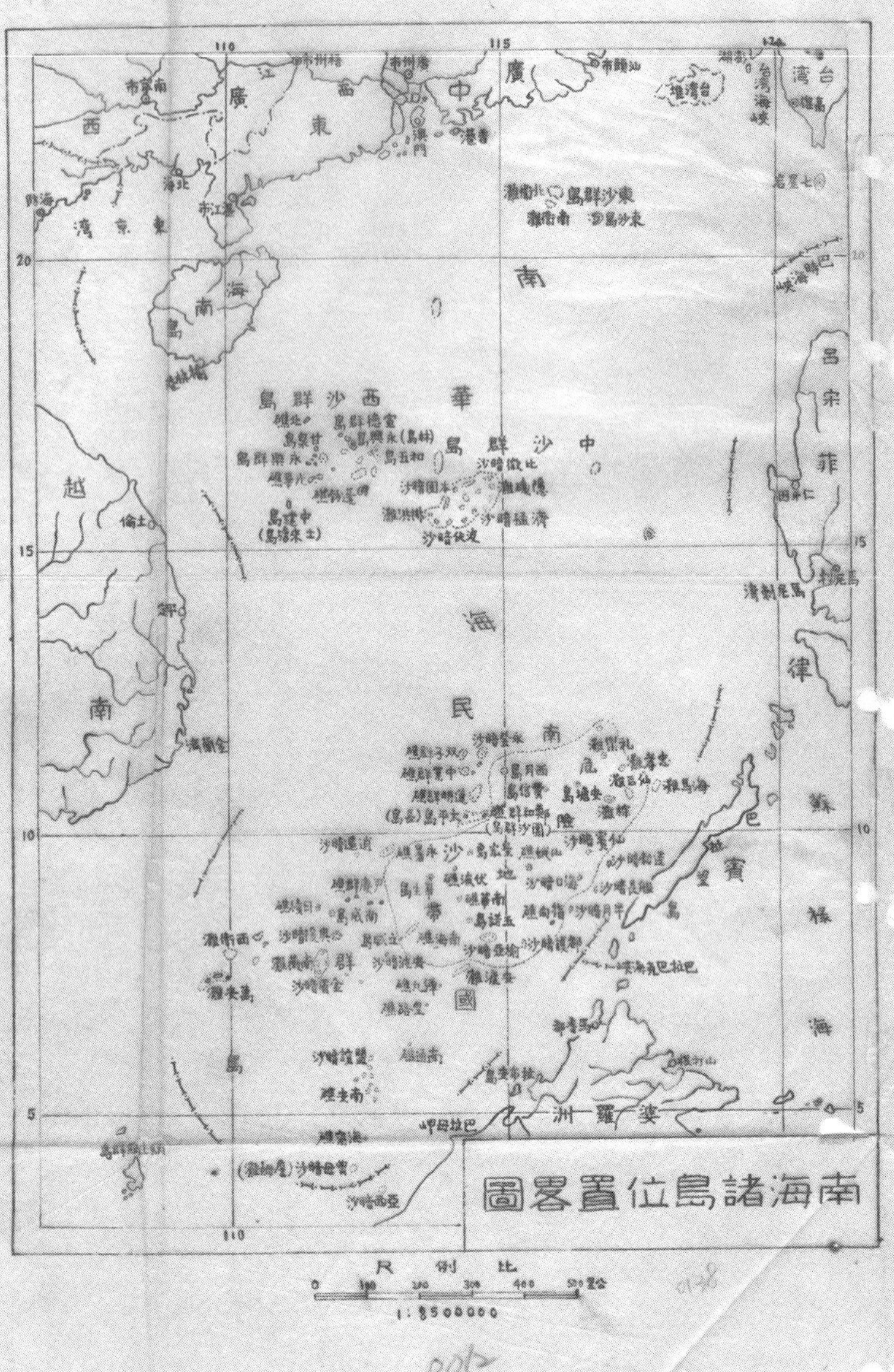

これは「九段線」を最初に記した1947年の手書きの地図である。中国共産党が中国を支配する2年前の話だ。これが中国の南シナ海での占有の論拠となっている。2016年7月にはハーグ国際仲裁裁判所が中国の主張する「歴史的な所有権」を法的な根拠がないと退ける判決を下した。中国はこの判決を非難して実効支配した島々に海軍基地を建設し続けている。

Wikimedia Commons

2016年、チャイニーズニューイヤーの祭典でポーズを取るマルコム・ターンブル首相、実業家の黄向墨、自由党議員のクレイグ・ローンディ。彼の「コンサルタント」である楊東東《ヤン・ドンドン》は中国共産党と密接な関係をもっていることが暴露されている。

2017 年、労働党党首だったビル・ショーテンは、労働党上院議員サム・ダスティヤリが富裕層の献金者と不適切なつながりを持っていたと政府に批判されたことを受け、連邦議会でジュリー・ビショップが黄向墨とのつながりがあることを非難している時の様子。ダスティヤリは後に黄向墨のモスマンにある自宅を訪れた時「盗聴に気をつけろ」と助言していたとして上院議員を辞任させられた。
Mick Tsikas/AAP Image

ダスティヤリ案件以前の 2016 年 9 月のビル・ショーテンと黄向墨。フェアファックスと ABC の合同調査によれば、オーストラリア安全保安情報機構（ASIO）は 2 つの主要政党に対して黄向墨や周澤栄から献金を受けないようアドバイスしていたという。なぜならこの 2 人は中国共産党によるオーストラリアの政治に介入するためのエージェントだと疑われていたからだ。彼らは中国共産党のために動いていることは否定している。
James Brickwood/Fairfax Syndication

2016 年の黄向墨とターンブル首相、そしてフィリップ・ラドック。クレイグ・ローンディは黄向墨の後ろに隠れて見えない。春節は北京からの資金提供を受けた、中国共産党配下の団体によるプロパガンダの場となった。
Dominic Lorrimer/Fairfax Syndication

オーストラリア国立大学副総長のブライアン・シュミッドが同大学の博士課程学生で中国共産主義青年団の宣伝家である雷希穎《レイ・シーイン》と一緒に五星紅旗を掲げている様子。雷は同大学で勉強している最中に、好戦的な音楽と行進する軍隊を映し出した過激で愛国的な動画を制作しており、これは中国国内で大人気となった。自身の SNS のアカウントでは「大マヌケなオーストラリア人」と書き込んだこともある。
Baidu Baike

2016年には人民解放軍制服を着た姿の人民解放軍の「オーストラリア八路軍」（またの名をオーストラリア中国退役軍人協会）がシドニーのハーストビルでバラエティーショーを開催している。元軍人たちは「隊舎での生活を再体験」させたかったという。2017年の第19回全国代表大会では、中国共産党は人民解放軍に対する「絶対的な主導を維持する」ことを再確認している。

MayT Media

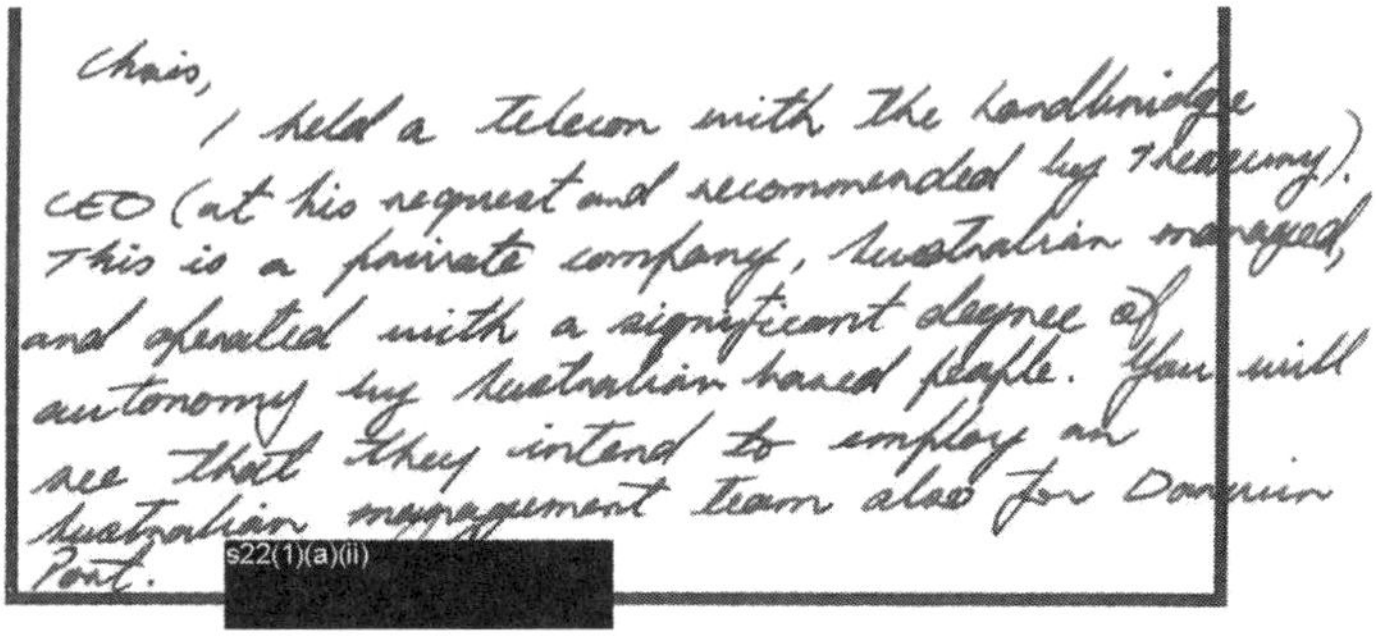
Chris,
I held a Telecon with the Landbridge CEO (at his request and recommended by Treasury). This is a private company, Australian managed, and operated with a significant degree of autonomy by Australian based people. You will see that they intend to employ an Australian management team also for Darwin Port. s22(1)(a)(ii) [redacted]

オーストラリア国防省が作製した、ダーウィン港を中国軍と関わりのある企業に99年間の貸借を許可したことによる安全保障上の問題を記したメモ。そこには「クリス、私はランドブリッジ社の社長（彼の要請と財務省からの勧めによって）に連絡してみました。この会社は民間企業であり、オーストラリア人が運営して、オーストラリアに基盤をおいた人々によって自律性が高度に保たれた状態で運営されています。彼らはダーウィン港でもオーストラリアの運営チームを雇うつもりです」と書かれている。北京は我々よりもうまくやっており、オーストラリア国防省は遅れをとっている。

Australian Government Department of Defence

第十章
オーストラリアの大学で「魂に工作する」

大学での思想工作

高等教育の場はイデオロギー工作における最前線だ。これはマルクス主義の習得、研究、そして宣伝という重要な任務を担い、社会主義の核心的な価値体系をはぐくみ、そして中国の夢と中華民族の復興の実現のための才能・知的面での支援を供給するものだ。

（中国国務院高等教育ガイドライン、二〇一五年）

二〇一六年のオーストラリア人文学学会の会長演説で、中国研究家として著名なジョン・フィッツジェラルドは「中国共産党の上層部と中国全土の大学関係者たちは戦争に従事していると認識している」と指摘する。ただしこの「戦争」とは、オーストラリアでわれわれが所与《しょよ》のものと思っている、自由でオープンな知的探求に対する戦争のことである*1。彼によれば「中国は、学問の自由という考えそのものに対してあからさまに敵対的」なのだ。ところがわれわれは、オーストラリアの大学指導者たちが中国マネーの魅力に抗《あらが》えず、この自由を犠牲にしている例を何度も目撃している。フィッツジェラルドは大胆に「われわれの大学の上層部は、学問の自由を含むわれわれの価値観と戦争することを説く機関や政治家たちを自らのキャンパスに招き入れている」と述べている。二〇一六年の演説で、習近平は大学教育の中心に「イデオロギー工作」と「政治工作」を組み込む必要があると強調した。つまり全ての教師は「社会主義の核心的価値」を信じて「先進的なイデオロギーの普及者《ふきゅうしゃ》」となる義務があるということだ。彼らは「人間の魂に工作するという聖なる任務」を背負っていることになる。学校や大学は党の「思想工作」における最大の発信場所ということだ*2。

西洋諸国ではこうしたことを、毛沢東主義の単なる伝統的なレトリックととらえる傾向がある。ところが習近平は真剣だ。純度の高いイデオロギーを強化するための広範囲にわたる計画は、中国全土で進行中だ。二〇一六年に教育部が発表したガイドラインでは「有害なアイディアの違法な拡大、教室におけるそれらの表現は、法と規制に従った厳しい処罰を受けることになる」と実にストレートな表現が使われている*3。では「有害なアイディア」とは何か？禁止思想は二〇一三年、大学学長向けに通達された党のコミュニケにまとめられている。この「七つの禁止事項」には、立憲民主制度、報道の自由、そして人権や学問の自由を含む「普遍的な価値観」などが入る。二〇一四年のアメリカ連邦議会報告書には「これらに従わない学者たちは監視され、脅迫され、嫌がらせを受け、罰金が課せられ、殴られたり起訴されたり投獄されたりする」と警告されている*4。

ジョン・フィッツジェラルドはこのコミュニケが「国家機密」となっているのは、中国の大学と提携しているオーストラリアのような国の大学に恥をかかせないようにするためではと指摘している。この文書は七〇歳の中国人記者、高瑜《こうゆ》（Gao Yu）のリークで外国の記者たちにもたらされたと言われ、彼女はこの罪で七年間投獄された。これこそが、オーストラリアの大学上層部や教授たちが中国の大学との合弁事業の祝賀会で茅台酒《マオタイ》の盃《さかずき》を酌み交わす時に忘れようとしているシステムの現実なのだ。

思想管理

「北京のエージェンシーが世界に展開する際には思想工作は国内にとどめておく」と考えるのは、現代中国に関する最も根本的なレベルの間違いだ。北京の教育部は「高等教育の場は思想戦が展開される戦場だ」という習近平式の考え方を実践する上で、オーストラリアの大学に影響を与えたり規制するために、実に多くの方法を編《あ》み出している。フィッツジェラルド教授の言葉を借りれば「自国で常に実践している、介入主義的な学術面での警察活動を輸出し始めた」のだ。

思想工作は実に細かいところまで及ぶ。マーケティングのコースを教えるため中国の大学に来たあるオーストラリアの学者は、教科書として使う本の中から台湾と香港について書かれたページが切り取られていたことを発見した*5。警戒活動は、いまや中国共産党のイデオロギー機関による、海外で勉強または就職している中国人の思想コントロールを越えて広がっている。中国共産党はなんとオーストラリアにいる学者たちの研究や発表などに影響を与え、沈黙《ちんもく》させることを狙っているのだ（あなたがいま読んでいる本書の出版阻止も含まれる）。アメリカの著名な中国研究家、ペリー・リンクの分析によれば、そのための最大のカギは、学者たちに自ら積極的に自己規制するように仕向けることだ。そのために二つの手段があるという*6。一つ目は「非友好的」な学者をブラックリストに載せることだ。二〇一六年には人権分野に関する研究をしていたオーストラリア国立大学の学者が外務貿易省のプロジェクトに参加するため、中国に入国しようとして拒否されている*7。二〇一七年三月、シドニー工科大学の学者、馮崇義《フェン・チョンイ》が、広州で現地調査を行っている最中に「拘束」され尋問《じんもん》されており、これは中国で学術調査をする必要のあるすべての人間に警告を発することになった（馮崇義教授はオーストラリアの永住権保持者）。

彼らとの議論で私が教わったのは、オーストラリアの中国専門家たちが、一線を越えたら北京がどのような処罰を行ってくるか考え始めている点だ。そしてその「一線」がどこにあるのかを彼らは知っている。彼らは公の場で自らの見解を披露する際に非常に注意深くなっており、それは多くのアメリカの学者たちと同じように、北京からビザが発給されなくなることを知っているからだ。学者の中にはビザを発給してもらうために注意しようと決心した者も出てきたのは当然であろう。

専門家として一〇年から二〇年ほどかけて中国を研究してきた人間たちにとり、中国への渡航禁止というのはキャリアの死を意味する。ある専門家は、もう退職が近いのでビザの発給を気にせず、現状について自由に発言できるようになったと教えてくれた。ところが中国に関心を持つ若い世代の学者は「文化史」のような、政治的に微妙ではない方向に研究分野を移している。本書を書くためのリサーチを行っている時に私が気づいたのは、オーストラリアの大学における中国研究は注意深い雰囲気に包まれており、学者たちは中国共産党の無数の監視者たちにとって好ましい側にいられるよう、自ら監視活動を行っていることだった。中国共産党を強く批判してきた海外の学者たちは、「オーストラリアの大学に招かれたことがない」と私的な場で不満をもらす。オーストラリアの最も優れた中国ウォッチャーの一人であるローワン・コーリックは、オーストラリアの大学が「現代の中国、もしくは中国の歴史について、継続的かつ本当に独立した分析を行う能力を退化させた」と結論づけている*8。

学者たちが自己規制しなくても、大学上層部が代わりに実行してくれる。このような気味の悪い動きは、二〇一七年五月にモナシュ大学で発覚した。ビジネス人事に関するコースのアーロン・ウィジェラトネ講師は、広く使われている教科書の問題の中からクラスに小テストを出した。学生たちは以下の問いかけに正しい答えを出すよう言われたが、それは「中国の政府高官が真実を語ってくれるのはどのような時か？」というものだった。教科書の正解は「彼らが酔っているか、うっかりと口をすべらせた時」だった。これは中国人だったらよく知っている話だが、その時に授業を受けていた中国人留学生の高崧《ガオ・ソン》(Gao Song) はこれに腹を立て、ＳＮＳの微信（ＷｅＣｈａｔ）に不満を書き込んだ。そしてメルボルンの中国領事館がこの書き込みに気づいた。

同領事館の職員はモナシュ大学の幹部に電話を入れて懸念を伝え、大学がこの案件について調査し、「真剣かつ適正に管理」するよう要求し、「今後も引き続き状況を監視していく」と警告した*[9]。大学上層部は、授業料全額を払っている中国からの学士レベルの留学生が四四〇〇人在籍していることを知っていた*[10]。そしておそらく領事館側も二〇一二年に同大学が中国国内における外国の大学の設立を一〇年ぶりに許可され、しかも北京政府が中国の東南大学の中に大学院と研究所の建設費を出したことを思い起こさせた*[11]。

モナシュ大学ビジネススクールの副学長であるロバート・ブルックスの動きは速かった。彼はウィジェラトネを停職させ、小テストも廃止し、その講座についても見直すと表明した。それからすぐに彼はその同ビジネススクールで「広く使われている教科書」も使用禁止にしている*[12]。

中国では環球時報が「勝利」を伝えたため、この小テストの案件が話題になった。その記事には「ここでわれわれが目撃しているのは、中国のパワーが強くなると同時に……中国についての軽率な発言がなくなっていくという変化なのだ」というコメントがあった。オーストラリアの大学ではこのような「軽率な発言」に対する寛容《かんよう》は今後、見られなくなるだろう。中国で有名な１６３．ｃｏｍというサイトでこの記事が転載され、ほぼ五〇万件のコメントが書き込まれた*[13]。オーストラリア国内でも中国語ニュースサイトとして最大規模の「今日悉尼」(Sydney Today) でこのニュースが炎上した。「激怒！モナシュ大学の小クイズは中国を公然と辱《はずかし》めた！」というタイトルの記事で伝えられ、講師に対し「おまえの出した小テストの問題はまるで毒入りのミルクだ！」という非難の言葉があった[*14]。

ところが「今日悉尼《シドニー・トゥデイ》」のすべての読者がこの話題に食いついたわけではない。中には中国メディアの問題の取り上げ方を批判する者もいた。たとえば編集部に対し中国領事館の職員に実際にコンタクトをとったのか問いかける者もいれば、その小テストの問題に賛同する者もいて「これは本物の真実だ。何も間違いはない。中国は本当にこのような感じだ」という書き込みもあった。ところがモナシュ大学では重要な中国に関する視点はたった一つ、全職員へのメッセージは明白だった。それは「中国はわれわれにとって重要だから領事館を怒らせるような行動や言動は慎め。われわれはこの方針でやっていく」であった。

自己規制を促《うなが》す圧力は、大学の資金的なつながりを通じてもかけられる。このつながりには、孔子学院や、豪・中の大学間の共同プロジェクトが含まれる。二〇一六年、オーストラリアの大学は中国の大学と一一〇〇件もの共同研究プロジェクトを公式に提携している[*15]（シドニー大学は一〇七件で最多）。職員と学生の交換に関係する合意も数百件あり、これらが大学の運営者たちに中国に対し「友好的」に行動するよう促し、批判的な学者に余計な揉《も》め事を起こさないように抑え込む動機のような役割を果たす。

圧力を受けるのは中国研究者だけではない。習近平が称賛する「熱烈な愛国者たち」も「中国人の気持ちを傷つける」あらゆる違反行為を血眼《ちまなこ》になって探しているからだ[*16]。オーストラリア国立大学のITクラスのある講師が、学生たちのあまりの不正の多さに腹を立て、クラスのスクリーンに「カンニングをする生徒を見逃しません」というメッセージを映し出したという[*17]。このクラスの大半は中国人留学生で、この講師はメッセージが英語では十分に伝わらないと考え、中国語の文を加えたという。それで中国人学生たちの「気持ちは傷つけられた」ため、オーストラリアの中国語新聞でこの問題が炎上することになった（人民日報は学生たちが「激怒」し、講師の行為はネオナチのポスターに「中国人を殺せ」と書かれたことと同じだと伝えている*18）。圧力を受けたその講師はその「まずい判断」に卑屈《ひくつ》な謝罪を行い「クラスにいる多くの優秀な学生」を褒《ほ》め称《たた》えた。

シドニー大学では、ある講師が世界地図を見せることによって中国人学生の気持ちを傷つけた。この地図を拡大すると、インド・ブータン・中国の三カ国の係争地である国境地帯が見えるが、それはインド版の解釈によるものだった。これを見た学生の何人かは抗議してクラスから出て行き、中国人向けのSNS、WeChatにその内容を書き込んだ者もいる。オーストラリアのあるWeChatグループは自分たちを「オーストラリアの紅《あか》いスカーフ」と呼び、彼らがキャンペーンを行うことで講師は謝罪文を発表させられることになった*19。そうなると、シドニー大学で使われる係争地に関する地図は、将来的にすべて中国の主張を反映したものでなければならなくなる。他国の主張は認められなくなる。環球時報はこの一件を報じた記事で「中印国境紛争がオーストラリアで勃発《ぼっぱつ》し、中国が勝利した！」と宣言している。その通りだ。なぜならシドニー大学が屈したからである*20。

シドニー大学はオーストラリア内で最も受け身な大学であることは間違いない。オーストラリアの八大学（トップ校が形成している団体）の代表が、学生による講師への脅しの問題の存在を最も控えめで礼儀正しい形で認めると、シドニー大学の学長マイケル・スペンスはメディアに対してその代表に対する批判と共に、オーストラリア内の中国の外交官たちは「同大学の学問の自由へのコミットメントを尊重している」という声明を発表したほどだ。このような弁明は笑いを誘うものでしかない*21。

ニューキャッスル大学ではある講師が講義の最中に台湾と香港を「国」として扱う図を掲げたことがあった。「今日悉尼《シドニー・トゥデイ》」紙はその場にいた学生たちが「大いに腹を立て、怒り心頭となった」と報じた*22。彼らは自分たちが「権利を守るためにさらなる手段をとる可能性を否定できない」と脅したのだ。シドニーの中国領事館は、同大学に不満を伝えている。この一件は「中国人学生の気持ちを大きく傷つけた」と*23。ちなみに中国側外交機関は、学生たちと怒りを共有しているように見えて、常に戦略的に動いている。ただしこの講師はただでは引き下がらず、彼らに対し「現実を受け入れることを学ぶべきだ」と述べたという。

何年かにわたって自国の屈辱の歴史を刷り込まれた結果、中国人学生の中には、わずかな侮辱《ぶじょく》に対する反応を、愛国的な情熱を示す方法として使い始める者も出てきた。彼らは差別の証拠を常に探し、自分たちが大学にあまりに多額の献金をしているために不満に感じるようになっている。中国領事館はこのような感情を煽《あお》ることで、学生をコントロールしたり、オーストラリア人に対して中国共産党と同じ視点で世界を見るよう圧力をかけているのだ。ここオーストラリアでは、われわれは言動に注意し、中国を怒らせないよう怯《おび》えており、告発を促す政治に脅かされ、その結果としてわれわれの自己肯定感を犠牲として捧げている。

オーストラリアの多くの大学の経営者たち、そして何人かの学者たちは、学問の自由に曖昧《あいまい》な理解しか持っておらず、このような不明確さがコミットメントの欠如につながっている。学問の自由の低下への抗議の叫びは、彼らにとって大学の実際的な利益のために犠牲にしてもいい贅沢であるようなのだ。

学問の自由は「現代の大学にとっての倫理的な土台」*24であるだけでなく、オーストラリア社会における言論の自由の中核をなすものだ。ロビイストやジャーナリストたちとは違って、オーストラリア国民は学者たちに専門家になるため資金を提供しているのであり、彼らの専門知識を使って社会を豊かにし情報を伝えるよう期待している。中国では多くの学者が学問の自由を真剣に追い求めたために迫害――投獄されたり社会的に抹殺されたり――を受けているが、その理由は彼らが中国共産党のイデオロギーの歴史的・政治的な歪曲《わいきょく》をあえて指摘しようとしたからだ。中国共産党は自らの権力の大きさに自信を持ったために、自分たちにとって非友好的に見える西洋の学者たちまで沈黙させようと大胆な行動に出ている。ケンブリッジ大学出版社は一般的に「学問の自由」の最も熱心な擁護者《ようごしゃ》のように考えられているが、二〇一七年四月、尊敬されている「チャイナ・クオータリー」誌の中から、北京の検閲者たちから問題視される文化大革命や天安門虐殺事件のような問題を扱った三〇〇本ほどの記事を閲覧禁止にするよう圧力を受け、屈している[*25]。同出版社は同誌のアクセスを中国市場向けに維持したかったからだ。ところが世界の中国専門家たちからの怒りの抗議を集めることになったおかげで、同社は記事を閲覧可能にした。中国共産党はこれで諦めるだろうか？　答えはノーである。

オーストラリアの大学が中国の大学や国営企業とパートナーシップを結ぶということは、中国共産党ともパートナーシップを結ぶことを意味する。党の「思想管理」は、政治・イデオロギー面で関係を制約するルールを設定するが、このルールはオーストラリアのどの大学も自分たちの職員や学生たちに課さないものだ。このパートナーシップではリベラリズムが独裁主義に直面するのであり、この場合リベラリズムが相手を不快にさせないようにするために――そして資金の流入を維持するため――道を譲《ゆず》ることになる。

人民解放軍をアップグレードするための資金提供[*26]

近年、中国によるテクノロジー先進国からの怪しい手段を通じた専売特許や機微な知識の獲得キャンペーンが新たな段階に入ってきた。これらの研究のほとんどは、西側諸国の、しかもそのほとんどが政府からの財政支援による大学や研究所で行われたものだ。すでに指摘したように、西側諸国の研究機関というのは、中国《チャイナ》マネーに誘惑されているのもその通りだが、科学者同士で共同研究を行う伝統を持っているため、中国の大学や研究所と数百件に及ぶ共同プロジェクトを合意している。

中国という一党独裁国家はここ数年にわたって海

外の先進的な軍事・産業テクノロジーを体系的に取得する計画を、公正な手段を通じたものかどうかに関係なく推進している。ジョン・フィッツジェラルドは以下のように指摘している。

中国は先のわからない研究や、イノベーションを起こすような実験ではなく、国家の発展や国防に対して戦略的に投資しており、自分たちで発見・投資できないものは盗むのである……この戦略は莫大な利益をもたらしている*27。

つまりここにきて判明したのは、水面下でオーストラリアの大学は、中国が喉《のど》から手が出るほど欲しいテクノロジー分野で、中国が主導権を握る手助けをしているということだ。

オーストラリア研究会議（ARC）は「リンケージ・プログラム」を通じ、オーストラリア国民の税金を中国の先端兵器開発の研究に投入している。このプログラムは国内外の大学の研究者や民間企業、研究所に所属するパートナーの共同研究を推進することを狙ったもので、問題になっているのは中国の軍事技術者たちだ。

二〇一六年、ARCはアデレード大学に対し総額四〇万ドルの三年間にわたるプログラムへの資金提供を承認している。これは中国航空工業集団有限公司（AVIC）の傘下にある中国航発航材院と研究パートナーシップを結ぶものだ*28。当然だがAVICは国営企業であり、人民解放軍の空軍に、J-20ステルス戦闘機、第五世代のFC-31ステルス戦闘機、そしてドローン攻撃機などを含む、軍用機を供給する主要供給企業である*29。

人民解放軍が最初の空母「遼寧《りょうねい》」を発表した時、そこに搭載されていたのはAVICによって建造されたJ-15だった*30。AVIC傘下の中国航発航材院は自分たちを「国防における科学やテクノロジー・イノベーションのシステムにおける重責の一旦を担っている」と説明している*31。院長である戴聖龍《ダイ・シェンロン》(Dai Shenglong) は同院の党委書記も務めている*32。

二〇一六年にはＡＶＩＣ傘下の会社を含む中国のコンソーシアムが、イギリスに拠点を置くデータ保存会社グローバルスイッチ（Global Switch）社の半分を買収した。オーストラリア国防省は、アルティモというシドニー内の地区にある建物の中に機微なデータを保有している同社のオーストラリア支社との契約を打ち切った*33。グローバルスイッチ社は、すでにファーウェイと提携している。

ＡＲＣのプロジェクト概要によると、アデレード大学が中国側と行う連携によって「オーストラリアは航空機や自動車や船などに使用され、快適性や静《せい》粛性《しゅくせい》、そしてエネルギー効率に優れるゴム基盤の優秀な素材や機器が製造可能となる」と説明されている。そしてこれは同時に中国空軍の先進的な兵器の能力を強化・改善することにもなる。

ＡＶＩＣ社にＡＲＣからの共同研究の資金提供の話を持ちかけ、しかも正式に認めさせたこの研究チームには、馬天翼《マー・ティアンイ》（Ma Tian-yi）博士、喬世璋《きょうせいしょう》（Qiao Shizhang）教授と王鵬《ワン・ペン》（Wang Peng）博士の名前が挙がっている。喬世璋教授はアデレード大学でナノテクノロジーの講座を主宰し、中国国内でも多くのポジションを持ち北京化工大学の客員研究員となっている。ちなみにこの大学は三四件もの国防産業計画を担当している「国家重点研究室」を擁している*34。馬天翼はアデレード大学の研究員で、王鵬は同大学のポスドク研究員である*35。

このチームの他の上級メンバーには、ＡＶＩＣ傘下の中国航発航材院で働く蘇正濤《ス・チェンタオ》（Su Zhengtao）教授がいる*36。要するに結論は、アデレード大学や中国にいる人民解放軍とつながりのある研究者たちが、オーストラリア政府から資金提供を受けていて、中国の軍用機の能力向上の手助けをしていることだ。これはもちろん彼らの本来の意図ではないかもしれないが、結局はＡＶＩＣのリサーチに資金提供をすることに伴《ともな》う不可避なリスクなのだ。

ある専門家によれば、中国は「研究コストを回避し、文化的に不利な面を克服し、他国の創造性を利用することによって最先端への〝大躍進〟を狙った、故意の国家的なプロジェクト」を進めているという。これはウィリアム・ハンナス、ジェームズ・マルヴィノン、そしてアンナ・プイージによる、権威ある『中国の産業スパイ網』（草思社）という本の中の警告だ[*37]。別の専門家ジェームズ・マグレガーも、アメリカ商工会議所の報告書の中で、中国のハイテク研究計画は「世界がこれまで見たことのないような規模のテクノロジー剽窃《ひょうせつ》のための青写真である」とさらに大胆な言葉で主張している[*38]。ではなぜオーストラリア政府はこのような野望、とりわけテクノロジーの進歩が中国の軍事力の向上に役立っているにもかかわらず、資金提供を続けているのだろうか？

ＡＶＩＣとのつながりは、オーストラリア政府が中国の軍事的野望を助けることだけにとどまらない。二〇一六年にはＡＲＣが、ニューサウスウェールズ大学とナショナル・インスツルメンツオーストラリア、そして中国の巨大テレコム企業ファーウェイの研究者による、合同研究プロジェクトに対して四六万六〇〇〇ドルの資金提供を決定した。オーストラリアの諜報機関は、ファーウェイが人民解放軍でサイバースパイ活動を担当する第三部とつながりがあると考えており、これがオーストラリア連邦政府の国家ブロードバンドネットワークにおけるファーウェイ機器の使用禁止につながっている。

第八章でも見たように、ＡＳＩＯの評価はアメリカ連邦議会の「ファーウェイにはスパイされるリスクがある」と判断した報告書に影響を受けている。この報告書の結論は、ファーウェイ（と中国の同業者であるＺＴＥ）は「外国政府の影響を受けていないと信頼できる状態になく、したがってアメリカやアメリカのシステムに対するセキュリティ・リスクを抱えている」というものだ。ところがこの報告書では同社の中国政府当局とのつながりについて真相を突き止めようとしたが失敗したため、ファーウェイの幹部たちについて「責任逃れで惑《まど》わすような態度をとっている」と決めつけている。

ちなみに今回のこのＡＲＣのプロジェクトの最大の目標は「莫大な相互接続性とマシーン同士の反応

速度の高速化」を研究し、それによって「世界標準のワイヤレス・インフラの新しいタイプ」に貢献することであり、これらは明らかに軍事・スパイ的な使用についての研究の側面も持っている[*39]。

洋為中用：外国を中国のために使う

ジョン・フィッツジェラルドが問いかけているように、オーストラリア人は習近平の「中国の再興」という夢を共有するのか、「中国と国家研究戦略を過剰に連携」させてもそれを助けるべきなのか、よく考えるべき時期に来ている[*40]。ところがわれわれは中国の大学や研究所との数百件にわたる連携合意を通じて、すでにオーストラリアの科学技術研究の大規模な連携を行っており、これによって中国共産党の野望を助けているのだ。

中国電子科技集団公司（ＣＥＴＣ）は国営の軍事研究組織であり、ある専門家によれば「中国の公式な軍産複合体の十大企業の一つ」であるという[*41]。その「聖なる任務」は「富国強兵」である。同時にここはシドニー工科大学と密接に連携しており、オーストラリア政府の公的資金からも支援を受けている。このつながりについてはダニエル・ケイブとブレンダン・トーマス＝ヌーンも調査している[*42]。

ＣＥＴＣが運営している研究所の多くは人民解放軍が自分たちのために創設したもので、彼らはいまだに軍事資金を受け取って軍事研究を続けている。二〇一〇年には自らの組織をホームページ上で「軍産電子部門における国営企業で、情報業界の最大勢力である」と書いている[*43]。

このような技術の民間での使用のおかげで、軍事面での応用が曖昧《あいまい》にされる可能性は高くなる[*44]。マシュー・ルースという専門家によれば、ファーウェイとＺＴＥは人民解放軍との直接的な関係があることは否定するが、ＣＥＴＣはそれを公的に認めており、社の目的が「人民解放軍の強化のために民間電子技術を活用すること」にあると宣言しているのだ[*45]。ケイブとブレンダン・トーマス＝ヌーンは、「戦争の情報志向やネットワーク化が進むことにより、民間で決定的に重要な技術と、軍事・セキュリティ部門での境界線は曖昧なものとなり続けるのであり、この状態にCETCの研究ほどふさわしいところはない」と述べている*[46]。二〇一七年七月、オーストラリア沖で米豪ウォーゲームを偵察するために停留していた人民解放軍の海軍艦船の装備品は、CETCが供給する電子機器で溢れていたことは想像に難くない。

CETCは軍事技術をあらゆる方面から入手しようとしており、その形態は遵法・違法かに関係なく行われている。二〇一一年一月にはマサチューセッツ州の裁判所が呉振洲《ウ・ゼンゾウ》（Wu Zhen Zhou）を懲役三年、彼女の共同被告人である魏玉峰《ウェイ・ユフェン》（Wei Yufeng）には懲役八年の実刑判決を言い渡し、その容疑は、軍事用電子機器や、軍事用のフェイズドアレイレーダーや電子戦、ミサイルシステムなどに使われる機微な電子機器を盗んで輸出した疑いだった。CETCは盗んだ材料で装備品を供給している組織の一つだ*[47]。二〇一〇年一〇月には張遠《ジャン・ユアン》（Chang Yuan）とその妻の黄楽平《ホワン・レピン》（Huang Leping）が、カリフォルニア州で輸出制限されている電子機器技術を、ライセンスなしで虚偽の書類をつくり中国に輸出しようとした疑いで逮捕された。二人はCETCの第二四研究所と、二つの種類の高出力アナログ・デジタル変換器に関する設計と、技術移転の契約を結んだと指摘されている*[48]。

これとあからさまに同じ理由で、二〇一七年四月、シドニー工科大学はCETCとビッグデータやメタマテリアル、最新鋭の電子、量子コンピュータや通信システム分野に関する新たな共同研究センターの開設を発表した*[49]。当然だがこれらは軍事・セキュリティ面での応用が可能なものばかりだ。たとえば中国は「人民解放軍の夢」である「透明」なステルス航空機を製造するために必要なメタマテリアルの使用法を研究している*[50]。この中国国営企業はシドニー工科大学の新しいセンターに二〇〇億ドルを献金している。

この新しい研究センターは所属する同大学が以前

からCETCと行ってきた仕事を継続するもので、シドニー工科大学のアッティラ・ブルングス学長が提携したテクノロジー研究についての協力推進合意にまだ従っている。この新しい共同研究センターの研究は、SKA計画（一平方キロの広さを持つ電波望遠鏡を建設する国際的プロジェクト）のためにCETCの第五四研究所からアンテナを購入したことのあるCISROと連携する予定だ。前述したケイブとブレンダン・トーマス＝ヌーンは、このCISROと熱心に軍事研究にいそしむCETCの第五四研究所との一〇年間にわたる関係についてとくに懸念を表明している*51。ちなみにアメリカではCETCの第五四研究所との共同研究は政府からの承認を得なければならないことになっている。

シドニー工科大学のCETCとの共同研究はARCの資金提供を受けていない。私はグレン・ワイトウィックとビル・パーセルという二人の副総長代理に会ったが、彼らは大学の進めるすべての研究計画を教えてくれた。この中にはCETCとの共同研究もあったが、これらはすべて、機微な研究分野についての国際的な共同研究を制限する「国防貿易制限法」（the Defense Trade Controls Act）に従ったものだという。ところがこの規制は、私から見れば、新たなテクノロジーや戦略的な状況を反映できず、すでに陳腐化している。オーストラリア国防省は、この法の遵守については大学にまかせていると述べ、実際に大学も従っているように見える*52。ところが中国のエリート軍事研究者たちとの深いつながりから見てわかるのは、やはりこのシステムは崩壊しているということだ。

二〇一六年、シドニー工科大学はCETCと「CETCスマートシティ研究所」の研究プロジェクトを始め*53、これには「公共セキュリティ早期警戒防止・監視能力」や「サイバー空間のコントロール能力」というテーマも含まれている。新華社通信によるCETCのスマートシティ研究についての報告によれば、それは「軍民のデュアルユーステクノロジーを統合してつなげる」ものだという*54。表面的には巧妙に取り繕《つくろ》われたCETCのテクノロジーだが、実際には中国による世界で最も包括的かつ抑制的な国民の監視・制御システムを強化する手助けをしているのだ＊55。

これらが別に驚きではないという人もいるかもしれない。しかしシドニー工科大学のグローバルビッグデータテクノロジーセンター（GBDTC）――ここは移動可能なセンサー・通信、コンピュータ画像、クラウド計算、そしてデータ集積システム、コンピュータ知能、そして脳コンピュータインターフェイスなどの研究をカバーしている――がCETCと連携している事実はどうだろうか＊56。この共同研究には「未来の通信ネットワークのための最先端のワイヤレステクノロジー」が含まれるため＊57、ファーウェイがなぜそのビッグデータセンターと協定を結んでいるかの理由もわかる＊58。

これらのビッグデータ系のテクノロジーは「国防インテリジェンス分析を改革する」と見込まれており、アメリカとオーストラリア両国の軍部や諜報機関から熱い注目を集めている。これは人民解放軍も同じで、彼らは「軍事ビッグデータの開発を加速させるために、国家のビッグデータプロジェクトと先端技術開発戦略による軍民融合を活用することを提唱」しているのだ＊59。

シドニー工科大学のビッグデータセンターは自らのウェブサイトで「オーストラリア防衛科学技術機構」(DST Group) がパートナーの一つと主張している。DSTはオーストラリア軍のために最先端の科学技術の開発を担うトップレベルの組織だ＊60。DSTやCSIROが保持している機密はとりわけ「中国軍の市民スパイのトップターゲット」であると考えられている＊61。実際のところ、DSTは、そこに所属する研究者がDST関連の仕事を請《う》け負っているにもかかわらず、そのビッグデータセンターとはパートナー関係にはない。たしかにこれまでのDSTとシドニー工科大学との連携は小規模なものだったかもしれないが、後者がテクノロジー研究にシフトしているため、DSTはシドニー工科大学との共同作業を増加させていくと見られている[*62]。ニューサウスウェールズ州とＤＳＴのベンチャー計画である新たな「国防科学研究所」(Defence Science Institute)であるが、これはシドニー工科大学に入っており、これによって同大学のキャンパスがオーストラリア国内でもっとも侵入されている軍事科学研究の中心地となったのだ。ところがＤＳＴは同大学とのすべてのプロジェクトは研究開発の段階で「最も初期のもの」だと主張し、大学に対して支援している全プロジェクトの結果を出版するよう要求している。ＤＳＴは大学と機密分野の研究を行う契約をしておらず、大学側が雇っている職員の国籍をまったく気にしていないようだ。すべての機密研究はＤＳＴ自身の持つ施設で行っているという。この問題についてはダニエル・ゴールデンの『盗まれる大学』(原書房)という本の中で「外国の政府は、応用段階で重要になって秘密に指定される前に、根本的なブレイクスルーをすくい上げたいと考えているようだ」と簡潔に記されている[*63]。

人民解放軍とさらなるコラボ

シドニー工科大学の八人の研究者が、中国人民解放軍軍事電信工程学院から発展し、さらに中国軍といまだに密接な関係を持っている西安《せいあん》大学とつながっている。シドニー工科大学の何人かの学者は、西安大学のカウンターパートとなる研究者と研究し、共同論文を書いているのだ。

西安大学のウェブサイトでは自らの国防関連のテクノロジーへの貢献を誇り「全国の高等養育機関の中でも国防技術研究において優れた立場にあるという意味で突出した存在である」と称賛し、その卒業生には一二〇名もの人民解放軍の将軍が含まれると主張する[*64]。同大学が二〇一五年、サイバーエンジニアリングに関する新しい学院を創設した時、中国専門家たちはこれを中国の国防、スパイ活動、そして戦闘能力の強化につながると解釈していた[*65]。あるアメリカの専門家は「西安大学の人民解放軍との密接な関係」から、サイバー研究における軍と民のつながりに言及している。ところがシドニー工科大学の何人かの研究者たちは、西安大学の科学者たちと共同研究を行っているのだ。

シドニー工科大学は、中国の科学研究の非公式な海外出張所と言えるような存在になりつつあり、その研究の中身は人民解放軍の戦闘能力向上に直接、応用できるものだ。さらにいえば、オーストラリアの主要な科学・テクノロジー機関——これには国防・諜報を担当している部門を含む——は、人民解放軍の研究センターと密接なつながりをもった研究者たちと結託《けったく》して働いている。中国の軍事・諜報技術の向上のため無自覚に貢献していることのようなシドニー工科大学の状況は、オーストラリアが中国とその手法に対し、いかに能天気かを示す、これ以上ない証拠だといえよう。

習近平主席は二〇一六年に「テクノロジーのイノベーションがもたらす強力な原動力」が中華民族の偉大な復興につながるはずだと宣言した*66。中国はオーストラリアの税金だけでなく、最も価値の高い知的資産をその「原動力」のために使っているように見える。ところがオーストラリア国民はその事実を知ろうともしていない。

北京は中国の国産テクノロジーを進化させるため莫大な額の投資を行っている*67。ところが二〇一七年一一月の中国共産党第一九回全国代表大会で習近平によって確認されたのは、世界で最もテクノロジー面で進んだ軍事力を持つためには、いかなる知識でも、最も進んだ国から借りてくるという野望だった*68。ロイターの記事にもあるように、「中国は世界のノウハウを、国内でのイノベーションと組み合わせて戦略的な兵器や装備を生産することに成功しつつある」のだ*69。

すでに見たように、オーストラリアの研究者たちは人民解放軍とつながりのある中国企業と研究を行っている。人民解放軍も科学者をこちらに派遣して訓練を受けさせることによって、オーストラリアの専門知識から利益を得ている。人民解放軍とのつながりはオーストラリア国立大学、シドニー工科大学、そしてニューサウスウェールズ大学が最も密接なようだ。このオーストラリアの大学とのつながりの最も中心的な役割を果たしているのが、楊学軍《ヤン・シェジュン》(Yang Xuejun) 中将である。習近平はこの楊将軍を、国家の最高学術機関である人民解放軍軍事科学研究院の院長に任命している。

オーストラリアで楊将軍と最も頻繁に共同研究を行っているのは、ニューサウスウェールズ大学の計算科学・エンジニアリング部門のサイエンティア教授である薛京霊《シュエ・ジンリン》(Xue Jingling) だ。彼はニューサウスウェールズ大学の他の数人の研究者たちとともに人民解放軍の国防科技大学——ここは中国の軍事技術系の大学ではトップ——との広いつながりを持ち、国防科技大学のスーパーコンピューター専門家たちと数十本の論文を発表している。この研究の中にはＡＲＣの国家研究資金から二三〇万ドル以上の資金提供を受けているものもある。

薛京霊と楊学軍中将との密接な共同研究は氷山の一角だ。その他の研究者たちも国防科技大学との研究を盛んに行っており、その分野は無人潜水艦や光ファイバー、そしてナビゲーションシステムなどにわたり、これには人民解放軍の王飛雪《ワン・フェイシュエ》(Wang Feixue) 大佐*[70]や張為華《ジャン・ウェイファ》(Zhang Weihua) 少将*[71]などとの共同研究が含まれる。国防科技大学の四六歳の教授、王飛雪はアメリカのＧＰＳに対抗する北斗衛星航行システムの開発の中心的人物で、このシステムは二〇二〇年に全地球をカバーすることになると言われる*[72]。北斗システムはアメリカと紛争が勃発した時、中国軍にとって死活的に重要になるものだ*[73]。ニューサウスウェールズ大学の何人かの科学者たちは国防科技大学の専門家と共同研究することで、民間だけでなく軍事的にも使用される北斗システムの開発に貢献してきた*[74]。当然だが中国共産党には独自の衛星航行システムを開発する権利はある。だがオーストラリアの専門家の知見がそれにわざわざ貢献する必要はあるのだろうか?

オーストラリアと中国軍の大学の関係は、共同論文の執筆よりもはるかに深いものだ。人民解放軍の関係機関からオーストラリアの大学への研究者の流れも懸念すべき点だ。国防科技大学と関係を持った二〇数名の研究者は、過去一〇年間にニューサウスウェールズ大学の客員研究員や博士課程研究生を務めたことがある。オーストラリア国立大学にはさらに一四名が所属していた。

たとえば王大佐の下で博士号を取得した李敏《リ・ミン》(Li Min)は、二〇〇八年に測量空間情報システム学院の実習科目を受けるためニューサウスウェールズ大学を訪れた*75。彼女の論文には六件の中国の機密国防プロジェクトが挙げられており、これらは彼女が博士号の研究生だった頃に取り組んでいた航行システムに関するものだ*76。オーストラリアの機関を訪問したり学んだりすることで、人民解放軍の研究者たちは国際的なネットワークや最先端のトレーニング、研究へのアクセス、そして最も重要な未来についてのアイディアを得て帰国することになる。これらの多くのケースでは人民解放軍の軍人がオーストラリアで行っていたことと、彼らが軍の中で担《にな》っていたプロジェクトの間に明確なつながりがあるのを示すことができる*77。

中国はオーストラリアの大学が提供するトレーニングや共同研究の価値の高さを認識しているが、それは人民解放軍も同じだ。中国共産党第一九回全国代表大会に出席した王大佐が宣言したように、「科学とテクノロジーは中国の戦力の核心」なのだ*78。オーストラリアの大学が追求しているこのようなリスクを含んだ共同研究の原因は、そのほとんどが無邪気な善意によるものと言えるだろうし、外部から指摘されれば、一体誰と研究を行っているか、気をつけるようになるはずだと思いたい。

ところが中にはあえて知った上で擁護する人物もいる。たとえばシドニー工科大学副総長代理グレン・ワイトウィックは、同大学の研究者と科学者たちが中国の軍と関係の深い企業や研究所と共同研究を行っていることについて尋《たず》ねられると、一連の共同プロジェクトに大変満足していると答えている。彼は私のEメールに対して「人民解放軍との関係があるという主張については、研究そのものが軍民両用（デュアルユース）のものであり、機密でもなく公開されているものなので、懸念はしていない」と返信した[79]。その前に送った中国軍と大学のつながりについての質問には「もしわが大学やその職員が不当に名誉を汚されれば」法的な措置も辞《じ》さない、という返信がきた[80]。ワイトウィック教授のEメールには、同大学の学者たちが「怯《おび》える」ことに懸念があるとし、「あなたの学問の自由は、あなたの本の中に登場するわが大学の学者たちの学問の自由と同等のものでなければならない」と書かれていた。

私はオーストラリアの他の大学やARCに対して、中国軍とのつながりの証拠についてどう思うか聞いてみたが、彼らの返信では概《がい》して自分たちの行動は法的条件を満たしており、とりわけ防衛貿易規制法(the Defence Trade Controls Act)を遵守しているとの答えが返ってきた。中には、もし問題があれば、それはそもそもビザを認可した移民省や公安機関のせいだと答えた者もいた。

ARCと教育大臣サイモン・バーミンガムは、もし問題があるとすればそれは独立した組織として活動している大学の責任であり、法的な義務を守るべきなのは彼らだと答えている[81]。このような共同研究を規制する法や条例は、現代のように最先端の軍事技術が民間でも使われ、さらには民間から流用されている新しい環境の中では、そもそも時代遅れで、見直しが必要だ。そして大学は法的制約に関係なく、自分たちの研究が中国の軍事力の強化につながっているかどうかを考える義務がある。

オーストラリアの科学コミュニティの、オープンな共同研究を行おうとする称賛すべき文化は、中国に利用されており、科学者の中には中国側との癒《ゆ》着《ちゃく》や、自分がどのような人間と共同研究しているのか、その警告をあえて無視するような態度に出ている者もいる。私が話を聞いたある科学者は、自身が人民解放軍との共同研究を行っていることを自覚していると述べた。ところが彼の所属する大学は研究資金を外部から探してくるよう要求しており、結果としてその資金を提供してくれるのは中国なのだ。彼は「だからどうしようもないんです」と答えた＊82。

ニューサウスウェールズ大学で中国のたいまつを掲げる

北京は中国の科学・テクノロジー面でのインフラ構築を目指すプロジェクトに、莫大な資金を投入している。これには基礎研究のための第九七三計画や、大学改革を目指した第九八五計画や第二一一計画がある。「火炬《たいまつ》計画」では、海外との共同研究を通じてハイテク民間産業を創出することが狙われる。そのターゲットは西洋で教育を受けた中国系の科学者であり、彼らに中国に帰国し一五〇ほどある国家レベルの科学・技術工業団地で働くよう誘うか、海外で滞在している間にも「その土地から貢献」することを求めるのだ＊83。

火炬《たいまつ》計画は中国の科学技術発展の中・長期計画（二〇〇六年～二〇二〇年）に組み込まれたもので、海外のテクノロジーと研究の成果を横取りすることに焦点を置く。ここではイノベーションを一種の国際的な共同科学研究と捉えるのではなく、前述したハンナスらの共著『中国の産業スパイ網』の言葉を借りれば、「テクノロジー窃盗のための青写真」と捉えるほうが正しい＊84。第八六三計画として知られる「国家高技術研究発展計画」は、火炬《たいまつ》計画以前から存在するものだが、ここでも国内の大学や研究所に資金を投入することだけでなく、海外からテクノロジーを盗むことによっても西洋を追いつき追い越すことが狙われていた。たとえば二〇一一年、アメリカ在住の中国人科学者が中国の第八六三計画に沿って産業機密を盗んでいたとして有罪判決を受けている＊85。国家防諜局の二〇一一年報告書では、同計画は「秘密裏にアメリカのテクノロジーや機微な経済情報を獲得するための指針や資金を提供」していると記されていた＊86。

この火炬《たいまつ》計画における海外初の技術研究所は、ニューサウスウェールズ大学に建てられる計画だ。二〇一六年四月には同大学のイアン・ジェイコブス副総長が、北京の人民大会堂で火炬《たいまつ》計画とのパートナーシップ協定を締結している。これがいかに重要なものだったかは、当時のマルコム・ターンブル首相と李克強首相がジェイコブス学長と同席したことからもわかる。このパートナーシップ協定には最初の投資資金として八つの中国企業から三〇〇〇万ドルが拠出され、シドニーの本キャンパスであるケンジントンキャンパス横に全く新しい区画を創設し、二〇二五年にはその投資総額が一億ドルになると予測されている。大学の広報発表資料によれば、ニューサウスウェールズ大学の「オーストラリア火炬イノベーション管区」はオーストラリアのGDPに今後一〇年間に一〇〇億ドル以上の経済的価値をもたらすという*87。同大学によれば、これはデロイトアクセスエコノミクス社が算出した数値だと述べている。しかしこのような数値は批判的に扱う必要があるだろう。というのも、私が同大学にその報告書を見せてくれと要求した時、彼らはそれを拒否したからだ。

イアン・ジェイコブスは、北京の人民大会堂で調印式を行った時「ワクワクした」と答えている。シドニーに帰ってからは大学が豪華な夕食会を開催した。ジェイコブス副総長は自分の大学が「世界の最も偉大なテクノロジーのイノベーターになる」という中国の計画の一翼を担う」ことに「とても興奮した」という*88。このパートナーシップは「グローバル・ファーストであり、豪中の二国間関係をリセットし、国家のイノベーション体制を推進する可能性をもっている」というのだ*89。ところがこの「国家」とはどの国のことを指すのだろうか？　火炬《たいまつ》計画における海外の最初の提携先として、ニューサウスウェールズ大学に設置されたこのプロジェクトは、中国が海外の研究能力をリクルートすることで自らのテクノロジー開発につなげる動きの先陣を切ったのだ。

中国は近年「自国のイノベーション」の重要性を次第に強調するようになっているが、それを海外のテクノロジーや知見に頼りながら、究極的には利用しようとしている。この目的のために、中国の科技技術部（省）は、政府に「科学研究所、大学、そして海外の研究開発機関に対して共同研究所や研究開発センターの設立」を求めているのだ*90。

新華社のウェブサイトではニューサウスウェールズ大学とのパートナーシップが「最適なタイミング」で到来したと称賛し、予想通り豪中関係研究所の副所長ジェームズ・ローレンスソンから「両国にとってウィンウィン状態だ」という共産党が好んで使うスローガンによるコメントをとっている*91。

ニューサウスウェールズ大学にできた火炬《たいまつ》計画の施設は、中国のニーズにあったオーストラリアの研究資源を略奪するための大きな一歩だ。同大学の研究部長であるブライアン・ボイルは、このプログラムのおかげで大学は中国政府を支援機構として使えるようになると述べている。これによって中国の投資家を引きつける「エントリーポイントや識別ポイント」となるというのだが、この投資家たちは実際には中国にとって優先順位の高い研究へ投資するはずだ*92。中国の資金による「火炬《たいまつ》テクノロジー工業団地」に対する同大学の莫大な投資が本当に賢明なものなのかを問うアンダース・フルツとルイーサ・リムの特集記事で、ボイル部長は批判に対してすべての証拠を無視し、むしろ批判の動機は外国人恐怖症《ゼノフォビア》ではないかと示唆している*93。ジェイコブス学長自身もオーストラリアン紙で「われわれとしても、豪政府に何度も資金を増加してくれるよう頼み込むのは願い下げだ。そのかわりにわれわれは中国に頼んだのだ」と暴露している。そしてこの「オーストラリアにおける研究資金調達の新しいアプローチ」は、ニューサウスウェールズ大学が「自らの運命を自らの手に」取り返しつつあることを示す一例だという*94。これは呆《あき》れるほどナイーブな考え方だ。実際に同大学が行ったのは、自らの運命を北京の科学技術部の手に委《ゆだ》ねることである。

ニューサウスウェールズ大学は、過去に汚職があったり、軍・諜報機関との関わりを持つような企業を排除する適性評価をどこまで真剣にやっているのだろうか？　元副総長ローリー・ピアーシーは、同大学で中国とかなり深く関わっていた人物だが、同大学は「将来パートナーとなるべき機関」に対しては「極めて組織的」にチェックをしていたと私に教えてくれた*[95]。私の推測では、企業の汚職的な運営は察知しやすく排除もしやすいものだが、軍とのつながりはおそらく検証されていないはずだ。ただし大学側は適性評価について外部の企業に委託しているという*[96]。ピアーシーはファーウェイを高く評価し、同社との提携にはまったく問題は見えなかったとしている。火炬《たいまつ》計画において中国政府との共同研究を行う件について聞くと、ピアーシーはオーストラリアがあらゆる外国政府との連携を始めている中、中国だけを排除する理由はなかったと述べた。彼はアメリカのイラク介入を引き合いに出しながら「あなたがたのうちで罪のない者が最初に石を投げなさい」と述べたのだった*[97]。

人種的な飛び地

近年のトレンドとして、大学の中のあるセンターや学部が、中国系学者の「飛び地」となりつつあることが明らかになっている。中国系以外の研究者たちは、人種差別があり、職員採用時の選別や博士号課程の研究生への奨学金の分配、そして部外研究者の招聘《しょうへい》などの面で偏向があると指摘しており、これらはすべて多文化主義の精神に反していると不満を述べている*[98]。

このような中国系の人々の「飛び地」ができたことの結果の一つが、学問に対するアプローチの文化が変わったことだろう。たとえばそれは研究者同士の関係性が合議的なものではなくなり、指導者がしゃべると部下の研究者たちはただそれを聞くというスタイルへの変化だ。そうなると博士号課程の研究者はオーストラリアの学術文化を学べなくなる。このような一つの人種だけに固まる動きは、学術論文の著作者の項目に如実にあらわれ、オーストラリアと中国の大学で発表される論文では八人から一〇人の共同著者がいることが珍しくなくなっている。博士号取得後にオーストラリアに残った研究者の「第二世代」も台頭しており、このおかげで新たに雇う職員や博士課程参加者の選別の人種的な偏《かたよ》りが固定化されるリスクが出ている。

人種的な飛び地が生まれる現象はいくつかの大学でも顕著《けんちょ》にあらわれ、主に工学系や情報技術系の学部で見られる。たとえばカーティン大学の「インフラ監視・保護センター」では八人の職員のうち七人が中国系だ。この七人全員が同センター所長郝洪《ハオ・ホン》(Hao Hong)教授と仕事をした経験を持つ。地震と爆破工学の専門家である郝洪教授は自分が最初に学位を取った天津大学の客員教授でもあり、過去に中国政府から奨学金を得たこともある。彼は西澳華人科学者協会（WACSA：第九章を参照）の副会長も務めたことがある。

近年では中国系の学者がオーストラリア研究委員会（ARC）の「大学専門家委員」(College of Experts)に続々と加わっているが、ここは研究プロジェクトに対して希少な資金を分配する機関だ。二〇一六年、ARCはこの専門会員の一七六名の名前を発表しているが、彼らが四つの学問分野のどこに属するかを明示していない。査定部会はこれらの分野から選出されるが、工学やIT系の専門家の数人が中国系で、彼らが軍事研究とのつながりをもっていることは少しばかりの調査でわかる。

大学専門家委員会で中国系学者の数が増加していることは、つまりオーストラリアの大学で働く彼らの数が増加していることを意味するが、それは彼らの到来が期待され歓迎されていることだ。しかし、ここには二つの懸念すべき問題がある。一つ目は、もし意思決定に関わる中国系学者たちが若い中国系学者だけを優遇する傾向を持っているとすれば、研究資金の分配の決定でも同様の傾向を持つと思われる点だ。つまりここでは非中国系の「大学専門家委員会」のメンバーたちは、「外国人恐怖症恐怖症《ゼノフォビア・フォビア》」のおかげでそのような傾向を指摘するのを避けていることが考えられる。仮に問題点を指摘しても、その違法性を証明するのは不可能であり、指摘した人間はすぐに「人種差別主義者《レイシスト》」だと非難されてしまう。ARCはこの潜在的な問題を細かく検証すべきだが、私はそれさえも恐ろしすぎて、誰も触れないだろうと考えている。

二つ目の問題は、特定の学者と中国の軍事系研究所との関係だ。この問題は主に工学やITなどに関連する分野で発生している。本書ではすでにARCが人民解放軍とつながりのある大学に属する研究者との共同研究を通じて人民解放軍に大きく資するような研究プロジェクトに資金を出していることを見てきた。ARCの大学専門家委員会の委員には、中国の軍事研究と極めて近いつながりを持つ人物がいる。たとえば石踫《シー・ペン》（Shi Peng）はアデレード大学とビクトリア大学の二つの大学でシステム・統制理論やコンピューター・インテリジェンス、そしてオペレーショナル・リサーチを専門とする工学科教授だ＊99。彼は二〇一四年と二〇一六年にARCの大学専門家委員会の委員だったが、それぞれ二七万ドルと三五万五〇〇〇ドルの資金をARCから受け取った研究チームのメンバーの一員でもあった。

石踫自身は、軍事研究を行っている中国の大学で客員教授を兼任している。二〇一六年には豊富な資金を使って海外から高度な専門家を招く「千人計画」で採用され、福建信息科学与工程学院で「特別招聘」教授になっている＊100。

石踫は二〇一四年から自身が卒業したハルビン工業大学の教授も務め、そこの専門家たちと長年提携している＊101。彼はハルビンの海洋装備統制工業研究所にも所属している。ここは艦船の知的ダイナミックコントロールや操舵システム、そして無人潜水艦システムや自動運転システムのような、軍事技術を集中的に研究しているところだ＊102。軍事技術への多大なる貢献により、同研究所は二〇〇八年に「国防科学技術イノベーションチーム」の称号を与えられている＊103。二〇一四年には人民日報が同研究所の一つの発明について「ハルビン工業大学はダイナミックポジションシステムの開発の分野において、我が国の海軍や海洋エンジニアリングの分野で欠かすことのできない重要なテクノロジー開発チームとなった」と称賛した＊104。

石蹠は二〇〇四年までの五年間にわたってオーストラリア国防科学テクノロジー機構（ＤＳＴ）のシニア科学者として働き「国防能力の強化に関する無数のプロジェクト」に関わっていた＊[105]。石蹠のアデレード大学の同僚で論文の共同執筆者でもある林禎水《リン・チェンチャウ》（Lim Cheng-Chew）は、現在ＤＳＴで働く五人の博士課程の学生を担当している＊[106]。彼は自分が担当した博士課程の学生のリストを公表していないが、彼の何人かの元学生たちもＤＳＴで働いている可能性が高い。

「アカデミック・マルウェア」としての孔子学院

中国のプロパガンダ部門トップである李長春《リー・チャンチュン》（Li Changchun）は、孔子学院は「中国が海外でプロパガンダを展開するための一つの重要な組織である」と述べている＊[107]。孔子学院は中国政府から数十万ドルもの投資を呼び込めると期待する海外の大学と共同で設立されることが多い。この機関は国家漢語国際推広領導小組弁公室（漢弁：Hanban）が二〇〇四年に始めたもので、今日では世界中に五〇〇校が存在する。公的な任務としては中国語を教えることや中国文化の理解、そして中国研究のさらなる推進が謳《うた》われている。

中国共産党は文化大革命の時期に反動勢力だとして儒教を禁止し、孔子の墓は紅衛兵《こうえいへい》たちに破壊された。ところがこの賢人の立場は回復され、とりわけ権威への服従と国家のプライドを推進する手段として復活した。実際にこの機関は中国語の教育や中国文化の推進を行なっているが、それがその活動のすべてではない。中国共産党のトップを務めた胡錦涛が述べたように、この組織の目的は「世界における中国共産党の影響力を高めることにある」のだ＊[108]。これにはこの学院を受け入れた大学への影響力の増加も含まれる＊[109]。大学側は受け取る資金が中国の教育部から出ると教えられる。ところが著名な中国専門家のデイヴィッド・シャンボーが指摘するように、この資金は実際には中国共産党の中央宣伝部から出ており、教育部を使った「資金洗浄」を通じて提供されるという＊110。

孔子学院とオーストラリアの大学との契約内容については、漢弁側の要望によって秘密となっている。一般的には現地のディレクター一人と共に、中国政府から任命された人物がつくことになる。世界に広まるにつれて、彼らは古くからある中国共産党に非友好的なライバルの言語・文化教育センターを追い出すことが多くなった。杜建華《ジェームズ・トウ》が書いているように「中国共産党の究極の目的は、中国語教育を北京の完全な支配下に置くこと」なのだ＊111。

このような事情から、孔子学院は学問の自由を制限し、中国の監視や宣伝を目的としていると国際的批判を浴びつつある。オーストラリアの大学には、単に無頓着《むとんちゃく》だったり無関心なだけで、資金や経済大国とのつながりを歓迎しているところも多い。

オーストラリア国内には全部で一四の孔子学院が存在し、とりわけ優秀な「豪州八大学」の内の六校にある。それらは批判の的となっており、例えばニューサウスウェールズ大学のある学者は、孔子学院の職員が同学院で行なわれている検閲に関する批判について何も答えるなと指示されていたと暴露している＊112。二〇一三年にはシドニー大学が中国との関係――これには孔子学院のために受け取っている資金を含む――の悪化を恐れてダライ・ラマ招聘を中止し非難を浴びた＊113。講演会がキャンパス外で開催され、大学のロゴも使えないことが決まると、マイケル・スペンス副総長は安堵《あんど》した様子で「本大学の研究者たちにとって最善」の決断だったと答えている＊114。これは大学が「中国の暗黙の言語統制を邁《まい》進《しん》し、それによって北京に拒否権を与える」機関になってしまった例の一つだ＊115。

ジョセリン・チェイ（Jocelyn Chey）はシドニー大学の客員教授で、大学が二〇〇七年に中国語講座を孔子学院に組み入れようとしたことを批判している。彼女は「学問の自由や学者の権利について懸念がある。学者は教えるだけでなく、自らの興味に従って研究し出版することについて、誰にも指示や指導を受けなくてよいはずだ」と書いた＊116。彼女は大学が漢弁と交わした合意文書には学問の自由を保障すると書かれていると聞き、その文書を見せてくれと大学側に尋《たず》ねると、拒否されたという。二〇一四年には漢弁が保証する「自由な情報の流通」が、ポルトガルで開催された欧州中国研究学会の会合で汚されている。漢弁の代表で共産党の最高幹部の一人であった許琳《シュウ・リン》（Xu Lin）は、部下たちに会合で配られたパンフレットをすべて回収し、台湾の学術交流プログラムの広告があったページを引き裂くよう指示したからだ[*117]。

最近アメリカで発表された孔子学院に関する報告書の中で、保守的な「全国学者協会」（NAS）が全ての学院を閉鎖するよう提案した[*118]。これは二〇一四年に同学院を「中国国家の出先機関」と表現した「アメリカ教授協会」（the American Association of Professors）の結論と同じで、こちらの報告書では、孔子学院の受け入れは「大学の誠実性を破壊する」と非難している。「カナダ大学教員協会」（The Canadian Association of University Teachers）もこれに同意しており、同国内の大学に対し全ての関係を断つよう要請している。そして何人かの著名な学者たちがその有害な影響について証言しているのだ。

NASの報告書は孔子学院を、学問の自由の侵害、運営や資金面での秘密性、中国文化の偏《かたよ》った表現、そして受け入れる大学に対して「中国を喜ばせる」よう圧力をかけている点などを批判している。同学院と関係する多くの教授たちが、同学院の代表やそこに所属する大学職員たちと良好な関係を保つよう多大な圧力をかけられているとの証言を記している[*119]。NASの報告書のまえがきの部分で、会長を務めるピーター・ウッドは、「表向き友好的かつ誘惑的な形の外交の奥には、独裁主義的な現実の顔が覗《のぞ》いている」と記した。受け入れ側の大学職員たちは同学院が監視の拠点となっていると考えている。この報告書を書いた調査員たちは、孔子学院が中国人や中国系アメリカ人を脅して威嚇《いかく》する施設で、隠密活動を行う中国政府機関の隠れ蓑《みの》であると推測される非公式の証言を多数集めている。

カナダ安全情報局の元中国担当だった人物は、西側の防諜当局は「孔子学院を中国政府が使用している一種のスパイ機関と認識している」と述べた[*120]。この人物は中国が同学院を通じ西側の重要な研究機関に近づくことができると証言している[*121]。

大学の中にはこうした懸念を背景に孔子学院を閉鎖したところもある。これにはシカゴ大学やペンシルバニア州立大学、そしてカナダのいくつかの大学が含まれる。ところが二〇一四年、教育相のクリストファー・パインがわざわざ北京大学に出向いて、オーストラリアは孔子学院を歓迎すると発言したのだ[*122]。

二〇一四年にはオーストラリアの連邦議会図書館によって準備された報告書で、オーストラリアの孔子学院に所属する人物たちが中国共産党やその目的と密接に関係していると指摘された[*123]。クイーンズランド大学の孔子学院の副学長、劉建平《リウ・ジャンピン》（Liu Jianping）は、天津大学の党委員長だ。親共産党の新聞を創刊した祝敏中《ジュウ・ミンシェン》はダスティヤリ事件で注目された人物だが、シドニー大学の孔子学院の役員の一人だ[*124]。ウィリアム・チウ（邱維廉）も統戦部傘下の澳洲中国和平統一促進会会長を数年務め、ニューサウスウェールズ大学の孔子学院の役員を務めていた[*125]。凡紅《ファン・ホン》（Fan Hong）教授は西オーストラリア大学の孔子学院院長で、中国に出向き孔子学院は「中国のソフトパワー」を広げる役割を果たしていると語っている[*126]。

まとめると、オーストラリアの大学運営者たちは、孔子学院を自らのキャンパスに迎え入れることで、カリキュラムの設定と、実績によって学者を採用する二つの権利を明け渡し、大学の自律という根本的な原則を放棄している。彼らは職員を外国政府に採用させ、特定の教材使用を推薦したり却下したりして、中国共産党にとって侮辱的な特定トピックを扱わないようにするのを許可している。ジョン・フィッツジェラルドが書いたように、中国の教育当局にとって自律性の原則や学問の自由をうまく取り除くことは、「西洋のリベラルな価値観との戦線における重大な突破口となる」のだ[*127]。

クイーンズランド大学の副総長、ピーター・ホイ(Peter Høj)にとって、この事実は懸念すべきことであるはずだ。彼は二〇一五年に漢弁から「本年度の傑出した個人」に贈られる賞を受賞した。彼は漢弁の上級コンサルタントで、どうやらその中でもオセアニア代表の地位にあり、自分の大学の孔子学院の業績を誇っている。この業績には学内に孔子学院のプログラムを導入したことも含まれる[*128]。

われわれのクラス内にいる共産党

オーストラリアでは、孔子学級(Confucius Classrooms)が小・中学校だけでなく高校にまで拡大している。漢弁によれば、国内六七のクラスで実施されているという[*129]。オーストラリア政府教育省は、ニューサウスウェールズでこのアイディアを早くから歓迎していた。漢弁(というか実際は中国共産党の宣伝部なのだが)は、孔子学級を開設する際に自分たちの許可した助手的な教師や教材などの必要経費として一万ドルを提供してくる[*130]。教育省は、なんとこのプログラムを監督するために教育省内に孔子学院を設立している[*131]。オーストラリアは自国機関の中に、とりわけ厳しい検閲で知られる外国政府の指示を受けることを可能にする措置をとっているのだ。

中国専門家、マイケル・チャーチマンの分析によれば、孔子学院は「外国人に対して、中国の表向きの公式見解に沿う形で中国への理解を深めてもらうため」に存在するという[*132]。実際のところ、中国の宣伝部のトップであった劉雲山《リウ・ユンシャン》(Liu Yunshan)が二〇一〇年に書いたように、中国は「社会主義の核心的価値体系を、あらゆる文化的な事業の中に浸透させる必要がある」[*133]。ニューサウスウェールズ州の教育官僚たちも、孔子学級ではいくつかのトピックの扱いが禁止されていることを認めている。献金してくれる支援者の機嫌を損《そこ》なわないようにするためにはチベット、法輪功、もしくは天安門での虐殺事件のような問題について「議論するのは得策ではない」ということになる。ある高級幹部は「議論できるトピックは他にも多くある」と言っている。孔子学級の最大の目的は子どもたちに「中国語を学んでもらい、現代の中国がどのような仕組みになっているのか良い理解をしてもらうこと」だというのだが、一九八九年に起こった天安門事件のような出来事について議論されないのであれば、一体この「良い理解」とはどういうことなのか疑問が残る＊134。ルイーサ・リムが論じるように、もし中国共産党が中国の歴史を「集団記憶喪失」にかけることで塗り替えるのに成功したのであれば、ニューサウスウェールズ州の教育部は喜んで協調するだろう＊135。

しかし、何が危機に瀕《ひん》しているかを理解し、反対する人々も多かった。二〇一一年一〇月にはニューサウスウェールズ州議会に一万以上の嘆願書《たんがんしょ》が集まった。その嘆願書には孔子学院を閉鎖すべき理由として「中国の言語と文化の教育は同州の教育機関でも歓迎すべきものだが、それは中国共産党の教義や検閲に影響を受けないものであるべきだ」と書かれていた＊136。嘆願書では中国の外交官たちが孔子学級を持つ学校に対し、法輪功と関係のある団体の文化交流イベントなどへの参加をキャンセルするよう圧力をかけていたことが記されていた＊137。

緑の党のニューサウスウェールズ支部報道官、デビッド・シューブリッジは「孔子学級は我が州の税金を使わない無料のサービスかもしれないが、その代わりに子どもたちを外国政府の宣伝機関のプロパガンダにさらしている」と指摘する＊138。二〇一六年にはシドニーのノースショア地区にある学校の親の一部が孔子学級をボイコットしていると報じられた。あるネット上の嘆願サイトでは、ニューサウスウェールズ州政府に対しカナダ・トロントの教育委員会と同じように、孔子学級を閉鎖して「外国の検閲とプロパガンダから影響を受けない」コースに替えるよう求めるものもあった（訳注：二〇一九年八月、ニューサウスウェールズ州教育局は州内孔子学級一三の閉鎖を決定した）。

愛国的な学生たち

二〇一五年後半、オーストラリア国立大学（ＡＮＵ）の中国人学生の一人が、キャンパス内の混雑した薬局に入り、突然、ある薬剤師に叫び始める事件が起きた。「これを配布しても良いという許可を出したのは誰だ?」と問い詰める彼の手には、法輪功の発行する『大紀元』（The Epoch Times）紙があった。周囲で目撃していた人々によれば、この学生は怒りに満ち攻撃的で、名前を陶品儒《タオ・ピンルー》(Tao Pinru)というキャンパスの中国学生学者協会（ＣＳＳＡ）の会長だったようだ。当の薬剤師は怯《おび》え、店にボイコット運動を仕掛けるという彼の脅しを懸念し、彼にその新聞を持っていかせることにした。この薬剤師によれば、タオはその新聞をすべてゴミ箱に投げ入れたという。

この一件は当時、ウォロニ（Woroni）という学生新聞のアレックス・ジョスク記者が発掘して報じたものだが、オーストラリアの大学のキャンパスにおける懸念すべき問題を提起した[*139]。中国系学生団体のトップが突然大学の店に入ってきて、一つの新聞をキャンパスから排除するよう要求してもよいと感じる感覚を、どのように手に入れたのだろうか？他のいかなる学生団体にもそのような権限はなく、それを実行して証明してしまうことはあり得ない話だ。これから見ていくように、中国系の学生団体は中国共産党の末端機関として機能している。この薬局における事件を記す中で、中国の動向について取材しているオーストラリアン・ファイナンシャル・レビュー紙の三人のベテラン記者たちがコメントした。「中国共産党が世界で行なっている中国の実権掌握のための活動にとって、見逃して良いほどの小さな戦いは存在しない。侵害、脅し、マネー、そしてその他の利益を使った誘導は、オーストラリアの大衆世論、つまりそれは大学のキャンパスから政府の建物の中に到るまで影響を与えるために、北京によって使われる」というのだ[*140]。

本書をお読みの人は、大学のキャンパスで学生新聞やパンフレット、そしてポスターなどを通じて、政治に関する実に幅広い議論が行なわれていたことを覚えておられる方も多いはずだ。そのほとんどは無視されていたが、それらの存在そのものが世の中に関するわれわれの理解に貢献し、大学での政治論議の活発さと寛容性を証明するものだった。大学は最低でも強い意見を持つ学生たちに発言する場を提供していたし、社会主義労働党や中絶禁止団体の学生新聞を発禁にしようなどと考えた人はいない。ところが今日では、狂信的な学生たちがキャンパスの政治的な意見を検閲するようなことが許されているのだ。

この薬剤師の件で最も衝撃的だったのは、オーストラリア国立大学の運営側の対応だった。この案件に関して問いただしてみると、彼らは誰もセキュリティを呼ばなかったので対処できなかったと言っており、タオの行動に対し「意見の違いに対する寛容性」の観点から曖昧な批判をしただけだった。つまり彼らはそもそもこの件に関して関心を持っていなかったのだ。なぜオーストラリアで最も国際的な大学が、この案件を始めとするキャンパスにおけるCSSAによる強迫的な事件や言論封殺行為を詳しく調査しないのだろうか？　少なくとも言論の自由に対するこのような露骨《ろこつ》な抑圧に対して非難する声明を出すべきだったのではないだろうか？　なぜ大学の副総長は自分のオフィスのある建物に「大紀元」紙を置かないのだろうか？　実のところ、ANUには中国に対して「叩頭《こうとう》」してきた過去があるのだ。

二〇一六年八月、同大学の「中国国際関係オーストラリアセンター」で退職間近の所長だったジェレミー・バルメが、副総長であるブライアン・シュミットと総長のギャレス・エヴァンスに対し、博士課程に在籍する中国人留学生、雷希穎《レイ・シーイン》（Lei Xiying）の活動について文書を送っている[*141]。雷希穎はオーストラリアのメディアにおける中国に関する不当な報道のされ方や、オーストラリアの大学の反中活動を研究する目的で入学を許可された。同時に彼は副業として、北京の宣伝家としても活動しており、そのために大学の設備を利用していると言われている。彼は二〇一六年八月に超ナショナリスト的な動画を作成し、好戦的な音楽や、整列してマーチする軍隊を映し出し、ネットで大いに拡散され、二四時間で一〇〇〇万回も再生された[*142]。フィリップ・ウェン(Philip Wen)によれば、この動画は中国で「カラー革命」を扇動している敵対的な外国勢力について警告する内容だった。雷希穎は中国共産党に関係する多くの組織に属し、「ネット上でイデオロギーを構成する優れた若者の代表」として表彰されたこともあり[*143]、オーストラリアは「アメリカの召使い」であると考えている。

雷希穎には微博《ウェイボー》(中国のSNS)に過激な反オーストラリア的メッセージを書いてきた過去があり、例えば「俺が卒業したらこのくだらない土人的なオーストラリアをすぐに出てやる。この国は自分の頭で考えるだけの脳味噌をもたないアメリカの政治的な走狗だからな!」と書いたこともある[*144]。「土人的なオーストラリア」というフレーズは漢字で「土澳」と書くのだが、これは中国人学生たちの一部で非文明的なオーストラリアの後進性を嘲笑《あざわら》う言葉として使われているものだ。

雷希穎について尋ねたときのオーストラリア国立大学側の反応は、彼には「言論の自由の権利がある」というもので、具体的には何の行動もとっていない[*145]。これは一見すると合理的な反応のようだが、果たして本当にそうだろうか? これは言論の自由なのか、もしくは外国政府のためにリベラルな価値観を攻撃対象とする、有害で敵対的なプロパガンダではないのか? 雷希穎の作成した動画には人権侵害された人々を擁護《ようご》する中国人弁護士を中傷するものもある。二〇一五年に連続した人権派弁護士の逮捕は、言論の自由や法の支配に対する直接的な攻撃だった[*146]。オーストラリアの言論の自由に対するコミットメントは、全体主義国家を援助する目的で雷希穎に利用されているのではないだろうか? 全ての人々の言論の自由を守ることにかまけて、その自由を奪《うば》うことを目的としている勢力に、われわれはあまりにも甘いのではないだろうか? オーストラリア国立大学は中国との関係を良好に保《たも》とうと熱心だが、そのために西洋諸国が拠《よ》って立つ価値観への国家的攻撃を許容してしまっているのだ。

二〇〇八年四月、キャンベラで行われた北京オリンピック聖火リレーの場で発生したデモの中心になっていたのは、実はオーストラリア国立大学の中国人学生たちだった。同月初め、北京は日本とともにオーストラリアを、聖火リレー通過点におけるチベット人や法輪功が活動する危険な場所と認定していた[*147]。とりわけ彼らはキャンベラで対抗勢力のデモ隊の数が上回ることを危惧《きぐ》し、大使館はそのための対抗手段を考えるよう指示を受けていたのだ。オーストラリア国立大学のCSSA代表は張栄安《ジャン・ロンガン》(Zhang Rongan)で、彼は中国大使館から資金や組織面での援助があったと認めていた。中国政府が動員を行ったことで批判されるようになると、張は大使館から何も支援を受けていないと否定し、ネット上で認めていたコメントを削除し、カウンターデモは学生たちによって自発的に行われたと言い始めた[*148]。

聖火リレーにおける数千人の中国人学生による愛国感情の発露《はつろ》は、オーストラリア政府に深刻な懸念を生じさせたはずだ。ところがわれわれの大学の講堂（そして財布）を満たす中国人学生の流入は止まることなく、むしろ増加している。

二〇一七年七月には高等教育機関に留学している彼らの数が一三万一〇〇〇人となっているが、これは二〇〇八年当時の二倍だ[*149]。人口規模で比較すると、オーストラリアにはアメリカと比べて五倍の中国人留学生がいることになる。オーストラリア国立大学の留学生の実に六〇パーセントが中国人留学生で、主にビジネスや会計、財務関連の学部に所属し、同大学の授業料による収入の一五パーセントを占めている[*150]。総長のギャレス・エヴァンスは、同大学が「経済的には彼ら（中国人留学生たち）の授業料に完全に依存している」と述べたことがある[*151]。彼は他に選択肢がないか苦慮《くりょ》しているように見える。というのも、二〇一六年にオーストラリア国立大学は中国人留学生の数を減らそうと計画していたことが明らかになっていて、その後、その話は立ち消えとなったからだ[*152]。

中国にいる親たちは、自分の子供を最も権威ある大学に行かせるため、大学の国際ランキングをよく見ている（もちろん中国国内のトップの大学の方が好まれてはいるが）。オーストラリア八大学の内、中国人留学生に依存しているのは、オーストラリア国立大学、シドニー大学、ニューサウスウェールズ大学、そしてメルボルン大学だ。

「告発して報告せよ」

杜建華《ジェームズ・トウ》が暴露した党の内部文書によれば、中国学生教授協会は一九八九年以降に世界中で設立されたが、これは高まる中国共産党への批判をかわして管理するためのものだった[*153]。それ以来、大使館付きの教育部の職員が大学のキャンパスにおける活動を調整してきた[*154]。一九九〇年代初期からは、海外の留学生の間に、自国への批判的な意見が拡大するのを懸念した強力な国家安全部が職員を派遣して、学生や学者、そしてビジネスマンとして身を隠しながら学生たちの活動を監視・報告し始めた[*155]。そして今日では愛国教育運動の保護の下で何年間も続いた指導――これは「心の狭い教育」[*156]と説明されているが――のおかげで、オーストラリアにやってくる中国人留学生のほとんどは西側のアイディアに「感染」しないような免疫をつけている。彼らは大使館やCSSAに関連する人々の教育に影響を受けやすくなっている。

中国共産党についての第一級の専門家の一人であるジェリー・グロートは、習近平政権における海外での中央統戦部の活動の拡大について書き、この一党独裁国家が学生たちの発言を詳しく監視していると記している[*157]。CSSAは中国政府から活動資金を得ており、現地の領事館や大使館との橋渡しをしているという[*158]。大使館側にとって、学生団体は新たな党員をリクルートする有益な場だ[*159]。元外交官の陳用林は、シドニーの中国人学生団体の会合はそのほとんどが領事館の中で開催されており「中国人学生団体の代表は大抵の場合、領事館の領事によって選出されていた」と書いている[*160]。

オーストラリア中のＣＳＳＡの代表たちは、大使館が出す旅費で首都キャンベラのオマーリー地区の郊外で毎年開催される教育部の会合に集まる。ＣＳＳＡで以前働いていたことのある人物によれば、この会合では中国政府の職員が様々な団体の活動を調整して、党の最新の方針を指導していたという[*161]。学生団体のリーダーたちは親中的な声明の発信に実に積極的だ。

オーストラリアの大学キャンパスで活動する学生団体は、原則として民主主義の原則に従った活動、つまり自由で公平な選挙、開かれた会合、そして会計の透明性を保つことなどが求められている。ところがＣＳＳＡはこれらを何一つ行っていない[*162]。もし外国政府が資金を提供し、その代表者を選んでいるとなれば、たしかに秘密裡が原則だ。このような学生団体の運営は決して許されないものであり、だからこそニューヨークの名門校コロンビア大学は二〇一五年にＣＳＳＡを解散させている[*163]。

ところがキャンベラ大学のＣＳＳＡの代表、盧璐品《ルー・ルーピン》（Lu Lupin）が大使館から指導や資金提供を受けていたと正直に告白しても、大学は外国政府が学生たちの活動に介入している事実を全く意に介していない[*164]。

二〇〇八年のオリンピック聖火リレーの時もそうだが、ＣＳＳＡはまず自分たちの中国政府とのつながりを否定しようとするが、あるＣＳＳＡのウェブサイト（アデレード大学のもの）では自分たちを「大使館の教育部の指導を受ける組織」だと説明している。大使館からの支援と資金提供を受けた学生団体のリーダーは、政治的なコネクションを得られるという動機で活動し、愛国的な誇りとともにキャリアをスタートさせることができる。ジョン・フィッツジェラルドが記すように、オーストラリアの大学は中国系学生をちゃんと世話しないため、むしろ彼らはオーストラリアで中国政府に守られていると感じるのだ[*165]。

中国人学生たちに社会面での支援を供給する一方で、これらの団体は学生たちの活動を監視・警戒して、彼らが腐敗的な活動に巻き込まれないようにしている。たとえば彼らは中国を批判する映画の試写会に参加しないよう指導される。彼らの思想も監視されており、クラスや友人たちの間で、ある中国人学生が政治的に正しくないと解釈される意見を表明すれば、その学生は大使館に報告される可能性が高くなる。二〇一七年に放映されたABC放送の「フォーコーナーズ」という番組の「権力と影響」(Power and Influence) というタイトルの回で、キャンベラ大学のCSSA代表、盧璐品《ルー・ルーピン》は「全学生の安全のため」に、彼女は人権デモを組織した中国人学生を大使館に報告すると述べた*166。ちなみに盧璐品は後にメディア会社のABCとフェアファックスに対し、この番組が名誉毀損《めいよきそん》に当たると提訴した。時には中国にいる両親のもとに国家安全部の職員が訪れ、彼らの子供たちがオーストラリアで危険な活動に従事していると告げられ、これをやめないと酷《ひど》い結果につながると警告を受けることもある。アンソニー・チャン (Anthony Chang) がブリスベンの民主化デモで演説を行った後、彼の両親はまさにこのような事態に直面した*167。大紀元紙や天安門事件(オーストラリアに留学でやってくる学生たちは全く知らされていないこと) についての本を読んでしまうと、長期的に問題となるのだ。オーストラリア国立大学のある反体制派学生は、自分の考えは自分の内に秘めておくと述べ、他にも悪影響があると怖いので「自分の意見を秘密にしている」人を知っていると証言している*168。

習近平は二〇一五年、海外で学ぶ中国人学生を「共産党の中央統一戦線工作における新たな中心的存在」と位置付けた*169。中国は国内の大学キャンパスで学生を情報提供者として使用しているが、このシステムの拡大についてCIAがまとめた資料によれば、学生は政治面での監視や、教授や同僚の学生たちを告発する活動に組織的に従事しているという*170。この「告発して報告する」モデルはオーストラリアでも使われている。オーストラリアの大学のある上級講師は、ニューサウスウェールズ大学で民主化制度に関するセミナーに参加していた誰かに告発された後、中国で四度も尋問されたと報告している[*171]。このシステムの目的は機微なトピックに関する議論などをコントロールすることにある。CIAは西洋諸国に対してこの「告発の文化」が拡大してくるのを警告した。二〇一〇年一〇月八日、ノーベル賞選考委員会が反体制派の作家、劉暁波にノーベル賞を与えると発表すると、北京大学当局は発表時に「いつになく嬉《うれ》しそうな表情」をした学生たちに取り調べを行った。この「表情犯罪」を犯したとされた学生たちは奨学金を剥奪《はくだつ》されるリスクを抱えることになったのだ。

学生たちはCSSAを通じて中国からの重要人物の来訪を歓迎して出迎えたり、デモ隊を押し戻したり脅したりする際にも動員される。時には軍隊のような正確性で学生たちが動員されることもある。たとえば二〇一七年、李克強首相のキャンベラ訪問に備えてオーストラリア国立大学のキャンパスで開催された事前演習では、CSSAに補佐された大使館の職員たちが、学生を機動隊として部隊ごとに分け「男性の同志は女性の同志を守らなければならない」というような指示を授けているのだ[*172]。

ダライ・ラマがオーストラリアの大学のキャンパスに招待されなくなって久しい。もし招待されていたとすれば、中国の国家としての影響力の拡大や自らの愛国心によって大胆になった中国人学生が、二〇一七年初頭にカリフォルニア大学サンディエゴ校で中国人学生が行ったような行動に出ることが予想できる。このチベットの精神的リーダーが卒業式でスピーチをするために招待されたことが判明すると、中国人学生たちは激怒し、招待を中止させるために激しいキャンペーンを開始した。同大学のCSSAは「わが団体は大学の不条理な行為に対して厳しく抵抗するため、さらなる手段をとると宣言する」と警告した[*173]。

オーストラリアと同様に、中国人学生は「犠牲者カード」を使うことで党の見解を擁護している。彼らは大学に対してダライ・ラマを招いて演説させることは「尊敬、寛容、平等、そして誠実の精神、つまりこの大学が基盤としている精神《エトス》に反する」と伝えている。彼らはソーシャルメディアでもこの話題を取り上げ、ドナルド・トランプが女性やヒスパニック、そしてLGBTをリスペクトしないとデモを行った人々がいるが、ではなぜ精神的リーダーの仮面を被った「分離主義者」で「テロリスト」である人物を招いて中国人学生を侮辱するのかと主張したのだ。

オーストラリアでは、オーストラリア国立大学のCSSAの活動の実態が暴かれると、彼らは「寛容的な言説」や「多文化主義」に訴えかける苦しい言い訳とともに、「中国人学生が自分たちの意見を自由に発言できるような環境で勉強して生活できるよう」にすべきだと主張している*174。異議を唱える人物を大使館に通報し、当局が中国本土にいる家族を脅したり処罰することに協力している団体の発言として、その偽善性は噴飯《ふんぱん》ものだ。中国人学生への寛容と尊敬を求める訴えかけは、中国本土で愛国的な同志たちが「白人左派」（白左：baizuo）と呼ぶ人々、つまり大学のキャンパスにいるような「ポリティカル・コレクトネス」を信じる西洋人たちで、移民や少数派、LGBT、さらには環境などのトピックしか関心のない人々を馬鹿にして楽しんでいることを踏まえると、まさにダブル・スタンダード（二重規範）だと言わざるを得ない*175。彼ら愛国的なネット民たちは「白人の左派」を猛批判するドナルド・トランプを尊敬しているのだ。

カリフォルニア大学サンディエゴ校での案件のすぐ後、ロンドンの中国大使館はダーラム大学の学生に対し、元ミスワールドのカナダ代表、アナスタシア・リンの講演を中止させるよう圧力をかけた。法輪功の信者であるリンは、中国生まれだが若い頃からカナダで育っており、法輪功の信者から強制的に内臓を抜き取るような中国による人権侵害を批判するため声を上げていた。彼女はカナダ代表としてミスワールドの決勝戦に参加するため、中国に渡航しようとした際、ビザ発給を拒否された。最近のミスワールドの決勝大会は中国の海南島で行われており、その地元の意向が、強く独占的に反映されている。

中国大使館はダーラム大学ディベート部に所属する学生に対し、この講演会はイギリスと中国の関係を傷つけることになると告げた。ダーラム大学のCSSAもリンを講演に招待することは「中国人学生の信念と気持ちに対する冒涜《ぼうとく》である」と不満を伝えた[*176]。リン自身が中国政府について述べているように「彼らは自国民の声を抑圧するだけでは満足せず、国境を超えて西側の我々をも黙らせようとしているる」のだ。アメリカやオーストラリアの大学にいる中国人学生たちも、中国の人権侵害やダライ・ラマについて議論されると、自分たちが「侮辱された」り「気持ちを傷つけられた」と訴えることが多い。もしかすると大学側は中国人学生たちに対して、この種の不快な情報にさらされて気持ちが傷つく危険に備えられるよう警告を発したり、キャンパスで彼らのための「安全地帯」を提供すべきなのかもしれない。これは学者たちに圧力をかけて彼らに発言させないようにするよりは、はるかに好ましい措置《そち》であろう。

いかに対処すべきか

オーストラリアの大学は、中国人学生や学者たちが中国のような一党独裁国家では違法とされる、最高度の自由とオープンな学問の原則を実践できる「自由の島」であるべきだ[*177]。ところが中国共産党は中国人学生をコントロールし、中国の大学とのつながりをつくり、金満な中国人ビジネスマンによる献金を推進しながら、オーストラリアの大学キャンパスを使って海外にいるダライ・ラマ、法輪功、そして民主化運動家らの批判者に対するプロパガンダ戦争を実践している。批判的な人間を無力化する他にも、北京はオーストラリア国内に好意的な勢力をつくって自分たちの主張を代弁してくれるよう取り込もうとし、この戦略はオーストラリアで大きな成功を収めている。

本章で扱ってきた、オーストラリアの大学で起こっている話はまだほんの一部でしかない。中国の大学とのつながりゆえに、オーストラリアの大学の運営者たちが、いかに北京に対して学者や学生たちから発せられる批判に敏感になっているかについて、まだまだ言い足りないところがある。また、私は金満な中国人ビジネスマンからの献金を求めるあまり、大学が自分たちの原則をどのように曲げているかについては検証しきれていない（二〇一七年六月、オーストラリア保安情報機構はオーストラリア国立大学に対し、ある中国人不動産業者からの高額献金を拒否するよう警告した。その人物は中国共産党とのつながりを疑われていたからだ*[178]）。大学における中国共産党の影響力を暴くためには、さらなる徹底した調査が必要だろう。いくつかの大学はそのような調査を行うことすらできないほど取り込まれてしまっている。彼らは自由でオープンな探求の伝統と、中国マネーとアジアの台頭しつつある大国との連携という名誉の間の、どちらかを選ぶべきだ。大学のトップたちは自分の頭で考える力もなくしてしまった。彼らが自分を売るような行為をしていないとわれわれが安心できるのは、大学が収入を犠牲にしてでも学問の自由の原則を守ると証明した時だ。

このような調査は、中国系でオーストラリアに忠誠心があるかどうか怪しい学者たちが、オーストラリアの大学に雇われて教授となり、さらには大学の運営者の立場につくようになるにつれ、ますます必要になる。このような事態が実際に進行する現在、中国系の独立心のある学者を沈黙に追いやることを含む、中国についての独立的な研究や率直な議論を排除しようとする圧力は、今後も強まるはずだ。

オーストラリアの大学は、反体制派の中国人作家や知識人をキャンパスに招待すべきである。ダライ・ラマも招くべきだ。さらに大学は、中国人学生たちをイデオロギーのゲットーから救出するために人権や民主制度に関するコースを受けさせ、自由に質問し、自分の考えを持てるようにする措置を取るべきだ。中国共産党に挑戦する意見を排除する、あらゆる動きは大声で指摘して批判されるべきなのだ。反民主的な組織が外国政府によって統制され、秘密裏な形で運営されている事実を踏まえれば、CSSAは解散させられるべきで、大学は中国人学生たちを支援する新たな組織を立ち上げるべきである。そして連邦政府は、北京を代弁して政治的な扇動を行う中国人学生はこの国で永住権を得ることができないことを明確に示す必要がある。

こうして初めて、オーストラリアは中国人やその他の国々の留学生を歓迎することができるようになるのであり、「百花斉放百家争鳴」政治運動（1956～57年）のように、共産党への批判を歓迎し、知的に自由な環境を与えるような場を、単なるスローガンではなく、本当に提供できるようになるのだ。

第十一章
文化戦争

買い取られるオーストラリア

王哈利《ハリー・ワン》（Harry Wang）は、自分の会社が南部のギップスランド牧場周辺で計画する工場建設に、近隣住民から批判の声があがったことに困惑した。寧波乳業集団（Ningbo Dairy Group）の社長として、彼はすぐに「ミルクがミルクであることに変わりはなく、オーストラリアでも中国でやっているのと同じような衛生管理や動物の扱いのレベルを維持して生産しますので、ご心配なく」とのコメントを出した[*1]。

王哈利は、オーストラリア人たちと違い、中国農産物のイメージを下げる公害や食物汚染に関する一連のニュースはおろか、五万四〇〇〇人の乳幼児が入院し、そのうちの六人が死亡したメラミン事件などまったく考えていなかった。ちなみにその事件では後にさらに二人が亡くなった。乳業会社のトップ二人が商品の粗悪化に関与したとして処刑されたからだ。

寧波乳業はこのメラミン入りミルクのスキャンダルに関与していたわけではない。それでも同社は健康・衛生管理体制不備の過去をもっていた（オーストラリア当局は知らなかったようだが）。二〇一二年四月、製品のヨーグルト二〇〇〇個のパッケージに虚偽《きょぎ》の製造年月日を記載した疑いが発覚している[*2]。その一〇カ月後には、同社の乳牛サンプルの七〇％から、高レベルの大腸菌やβラクタム系抗生物質（ペニシリンの働きを抑えてしまう）が検出された。同社はその報告に異議を唱えたが、後に謝罪している。そして二〇一三年四月には、三万二〇〇〇本のミルクのボトルラベルに誤った製造日が記載されていたことが発覚した。ところが罰金はたった七万ドルほどであったのを見ると、どうやら同社には、中国政府上層部に友人がいるようにしか思えない。

しかしオーストラリアではそうはいかない。二〇一五年、ギップスランド南部の五つの農場を購入後、王哈利は本国での経営手法をオーストラリアに持ち込もうと計画した。寧波乳業は、中国では家畜小屋に集めた牛から搾乳する。監禁状態にすれば、牛たちを牧場へと出入りさせる必要がなくなるので、効率よく乳を生産することができるからだ。寧波乳業はギップスランドの牛から従来比五〇％増の乳量を搾ることができるだけでなく、中国本土から二〇〇〇人の労働者を連れてくることで、コストを削減できる。これは、豪中自由貿易協定の締結で堂々と実行できることになったものだ。さらに同社は瓶詰工場を建設し、搾ったミルクを中国本土へ空輸する計画も立てた。確かに王哈利にとっては「オーストラリア政府はこの計画に何も異議を唱えなかったのに、何が問題なのだ？」となる。

広報コンサルタント会社のパウエル・テイトが冷淡に指摘するように、「同社の広報はもっとよく考えておくべき」だった*3。四〇〇件の苦情——これには動物保護や観光への影響、農場からの廃棄物、トラックの通行、さらに労働者への搾取まで含まれる——が殺到した後、バスコーストシャイヤー町議会（Bass Coast Shire Council）は同社の開発計画を満場一致で拒否した。吹きっさらしの農場に立ちすくむ姿で撮影された写真の記事の中で、王哈利はこれからどうすればいいか、途方に暮れていると述べている*4。

寧波乳業は会社の運営許可を取れなかった。ところが幸運なことに、オーストラリアにはその許可をどう取れば良いか教えてくれるビジネス・アドバイザー――その中には元首相も含まれる――が豊富に存在している。二〇一七年三月には外国投資審査員会（the Foreign Investment Review Board）の代表を務めるブライアン・ウィルソンが、中国人投資家の集まるフォーラムの席で、オーストラリアの「象徴《アイコン》」となるようなものは避けて、投資を行う際には雇用創出と市場の成長が望めることをアピールすべきだとアドバイスしていた*5。そしてこのオーストラリアトップの「審査官」は、時間が経てば、オーストラリア国民が中国人の所有する資産に慣れていくはずだと説いた。その二週間後にはジョン・ハワード元首相が中国人実業家たちに対し、もし抵抗を避けたいのであれば、オーストラリア人のパートナーを見つけるべきだと促している*6。

パウエル・テイト社は、中国人投資家に対して、オーストラリアの農業分野で営業許可を取る青写真を提供している。その結論は、中国人投資家たちはオーストラリアの文化面に気遣《きづか》う姿勢を見せなければならないということであり、単に利益を最大化しようとするのではなく、オーストラリア社会に何かしらの形で貢献するようにしなければならないという。たしかにこのようなアドバイスはオーストラリア国民の批判的な目を和《やわ》らげることになるかもしれないが、それでも中国側のパートナーが、独裁国家の党の機構の一部とつながっている可能性を変えるものではない。

多くの中国人実業家が、オーストラリア社会における会社の運営許可という概念を理解できないのは事実だ*7。彼らはカネの影響力が権力と結びついている体制の中で生きてきたわけで、自国と異なる概念を理解すべきと思っていないからだ。例えば不動産業社にとってみれば、建築事業は現地のコミュニティの許可を得る必要のないもので、「関係《グアンシー》」を利用する能力や、適切な当局者に賄賂を渡すスキルだけに左右されるものだ。そして彼らの中には、オーストラリアに来た時、政治家へのアクセスを得るため、例えば政治献金などを通じてカネを払うつもりの人間が（当然のように）いる。そして献金相手は、連邦政府の資金を動かせる人物のほうが好ましいことになる。なぜならその人物が「外国投資審査員会を牛耳《ぎゅうじ》って」おり*8、同委員会からの抵抗を取り除いて許可を出してくれるはずだ、と思考するからである。

上海鵬欣集団（Shanghai Pengxin Group）と上海中房置業（Shanghai CRED）による、三億七一〇〇万ドルかけた広大なキッドマン地所（豪大陸農地の二・五パーセントを占める）の買収は、国民からの抗議が噴出《ふんしゅつ》したため、連邦政府の許可は下りなかったが、上海中房置業社はオーストラリアトップの女性大富豪ジーナ・ラインハート率いるハンコック・プロスペクティング（Hancock Prospecting）社と手を結び、オーストラリア・アウトバック・ビーフ（Australian Outback Beef）社を創設、同社によるキッドマン地所に対する、四億ドル近くにもなる買収計画は二〇一六年一二月、ついに財務大臣の認可を得た*9。この合弁会社はオーストラリアの会社による運営を約束しているが、いつまで守られるだろうか？　この種の契約は、土地買収にオーストラリア企業の皮をかぶせる以上の隠れた狙いがあるのに、そうした背後の緊張関係は全く解決されていない。このまま行けば中国企業は、状況が変わり次第、オーストラリア側パートナーを買い取ることが目に見えている。例えば、オーストラリア側のパートナーが事業から撤退しようとした時、中国側が工作して事業を魅力的に見えないようにすることで、それを引き継ぎたいと思うような現地の企業が出てこないようにすることなどが予測される。

ある中国人の見解

私は中国で、親政府的な意見やナショナリスト的な議論をすることで知られている著名な学者に会ったことがある。一時間を超える対話の中で、彼は現代の中豪関係について驚くほど率直な分析を披露してくれた。私は彼のオーストラリアについての知識量に驚かされた。遠慮なく意見を言う代わりに匿名《とくめい》にしてくれと言われたので、あえて名前は伏せるが、とにかく以下の彼の分析には驚かされる部分があるので、お読みいただきたい。

A：オーストラリアが中国の政治介入を不安に思うのは納得できます。私は孔子の述べた以下の言葉を信じています。それは「我《われ》の欲《ほっ》せざるを成《な》すことなかれ」です。

中国の実業家たちは国外に資金を逃さないといけないですし、最近は健康、栄養、食品の安全などの分野にターゲットを絞《しぼ》っています。中国ではあらゆるところが汚染されています。だからこそオーストラリアは、乳児用の粉ミルクや牛肉や魚などの商品供給源として重要なんです。もう中国の建設ブームは終わってしまったので、オーストラリアの鉄鉱石の輸出は減りつつあるでしょう。汚染されていない粉ミルクのような健康的な食品は、特に富裕層（貧乏人は現地の生産品を使うしかない）にとって重要です。

オーストラリアには広大な土地がありますが、あなたたちはそこを活用してお金を産み出していませんね。オーストラリア人は都市部に集まってきた中国人を見て「ここは本当にオーストラリアなのか？」と疑問に感じていますよね。まるでロンドンのようになりつつある、と。そして植え込みで用を足したり、賄賂を渡すような中国人の話を聞いておりますね。中国人は最初は合法的にやりますが、うまくいかない場合には違法にやる者も出てきます。オーストラリアの永住権に必要な五〇〇万ドルという額は中国人にとっては安すぎますよ。

Q：そのビザ取得に使われる資金は、ほとんどが違法に入手されたものなのですか？

A：当然です。でもオーストラリア政府はそれを気にしていません。ではなぜオーストラリアは百万人もの人を受け入れて、ただでさえ少ない病院のサービスをオーストラリア人と争うのを許すのですか？ なぜそこまで多くの人間を受け入れるのでしょうか？ オーストラリアはあまりに小さな国です。

オーストラリアにいる中国人の中には、自分たちの利益しか追求していない者も確かにおります。たとえば娘がオーストラリアで博士号を取得してから永住権を取得して、その後に親を呼びよせるようなこともできるのです。

私は第一に中国国民ですが、次にグローバルな市民でもあります。よって私は孔子の原則を守ります。我の欲せざるを成すことなかれ、つまり他人に自分のされたくないことをするな、ということですね。中国は極めて厳しい移民政策をとっております。

Q：国営企業の海外投資についてはどうでしょう？

A：バランスが必要です。両者に利益をもたらすものでなければなりません。私は責任あるグローバル化を信じております。それは、自分の資本を使って他国の価値観を変えるな、ということです。シドニーではある豊かな中国人が、伝統的な建物を壊そうと思っていると聞きましたが、彼は前の国家主席の腹心の息子のようです。現地市民はこれに不満で、自分たちの文化を守りたいと主張していますが、中国人富豪は彼らに補償金を提示したようです。彼のような人間にとって、交渉できないものは存在しません。彼らは孔子の教えを信じていないのです。彼らはただ単にあなたがたの資源へのアクセスと、それを自分たちの資源、つまり資金と組み合わせることだけを欲しています。

共産主義者は人民を教育するのに失敗しました。彼らは単に「金持ちになれ」と教えているだけです。金持ちの中国系オーストラリア人の中に軍の諜報機関とつながっている懸念は確かに存在します。常に外国の諜報機関が浸透するというリスクはありますから。ただし問題は、このリスクをどのように管理すべきか、という点です。これは大きな問題ですよ……。オーストラリアがここまで多くの学生を引き受けるのは、大きなリスクです。

Q：あなたはオーストラリア国立大学の中国人学生団体の代表が、中国大使館から任命、または許可を受けた人物であると考えていますか？

A：当然です。そして大使館はその学生団体に資金も提供しています。学生団体は自分たちの宴会《えんかい》や、誰かを招いて講演会を開くために大使館からのカネを必要としております。そして中国政府は学生たちを操《あやつ》りたいわけです。そうなると互いに利益が合致する。ただしそこには契約のようなものはなく、サインされた文書も存在しません。学生団体の代表たちはもちろんその取引関係を理解しておりますが、他の学生たちはそれを知りません。

コロンビア大学は最大の中国人団体を解散させました。それは透明性、公平、そして民主的な選挙の実施などを求める大学の倫理規定に違反したからです。オーストラリアのＦＢＩ（正しくはオーストラリア連邦警察）は介入して中国大使館と連絡をとり、学生の操作をしないよう注意すべきです。そして学生団体の代表たちに対し、政治活動に従事していたら永住権の獲得は難しくなると明確に警告すべきなのです。政治活動を禁止する法律をつくるべきです。ほとんどの中国人学生は自己中心的で、もし永住権の獲得に響くとなれば、ほとんどの学生は政治活動などに参加しません。

Q：オーストラリア国立大学の運営者たちは、ＣＳＳＡの代表がキャンパスの薬局で「大紀元」紙を置くなと要求した時、何もしませんでした。

A：彼らは利己的です。彼らは中国人学生のカネが欲しいのです。この中国人学生の代表にオーストラリアで警察のようにふるまう権利を与えたのはそもそも誰ですか？　ほとんどの中国人はダライ・ラマに不快感を持ちますが、彼を招待しないよう他国に要求する権利を与えたのは誰ですか？　中国ではわれわれはこのような自由を持っていないのです。中国で悪であるとされているものをなぜ他国は取り入れるのでしょうか？　もし中国人がオーストラリア国内で、オーストラリアの代表を選ぶ選挙の際に、自分たちの人口数を活用しはじめたら、どうなるでしょうか？

Q：オーストラリアには中国人が一〇〇万人おりますが。

A：われわれは二〇〇万人送り込むこともできますよ。愛国主義は悪くないものです。ですが偏見《へんけん》のある愛国主義は愛国主義がない状態よりも悪いものです。もし中国人がオーストラリアに行くのであれば、そこの法律に従うべきです。ところがその法律に従わないという権利を与えてくれているのは誰なのでしょう？　多くの中国人は「自分は愛国主義者なのでどこで何をやってもよい」と考えますが、しかしそれは間違っています。自分たちの領土の中でしかそれは通用しません。相互尊重とは何でしょうか？われわれは異なる慣習や価値観を受け入れなければなりません。中国人が他国の領土内で政治的・文化的な帝国主義を実践することは危険なのです。

＊＊＊

私は彼の豪中関係についての大胆な分析にややショックを受けたまま、この会合を終えて席を立った。

鄒莎《サリーソウ》の金《ゴールド》

鄒莎（Sally Zou）が注目を集めたのは、度を過ぎた気前の良さからであった。金《ゴールド》の採掘会社であるオースゴールドマイニンググループの社長である彼女は、二〇一五〜一六年度に四六〇〇万ドルを自由党に献金することで、当然ながらオーストラリア南部で最大の献金者となった[*10]。

彼女はオーストラリアにいる時は極めて激しい愛国主義者であり、それを証明するため建国記念日に意見広告を一ページ全面分出し、オーストラリアを祝福するメッセージを寄せている。さらには自分の車であるロールスロイスをオーストラリアの国旗の色に塗っている。中国成金たちの悪趣味といえばそれまでかもしれないが、問題はこうしたことをするのは彼女だけではない点だ。二〇一七年八月にはシドニーの何人かのリッチな中国系オーストラリア人たちが、中国の国旗と愛国的なスローガンが描かれている高級車を何台も連ねて街中をパレードした。この富のあからさまな自慢は、インド軍が中国の領土（実際は人民解放軍がブータンの一部を占拠していたのだが）に侵入したことへの抗議のために行ったものだった。五星紅旗《ごせいこうき》の赤色に塗られたベントレーの隣には係争地となっているヒマラヤ国境地帯の地図を描いたシールを貼ったポルシェが並び、そこには「中国は一インチたりとも諦めることはしない」と書かれていた。ちなみにこのスローガンはオーストラリア国立大学の学生である雷希穎《レイ・シーイン》によって知られるようになったものだ*11。

オースゴールドはアデレード大学に工学部門の奨学金制度を立ち上げ*12、鄒莎はポートアデレード・フットボールクラブの最大の後援者となった。彼女はオーストラリアンフットボールを世界に知らしめる助けをしたいと述べている。二〇一七年五月、彼女の資金提供のおかげで同クラブはオーストラリアンフットボール最初の海外リーグ戦を上海で行った。この試合には一万人の観客が集まったが、そのほとんどはオーストラリアから飛行機で観戦に来た人々だった*13。オーストラリアの娯楽への愛を中国に輸出するという考えは実に風変わりなもので、鄒莎の投資には他の目的があったと言えるだろう。

中国のメディアの前では、彼女の愛国主義は色合いが変わる。二〇一一年に人民日報に掲載された記事のタイトルは「鄒莎：私の知恵を外国から祖国に捧げる」というものであり、そこでは鄒莎が「異国の異邦人であろうとも、祖国の繁栄と発展のために自分の知恵を、強さを捧げていきます」と述べたと書かれている*14。確かに彼女は祖国のためによくやっている。なぜなら鉄鋼業で財を成した一族に生まれた後、二九歳で資本金二億香港ドルの会社を香港で設立しているからだ*15。

鄒莎は自分の会社を「中国企業がオーストラリアに進出する際のプラットフォームにすることに意欲的」だと主張し、同時に「祖国の建設を支援するため、中国企業に鉄鉱石をオーストラリアの主要鉱山会社よりも低い値段で販売」したいと述べた。彼女が中国の巨大な国営企業、中国黄金集団公司（China Gold Group）に対し、オースゴールド社が生産したすべての金《ゴールド》を購入する独占権利を数十億ドル規模の契約で与えた際は批判を集めた*16。オースゴールド社は後に優遇的な取り引きをしたことを否定し、彼らは「われわれの金《ゴールド》をオーストラリアのバイヤーに購入してもらう方がよかった」と述べている。同社の広報担当者は「われわれはオーストラリアのコミュニティや政府に対し極めて忠実な存在です……われわれはオーストラリアの未来のために取り組んでおり、その貢献をすることで恩恵を受けたいと考えています」と発言している*17。二〇一七年三月にはニューサウスウェールズ州エネルギー資源担当相だったドン・ハーウィン主催の式典で、中国黄金集団公司は鄒莎のオーストゴールド社と合意を交わした*18。

鄒莎の中国とオーストラリア両国に対する情熱は、この二国関係を調和させたいという取り組みによって明らかだ。その証拠として挙げられるのは、鄒莎の娘であるグロリア（Gloria）で、彼女の八歳の誕生日に、母の鄒莎は、ジ・オーストラリアン紙に意見広告一ページ分を娘の誕生日祝いのメッセージに使い、五万ドルを支払った*19。グロリアは人民日報で「豪中友好の小さな天使」として知られる。グロリアは貴金属業界のシンポジウムで、中国とオーストラリアの間には黄金の「海上シルクロードがやってくるでしょう」と予言し、やがて来る《きた》「豪中関係の黄金時代」は、眩《まぶ》しい輝きと金《ゴールド》のような長期的安定性が待っており、変わることのない美しさと強さを保ちながら数千年も続くと述べたが、これは彼女の母親のために語っていた可能性がある*20。

自由党に属するジュリー・ビショップ元議員（二〇一三～一八年に外相を務めた）の選挙区は西オーストラリア地区で、中国からの津波のような資金の流入で恩恵を受けてきたところだ。彼女はグロリアの立派な演説に感動し、あるガーデンパーティーで再本人に会った。ちなみにビショップは、その会で再びこの八歳の少女が「中国とオーストラリアは一つの家族となるでしょう」と自分の夢を語るのを聞いている*21。鄒莎は「ジュリー・ビショップ・グロリアス財団」を設立して、この友愛のメッセージを拡大している*22。ところが疑い深い野党からの質問に対して、この外務大臣はその財団について聞いたことがないと答えた。

不動産の災い

中国に関する話題で、不動産関連ほど不安を巻き起こしている問題はない。その取引量の多さと目に付きやすい性格、そして家の価格が暴騰《ぼうとう》していることから、これは当然といえば当然であろう。これについては触れるべき話題がありすぎるのだが、ここでは私のコメントとして、いくつかの目立った要点に触れるだけにしておこう。

まずここで明確にしておかなければならないのは、中国系オーストラリア人は他のオーストラリア人と同様、好きな家を購入する権利を持っていることだ。われわれは中国系オーストラリア人たちが、オークションに行けば白人たちから嫌な顔をされて参加を拒《こば》まれたり、スーパーマーケットで粉ミルクを買うために並ぶと煙たがられたりする状況に直面していることに思いを寄せるべきだ。彼らもオーストラリア人であることに変わりがないのに、他の人々の罪によって罰を受けなければならなくなっている。

連邦法では、外国人はオーストラリアの中古物件を外国投資審査委員会（ＦＩＲＢ）の許可なしでは買えないことになっているが、その代わり新築の家は購入できる。ところがこの法律は回避することができるし、実は長年にわたって無視され続けてきた。ＦＩＲＢは二〇一五年に国民からの陳情によって財務大臣だったジョー・ホッキーが動くまで、中国人による中古物件の購入の流れを規制してこなかった。するとと中国の不動産サイトである「居外（Juwai）」の共同取締役であるサイモン・ヘンリーは態度を豹変させ、この法律を「人種差別主義的」であると決めつけている*[23]。

外国人の所有権の制限は、海外送金によって身内に邸宅を買わせることによっても回避されている。ある不動産業者が私に教えてくれたところでは、「中国人たちが信頼しているのは親族」なのだ。それとは別のやり方として、豊かな中国人であれば単純にオーストラリアの永住権を買うこともできる。

二〇一六年には減少に転じたが、それでも「大規模投資家」ビザの申請数は激増しており、五〇〇〇万ドルを特定の分野に投資すれば与えられる、このビザを取得しようとしていたのは、ほとんどが裕福な中国人たちだった*[24]。

二〇一六年には外国籍の不動産購買者の八〇%が中国人で、すべての新築物件の内、ニューサウスウェールズ州の二五%、ビクトリア州の一六%を占めていた*[25]。シドニーやメルボルンではその割合はさらに高いはずだ。ＦＩＲＢによれば、二〇一六年度のオーストラリアへの国外からの投資が認可された額は二四八〇億ドルに及んでおり、この莫大な額の流入は「主に不動産分野における投資の増加だった」のだ。そのほとんどは北京、上海、成都などにいる中流層の人々を対象としたアパートで、中にはオーストラリア国内で全く宣伝されない場合もある。一時労働ビザ（457 visas）による労働者の全体的な数の増加は二〇一六年に頭打ちとなったが、それでも最も成長しているのが不動産の紹介業であり、それらは主に中国人購入者向けにオーストラリアの物件を売り込む、中国からやってきた業者たちによって占められている*[26]。

こうした事態が本当にオーストラリアの国益に資するかどうか。答えは、とくに香港やバンクーバーを始めとする世界中の都市が、中国本土からの不動産投資を厳しく制限しつつある中では、明らかにネガティブだ。そのような逆風の中で、彼らは需要をシドニーやメルボルンに分散させているからだ。

「不動産評議会」（the Property Council）は、オーストラリア国内で最も利己的なロビー団体として知られている組織である。彼らは中国からの需要が住宅価格に大きな影響を与えているかどうか、明確にはわからないと主張している。この組織はコンサルティング会社のＡＣＩＬアレン（ACIL Allen Consulting、石炭業界ご用達の会社だ）に対し、中国からの需要は「オーストラリアの経済ＤＮＡにとって……不可欠なものである」ことを示す報告書を書くよう依頼している*[27]。雇用、経済成長、税収など、中国人たちがオーストラリアの不動産を買わなければ悪影響を受けるという。実際のところ、もし商業ビルへの外国からの投資が二〇パーセント減少したら「オーストラリアの石炭火力発電業界を失うのに匹敵するGDPの減少になると評議会の会長は言う（それは悪いことだ）。

野心的な中国系富豪は、シドニーとメルボルンの不動産の買い上げを狙い、そうすることで中国から好きな時に通うことができるようになる。ある報告書によれば、オーストラリアのこの二大都市の不動産バブルを作り出しているのが、こうした「移住性富豪」たちだという*[28]。不動産業社は彼らの流入を、実に信じられないような主張で正当化しようとしている。ある者は、清潔な空気と良い学校、そしてしっかりと守られている法に魅せられた、オーストラリアに出入りしている超富裕層に属する中国人実業家たちは、「オーストラリア社会に貢献したいと思っている」と述べている。他にも「これは寄宿舎学校に行っていた田舎の少年がニューサウスウェールズ州の西部に戻ってきたような状態と似ている」というものもある*[29]。

二〇〇三年三月、錦州《きんしゅう》市のとある警察署長が、横領罪で一七年の実刑判決を受けた。この署長は着服したカネを、多数のオーストラリアの不動産を購入することに当て、その中には自分の娘のためのシドニーの二軒の住宅が含まれていた*[30]。オーストラリアは腐敗した中国からの資金の流入先として、最も好まれている場所の一つで、二〇一五〜一六年度の調査では、実に三三・六億ドルにものぼる怪しい資金取引があり、その三分の一が不動産を通じて行われた*[31]。二〇一七年初頭には連邦政府の一斉検挙のおかげで、主に中国人によって構成される富裕層の外国人たちは、違法に購入した総額一億七〇〇〇万ドルの不動産を売却せざるを得ない状態に追い込まれている*[32]。

ところが不動産業社によれば、法の抜け穴を通じて行われている取引はまだまだあり、違法な売り上げは史上最大を記録していると主張する*[33]。

北京政府が二〇一七年二月に行った、資産流出の一斉検挙のおかげで、ロサンゼルスでは不動産価格が劇的に下落したと報じられたが、そのような影響はシドニーでは発生しなかったようだ[*34]。ジ・オーストラリアン紙によれば中国の不動産デベロッパーたちが、二〇一六年後半には「メルボルンに大々的に戻ってきて」おり、開発可能な土地のうちの四分の三は中国本土の投資家に売却されたと報じている[*35]。彼らはアパートをまだ売却できると踏んでいるが、それは中国から購入しようとしている人々が順番待ちをしている状態だからだ。世界で最も住みやすい都市に六年連続で選ばれると、このようなことが起こるのだ。

ブルームバーグは「世界最大の不動産の熱狂はあなたの近くの街にやって来る」というタイトルの記事の中で、中国からオーストラリアへの投資の洪水は、本気で受け入れる覚悟があるなら、それはまだほんの「しずく」程度である、という専門家のコメントを伝えている[*36]。たとえば江蘇省で小麦農場を営む三一才のオーナーは、シドニーにアパートを六軒購入する計画を立てており、将来的には子供たちを現地の高校に通わせることも考えているという。

愛国的な作家たち

「メルボルン作家フェスティバル」(the Melbourne Writers Festival) と「ビクトリア作家協会」(Writers Victoria) はオーストラリアの文学界で尊敬されており、作家たちに発言する場を作り、アイディアの多様性を推進することに取り組んでいる。二〇一六年八月には「豪中作家協会」(the Australian-Chinese Writers Association) とパートナーシップを組んで「中国作家フェスティバル」(the Chinese Writers Festival) を開催しており、中国語で書く作家たちを支援することは、彼らにとってごく自然なことのように見えた。これには「ビクトリア中国人詩人・作家協会」(the Chinese Poets and Authors Society of Victoria) と「メルボルン中国人作家友好協会」(the Melbourne Chinese Writers Friendship Association) も関わっていた[*37]。

ところで豪中作家協会とは、そもそもどういう組織なのだろうか？　公的な記録を探すのは難しいが、二〇一六年四月には創立一〇周年を記念するイベントを開催し、メルボルン領事館の副領事、黄国賓《ホワン・グオビン》(Huang Guobin) は、この協会を「中国文化を広める上で重要なプラットフォームの一つ」と賞賛し「領事館の仕事を常に熱心に支援・協力」してくれることに感謝を表明している。実際のところ、この協会は常に領事館を支援してきたわけではないが、近年になって親中派に乗っとられている*38。黄国賓は国務院学位委員会副秘書長で弁公室主任、中国作家協会会員でもある張堯学《ジャン・シャオホン》(Zhang Xiaohong) のお供で来場していた。

その一年前の二〇一五年にメルボルンで開催された中国作家フェスティバルでは、二〇〇六年から現在まで、中国作家協会（ＣＷＡ）の会長を務める鉄凝《ティエ・ニン》(Tie Ning) が最も注目を集める参加者であった。彼女は非常に尊敬されている作家で、同時に中国トップの政治機関の一つである第一九期中央委員会のメンバー（そしてその前の第一八期も）でもあった*39。鋭い観察者の言葉を借りれば、「中国作家協会と共産党の関係は、十代の若者と独裁者の父との関係のようなものだ……党はこの協会に、党を賞賛する言葉を毎日発するようには求めていないが、それでも挑発的だったり、反体制的なことを書かないよう見張っている」のだ*40。中国の作家が集まるトップ機関として、中国人作家協会は中国共産党の対外宣伝任務の重要な役割の一部を担い、メルボルンの中国人作家フェスティバルを支える上で、最も影響力の大きい組織だ。中国本土から派遣される作家たちは、この協会によって選出されている。

豪中作家協会の創立一〇周年記念大会のホストは、豪中作家フェスティバルの代表である胡玫《メイ・フー》(May Hu) であった。彼女は一九八八年にオーストラリアに来て、天安門虐殺事件のすぐ後に永住権を獲得しており、一九九二年にＳＢＳ（オーストラリアの公共放送）の中国語部部長として働き始めている。二〇一七年六月にはオーストラリア勲章を「放送メディアや女性、そしてビクトリア州における多文化コミュニティに貢献」したという理由で受賞している[41]。SBSで働いているにもかかわらず、彼女は中央統戦部の下部組織で二〇一七年三月には台湾独立を非難する記者会見を開いた「世界中国和平統一促進インドシナ協会」(the World Indochinese Council for the Promotion of the Peaceful Reunification of China)にも関与している[42]。メルボルン中国人作家協会会長である黄恵元《ホワン・フイユアン》(Huang Huiyuan)もこの記者会見で登壇した。黄恵元は親中派新聞メルボルン・デイリー(墨尔本日報)の副社長で「中国と広州を宣伝して売り込むために勤勉に働く意欲」を示している[43]。

二〇一六年のメルボルン中国人作家フェスティバルの様子は、中国国内でも僑務弁公室に属するサイト(chinaqw.com)を通じて熱狂的に報じられており、このイベントの基調講演者、雷涛《レイ・タオ》(Lei Tao)に注目した、フェスティバルを盛り上げる記事を発表している[44]。雷涛は陝西《せんせい》省作家協会の党委員で、党の認可を受けた中国人作家協会の委員でもある。彼は陝西省党委員会の宣伝部部長を務めた経験があり、党の忠実な一員として「陝西宣伝指導」の編集長を務めている[45]。しかし、ビクトリア作家協会は雷涛のこのような経歴について何も触れていない。

雷涛の帰国前記者会見でのコメントは、このフェスティバルの宣伝的な機能を強調するもので「現地の中国系・オーストラリア人作家との交流を通じ、私は陝西省、さらには中国の文化の影響力を海外に広げ、海外作家たちに中国の現在のクリエイティブな状況を理解させるつもりだ」と述べている[46]。そして当然ながら、この時、中国共産党に批判的な作家は誰一人として呼ばれていない。

人民日報は二〇一六年のこのフェスティバルについて、長文かつ詳細な記事を発表し、結論として「オーストラリアの中国人作家たちは中国本土の社会でも注目されつつあり、これは中国の国力と、中国人移民の数の増加を反映している」とまとめている[47]。実際には、領事館は一部の中国人作家が注目を集めないよう必死に工作している。党委員である雷涛は人民日報に、オーストラリアに住む中国人作家から深い印象を受けたとして、「彼らの身体は海外にあるが、それでもその民族性は文化的な祖国である中国と固く結びついている」と語った*[48]。

　オーストラリアにいる中国系の作家の中には、創造の自由に対する党の不寛容から逃れるため中国を離れた者もいる。彼らはフェスティバルには招待されない。黄国賓副領事は中国人記者に対し「祖国について深い理解ができた時にだけ、海外の中国人作家は質の高い文学作品を創造することができる」と答えている。中国人作家フェスティバルとの連携に加え、メルボルン作家フェスティバルの毎年開かれるイベントには一人か二人の中国人作家が参加している。この作家は、北京の視点で見れば安全な存在だった。現代の中国について極めて異なる視点を持っている反体制派の作家は、発言の場を与えられない。

　自らの文化的許容性へのコミットメントに従って、メルボルン作家フェスティバルとビクトリア作家協会は、中国共産党の世界観をオーストラリア国内に広める狙いを持つ中央統戦部の下部組織たちと無意識に連携している。中国共産党の世界観は、芸術の自由や反体制的な見解に、極めて不寛容だ。二〇一七年、反体制派作家だった劉暁波の中国での残酷な獄死は、それを思い起こさせる。それでもこれらの尊敬されるべきオーストラリアの組織のナイーブさを責めることはできない。なぜならわれわれは、オーストラリア国内での中国の影響工作の浸透について、まだ知り始めたばかりだからだ。しかし、彼らも今は気づいている。もし彼らが再度、中国の領事館と密接な作家協会などと協業するのであれば、反体制派の作家も招待して意見を言う場を提供するよう主張すべきだ。

　別の作家の例で話をまとめてみたい。文化大革命の頃、四川省のある刑務所で、当時二〇才だった斉家貞《チー・ジアジェン》は父親とともに、証拠が明示されない「反革命的な活動」の罪で一三年間収監された。そこで彼女は徹底的なプロパガンダを教え込まれ、彼女によれば、結果的に洗脳されて「更生が成功した模範的な存在」となったという。彼女は一九八七年に英語を学ぶためにオーストラリアに行くことを許され、一九八九年の天安門虐殺事件の後に永住権、そして後には市民権も獲得した。「私は恐怖のために、一七年間にわたって沈黙を保ってきた」と彼女は私に言った。いまや七〇代になった彼女は、中国共産党に対する猛烈な批判者となり、自著の中でそれを明らかにし始めた。彼女は二〇一六年にメルボルンを訪問した「紅色娘子軍」という革命劇の上演に反対するデモ活動を手伝っている。

私がメルボルンで斉家貞に会った時、彼女は、中国での苦難を記した回顧録を二〇一四年に出版した後、中国人作家協会主催のイベントで講演するよう頼まれた時の話をしてくれた。実はこの協会は、彼女が招待された日からイベントが開催される日までの間に、おそらくメルボルン中国領事館の介入もあって、親中派の勢力に乗っ取られてしまったらしい。イベントの数日前には主催者側は基調講演を別の人物に差し替え、彼女にはたった一〇分しか話す時間を与えなかったという。そして講演中に彼女の発言を遮《さえぎ》り、質疑応答の時間に入る前にセッションを終了させてしまった。彼女は「彼らはオーストラリアでも、自分たちのしたいようにできるのです」と淡々と私に述べた。彼女は「なぜオーストラリアで中国共産党がここまで力を持てるのでしょうか？」と私に尋《たず》ねたが、私には答えることができなかった。

神を仲間に引き入れる

海外の中国人同士の集まりは、潜在的に「僑務工作《きょうむこうさく》」の影響・浸透工作の対象となり、その中には教会も含まれる。前出の杜建華《ジェームズ・トウ》が暴いた国務院の報告書などによれば、中国は「宗教横断的」なアプローチを採用しており、相手がプロテスタントかカソリックかは区別していないという。彼らは工作を担当する職員に、海外の中国人系の教会を監視して浸透させ、中国共産党の「中国人らしさ」という概念や「スピリチュアルな愛」を積極的に推進することで「中国化」させるよう指示している*49。中国共産党にとって本当に神聖な存在は、祖国への忠誠心と、当然ながら党そのもの以外にはないからだ。教会というのは僑務工作を行う側にとって、さらに価値のある存在である。なぜならそれは非中国系のキリスト教のネットワークを通じて、広く社会とのつながりをもっているからだ。加えて、もし党が宗教的指導者たちの発するメッセージに影響を与えることができれば、信徒たちは牧師たちを信頼している分、そのメッセージを信じる可能性が高まるのだ。

中国ではキリスト教教会は抑圧されているが、オーストラリアにおける中国系キリスト教教会の急激な発展は、僑務工作のチャンスを広げている。中国系の教会はシドニーだけで百カ所ほどあり、メルボルンにも六〇ある*50。古い教会では説教の際にほぼ広東語が使われているが、ここ一〇年の間に増えた本土からの大規模な経済移民の到来によって、礼拝に北京語が使われる教会が増えている。

二〇〇一年、ニュージーランドの（中国系の）長老派教会が、台湾問題について声明を発表した。その声明では、新約聖書の中の「マタイによる福音書」の第五章三七節を引用しつつ、世界に対し中国系キリスト教徒の気持ちを尊重するよう求め「台湾は奪うことのできない中国の一部である。われわれは主から授けられたこの贈り物に感謝しつつ守り続ける」と述べている*51。キャンベラの中国メソジスト教会のウェブサイトに掲載された二〇一四年の記事によれば「習近平への畏怖《いふ》の念を起こす正しさ……そして現代中国という偉大な国の台頭は、神の思し召しであり、宿命であり、恵みの一つ」だという*52。この記事を書いたのはオーストラリア国籍でシドニー中国人作家協会の副会長を務める張暁燕《ジャン・シャオヤン》（Zhang Xiaoyan）女史であり、彼女は他でも「紅の旅団が中国から派遣され、巨大な赤い津波のような大きな波を巻き起こし、オーストラリアを再生する」という予言を書いている*53。オーストラリア中国人メソジスト教会の司教、ジェームズ・クワン（James

Kwang）博士は、このような意見は教会の信徒たちの個人的な見解で、同教会はいかなる政権や政府を支持するものではないと断っている。なぜなら「本教会の唯一の目的は、聖書に書かれたキリスト教をオーストラリアの内外のあらゆる人種に広めること」にあるからだとしている。

私が話を聞いた中国系オーストラリア人の牧師たちによれば、多くの信徒は自分たちの中に、反共産党的な意見を持っていたり、そのような活動を行なっている人物を領事館に報告しているスパイがいると考えているという。ある牧師は「我々の教会の中には多くの共産党員がいます」と教えてくれた[*54]。彼の推測によれば、三分の一から四分の一が共産党員であるという。もちろん中には仲間づくりやコネ作りのために参加している者もいるが、領事館から送り込まれている者もいるのだ。

ANZACS《アンザック》（オーストラリア・ニュージーランド連合軍）の中国人

中国共産党は、中央統戦部の下部組織やその活動に同情的な個人たちを通じて、中国の歴史をどう解釈すべきかをコントロールし、オーストラリアにおける欧州移民入植前後の中国の立場について、特定の歴史観を推進している。もちろんこれらは秘密裏に行われていることだが、わずかながらその内情は暴露されている。ここで強調すべきは、過去二〇～三〇年にわたってオーストラリアの多くの歴史家たちが、長年顧みられなかった、オーストラリアの植民地時代や現代史における中国系移民の実態について研究してきたことだ。ところが研究者たちの中には、近年になって、北京が自分たちの研究を政治的・イデオロギー的な目的から乗っ取りつつある現状に困惑を隠せなくなってきている者がいる。この動きは二〇〇八年の北京政府の決断によって、華僑の歴史を積極的に広めるため、中国全土で次々とオープンした歴史博物館にも見てとれる[*55]。二〇一三年に習近平が国家主席になってからは、国務院新聞弁公室（中国共産党中央宣伝部としても知られている）によって、外国の聴衆に中国に親近感を抱かせるような「中国の良い話を伝える」新たな取り組みが始められた*[56]。

二〇一五年、オーストラリア保安情報機構（ASIO）長官のダンカン・ルイスは、主要政党の党首たちに対し、大富豪の実業家、周澤栄《チャウ・チャクウィン》と黄向墨《ホワン・シャンモ》から の献金を受け取るべきではないと警告した。彼らの多額の政治献金が注目を集めているが、彼らの狙いはオーストラリアの歴史と文化を変容することにもある点は見逃せない。

二〇一五年九月、オーストラリア戦争記念館が豪州軍に参加した中国系オーストラリア人兵士の貢献を記念する献花式を執り行った。この式典で、周澤栄の存在が異彩を放っていた。彼は式典の委員長を務めたブレンダン・ネルソンと帰還兵同盟（Returned Services League）の代表、ケン・ドーラン提督の間に立ち、中国系オーストラリア人兵士のために花輪を捧げている。このイベントを報告した彼の会社のウェブサイトや中国メディアでは、周澤栄は「ACFEAの代表」と説明されていた。ACFEAとは豪中友好交流協会の略で、中国共産党の上級幹部が参加する一連のイベントを組織する、中央統戦部の下部組織だ。周澤栄はそもそもなぜ、オーストラリア戦争記念館から、このような名誉ある役割を与えられたのだろうか？　彼はどのようにして「中国系オーストラリア人コミュニティの代表者」となったのだろうか？　調査で判明したのは、彼はこのイベントには何ら資金提供を行なっていないことだった。このイベントは毎日行われている就床（軍葬）ラッパを演奏する式典だったからだ。ところが周博士——ニューヨーク州北部にある、さほど名前の知られていないケウカ・カレッジから「人文学」の名誉博士を与えられている——は同記念館では有名人であった。彼の会社は記念館のビルの中の「キンゴールドメディアセンター（the Kingold Media Centre）」という収録スタジオの建設資金を出し、その命名権を買収していたからだ*[57]。同センターは中国で大々的に報じられた献花式と同日にオープンしている*[58]。

周澤栄は「オーストラリア帝国軍における民族多様性」を探る研究に資金提供したことがある。この研究の最大の目的は、中国の大学に所属する学者に依頼して、中国系オーストラリア人兵士の歴史を書くことにあったようだ。周澤栄の寛大な貢献は、戦争記念館の入り口の中の石碑に、オーストラリアのいくつかの偉大な慈善団体の名とともに刻まれることで認知されている（同記念館は彼の献金額を公開していない）。新華社通信ネット版によれば「中国系の兵士たちの犠牲」に対する献花の後に*59、ネルソン委員長とジュリー・ビショップ外務大臣（当時）が「オーストラリア戦争記念館特別会員」の証明書を周澤栄に授与した。これは私が知る限り、巨額の献金を行った人物に与えられるものだ。私が同記念館にさらに詳しい情報や、周澤栄について適正な評価が行われたのか確認を求めると、「これらはすでに公表されていることで、これ以上われわれが付け加えることはありません」という答えが返ってきた*60。

周澤栄が資金提供した研究の成果は、かなりの補助金で価格を下げられた、二ドル九五セント（ハードカバー版は四ドル九五セント）の低価格の一冊の本に結実し、同記念館の書店で販売されている。『寡黙で忠実な精神』（Quiet and Loyal Spirit: Commemorating Chinese Australian military service）というタイトルのその本は、広東省広州市の中山大学の歴史専門家、費晟《フェイ・シェン》（Fei Sheng）博士によって編纂《へんさん》され、新世紀出版財団（New Century Publications Fund）が豪中友好交流協会と共同で出版したものだ*61。この本は中国式の英語で書かれているが、いくつかの箇所では完璧な英語になっている。文章そのものは不正確な記述だらけで、本書のタイトルまで間違えていたり（"The Quite Loyal Spirit"）、オーストラリア戦争記念館のことを「オーストラリア国家戦争記念館」（the Australian National War Memorial）と書いているほどだ。

だが本書で最も懸念すべきは歴史を歪曲《わいきょく》した記述であり、たとえば「中国人は一七八八年の第一船団に乗った最初の入植者に加わっていた」という箇所がある。中国人はイギリスの受刑者だったのだろうか？　中国人水兵か？　本気で言っているのか？　第一船団には中国人は乗っていなかった[*62]。実に馬鹿げたことに見えるが、本書によればこの見解は今や「歴史書に載《の》って」いる事実だという。これまでの経緯から考えて、これが将来的に中国によるオーストラリアの領有権の主張につながらないとも言い切れない。

本書では第二次世界大戦を「反ファシスト戦争」と捉《とら》え、中国とオーストラリアが日本の侵略に共同で抵抗し、オーストラリア社会が日本から侵略される恐怖を乗り越え、両国が結束を固めた戦いであったと描かれる。中国を主敵とする反共産主義の戦いがオーストラリアをマレー半島や朝鮮半島やベトナムでの戦争に巻き込んだことは触れられておらず、朝鮮戦争やベトナム戦争における中国系オーストラリア人兵士の役割についての場面では、中国共産党の中国がオーストラリアの敵を支援していた事実についてては言及されていない。

オーストラリア軍事史における中国系オーストラリア人の役割については、たしかに適切に研究されるべきで、その存在は正しく認められるべきである。だがオーストラリア戦争記念館はなぜオーストラリアについて限定的な知識しかもっておらず、軍事史を書いた経験のない中国人学者にオーストラリアの軍事史の重要な部分を書かせ、訪問者が立ち寄る書店でそれを推薦《すいせん》しているのだろうか？　現在の中国の歴史書は、半分フィクションと公式プロパガンダの寄せ集めだ[*63]。尊敬される歴史家の言葉を借りれば、中国はいまや「その過去を完全に消し去ってから創作しなおした国」なのだ[*64]。中国共産党は中国兵と中国共産党が日本との戦いで果たした役割について、完全に誤ったイメージを広めている[*65]。なぜ同記念館は価値のない質の本を販売し、この国の歴史の重要な部分についての誤ったイメージを外に広めているのだろうか？

中国の気前の良い大富豪たちは、文化・教育、そして医療関連の分野に献金することで正統性《レジティマシー》を打ち立てる戦略を使っている[*66]。もしPR会社が海外の投資家の要望に応えてオーストラリア国民に取り入る戦略をアドバイスするとすれば、顧客に対してＡＮＺＡＣ（オーストラリア・ニュージーランド合同の軍事組織）の栄光（これは皮肉とも言えるかもしれないが）の威を借りるべきであり、ＡＮＺＡＣの最も輝かしい栄光はオーストラリア戦争記念館にあると進言するのは、たしかに妙案かもしれない。ただしオーストラリア戦争記念館は国家にとっての神聖な場であり、外国の勢力に利用されてはならないことは言うまでもない。

周澤栄にとって、ＡＮＺＡＣの中国人兵士だけがオーストラリアの歴史に食い込んでいく唯一のツールではない。「親中派たち」（Friends of China）もオーストラリアの発展に中国系移民が果たした役割の再解釈を行なっている。彼らは、この歴史が重要でありながら正当な評価を受けていないとし、公正な歴史家たちよりもはるかに大きな役割を中国系移民に見出している。このような改ざんされた歴史観が、オーストラリアの中国系移民や中国本土の中国人の間で、人種差別主義の歴史に対する非難の感情を高める結果となっている。最近の例もある。たとえばジャーナリストのロバート・マックリンによる『ドラゴンとカンガルー』（Dragon & Kangaroo、未邦訳）という本は、中国共産党のメディアに称賛された*67。この本はボブ・カーによって売り出されたものだ。

黄向墨もまた、オーストラリアにおける中国人移民の歴史の本を書くための資金提供を申し出たことがある。オーストラリアの歴史家たちの中には自らの文化的多様性に対する尊重を誇示することに躍起《やっき》になるあまり、自らを偽《いつわ》った者もいるが、その危険に気づいている人もいる。この分野の研究を行なっているオーストラリアの歴史家の中には、このプロジェクトの背後に黄向墨がいると聞いてこの本への協力を断った人々もいる。

これと同じような話として、「ドラゴン・テイルズ協会」（the Dragon Tails Association）に所属する歴史家たちが、同協会が隔年で開催しているカンファレンスを「豪中芸術文化研究所」（the Australia-China

Institute for Arts and Culture）がホストしたいというオファーに興味を示したことがあった。しかし、この協会の委員たちが「豪中芸術文化研究所」が黄向墨によって西シドニー大学に設立されたことを知った時、このカンファレンスの学術的な品位をどうすれば保てるかについて意見が分かれた。それでも最終的にはカンファレンスは開催された。黄向墨はこの研究所設立のため三五〇万ドルを大学に寄付している。研究所の理事長には黄向墨の玉湖集団のオーストラリア支社取締役、黄錚洪《ホーリー・ホワン》（Holly Huang）が任命され、彼女のリンクドインのサイトの経歴欄には、シドニー工科大学で地方政治に関する修士号を取得したと書かれている。

オーストラリアの人民解放軍

二〇一五年八月、オーストラリア中国人元軍人協会（the Australian Chinese Ex-Services Association）が、オーストラリアに移住した人民解放軍のＯＢたちによって構成された「オーストラリア八路軍《はちろぐん》」を設立した。その一年後、彼らはハーストビル市庁舎で祝典を開催し、参加者たちは人民解放軍の軍服に身を包んで軍帽や徽章をつけ、多くの旗を掲げている*68。このイベントの写真に映っている光景は異様なものだ。彼らは愛国的な軍歌を歌い、兵舎での生活を再現していた。オーストラリアのために戦った中国系ＡＮＺＡＣの兵士ではなく、中国で兵役を務めた元人民解放軍兵士たちなのだ。しかし彼らのような愛国者たちの間では、その二つの間の違いはほとんどない。このイベントは成功裏に終わり、その翌年にもシドニー北部のチャツウッドで開催され、参加者たちは共産党を称える「東方紅《とうほうこう》」を合唱している*69。

共産党は太陽のよう、
あちらこちらを明るく照らす
共産党のあるところ、
ああ人民は解放される

人民解放軍は長年にわたって、歌劇団を通じてそのメッセージを伝える伝統がある。彼らは毛沢東の軍は銃を持つだけでは足りないという格言、つまり「われわれは団結を促し、敵を打倒するために、文化的な軍をも保持することが絶対的に不可欠だ」という言葉を真剣に受け止めているのだ*70。

オーストラリアの人民解放軍組織の主宰者たちは中国人コミュニティに直接語りかける。よく知られた制服や歌は帰属意識を生み出す。中国系オーストラリア人の中には、自分たちのコミュニティが中国共産党を支持するために軍隊化していることにショックを受ける者もいる。他の人々にとっては革命時代のノスタルジアは魅力的なもので、感情面、言語面、そして文化面で中国に親近感を持たせている。もちろんこれは、単なる文化的な見世物だけかもしれないが、忠誠心に関する難問を巻き起こしている。たとえばもし紛争がオーストラリアと中国で起こったとしたら、彼らのような人民解放軍のOBたちはどちらの側につくのかという問題だ。

オーストラリアの中国人退役軍人協会の前身は「八一旅団」（人民解放軍の創設は八月一日であることが由来）という名前の組織であった。その規約には「会の参加者は祖国を熱狂的に愛すること」と明記されていた*71。二〇一七年三月にはその協会のメンバーがシドニーの街に繰り出し、李克強首相の訪問を歓迎した。その会長はその日に帰宅してから「今日、中国の国旗がシドニーを征服した！　何千人もの中国人が雨の中を待っていた。シドニー中心部全体が黒髪と黄色い肌、そして赤い国旗で溢《あふ》れかえった！」と日記に書き記している*72。

デジタル全体主義

北京のケンタッキー・フライド・チキンの店には、顔認証で客の好みの注文を提案してくる機械が置いてある。KFCの広報担当者によれば「このAI技術を使ったシステムは、客の推測される年齢や表情から、メニューの中のおすすめ商品を提案している」という*73。世界中の企業はわれわれの購入履歴を電子的に記録しているが、KFCはいまや客の顔まで記録しているのだ。その機械は次回の来店時に、われわれを記憶していることになる。プライバシーについて尋ねると、ある顧客は「中国ではそもそもプライバシーなんてないですから」と答えてくれた。

このKFCの機械は目新しいアイテムのように聞こえるかもしれないが、実際のところ、中国の国営・民間企業はジョージ・オーウェルも真っ青になるほどの国家監視・社会統制システムを構築するため、顔認証技術やビッグデータ、そして人工知能などの分野に、莫大な投資を行っている。深圳市では未来世界のヒントとなる出来事が起きた。ある市民が赤信号を無視して道路を横断すると、道を渡り切るまでに大きなスクリーンに彼女の顔が映し出され、警察からの警告が鳴り響いたのだ。彼女の違反行為はどこかのコンピュータに、彼女の他の違反行為の記録と共に保存される。監視カメラが一億七九〇〇万台あると言われ、さらにその数が増え続けている国では[*74]、どこでも人の顔を追跡できるような大規模な監視システムの誕生の予兆がある。

信号無視の道路横断は、一つの軽犯罪として中国全土に広まっている「社会信用システム」に記録され、ある専門家は「テクノロジーを市民の行動の統制と融合させた、現代のあらゆる政府にとって最も野心的な試み」だと説明している[*75]。政府の担当各局は、良い行動をとった国民にはスコアを加え、家賃を滞納したり、SNSに政府が好まないコメントを投稿するなど「反社会的な行動」をとれば減点している。信用スコアのシステムの中で、良い振る舞いを行えば昇進の速度が上がることになる。英エコノミスト誌は北京政府の職員の言葉として、現在広まっている社会信用システムは二〇二〇年までに「信用の高い人間はどこへでも自由に行き来できるようにすると同時に、信用の低い人間にはどこに行くにも制限を設けることが可能になる」という証言を載せている。こうすることによって汚職の防止や、当然ながら犯罪活動の追跡が可能になると期待されている。

この野心的な「デジタル全体主義」の新しい世界

では、国家への服従に報酬が与えられ、反対の姿勢には処罰が与えられる*[76]。中国には国民の思想や行動を監視する莫大なインフラがあるのだが、その偏執的な一党独裁体制はさらに精緻化された、非常に効果的な政治監視体制を整えようとしている。公務員の汚職を暴くことで有名なジャーナリストで、ブロガーでもある劉虎《リュウ・フー》（Liu Hu、新聞「新快報」記者）は、「虚偽の情報を拡散した」という嫌疑で逮捕され、裁判所で有罪となり、罰金を支払わされている*[77]。

彼はブラックリストに入れられたために、航空券や不動産、そして特定の列車に乗るためのチケットを購入できなくなった。このシステムでは控訴が不可能であり、ブラックリストにはいまや七〇〇万人の名前が掲載されているという。これには二歳の時に掲載されてしまった少女が含まれているのだが、その理由は彼女が両親から受け継いだ借金を抱えているからだ。裁判所は彼女の父親が妻を殺したために、父に莫大な罰金を課した。彼はその後に処刑されたが、その娘は罰金を受け継ぐことになった。

いくつかの都市では、ブラックリストに載っている人物の電話の呼び出し音が当局によって変えられており、電話をかけた人は信用のない人間に連絡を取ろうとしていることを警告される。

社会信用システムには、総合的なデータ収集とその保存、分析、そしてその検索――これこそがビッグデータ研究の最大の目的だ――を行う巨大なシステムが必要となる。ビッグデータとは「極めて大規模なデータのまとまりであり、とりわけ人間の行動やその交わりに関するいくつかのパターンやトレンドや関連性を明らかにするため、計算的に分析されるもの」である*[78]。社会信用システムが中国全土で展開されるまでには、まだかなりの努力を必要とする。それでも北京は習近平国家主席の支援の下で推進する覚悟を決めている。

中国は、ある人物がテロ活動を行う可能性があるかどうかを予測するため、雇用経歴や銀行口座歴、消費習慣、友人、そして監視カメラによって記録された動きなどのデータを使うシステムを試験運用している。このような「犯罪予知」認識ソフトウェアが、中国共産党の支配とは別の体制を希求するような人々に対して使われているのは、ほぼ確実だ*[79]。

中国電子科技集団（China Electronics Technology Group Corporation）によって進められている「スマートシティ」計画、これこそ社会信用システムの最前線である。中国電子科技集団は情報・通信システムを専門とした中国トップの軍事研究機関の一つである。ここにある総合ビッグデータセンターは将来的に都市の「統治の近代化を支え」たり、サイバー空間の安全性を高め、サイバー空間のセキュリティや国防能力を強化すると豪語している*[80]。都市に運用指揮中枢、もしくは「脳」をつくることによって、スマートシティ計画は軍と民のデュアルユーステクノロジーの融合を実現している。そしてこれらは一帯一路計画を通じて、他国へ輸出される計画だ*[81]。

第十章でも見たように、オーストラリアの納税者たちは中国電子科技集団とシドニー工科大学との間の合意を通じて、スマートシティ計画推進を財政的に助けている*[82]。中国電子科技集団とのビッグデータに関する共同研究の他にも、シドニー工科大学は世界最先端の抑圧的な監視システムや社会統制技術の発展に貢献している。それは監視カメラとＡＩが、近隣住民や家族の一員の代わりに「密告者」となる、いわば電子版シュタージ（旧東ドイツの秘密警察・国家保安省の電子版e-Stasi）である。

社会統制のために顔認証システムを開発したのは中国だけではない。アメリカの警察ではすでにコンピュータに全国民の半分の顔が記録されていると見られている*[83]。彼らは犯罪者の確認のために「仮想リスト」へのアクセスができる。アメリカの監視体制はスノーデンの文書で暴かれており、これによってデータの不正使用に関する深刻な不安を巻き起こすことになった。しかし、アメリカでは警察の権力に対するチェックが働いている。法律によっていくらかの保護が受けられるし、データを不正使用した警察官は告訴される。メディアはこのような不正について調査・報告することができる。一般市民もそれらの情報へアクセスする権利を持っている。つまりそこには権力の分散があるのだ。中国にはこのようなものは全く存在しない。しかも二〇一七年に成立した「国家安全法」のおかげで、政府は自らが必要とみなしたあらゆる個人のデータにアクセスできる法的な権利を得た。西洋諸国で国民の権利のために活動している人々は、政府に説明責任を迫っているが、中国で同じことをすると刑務所に入れられるだけだ。

北京の南極計画

オーストラリアは一九五九年の南極条約締結に積極的な役割を果たした。この条約では南極での鉱物資源の探査、採鉱、削岩などのすべての行為が半永久的に禁止され、これには現在や将来の世代のために自然環境を保護する強い約束が含まれている。軍事活動も「平和的」なもの以外は禁止されている。オーストラリアの南極領土は南極全体の四二パーセントをカバーしており、その広さは他国と比べても最大で、科学調査や自然保護の分野で長年にわたる誇り高い歴史をもっている。オーストラリア南極領土については、全世界の中で六カ国だけがオーストラリアの主張を認めている。

ところが過去一〇年～一五年の間に、北京は南極に力を注ぐようになり、基地を建設し、滑走路を敷き、その目的にかなった船を調達している。しかもそのほとんどの活動はオーストラリアの領有区域の中で行われているのだ。物理インフラを建設することで中国は南極に半永久的なプレゼンスを維持しており、地理的基盤の構築を積極的かつ緻密に計画している。また北京は「北斗衛星導航系統」と呼ばれる人工衛星のナビシステムの基地を建設中だ。この南極基地は、中国のミサイルを使った攻撃にさらなる正確性を与えることになる*84。

アン＝マリー・ブレイディの報告によれば、まだ未開発の広大な南極大陸で、中国が資源採掘する準備をしていることが中国メディアからうかがえるという*85。数年前に西洋メディアで中国の意図への懸念が報じられると*[86]、中国政府の担当者たちは国際的な議論で使われる「環境保護」や「科学調査」という言葉を使い始めた。資源開発計画について問われると、中国政府はそのような計画は何も持たないと否定する。ところが中国国内向けの資料（アン＝マリー・ブレイディが発見した）では、中国の南極担当の職員たちは本当の目標を明言している。例えば中国極地研究所（the Polar Research Institute of China）の内部文書によれば、五番目となる中国の新しい南極基地の最大の任務は「資源開発と気候変動研究」になるという*[87]。同研究所は南極大陸を「世界における資源の宝庫」と説明している。習近平国家主席もうっかり計画を漏らしたようで、タスマニア州ホバートを訪問した際、中国はオーストラリアをはじめとする国々と「南極についての理解を深め、保護し、開発する」ために協力すると述べている*[88]。

北京は南極への国際的取り組みに熱心に参加し、二〇一七年五月の南極条約協議国会議の主催国にもなっている。オーストラリアとニュージーランドは中国が南極関連で主要国となるよう積極的に支援しているのだ。北京の主要な兵站基地はホバートにある。ここではその歴史について詳細に語るつもりはないが、南極に関与している国々にとって、科学調査が影響力を持つ*[89]。中国はこの影響力を得るため多額の投資をしていて、いまや南極における科学調査で、他のどの国よりも多くの資金を注ぎ込んでいる*[90]。二〇一六年にはＣＳＩＲＯ（オーストラリア連邦科学産業研究機構）が中国と共同で、ホバートに南半球の海洋研究センターを立ち上げた。中国は二〇〇〇万ドルを拠出する予定だ。ＣＩＳＲＯのラリー・マーシャル長官は、同じ年に気候についての科学研究予算を削ったことで酷評されたが、この中国との新たな共同事業の開始については興奮した様子で記者会見していた。

その気前の良さと南極での拡大する役割を通じて、中国は科学調査や政策分野での支持を、その熱心な努力によって集めたように見える。オーストラリア南極観測局局長であるニック・ゲイルズは、この共同事業の拡大について「信じられないほどエキサイティングなもの」であると認めており、オーストラリアの領土内での中国の事業拡大について熱心に支持している*91。アデレード大学の法学講師である劉能治《リウ・ネンイエ》（Liu Nengye）は、こうした最近のオーストラリアと中国の協力の拡大を、一連の論文で称賛し、中国は歴史的にルールを作る側ではなく（ルールの破壊者であることを示す例は避けつつ）、むしろルールを守る側であると説明している*92。中国は南極を資源豊富な場所と見ているが「予見できる将来の内」には採掘を始めることはないと約束している*93。

シドニー工科大学の法学教員デイビッド・レアリーは、将来の紛争に関する話は新聞の見出しを飾る刺激的なものではあるが、「国際法に関する冷静な分析」からわかるのは、新たな協力の時代の到来だと考えている。その他の国と同様、中国の利益は国際法の強化にあるという*94。北京の明らかに違法な南シナ海での併合《へいごう》を含む、それとは真逆の証拠があるにもかかわらず、レアリーは「中国は他の国とそれほど違うわけではない」と考えているのだ*95。

他の法学者にタスマニア大学のジュリア・ジャブアがおり、彼女はアデレード大学の孔子学院に向けた講演で、中国支持を表明している*96。まず彼女は孔子学院については聞いたことがなかったと断りつつも、南極における中国の意図については喜んでお話させていただきたいと述べる（しかも彼女はオーストラリア政府にそのようにアドバイスしたいとも言っている）。彼女によれば、われわれは中国をまだ充分に理解していないために悪魔化しているのであり、これは南シナ海においても同じだという。彼女の講演全体は、北京政府の公的態度に不誠実を感じる人々から中国を擁護することに終始していた。彼女によれば、北京は「国際法に拘束されている」ため、そのような疑いは的外れであるという。採掘が行われるとすれば、それは条約締結国すべてがその禁止を撤回した時で、しかもそんな状態になることはあり得ないというのだ。ジャブアの生きている世界では、法的に不可能なことは不可能なのであり、中国の採掘意図に関する「挑発的でドラマチックな見出し」は煽りすぎだという。

オーストラリアの南極政策の専門家たちは、中国専門家や官僚たちが内部で語り合っている話を知りたくないように見える。共産党政権は国内の自然環境の破壊を許し、国際法に対し冷淡な態度をとって、都合が悪くなった時には無視する。たとえば国際仲裁裁判所が中国の南シナ海の島々の領土編入を不法とする判断を下した際には、国連海洋基本条約さえ非難している。そしてこの判決について「紙クズでしかない」と否定したのだ*97。香港の政治の自律性を保障した香港基本法も破ったし、資源採掘のための調査を禁止した一九九一年の「環境保護に関する南極条約議定書」も、すでに無視している。

主要国は中国を「責任あるステークホルダー」にするために、国際システムに迎え入れる努力をしてきたが、中国は最終的には、自国に合わない法や規範は無視することが明白になっている。カナダのグローブ&メール紙は社説の中で、中国は「国際システムに従っているように振る舞いながら」それを覆《くつがえ》したいときは覆すと指摘した。つまり「中国は欲しいものは手に入れる」のだ*98。北京が国際的に認定された西、南、そして東にある近隣諸国の領有権を否定している事実を踏まえれば、その主権が条約協議国会議によって合意されているだけの南極において、彼らが国際法を尊重するはずだと考えることは到底できない。結局のところ、北京は南極条約を戦後の列強たちによって作り出された世界秩序の一部とみなし、新たな世界秩序を作りたいと述べてきたのだ。ブレイディは、たとえ南極条約が次の二〇年か三〇年は北京の利益に合致するとしても、二〇四八年の再検討の時が来たら、それを書き換えようとするはずだと論じている。その頃に中国は南極大陸で資源採掘を開始する準備が完全にできているはずなのだ。

第十二章
中国の友人：親中派

チャイナ・クラブ

スパイ、情報提供者、インフォーマント、シンパ、影響工作員など、その呼び名は様々だが、中国はこのすべてをオーストラリア国内に潜伏《せんぷく》させている。これと同じくらい中国にとり価値を持つのが、北京の利益になることを公の場で発言してくれる専門家やコメンテーター、そして企業幹部たちだ。本書ではこのような「第五列《だいごれつ》」とでも言うべき人物たちを第七章で紹介したが、本章でもさらに紹介していく。その背後にはまだ私が触れていない影の勢力がいる。それが「チャイナ・クラブ」だ。

首都キャンベラの政官エリートたちの間で共有されている、中国に対する態度は、ホーク・キーティング政権時代に作られたものだ。ボブ・ホークは一九八三年から九一年まで首相を務め、キーティングはホーク政権の財務大臣として辣腕《らつわん》を振るった人物であり、ホークの後任として九一年末から首相となり、九六年に選挙で負けるまで国を指導してきた。このホーク・キーティング時代からその後の二〇年間にわたり、政府の中心的な省庁を支配するアドバイザー集団が現れ、彼らが議題を決め、その後の世代を育成したのである。彼らはホークやキーティングに対し、オーストラリアの未来はアジアにあり、国家をその方向に向けるべきだと説得してきた。見逃せないのは、二〇〇〇年代には「アジアだけ」という視点が「中国が運命だ」に変容していった点だ。

ではこの「アドバイザーたち」というのはどのような人々だったのだろうか？　デニス・リチャードソンはボブ・ホークの首席補佐官であり、二〇一七年に退職するまで、外務省やオーストラリア保安情報機構《ASIO》、そして国防省のトップなどを務めている。アーラン・ジンジェルはキーティングの外交アドバイザーであり、そこから内閣府に転身してから外務省、そして国家評価局(the Office of National Assessments)などで働いた。彼は後に対外政策の分野における一種の「黒幕《くろまく》」になった。キーティングの経済アドバイザーだったケン・ヘンリーはすぐに出世して、二〇〇一年から一〇年にわたって財務長官を務めている。マーティン・パーキンソンはヘンリーの後に財務長官となったジョン・ドーキンズ(この人物は誰よりもオーストラリアの大学の企業化を進めた人物だ）の経済アドバイザーで、のちに内閣府を運営している。オーストラリア国立大学の経済学者ピーター・ドライスデールは政治スタッフではなかったが、彼の自由市場的な世界観や北のアジアを目指す方向性は、彼が博士号を指導したロス・ガーナウトと共に、一九八〇年代に大きな影響力を与えた。

ガーナウトはホークの主要経済アドバイザーを務めてから、一九八五年から八八年まで在中国のオーストラリア大使となった。彼が一九八九年に発表した「オーストラリアと北東アジアの優位」(Australia and the Northeast Asian Ascendency）という記念碑的な報告書は、チャイナ・クラブのオーストラリアの将来についての新たな理解の青写真を示したものだった。この報告書では、オーストラリアは北東アジアに経済と思考とを合わせていかなければならないと議論されていたが、その行間には深いメッセージ、つまりキャンベラを覆《おお》っていた「経済最優先」が込められていた。外務省と貿易省が一九八七年に合併して外務貿易省となった時、どのような世界観が支配的なのかは誰の目にも明白であった。

チャイナ・クラブの考え方がキャンベラの省庁間で支配的になると、オーストラリアの中国との経済関係優先が、国防省や諜報機関、そしてもちろんのこと、人権派のNGOたちが発する懸念を凌駕《りょうが》するようになった。二〇一三年までには外務貿易省の対中戦略は「異なる政治体制や価値観」を尊重しつつ、中国とのパートナーシップをあらゆるレベルにおいて「深めて広げる」ことになった。ここではリスクや危険性は全く考慮されず、まるで北京のシンクタンクで書かれたような内容であった。なぜなら外務貿易省の最優先課題は、中国のリーダーたちを不快にするようなことは何もしないことだったからだ。

二〇一六年のドライスデール報告書（第七章を参照）はまさにチャイナ・クラブの産物で、おそらくオーストラリア政府がこれまで受け取ったアドバイスの中で、最も危険なものであろう。その主要な支持者たちは、報告書のまえがきで貢献を称えられた人々で、財務省（資金を提供した）や内閣府、外務貿易省、そしてオーストラリア国立大学の中国推進派たちだった。アーラン・ジンジェル、マーティン・パーキンソン、デニス・リチャードソン、さらには第二世代のメンバーとして、外務貿易省のフランシス・アダムソン、元同省のジェフ・ラビー、そして元財務省のイアン・ワットなど全員が揃っていたのだ。この報告書の提案は、全体的に中国のオーストラリアに対する経済面での浸透を防ごうとする、あらゆる規制を排除しようとするもので、溢れんばかりのドル札と引き換えに、北京にキャンベラへの経済・政治面での大きな影響力を与えるものだった。

ホークとキーティングは政界を引退すると、信頼の厚い「中国の友人」となって、両国の間を行き来しながら政界の幹部や企業のトップたちと交流している。ホークの中国との関係は利益を中心としたもので、実際多額の利益を生み出したが、キーティングの場合はむしろ政治的な影響力を追求していた。

フェアファックス社の北京支局の元記者、ジョン・ガーノートは「中国はオーストラリアの体制の脆《ぜい》弱性《じゃくせい》を、われわれよりもよく知っている」と教えてくれたことがある。政治献金が規制されていない点などは、われわれのオープンな民主制度の明白な脆弱性だ。他にもわれわれの平等主義的な文化が挙げられる。元首相たちは空港に行っても誰にも気づかれないまま歩き回れるほどだ。しかし、かつて溢れるばかりに集めていた注目を、いまは静まり返った有権者たちからもう一度得てみたいという元首相たちの気持ちも想像できないではない。ホーク政権の司法長官(現在はオーストラリア国立大学の総長)だったギャレス・エヴァンスは、このような現象を「政治影響力喪失シンドローム」(relevance deprivation syndrome)と名付けたことがある。

北京は、われわれの元首相や外相たちが、かつて世界を舞台に渡り歩いた存在であり、自分たちにはまだ発言力があると感じているのを理解している。かつてよって彼らは中国に来ると大歓迎を受ける。かつて自分たちが統治した国民たちはもう尊敬してくれないが、中国共産党はその事実を知っているために彼らの功績を称え、重要人物としてのステータスを復活させてくれる。中国共産党は彼らのエゴを満たす微妙なテクニックを長年にわたって習得し、それを実践するための組織をすべて備えている。北京の立場を広めるために説得できる海外の重要人物と、密接な関係を形成するやり方は「外国の力を使って中国の地位を上げる」(利用外力為我宣傳)として知られている*1。旅費は全額中国持ち、中国政界トップとの会談が設定され、お世辞にまみれた王族的な扱いを通じて、何人かのオーストラリアの元首相、元外相、そして州知事たちは「中国の友人」にさせられてきた。ボブ・ホークとポール・キーティング、ケビン・ラッドやボブ・カー、そしてジョン・ブランビーたちは北京を頻繁《ひんぱん》に訪れるようになった。ジュリア・ギラードは中国の誘惑に抵抗を示しているが、これは彼女がカネやエゴで動かない控《ひか》えめな人物であるからだと思われる。

「関係《グワンシー》」とは一般的に、ビジネス目的のコネづくりのプロセスだと理解されているが、実際はそれ以上の意味がある。これは西洋人が思わず踏み入ってしまう「精緻化された中国の人間関係のマネージメント術」なのだ[*2]。この控えめ（もちろんそれほど控えめでない場合もあるが）な好意の応酬はいつの間にか「当事者たちを相互義務のある関係にまとめあげる」。西洋人はこの親切なビジネス関係構築のアプローチを、本物の「友情」と勘違いしてしまいがちだ。そして警戒感を緩《ゆる》めた挙げ句、彼らに簡単に手なずけられてしまうのである。オーストラリアの影響力を持った人々全員が、北京の働きかけで懐柔《かいじゅう》されたわけではない。中には自らの考えがたまたま中国共産党と同じ見解だった人もいる（そのおかげで北京の重要人物から興味を持たれ、イベントに招待されて人民日報に引用されることも多い）。そのプロセスがどのようなものであろうと、オーストラリアのエリートたちの中には北京の利益にかなうような意見が多くあり、それが北京の意欲をそそることになるのだ。

ウブな人々

二〇一六年八月に発覚した政治献金スキャンダルについて、メルボルン大学の法学者であるジョー・チョン・タム（Joo-Cheong Tham）は、外国人がオーストラリアの政党に献金しても法的な問題はなく、中国からの献金を疑問視する人々は「中国」という概念について混乱しており、いわゆる「黄禍論《こうかろん》」のような外国人恐怖症《ゼノフォビア》に陥《おちい》っていると論じた[*3]。確かにこのスキャンダルが、すべての中国系の人々をひとまとめに批判してしまうリスクを抱えていたのは事実だが、タム教授はこのスキャンダルの最も本質的な点を見逃している。それは、「なぜ政治献金を行う〝中国人〟の間でだけ、自分の祖先の国や生まれた国が重要だと思われているのか」という点だ。ここまでお読みになった読者のみなさんには、それがまさに現代の中国の政治体制の性質にあることがおわかりいただけると思う。中国共産党はまさに人種を争点にしているのだ。そしてこれはオーストラリアにとって危険だ。なぜならオーストラリアにいる大勢の「華僑《かきょう》」たちが、イタリア、インドネシア、チリからの移民と同じレベルで祖国を考えるようにならないと、我々は安心できないからだ。

ジョーチョン・タムは、中国について研究する多くの学者の一人だが、彼らは中国が他の国と実質的に同じ存在で、その違いを示唆することは外国人恐怖症によるものと信じている。たとえば北京を批判する人間が中国語を流暢《りゅうちょう》にしゃべることができて、中国本土での多くの経験やコネ（多くの場合は家族的なものだが）を持っていたとしても、彼らは外国人恐怖症であると噂され、その議論をまともに受け止めてもらえなくなってしまうのだ。人種差別主義者《レイシスト》というレッテル張りは、北京を批判する中国系の人々に行うことは困難なため、彼らは無視されることが多い。ただ実際に際立《きわだ》って見えてくるのは、批判者たちへの外国人恐怖症という非難よりも、親中派の人々のウブさやナイーブな点である。

狡猾《こうかつ》な政治家として知られるボブ・ホークを「ウブな人々」と位置付けるのは奇妙に見えるかもしれないが、彼を「中国の友人」のステータスにまで押し上げたのは、やはりカネのようだ。過去一〇年間のホークの主な仕事は、中国企業とのビジネスの仲介であり、二〇〇〇年代半ばまでには五〇〇〇万ドルを超える資産を得て「極めて裕福」になっている[4]。二〇一二年にはオーストラリア国民党の煽動者《せんどうしゃ》、バーナビー・ジョイスが、ホークを「オーストラリアの地方のかなりの部分を中国に売る取引」に関与したと非難している[5]。

ホーク元首相は中国の意図を懸念するオーストラリア人たちをなだめる任務を引き受けている。彼は中国との自由貿易を最も熱心に推進した人物の一人で、かつて自分が率いた労働党の中にあった「オーストラリア人の雇用を守れ」という主張に真っ向から反論している[6]。二〇一二年には中華帝国の復活の素晴らしさとその平和的な意図を称賛するオピニオン記事の中で、中国の台頭は「懸念に値《あたい》するような根拠はまったく見当たらない」と読者を説得しようとした[7]。彼は心配するアメリカの友人たちに対し、中国が支配的な経済大国になった時には「過去二五〇〇年間にわたって維持してきていたポジションをまた占めるだけだろう」と説明している。これを歴史修正主義とは呼べないまでも（このような見方はホークが何度も宴会で聞かされたものであろう）「中国の支配的立場が過去二五〇〇年続いてきたものだから心配するな」と言われてもとても安心できるものではない。

いわゆる「現実主義者《リアリスト》」たち

ポール・キーティングは、中国のトップ指導者たちと語り合っている自分は、中国のあらゆることを知っていると言う。北京のある老いた中国通は、中国共産党の指導者たちが本音や本当の計画を外国人に打ち明けるものか、と繰り返し、私にゆがんだ苦笑いを見せた。キーティングは中国開発銀行の国際諮問委員会の委員長を務めている。この委員会は表面的には戦略的なアドバイスを提供するが、主な仕事はこの銀行を擁護する、給料の高いスポークスマンである。しかしこの元首相は中国のリーダーたちの本心を聞くことができると信じ込んでいるのだ。

キーティングはオーストラリア人に対して、どう変わるべきかを説いて回っている。つまり、われわれはアメリカに対して「もはや従属国ではない」とハッキリ言うべきだというのだ。われわれは「アメリカの要求に対する奴隷的な献身」の代わりに、独自の対外政策を築くべきだという。彼によれば、アメリカの覇権国としての地位は終わった。彼は「現実主義者《リアリスト》」であり、「中国の台頭には完全な正統性《レジティマシー》がある。アメリカの戦略策定者たちに迎合してそれを否定することはできない」*8というのだ。

この元首相は、中国側が彼の言うことを聞いていると信じ込んでいるが、実際は彼の方が無意識に中国の代弁者となっている。共産党のナショナリスト的なプロパガンダを繰り返すボブ・ホークと同じように、キーティングも「中国は産業革命が起こる前の状態に戻りつつある。つまり世界最大の経済大国に戻りつつあるのだ」と述べる。たとえ中国が世界最大の経済大国であった（実は違う）としても、なぜキーティングがこの漢民族による世界経済支配の権利を認めているのかは謎だ。それでもキーティングにとっては、これこそがオーストラリアが親中国への方針転換を決定づける「新たな現実」なのだ。

したがって、人民日報の記事から抜き出した言葉そのままに、中国の南シナ海併合はオーストラリアにとって懸念すべき問題ではないことになる。つまりわれわれは中国を挑発すべきではない。それは「われわれの戦い」ではないからだ。もしアメリカ人が「航行の自由」を主張して軍艦を送りたければ、それは彼らに任せておけばいい。オーストラリアは「彼らの小競り合い」に再び巻き込まれるリスクを冒《おか》すべきではないのだ。

ドイツ在住の中国コメンテーター、長平《チャン・ピン》（Chang Ping）は、一九八九年（天安門事件）以降の中国の教育体制を「正邪《せいじゃ》をあえてあいまいにさせるもの」であったと解説する*9。彼は中国人留学生が海外で自国の全体主義を擁護する際に使うロジックを報告している。それは「人権は西側の価値観だ」、「すべてが完璧な社会など存在しない」、そして「すべて社会には隠しておきたい恥がある」というものだ。中国共産党はいわゆる「普遍的な価値観」（国連人権宣言で示されているようなもの）が西洋の価値観であり、「社会主義の革新的価値観に取って代わるもの」（共産党の悪名高い九号文件にある言葉だ）ではないと主張している*10。海外の愛国的で若い中国人留学生たちの口やパソコンからこのような独裁政治の弁明が発せられるのは、驚くべきことではないかもしれない。ところがこのような言葉を西側の影響力のある人々、とりわけ元リーダーたちの口から聞くようになるのは、実に警戒すべき事態であろう。たとえばキーティングは二〇一七年四月のラトローブ大学の公開イベントで、北京のプロパガンダを短くまとめた、典型的な「空威張《からいば》り」の演説をしている。


産業革命以前の中国は世界一でした……共産党が成立させた中国という国家の概念やその儒教的な感覚を、いわゆるアメリカ東部の価値観に合わせていくべきだという考えがありますが……これは世界の現実がどのように動いているのかを知らないナイーブな見方であります。われわれは人権の侵害に賛同はしませんが……六億人を貧困状態から救うには……ある種の中央集権的政府と権威が必要だったのです……　われわれは何人かの政治犯が適切な法的保護を受けられないという事実だけにとらわれがちですが、中国共産党はヨーロッパの帝国主義や日本が国を引き裂いた後に国をまとめたのであり、彼らの政府は過去三〇年間にわたって世界最高の政府であり続けております。これが事実なのです。*11

キーティングの軽蔑《けいべつ》すべき言葉の数々をここでまとめるのは、私にとって恥ずかしくなる作業だった。とりわけ人権侵害に対する嘲《あざけ》りとも呼べるほどの軽視は、まるで数人の反体制派が法的な庇護《ひご》を受けられなくなっただけ、とでも言う態度である。劉暁《りゅうぎょう》波《は》にこれと同じことを言えるだろうか？　中国共産党でさえ、国連人権憲章に埋め込まれた人権の理念を「アメリカ東部の価値観」と却下してはいない。

二〇一六年、中国の外務大臣にあたる王毅《おうき》外交部長が、カナダ人記者から中国の人権状況を質問されて立腹し、外国人には中国の人権について問う権利はないとして「六億人以上を貧困から脱却させたことを知っているのか」と息巻いた*12。親中派たちが中国共産党の非道を擁護するために使う、この「六億人以上を貧困から脱却させた」という主張については論じておく必要がある。中国共産党は、六億人以上を貧困から脱却させたのではなく、実際は六億人以上を貧困に留め置いた。中国共産党が中国国民を押さえつけるのをやめて、基本的な経済面での権利——所有権やビジネスの設立、移住の自由、職業の選択など——を許した時、初めて中国国民は貧困から脱却できたのだ。

中国の外国人操作戦略の専門家、アン＝マリー・ブレイディは、過去二〇年間の中国の海外におけるプロパガンダの最優先事項は、同国の驚くべき経済成長や政治の安定性を強調することによって、拷問《ごうもん》や抑圧についての批判をかわすことにあったと指摘する*13。このプロパガンダの拡散の一つの手段が、著名人を甘言や大金で雇い、北京の意向に沿った発言をさせることだった。中国共産党の抑圧的なこの戦略に引っかかった、南半球で最も影響力を持つ人物が、なんとオーストラリアの元首相だったのだ。

キーティングは世慣れた雰囲気を漂《ただよ》わせながら、北京に与えられたその役割を実直に果たしている。彼は中国共産党が最近になって発見した「歴史的な運命」という考え方に共感しながら、共産党の中でもさらに「中国の夢」を推進するタカ派たちのスローガンをなぞる発言を繰り返している。二〇一六年には中国の中心的なリーダーたちとの特別会合の席で、さらにその魅力に取り憑《つ》かれてしまった*14。習近平はキーティングに対し、オーストラリアの利益にもなることとして「強い国には覇権を求める必要はない。拡大と紛争はわれわれのDNAには存在しない」という言葉を繰り返している。隣国を植民地化して、法的根拠もないまま、広大な領海を併合してきた国のリーダーによる歴史の書き換えを認めてしまう人間がいるのは不思議なほどだ*15。それでも王族のような扱いや「主要人物へのアクセス」に魅了されているキーティングは、中国共産党の手玉にとられる。

降伏主義者たち

ヒュー・ホワイトは、戦略分析の専門家としてオーストラリアでも最も有名な人物であるが、われわれがオーストラリアはどのような戦略的な立場を取るべきかを決断する際に、現代の中国の国家の性質について、そこまで詳しく知る必要はないという*16。彼によれば、われわれが大国への対応で国家戦略を考える際に知るべき唯一のものが、バランス・オブ・パワー（勢力均衡）だ。二〇一七年にホワイトは中国の台頭をテーマにした講演のすべての時間を使って、中国共産党について一言も触れず、しかもまるで中国は彼が単に「中国の価値」と呼ぶ中国でしかないかのように、そのオーストラリアへの意図とそのインパクトについて語っている[17]。ホワイトによれば、中国が次第に専制的かつ攻撃的になりつつある一党独裁政府に統治されている事実があったとしても、それがオーストラリア側の考え方やそれへの対処法を変えるわけではないというのだ。

ホワイトの議論はいくつかの大きな事実を論拠としたものだ。すなわち、われわれは「豊かになるために中国に恩恵を受けて」きたのであり、「われわれの将来の経済的繁栄は中国に依存」しており、もし中国がオーストラリアへの将来の投資をやめてしまうと「われわれの株式市場が暴落」してしまうという。ところがローリー・メドカーフはこの種の誇張された表現について、いくつかの統計を証拠に冷水を浴びせている[18]。ジョナサン・フェンビーは二〇一七年刊行の『中国は二一世紀を支配するのか？』（Will China Dominate the 21st Century?、未邦訳）という本の中で、まさにこの質問について緻密《ちみつ》な分析を行っている[19]。彼の結論は、この疑問に対して否定的だ。フェンビーが正しいかどうかはさておき、一つ明白なことは、オーストラリアの未来は中国に依存しているというホワイトの前提は注意深く検証されるべきで、とりわけそれが「オーストラリアはアメリカとの同盟から抜けるべきで、われわれの掲げる民主制度の価値観を留保しなければならない」という議論（これについては後ほど見ていく）を展開している場合は注意が必要だ、ということである。

ホワイトの見解では、オーストラリアには経済的な勝者側につく選択肢しか残されていないことになる。そうしなければ中国の強力な経済力によって強制されるだけだからだ。彼が「降伏主義者」に分類されるのはこのような理由からだ。ホワイトが二〇一〇年の論文で同じことを述べた時、彼の批判者たちは「中華人民共和国という最新の全体主義体制による挑戦に宥和《ゆうわ》を促《うなが》す、名人芸的な声明である」と評している[20]。

ホワイトはそれ以外の選択肢、たとえばオーストラリア、そしてアメリカやアジアの同盟国たちが協力して、中国が他国に及ぼす政治・戦略面での影響を制限するために大きな役割を果たすような政策を取る可能性について、ほとんど考慮していない。彼はこのような選択肢はあり得ず、降伏する以外の選択肢は「戦争」しかないとわれわれを説き伏せようとする。彼の視点では、この大きな争いはどちらが戦争する覚悟を持っているかという点に凝縮できることになる。そして戦争に行くリスクをとろうとしない国が負けるという。オーストラリアが中国に屈するべきかどうかは、中国の決意がアメリカのそれよりも強いかどうかにかかっており、この点についてのホワイトの判断は揺《ゆ》るぎない。アメリカが引き下がるであろう一方で「われわれが中国の決意を過小評価するのは極めて愚かなこと」だというのだ*21。

そうであれば、中国共産党についての理解を深めること――これには習近平政権下における最近の変化も含む――は、不可欠であるように思えるが、それは違うという。「現実主義者」になると、なぜかそれ以上の細かいことを知らなくても良いことになるようだ。つまりわれわれが知っておくべきなのは経済と戦略面でのパワー・バランスだけ、ということになる。もしオーストラリアがアメリカ側について、中国に対して何かしらの方法で「押し戻し」をすれば、歴史の敗者側につくことになり、おそらく自らを中国との戦争に突入させ、しかもそれは核戦争になる可能性が高いというのだ。

このような見解からすれば、将来の世界についての戦略分析や、オーストラリアがとるべきスタンスは、大国によってプレイされるチェスの中で翻弄《ほんろう》される、将棋の「歩」（チェスではポーンpawnという）の駒《こま》と同じになる。オーストラリアは犠牲者となるだけだ。誰も核戦争のリスクを冒《おか》さないことを前提とすれば、各プレイヤーの強さは結局、経済力に左右される。中国はますます強くなり、アメリカは弱くなるのであれば、この状況でのロジックは一つの不可避的な結論に至らざるを得ない。したがって、なぜわれわれは敗者側につく必要があるのか、というわけだ。ホワイトは世界を鶏小屋《とりごや》のようにとらえており、中にいる鶏たち全員がそれぞれの「序列《じょれつ》」を受け入れれば調和が達成されるという*22。ここでは「国際法への深い問い」への取り組みは忘れるべきで、「純粋な権力政治」がすべてだと言うのだ*23。

キーティングと同様、ホワイトも、中国は台頭しつつある覇権国であるため、追加的なスペースを必要としており、われわれもそのスペースを与えなければならないと考えている。しかし中国にスペースを獲得させるために、譲《ゆず》らざるを得ないのは、誰なのだろうか？　アメリカは当然だが、東南アジア諸国は、すでに従来の漁場を奪《うば》われ、主張していた領海は埋め立てられてしまっている。中国がアジア支配の野望を叶《かな》えつつある間に、われわれが傍観《ぼうかん》していることは、まるでフィリピン、マレーシア、さらにはベトナムの主権を犠牲にしても良いと言っているようなものではないのだろうか？　頑固な人々はおそらくそうだと言うだろう。ではパプアニューギニアはどうだろう？　首都ポートモレスビーの横に中国の海軍基地ができてもわれわれは安心だというのだろうか？（すでにジブチには軍事基地がある）

実際のところ、「現実主義者」たちがあまりにも複雑なために考えようとしない一方で、覇権国が理解、もしくはすぐに学び始めることは、「軍事的優位性で他国を従わせようとするのは、労多くして功少なし」ということだ。軍事による脅しよりも、もっと手軽で効果のある選択肢は存在しており、これはラテンアメリカにおいてアメリカがほぼ完成形にしたものだ。これには「仲介人層」（覇権国と自分たちの利益が合致していることを自覚しているビジネス層）を育てることや、覇権国側の望む動きをする政権政党を作り出すことも含まれる。この戦略の長期的な成功のために必須《ひっす》となるのが、一般大衆の力を削《そ》ぎ、その世界観を変えることであり、そうすることで覇権国側の支配の必然性やその魅力を受け入れさせることができる。このために覇権国側は知識人たちを含むエリートたちを取り込もうとするのだ。

したがって、世界はチェスのゲームのような場所ではないし、オーストラリアは将棋の「歩」の駒でもない。オーストラリアの選択肢は「降伏」か「戦争」の二つだけでもないのだ。弱小国は、自分より強力な国に支配されるのを避ける戦略を常に保持していた。彼らには自由に使える「武器」が多様にある。中国共産党はこの事実をよく理解しており、アメリカと比較すれば弱者側でもあるため、アメリカに対して緻密《ちみつ》な戦略を使ってきたのだ*24。豪米同盟が結成されたのは一九五一年であるが、それ以来オーストラリアはアメリカの保護をそれほど必要としてこなかった。なぜなら直接的な脅威は存在しなかったからだ。ところが今ではアジアの覇権国になることを明らかに狙った「中国」という脅威が台頭しつつある。しかしこの国では、影響力を持つ人々が、アメリカとの同盟を弱体化させ、「独自の対外政策」を採用するよう求めている。新しい侵略的な勢力が、オーストラリアが属するアジア地域を支配しようと決断して動いている最中に、アメリカとの同盟を捨て、「独自の対外政策」を採用するということは、一体何を意味しているのだろうか？

ヒュー・ホワイトが示した三つの結論はたしかに合理的だ。一つ目は、「われわれはアジアにおいて最優越国になろうとする中国の決意を、決して過小評価してはならない」というものだ*25。二つ目は、「われわれはイギリス入植以来の、オーストラリアの戦略環境の最も根本的な変化を目撃している」ということだ。そして三つ目は「オーストラリアの政治家たちはアメリカと中国のどちらかを選ぶ必要はないと言うが、実際は選ばなければならない」ということだ。彼の視点では、オーストラリアは中国を選ばなければならない。なぜならアジアはもうすぐ「アメリカ無しの存在」になるからだ。ところが、もし仮に、彼が絶対に実現すると考えるような形で中国がアジアを支配したら、オーストラリアはどのような国として生きていかなければならないのか、という質問への彼の答えはあまり明確ではない。話題が民主制度や人権、そして法の秩序のような概念に近づくと、彼はそれがあまり重要ではないような論じ方をする。ホワイトはポスト・モダン的な倫理相対主義の立場を取りながら、中国とオーストラリアの社会の価値観にはそれほど違いがないと議論する*26。彼はわれわれがまだ中国の「倫理的立場」を真剣にとらえていないと考えている。彼はまるで「中国の価値観」を中国共産党のプロパガンダどおりに書いており、台湾の人々の方が本来の中国の価値観に従って生きながら、中国共産党の価値観を押し付けられることに、今、全力で抵抗しているのを忘れている。

冗談ではなく、ホワイトは中国共産党の価値観はオーストラリアにとっても悪くないかもしれないと、本気で主張している。彼は「中国の価値観はわれわれのものとは大きく違う」としながらも、われわれの価値観の方が良いと言い切れるのか、と言うのだ。そもそもオーストラリアの価値観は「定義しづらいもの」であり「あいまいにしておく方が良いと思っている」という*27。ホワイトは倫理面での選択肢はそもそも明確ではないと述べている。それは本当だろうか？　オーストラリア人は権力による恣意的《しいてき》な逮捕・拘束を望ましいとでも思っているのだろうか？　裁判官が党の指示通りに動くことについてはどうだろうか？　議員を選んで法律をつくることが良いことであるという判断に迷いがあるのか？

ホワイトはオーストラリア人に現実的になれと説く。なぜならいずれ自分たちの価値観を変えられ、妥協《だきょう》しなければならなくなるからであり、わざわざ中国に対して高飛車《たかびしゃ》な態度をとるのはやめておこうという。彼があえて触れなかった「価値観」の中には、言論の自由、信仰の自由、法の支配、選挙を通じて選ばれた代議士によって構成される政府、そして恣意的な逮捕・拘束からの保護などが含まれる。ヒュー・ホワイトの現実主義的な世界観によれば、これらのいくつかの価値観は諦《あきら》めるべきだということになる。唯一の問題は「それらのうち、どれを妥協すればいいか」なのだ*28。これが世界の実態であり、それ以外のことを考えるのは「粗野《そや》なスローガンにすぎない」というのが彼の結論だ。

これは意見を言っても自分だけは投獄されない、もしくは家族の誰も迫害されないと信じている、哲学者の詭弁《きべん》ではないだろうか？　ホワイトのロジックによれば、オーストラリアは中国の影で生きなければならず、その影響に屈《くっ》しなければならない。ところがホワイトはこのような結論を出すことに遺憾の念も悪い予感も示すことなく、弁明的な態度をとる。彼によれば、われわれはこれまでただ幸運だっただけであり、これからは「現実の世界にようこそ！」となる*29。われわれが「しっかりと深く考えれば」、このような世界はそれほど悪くないのかもしれない。結局のところ、オーストラリアにおける中国のイメージは「極めて単純」なままだ*30。だったらこのまま突き進んでみて、一党独裁体制の中国による支配がそれほど酷《ひど》いものなのかどうか、確かめてみようというのだ。

実践家たち

国家評価局の諜報分析官であったリチャード・ブリヴァントは、二〇〇五年に外務貿易省に関する挑発的な主張をしている。

中国の諜報機関にとって、オーストラリア内の最も価値の高いアセットは外務貿易省と元外交官、情報分析官、学者、豪中関係のコンサルタントらによって構成される不明瞭《ふめいりょう》なネットワークであり、彼らはおしなべて親中·反米的な感情を多かれ少なかれ持っている*31。

ジェフ・ラビーは在北京オーストラリア大使を務めた人物で、現在は北京に在住しつつ、アドバイザーや、中国における情報やネットワークを求める企業の仲介人として豊かな暮らしをしている。彼は鉱山業界の有力者であるアンドリュー・フォレストと近く、フォレストの「フォーテスキュー金属」(Fortescue Metals)社の理事を務めていたこともある*32。彼は「ボアオ・フォーラム」という、中国とオーストラリアの実業界や政界のトップたちが「関係《グアンシー》」をつくるための会合の創設者の一人であった。

ラビーは新聞などに頻繁《ひんぱん》に意見記事を投稿し、いわゆる「実用主義者」の立場で議論する。彼はオーストラリアを中国の開発計画「一帯一路」とつなげることに熱心で、習近平自身が豪中二国間のつながりを優先していると強調する*33。彼は豪州政府が、一帯一路に「中国を中心とした世界秩序を押し付ける」動機が隠されていると疑うのは的外《まとはず》れだという*34。ところがラビーには、一帯一路がどのようなものになるのかさえ見えておらず、この習近平の大計画においてオーストラリアが抱えるリスクを何も認識できていない。

ジェフ・ラビーは「パンダ・ハガー」（パンダに抱きつくという意味で媚中派《びちゅうは》）と見なされているが、遥かにそれ以上のものがある。中国についてそれほど知識のないボブ・カーとは違って、ラビーは中国について豊富な知識を持っており、その体制がどのように動いているのかについて、（外国人としては）充分に理解できているのだ。彼は表面的には納得できるようなストーリーで自分の立場を正当化している。私は彼と北京で二回にわたって豪華な夕食をともにしたが、そこですべてが理解できた。彼との会話で出てきたのは以下のような内容である。

A：中国はご覧《らん》のとおりです。われわれは実用的にならないといけません。北京には将来に向けての戦略や戦略目標というものがありません。中国共産党の唯一の目標は国家を成長させることであり、それによって党の生き残りを確保することです。周りの中間層の中国人たちを見てください（と言って周囲の夕食の席を手で示す）、彼らは幸せですし、不満を口にしているわけではありませんよ。

Q：投獄された法輪功の信者たちから内臓を取り出しているという話はどうなんですか？

A：まあそれが実際に起こっているという人もいますし、いないという人もいますよね。実際にどうなのかは私もわかりません。中国はオーストラリアを支配したいとは思っていません。われわれがオーストラリアで目撃しているのは何人かの汚職に手を染めた実業家だけです。われわれは中国と仲良くする必要がありますし、独自の対外政策を採用して、アメリカについて回ることをやめるべきです。オーストラリア社会は中国からのあらゆる侵食や汚職にも抵抗できるほど強靭《きょうじん》ですよ。

Q：大学での学問の自由や言論の自由の喪失についてはどうでしょう？

A：それはいくつかの大学で起こっただけの話ですよね。それ以外の大学では起こっていないのですから、何も問題はないと思います。さらに言えば、オーストラリアには何か問題が起これば、それを取り上げる独立したメディアがあります。

南シナ海はもうすでに中国のものです。それに対して抗議したり抵抗したりしても意味はありません。人工島の軍事施設について言えば、彼らは何もしません。航行の自由や貿易を誰よりも求めているのが中国ですよ。彼らがオーストラリアから中国に輸出される鉄鉱石の流れを止めたいと考えていると思いますか？　基地は誰に対しても脅威を与えていません。中国はアメリカがミサイルでいつでもそこを破壊できることをよく知っているのです。中国の軍事力はアメリカに対抗できるものではありません。北京もそれをよくわかっているのです。

オーストラリアは一帯一路に参加すべきです。そしてわれわれは逃亡犯送還条約を締結すべきです。一帯一路には戦略的な目標があるという人もいますが、それは完全に間違いです。ダーウィン港を中国企業に売却しても何も問題ありません。ただしわれわれはアメリカ側に先にこのことを知らせておくべきであったとは思いますがね。オーストラリア政府は中国に対して段々とタカ派的な姿勢をとるようになっていますが、これは大きな間違いです。

元大使（この人物の顔と名前は、中国国内ではオーストラリアの赤ワインの販売に使われている）はこうした話を本気で語っていた。コスモポリタンな考えを持つ西洋の人間にとって、リッチな北京三里屯《さんりとん》地区の高級レストランで赤ワインをがぶ飲みするのは、極めて魅力的なことではある。当然これは「北京の利益に徹底的に従う」という意味で、ある種の「実用主義」だと皮肉を込めて言えるだろう。党が運営している中国の新聞やメディアにとって、ラビーは「オーストラリアの実践主義者」として頼りになる存在だ。ラビーのような主張の背後にあるのは以下のような無力感だ。つまり、中国はいまさら抵抗するには大きすぎる存在であり、われわれは何も変えることができない。流れにまかせて、結末がどうなるか考えるのはやめよう、というものだ*[35]。

親愛なる友人たち

オーストラリアの著名な中国専門家で、グリフィス大学孔子学院の創設時のディレクターだったコリン・マッケルラスは、二〇一四年一一月、オーストラリア連邦議事堂で行われた習近平の演説を聞き、「人生で最高の、最も意義深い経験」であったと述べている*[36]。彼はこの演説が「あらゆる意味で称賛《しょうさん》に値するものであった」と書いている。マッケルラス教授は一九六四年から中国を訪れており、習近平が「オーストラリアに中国の現実の姿を紹介するために多大な努力をしてきた」と教授を称賛したことに「圧倒された」と言っている。おそらく習近平の念頭にあったのは、この教授が中国メディアで「西側の中国研究者の中には、チベット文化が破壊されていると言ったり、中国がチベット仏教を抑圧《よくあつ》していると語る者がいるが、これは完全な間違いだ」と主張したことだった可能性がある*[37]。マッケルラスによれば、中国共産党の最高指導者からの称賛は「自分の経歴の中で最も名誉なこと」だったという。

公式晩餐会の席で、中国の国家主席に短時間ながら謁見《えっけん》できたマッケルラスは、このリーダーのカリスマ性に衝撃を受けた。マッケルラスは二〇一四年、習近平がついにタスマニア州（と他の全州）を訪問した時、まったく同じ年に自分も中国でまだ訪問したことがなかった最後の省に訪問したことに気づき、この偶然の一致に「主席との特別なつながり」を感じたという。晩餐会の後、彼は「今後もオーストラリアと中国の関係をより良いものにしていくためにさらに心血を注ぐ」ことを決意したというのだ*[38]。

コリン・マッケルラスはキャリアを終えようとしている人物だが、カラム・スミスのキャリアはまだ始まったばかりだ。オーストラリア国立大学を卒業したスミスは、二〇一七年、湖南省社会科学院国際関係研究所の研究員になり、フェアファックスとABCが共同制作した「フォーコーナーズ」という番組が放送された時には上海にいた。二三歳だった彼は中国の民族主義的タブロイド紙として有名な環球時報に意見を投稿し、オーストラリアの中国に対する「メディアの恐怖症」や、同番組の「悪意ある言葉」を批判している*[39]。もし北京政府がオーストラリアの中国語メディアをコントロールしていたとして、何が問題なのか？　フェアファックス社自身も「政治的なポジションを持っている」のであり、もし「合理的」なオーストラリア人が「フェアファックスやABCのような親米メディア」に耳を傾ける代わりに「中国の本当の状況」を理解できれば、われわれは「健全な豪中関係の発展」を見ることができるというのだ。

この議論が北京のいつものプロパガンダに奇妙なほど似ているという批判を受けて、スミスは後にフェアファックスとABCが「恐怖を煽《あお》っている」と非難し反論している。「黄向墨《ホワン・シャンモ》や周澤栄《チョウ・チャクウィン》のような富豪ビジネスマンが、オーストラリアの政党に献金することによって影響力を行使した」という批判に対しては、われわれは「ポジティブな関係を構《こう》築《ちく》」することが中国では当たり前のビジネス習慣だということを理解しなければならないというのだ。彼は中国には「不気味な秘密の企《たくら》み」などはなく、中国の対オーストラリア政策には何も隠すことはないと確約している。

環球時報に以前掲載した記事の中で、スミスはオリンピックの放送でチャンネル7が中国の名誉を侮辱した案件の際に、怒り狂った中国の愛国者たちに味方している。スミスによれば、これはオーストラリアで「外国人恐怖症《ゼノフォビア》」が盛り上がっていて、そこには中国人をわざと侮辱しようという意図があったからだと暗示している*[40]。ただし、後で紹介するチャンネル7のオーナー、ケリー・ストークスについて知っていたら、スミスはこのような判断はしなかっただろう。水泳選手のマック・ホートンを攻撃する愛国的なネット民たちを擁護《ようご》する形で、スミスはボブ・カーがオーストラリアの声を代表する権威だとしてその意見を引用しつつ、オーストラリアはアメリカとの関係を断って「独立」すべきだと呼びかけたのだ。そして二〇一六年の夏にハーグ国際仲裁裁判所が南シナ海における中国の主張を退《しりぞ》けると、スミスは国務院宣伝部から借りてきた論法を使って、オーストラリアの態度を「破廉恥《はれんち》な偽善《ぎぜん》」と非難している。それはオーストラリアが東ティモールへの対処で国際法に違反したからだというのだが、それをまるで中国の行動を正当化できるもののように扱っているのだ*[41]。

　中国は将来有望な中国専門家の中に「中国の親友」を見出した。おそらくスミスの中国滞在中、彼の価値を評価し続けている。彼がオーストラリアに帰国した際には、共産党の様々な人物と個人的に深い関係があることから、就職先には困らないはずだ。

宥和主義者たち

　当然のことだが、オーストラリアのビジネス界において、中国のまずい行為に言い訳を用意してくれる人物や、オーストラリア側こそよく事情を理解する必要がある、と説教してくれるような人物には事欠かない。彼らは紙面などで、中国からオーストラリアへの投資に本当に利益があるのか、疑う者を含む人々を「外国人恐怖症《ゼノフォビア》に陥《おちい》っている」と、上から目線で攻撃する。アンドリュー・パーカーは大手会計事務所である「ＰｗＣオーストラリア」のアジア担当部長だ（ここは祝敏申の精鋭教育学院と取引関係にある）。彼は中国からの投資を巡る国民の議論が、海外からの投資を多方面にわたって利益をもたらすものとして称賛する前に「根拠のない場」に入り込んでしまっていると不満をもらす*[42]。中国が重要インフラをコントロールする事態を心配する人々は

「国防とセキュリティを隠れ蓑《みの》にしているだけだ」という。パーカーは自分を「事実」を把握している特別な人間の一人だと自負しており「ポピュリスト的な警告やニセ情報」に踊らされているわれわれとは違うという。彼はリンダ・ジェイコブソンの「チャイナ・マターズ」というシドニーにあるシンクタンクのディレクターの一人で、この機関はどうやら「中国に関する事実」を独占しているようだ。

チャンネル7のオーナー、ケリー・ストークスは、西オーストラリアの大富豪であるアンドリュー・フォレストと同じように、公式・非公式の両方の場で「親中派」として大きな発言力を持つ。「人権についてては、中国の視点とわれわれの視点の両方から見る必要がある」と彼は論じ、北京の道徳相対主義を採用している*43。そしてアメリカとの同盟は中国との関係を弱めてしまっており、われわれは「自分たちの地域におけるスイスのような存在になるべきだ」という。ストークスは非公開の場でも自身の親中的な考えを存分に披露している。彼は同じ西オーストラリア州出身で外務大臣を務めたジュリー・ビショップと関係が深く、ケビン・ラッドやトニー・アボットとも友人関係にあった。ストークスの資産は、メディアの分野ではなく鉱山業で使われる機材に投資されている。彼が保有していたキャタピラー社の西オーストラリア法人（すでに売却済）や、同社の北京をカバーする中国北部の法人は、極めて多額の利益を生み出していた。ケリー・ストークスは習近平国家主席と近い関係にある。習近平はストークスのシドニーの邸宅で何度も夕食を共にしているほどだ*44。彼は習近平が、浙江省《せっこうしょう》のトップである党委書記を二〇〇〇年代初頭に務めていた時に知り合った。ストークスと習近平の友情は、二〇〇八年の北京五輪が開催されるまでの間に強固なものとなった。ちなみに習近平はこの五輪の後半部分の責任者であった。チャンネル7のセブン・ネットワークは北京五輪を独占的に放映したが、これはストークスが事情通で世界中にコネがあったからだ。彼は五輪開催の獲得レースで中国を援助していた。

習近平は二〇〇七年、上海で短期間、党委員を務めたが、これはストークスが同市でメディアを展開した時期と重なっている。ストークスは上海日報（Shanghai Daily）という英字新聞を運営するジョイントベンチャーに出資したが、これは外国人が得るポジションとしては極めて珍しい。新華社通信によれば、中国共産党の宣伝部の部長だった劉雲山《リュウ・ユンシャン》（Liu Yunshan）との会合で、ストークスはセブン・ネットワーク社と中国の国営メディアとのさらなる協力を約束したという*45。上海日報は共産党の見解に忠実に沿う意見を掲載しており、予測通り、社内に検閲者を入れて管理している。ところがこの二人の約束は、ストークスが所有しているパースの新聞であるジ・ウェスト・オーストラリアン紙にも飛び火した。

私が本書のためにオーストラリアにおける中国の影響力の拡大を調査している時、多くのジャーナリストたちに聞かれたのは、「ジ・ウェスト・オーストラリアン紙を読んだことはあるか？」という質問だった。ストークスの新聞は北京が信頼できる応援団となっており、たとえば二〇一五年一一月の社説では、アメリカが「露骨《ろこつ》に挑発的」な自由の航行作戦を行っていると批判している*46。この新聞は共産党の見解に沿う形で、南シナ海での紛争は「オーストラリアには無関係なこと」と購読者に説いている。われわれはこの紛争からは身を引いて、中国との貿易関係の向上に集中しておけば良いというのだ。

同紙で記者をしていた人物が私に教えてくれたのは、ストークスは「中国が同紙を広告板として使うのを許していた」ことだ*47。つまりこの新聞は、パースの中国領事館の意見記事や、現在の駐オーストラリア中国全権大使、成競業《チェン・ジンイェ》（Cheng Jingye）の「南シナ海での紛争は他国に責任がある」「中国は極度の自制をしている」と主張する北京のプロパガンダに「発言の場」を与えたのだ*48。オーストラリアの人々が感じている「フィリピン、ベトナム、そしてマレーシアが嫌がらせを受けている」という考えに対して、同大使は「中国はあらゆる挑発に反対しており、ただ平和を求めている」と説いた。

二〇一七年六月、ＡＢＣが「フォーコーナーズ」という番組で、オーストラリア社会への中国の浸透について放送した翌日、シドニーの独立系シンクタンク、ロウウィー研究所の東アジアプログラム・ディレクター、メリデン・ヴァーラルは、番組の内容には説得力がないと感じたとする意見記事を発表した[*49]。この番組で提示された「北京が反対意見を抑え込んでいる」、「オーストラリアの政治に介入している」という主張は、単なる疑心暗鬼《ぎしんあんき》でしかないと示唆したのだ。彼女は「フォーコーナーズの番組の分析をすべて検証する時間はなかった」が、中国という共産党国家を「共産主義の化け物」と見るのは間違いだと主張する。それでも彼女は、中国共産党が海外での批判者たちを黙らせようとするのは正当化できると示唆する。その理由は、中国人として生まれたら常に中国人であり、中国人であるということは「自分の父親を愛するように中国も愛さなければならない」ので、公共の場での批判は慎《つつし》まなければならないからだという。中国人（彼女の目から見れば一心同体で行動している）は高い生活水準と引き換えに、政治には関わらないという「社会契約」を結んでいるというのだ。

ヴァーラル博士によれば、オーストラリアで中国人学生が同胞の学生が中国共産党を批判したり、人権を擁護するのを聞いて大使館に報告しても、オーストラリアは中国の「このようなしきたり」を受け入れるべきであるという。学生たちがオーストラリアでこのように行動するのは自然なことだ[*50]。政治献金については、たしかに黄向墨《ホワン・シャンモ》の過去は不透明であり、共産党と関係していることは事実だとしても、彼のオーストラリアの政党に対する巨額の献金が悪いことにはならない。もし仮に、野党である労働党の影の大臣が、北京が嫌う形で中国の南シナ海での行動を侵略的だと指摘した場合に、黄向墨が労働党に約束した四〇万ドルの献金を中止したとして、その何が問題なのだろうか？　黄向墨は自分の考えに反する組織に献金しないと決めただけなのだ。

まとめると、ＡＢＣの番組が、中国がオーストラリアに影響を及ぼそうとしていること、中国共産党がオーストラリア国内で何か厄介《やっかい》なことをしていると指摘した点で、ヴァーラル博士を納得させるものは何もなかった。もし我々が彼女のような形で「知識に通じて」おり、「現実的」で「控えめ」な視点を持っていれば、彼女と同じ結論に至ったはずだというのだ＊51。

二〇一七年末、中国の影響工作がオーストラリア国民の間で注目されるようになると、ヴァーラルは中国側の視点を伝える義務を感じたようだ＊52。オーストラリア人は中国への感謝が足りない、北京のタクシー運転手たちはオーストラリア人に対して不親切になった、という報復話《ほうふく》も出ており、中国の影響工作を批判するわれわれの政界のリーダーたちの動きは「恥ずべきもの」であるという。もし彼らが、新しく提案されたセキュリティ関連の法案の真の狙いが中国だと示唆すれば、中国共産党のリーダーたちは腹を立てる。端的にいって、関係が悪化したのは中国の南シナ海における侵略的な行為のせいではなく、中国によるオーストラリアにおける反政府活動でもない。それはオーストラリア側の誤りに起因するのであり、われわれこそ変わる必要があるという。これがロウウィー研究所によって喧伝《けんでん》された視点であった。

西洋諸国で、ここまであからさまに全体主義を擁護する意見を見ることは珍しい。しかし、オーストラリアの学界や政治関係者の間では、さらにオブラートに包んだ形ではあるが、珍しいことではない。そこでは中国の野望の正当性を認め、強引に目標を追求するやり方を大目に見ることで、「外国人恐怖症《ゼノフォビア》」という汚点のひとつから逃れられるのだ。学問的な議論は、ボブ・カーの「中国だったら何でも賛成」という議論よりは、ある種の魅力的な力を持つ。カー自身の「フォーコーナーズ」に対する批判は、その伝え方があまりにもひどく、議論の質も悪く、返答する価値さえないものだったため、失笑《しっしょう》ものだった＊53。ところがABCの記者、クリス・アールマンはこの大物に狙いを定めて弾丸を発射した。番組に出てきた二人の大富豪――一人はカーに仕事を与え、もう一人はカーがニューサウスウェールズ州知事時代にその娘が彼のオフィスで働いていた――の名前にカー自身が言及できなかったことを指摘したのだ*54。

民主制度に反対するオーストラリア人たち

オーストラリアで主張を展開する何人もの「中国の友人」たちの意見を研究するうち、私はある一つの事実に驚かされることになった。それは、彼らの一部が、民主主義制度にほとんど価値を見出していない点である。政界、官僚、メディア、そして学界のエリートたちの中で、影響力の大きい人々の多くが、民主制度は「ぜいたく品」であり、むしろ「やっかいなもの」と考えているように見える。また、彼らは本当に重要なのは経済であり(中国と同じように)、民主制度はわれわれが演じている、見え透いた、ただの芝居にすぎないと見なしていた。そしてオーストラリア国民が政府に対して人権を尊重し、法の支配に従うように求めることも、単なる自傷行為《じしょうこうい》だったかもしれないという。たとえばヒュー・ホワイトは「中国に対しては、反体制派やチベット弾圧、信仰の自由抑圧などについて説教しても無駄だ」と助言するのだが*55、これは中国に人権を教えても無駄という意味ではなく、むしろ権利と自由は世界史で展開される大戦略的なゲームの中では、ささいなことでしかないという認識だからだ。ジェフ・ラビーはオーストラリアが中国に対して「理想論的なアプローチ」、つまり価値や人権にあまりに集中した姿勢をとることに不満を述べる。彼は「経済的なつながりを強化することを狙った実用的なアプローチ」こそ本当に重要だと言いたいのだ*56。

中国共産党が指導しているシンクタンクとの共同報告書で、オーストラリア国立大学の著名経済学者ピーター・ドライスデールは、以下のような言い方で全体主義を正当化した。

オーストラリアは多数の政党によるリベラルな

民主制度の国だ。中国は単独政党によって統治されている国家だ。オーストラリアには勝手気ままな（注意：「自由」ではない）メディアがあり、中国ではメディアへの統制が効いている（注意：「統制されている」ではない）環境がある。オーストラリア国民は代議員を選ぶ選挙を通じて政治体制に意思を反映させるが、中国の国民は諮問《しもん》的な機関を通じて政治体制に意思を反映させている*57。

この見解に従えば、ある体制が別の体制よりも良いという話にはならず、二つは単純に違うものである。この違いは「貿易の深化や経済交流の障害となるべきではない」という*58。「中国の価値観」を定義するのが今や共産党であっても、ドライスデールがあえて無視するのはそれだけではない。彼はオーストラリアン・フィナンシャル・レビュー紙で、リベラルな民主制度と全体主義を比較するのは「誤った二分法だ」と述べている。例えば「オーストラリアは、法の支配による国際秩序に政治・経済の安全を依存しているが、中国は今やその秩序を真剣に守護する立場だ」というのだ*59。

われわれオーストラリア人は、日本の軍事侵攻や、冷戦時代の浸透工作の恐怖を除き、自分たちの民主制度を守るために戦いを強《し》いられたことは一度もない。われわれは戦後数十年にわたるバルト諸国や、今日のラトビアやウクライナのように、強力で独裁主義的な隣国からの迫《せま》りくる恐怖を感じたことはなかった。それでもオーストラリア社会では、自分たちの民主制度や、それによって許されている日常生活を愛している人は数多い。中でもオーストラリアに移住して初めて自由を味わった、中国共産党の手から逃れてきた中国系オーストラリア人ほど、それを実感している人々はいない。彼らは著名なオーストラリア人たちが「中国とオーストラリアの政治体制にはそれほど違いはない」「自由は経済的な利益と交換することができる」「中国共産党は中国の価値観を体現している」と論じるのを聞くたび、吐き気を催《もよお》すほどの不快を感じるのである。

第十三章 自由の価格

本書のメッセージは、中国史家で共産党研究を専門とする香港大学の著名学者、フランク・ディコッター教授から私が受け取ったEメールの言葉に、簡潔にまとめられている。

三つのことが重要だ。第一に、中国共産党は構造的にレーニン式の一党独裁国家のままであるということ。第二に他のレーニン式の一党独裁国家と同様に、国内外で自分たちに反対してくる全てのものに対処するための組織と哲学（プロパガンダ）の両方を持っている。それが中央統一戦線部だ。第三に、レーニン式の一党独裁国家は常に公約（別の言葉では「ウソ」だ）を掲げるのだが、それは都合が悪くなったら常に破棄《はき》される。これはつまり、彼らの主張することはほとんどを真剣にとる必要がないということだ。

この三つに、さらに一つの要素を加えておくべきだろう。それは容赦《ようしゃ》がないということだ。国内外のあらゆるすべての反対勢力に対して、容赦なく弱体化させようとしてくる。実際のところ、中国共産党にとって、中国国民には「外国」というものは存在しない。これらのすべてはリベラルな民主主義国家にとってはあまりにも相容《あいい》れないものであり、中国人以外の人々には理解できないものだ。これはまるで、一人のボーイスカウトの少年が（映画ゴッドファーザーに出てくる）ドン・コルレオーネと取引をするようなものだ*1。

われわれオーストラリア人は、自分の実力以上の結果を出していると思いたがる。これは、自分たちが実際はバンタム級なのに、ミドル級であるはずだと思っているからだ。

オーストラリアよりも確実に階級が上のロシアを考えてみるとよい。彼らは軍事的にも強力で、国益を守るために躊躇《ちゅうちょ》しない。欧州に緊張を与え続けており、大統領選挙に介入し、結果を変えた可能性があるアメリカは激怒している。中国はロシアを世界の戦略ゲームの中で、重要なプレイヤーの一つとして扱っている。ところが次の事実を考えてみて欲しい。二〇一六年にロシア連邦の国民総生産（GDP）は一兆二八〇〇億米ドルなのだ。オーストラリアは一兆二〇〇〇億米ドルである。二〇二〇年までに、オーストラリア経済はロシアのそれを上回るはずだ。ではわれわれはなぜ、ロシアはクマで、自分たちはコアラであるかのように感じるのだろうか？

より本質的なことを言えば、なぜわれわれは中国を苛立《いらだ》たせることに怯《おび》えているのだろうか？　なぜわれわれは、段々と好戦的になるこの国が、自分たちに影響力を及ぼすのを許してしまったのか？　本書でも論じたように、一つの要素がその他の要素を圧倒している。一九八〇年代からわれわれは経済を最優先事項にしてしまい、経済にすべての犠牲を捧《ささ》げなければならないと言う者に力を持たせてしまったのだ。この犠牲の中には、自由な国としての国家の主権も含まれている。

本書を書き始めた時点では、私は中国がオーストラリアで地位向上を図《はか》る試みを、下手で自滅的なものであると考えていた。北京の報道官やメディアでの発言は、執拗《しつよう》でわめきちらすタイプの、冷戦時代を再現するようなものであるため、評判を落とすことになると思っていた。ところが私が次第に気づいたのは、北京の、オーストラリア側の認識を変化させようとする作戦が、極めて効果的に実行されているということだった。批判者のほとんどを沈黙《ちんもく》させたり、海外に逃げた移民たちを懐柔《かいじゅう》したり脅したりすることに加え、北京は影響力の強い親中派の声をオーストラリアのエリートやオピニオンリーダーの間に獲得することに成功したのだ。メディア、そしてビジネス界や政治家たちの間でも、最も声が大きいのは親中派か、宥和《ゆうわ》を要求する人々となった。オーストラリアの大学の学者たちの間では、自己検閲が頻繁《ひんぱん》に行われている。オーストラリアのコミュニティ全般で、中国への好意的な視点の獲得を推進する北京の計画により、中国人の友好や資金に釣られた個人や組織が次々と陥落《かんらく》している。

なぜオーストラリアのエリートたちは、北京による支配に抵抗しても無駄だと信じ込んでいるのだろうか？　それを説明する最も良い概念が「服従《ふくじゅう》」と「自己利益《じこりえき》」である。そこには「中国の台頭は誰にも止めることは出来ないし、われわれの経済の運命は北京の手に握《にぎ》られており、中国の規模を考えれば、彼らがアジアを支配すべきだ」という考え方が浸透《しんとう》している。したがって、この歴史の流れに乗ってしまうのが最良の選択ということになる。なぜなら、われわれには他に選択肢が何も残されておらず、実際はそれほど悪いことでもないかもしれないからだ。よってわれわれは「友好と協力」を追求し、資金の流入を受け入れ、われわれの資産を売り、中国の外交官が叫べば飛び上がり、われわれのテクノロジーが海外に流出していても目をそむけ、われわれの政治システムの中に北京の工作員を雇い入れ、中国の人権侵害について声を挙げず、われわれの大学での自由でオープンな研究のような、基本的な価値観を犠牲にするのだ。入植後のオーストラリアの過去の歴史上、われわれのエリートたちによる、これほどまでひどい裏切りがあっただろうか？

北京による侵略からわれわれの自由を守るには、かなりの犠牲が伴《ともな》うはずだ。本書で見てきたように、北京は政治的・戦略的な目的のために経済的なツールを活用する名手だ。われわれが抵抗を始めると、北京はまず手始めに、好戦的なレトリックや、我々を震え上がらせる脅しを使ってくるはずだ。二〇一八年一月に環球時報は、もしオーストラリアがアメリカの行っている航行の自由作戦を支援し続けるのであれば、「強い対抗手段」を使うと脅している*2。そしてその次には、経済的な圧力をオーストラリアの最も弱い部分、つまり国内の脅しに最も脆弱《ぜいじゃく》で、政治家たちが最も敏感《びんかん》になっている分野にかけてくると主張していた。もし自由が重要な価値だと感じているなら、オーストラリア人は断固とした態度を貫《つらぬ》き、痛みを受け入れるべきなのだ。

これまでの経緯を見ると、北京は他の国々が経済的な攻撃に対して抵抗の姿勢を見せれば、手を引く。それでも過去の中国ロビーの自己中心的・欺瞞《ぎまん》的な要求に鑑《かんが》みて、われわれの経済を多角化し、中国への依存度を減らすように努力すべきだ。とりわけインドという、別のアジアの巨人であり価値観もわれわれとほぼ重なる国と、より強い貿易体制、投資、移民、学生、そして観光面でのつながりをつくるのだ。これによって、北京の強制からオーストラリアを守れるようになるだけでなく、中国への戦略的なカウンターウェイトとしてのインドの台頭を助けることができる。

同時に、われわれは「アジア民主国家同盟」を追求することによって、インド、日本、韓国、インドネシア、ニュージーランド、そしてオーストラリアという民主国家をまとめ、アメリカとのバランスの取れた同盟を形成することができる。この同盟は地域の民主的な政治体制による自由主義を強化する方向で作用し、北京の体系的な主権の侵害に対抗し、同様の目的で戦略・軍事面での協力関係を構築できるはずだ。ここで覚えておいていただきたいのは、オーストラリアにおける北京の浸透工作に対抗することは、民主制度と新たな全体主義の間で行われているグローバルな戦争における多くの戦いの中の、たった一つの戦闘でしかないということだ。

二〇一七年末の「日米豪印戦略対話」(the Quadrilateral Security Dialogue)――アメリカ、インド、日本、そしてオーストラリア間の非公式な安全保障パートナーシップ――は、北京のアジアにおける戦略的優位獲得への挑戦に対する実質的なカウンターバランスになるかもしれないし、オーストラリアにとってはインドと日本との経済関係を強化できるかもしれない*3。

オーストラリアが抵抗を始めたら、中国共産党は貿易や投資を通じた外圧ではなく、すでにオーストラリア社会に入り込んでいる勢力を動員して圧力をかけてくるだろう。親中派はオーストラリア人にある「外国人恐怖症《ゼノフォビア》」とレッテル張りされることへの恐怖症」を悪用しつつ、「中国人」と中国共産党を同一視させようとする。この抵抗のために欠かせないのが、北京の影響力の拡大を恐れている中国系オーストラリア人たちである。「オーストラリア価値同盟」(the Australian Values Alliance) のような組織は、多くの中国系オーストラリア人たちが「オーストラリア人」であることや、自分たちは危険を感じていること、そして自分たちが移民した目的である自由を守りたいと考えていると発信している。中国共産党は、中央統戦部傘下の組織にいる操《あやつ》り人形を、あたかもオーストラリアの華僑の公式な意見のように示すことで大きな成功を収めているが、この戦略に対する最も効果的な対抗策を出せる立場にあるのは、中国系オーストラリア人たちだ。このような操り人形たちのロビー活動と誘惑を受け、そそのかされてしまった政治家、ジャーナリスト、そして国中のあらゆる組織のリーダーたちは、自分たちが「中国系オーストラリア人たち」の要望に答えていると信じ込んでいる。ところが彼らは、中国共産党が奏でる音楽に合わせて踊らされているだけなのだ。

中国系オーストラリア人たちは、中国共産党によってオーストラリアがじわじわと乗っ取られつつあるのを恐れており、独立した機関が次々と中国共産党に忠実な勢力の軍門に下るのを見て、幻滅《げんめつ》している。中国共産党の統治下で生きた経験を持つ彼らは、そのやり方や狙いを理解している。そして同じように、彼らはオーストラリアが中国共産党の影響力の拡大に対して抵抗を始めると、すべての中国系オーストラリア人たちに疑いの目を向けられることになる危険性も理解している。そして彼らは、このようなリスクは取らなければならないと覚悟しているのだ。

われわれは中国共産党の徹底したやり方を、決して過小評価すべきではない。中国大使館や領事館は、中国系オーストラリア人やわが国に滞在中の中国人たちの一部が、中国の国旗をはためかせて親中派のスローガンを叫ぶデモ行進を組織してきた。これはとりわけオーストラリアの公安機関にとって、ショックを与えるものであった。予見できる将来において、アメリカと中国の間で軍事的なにらみ合いや交戦が起こる可能性は低くない。それだけが中国がインドネシア沿岸に至る南シナ海全域を併合《へいごう》してコントロールするのを止める唯一の方法かもしれないからだ。東シナ海での衝突の方がさらに可能性が高いかもしれない。中国は台湾を併合するための要求を強め、日本が領有権を主張する島々を奪取するかもしれないからだ。このような状況下では、オーストラリアはアメリカ側について支援する義務を負うことになる。

オーストラリアには中国系の人々が一〇〇万人以上いることを考えれば、市民か非市民かに関係なく、そのうちの何人かが街頭で北京——オーストラリアの敵とも言える——への忠誠を表現するためにデモを行うことも予想できる。これは情勢不安を発生させ、深刻化させる可能性がある。しかもこの情勢不安は、首都キャンベラの中国大使館によって指揮されることになるだろう。市民間の不和は単なる推測ではない。二〇一六年七月、メルボルンで行われた親中派デモの参加者宛てのEメールの中で、これを組織した幹部たちは、もしオーストラリアが中国の南シナ海での主張に反対し続けるなら、実際にトラブルを起こすと言い、「オーストラリアにいる中国人として、われわれはオーストラリアが紛争や混乱に陥《おちい》るのを見たくない」と脅している*4。

国内分断による政情不安は、中国が紛争を起こした時に、オーストラリア政府に圧力をかけるために仕掛ける、いくつかの手段の一つに過ぎない。すでに親中派は、オーストラリアの上部機関の影響力のあるポジションに入り込んでいる。中にはアメリカとの同盟関係を破棄《はき》せよと主張する者もいれば、「独立」した対外政策や、北京との同盟まで叫ぶ者がいる。彼らはメディア、シンクタンク、大学、ビジネス界、ビジネスロビー団体、政府機関、そして当然ながら議会にもいるのだ。紛争が起これば、このような「第五列《だいごれつ》」の多くは、中国がどれほど紛争を煽《あお》るような行動をとったとしても「平和的な解決」を要求してくるだろう。

私はシドニーに住む多くの中国系オーストラリア人の何人かの友人に、あえて難しい質問をぶつけてみた。一〇〇万人いる中国系オーストラリア人の中で、北京の方に忠誠心を持っている人間の割合と、オーストラリアの方に忠誠心を持っている人々の割合はどのくらいなのか、そしてどれくらいがその中間になるのかだ。もちろん正確な答えは出せるようなものではないが、それでも大枠の割合を知る必要があるので、あえて聞いてみたのである。すぐに帰ってきた答えは、「〈中国系〉とはどういう意味だ？」というものや、「香港、シンガポール、マレーシアから来た人々は含まれるのか？」「チベット人はどうだ？　彼らは中国人ではないのか？」というものだった。たしかにその通りだと思った私は、中国本土で生まれた漢民族に限定してくれと言った。

ある人物の推測によれば、親中的な感情を強く持っている人々の割合は二〇％から三〇％であるという。おそらく四〇％から五〇％ほどは中立らしいが、彼らは反北京ではないという。その理由は彼らの「愛国心」ゆえだが、政治には関わり合いたくないという。そして残りの二〇％から三〇％はオーストラリアに忠誠心を持っている。しかし、進んで発言しようとする人の数は少ない。発言することによって報復されるのを恐れるからだ。

　別の人物の推測では、強固な「共産党シンパ」の割合は、中国系オーストラリア人の中の一〇％ほどであり、それと同じ割合の、強固な反共派がいるという。おそらく二〇％から三〇％が共産党政権の静かな支持者である。彼ら全員が同意したのは、中国系オーストラリア人の大部分が、南シナ海における中国の領有権の主張を支持していることだ。そして漢民族のほぼ全員が、チベットと台湾が中国のものであると信じているということだった。

　私が会った何人かの中国専門家たちは、すでに手遅れだと考えていた。彼らの分析によれば、中国共産党とその傘下組織は、オーストラリアの機関に深く根を張っており、もはやわれわれはそれを根絶《こんぜつ》することができなくなっているという。まだ手遅れではないと考えている人々もいたが、根絶するには一〇年ほど要すると言っていた。私にも、これは正しい分析だと思える。もっとも、それにはまず、オーストラリア自身が中国共産党の影響力を社会から排除《はいじょ》したいと考えるかどうかにかかっている。現時点で、「われわれの独立を取り返すために、何かしらの措置をとる必要があり、それにともなう報復があっても、やり続ける必要がある」と感じるほど、危機を十分に理解できている人は、ほんのわずかしかいない。つまりわれわれのナイーブさや独善性《どくぜんせい》が、北京にとっての最強の資産なのだ。現状では、ボーイスカウトがドン・コルレオーネに対峙《たいじ》している。しかし、すべての民族的背景を持つオーストラリア人がその危険を理解することができれば、われわれは新しい全体主義から自分たちの自由を守る戦いに着手できるだろう。

謝辞

私が最も大きな借りをつくってしまったのが、その素晴らしいリサーチ能力で支援してくれたアレックス・ジョスクである。彼のおかげでオーストラリア国内の、そして特に中国国内の、中国語資料のかけがえのない情報への扉が開けた。本書を書くことを決心してから驚かされ、かつ喜ばしいと感じたのは、あらゆる種類の人々による助けであった。

ジェフ・ウェイドにはとりわけ感謝している。彼はいくつものヒントや提案を快《こころよ》く提供してくれたし、中国共産党の目的とやり方の深い理解など、その情報の大部分をどのように解釈すべきかをアドバイスしてくれたのだ。北京のデヴィッド・ケリーとフィリッパ・ジョーンズは、インタビューの際の連絡をつけてくれ、彼らの中国についての深い知識から学ばせてくれて、大きな助けとなった。ジョン・ガーノートは始めから最後まで強く応援してくれたし、素晴らしいアドバイスを与え続けてくれた。ジョン・フィッツジェラルドは他の追従を許さない知識の宝庫であったし、出版時の苦難の時を支え続けてくれた。ジョン・フーは貴重な情報源であり、中国系オーストラリア人コミュニティへ私をつなげてくれた。イェ・フェイ（Ye Fei）は鋭い勇気のある北京の政治分析家であり、中国の国内政治や北京の国際的な野望について比類なき洞察を与えてくれた。私が彼の名前を挙げることができるのは、極めて残念ながら、最後に会話した三カ月後に亡くなったからである。

私が中国とオーストラリアでインタビューを行った多くの人々の名前を明かすことはできない。彼らが直面するリスクの大きさは私の感謝の気持ちに比例して大きい。名前を挙げて感謝できる人々については以下の通りだ。ジェームズ・レイボールド、グレッグ・オースティン、ピーター・ジェニングス、スティーブン・ジョスク、ローリー・メドカーフ、フィル・ドーリング、クリス・ウルマン、斉家貞《チー・ジアジェン》、ジンピン・チェン、ジャン・シャオガン、フランク・ディコッター、陳用林《ちんようりん》、ニック・マッケンジー、ローワン・コーリック、クリス・バックリー、フィル・ウェン、グレッグ・マッカーシー、ジェフ・ラビー、ルーシー・ガオ、ゾウ・シーキン、フェン・シューアイ、アンガス・グリッグ、ビル・バートルズ、ザ・ダオジオン、マ・ティアンジエ、陳方安生《アンソン・チャン》、ウィリー・ラム、K・P・チャウ、ヒュー・ホワイト、ビョルゲ・バッケ、馮崇義《フェン・チョンイ》、イン・イー、ケイト・ラーセン、ジョセリン・チェイ、ジョン・キーン、リチャード・ベイカー、ジェームズ・シーオン、ケヴィン・ジン、アナスタシア・ケペタス、ウー・レバオ、チン・ジン、ポール・マクレガー、アン＝マリー・ブレイディ、リサ・デンプスター、ファーガス・ハンソン、ティム・スティーブンス、ジェン・ツェン・クワック、ファーガス・ライアン、プリモース・リオーダン、チョーワイ・チュン、マリー・マ、そしてウォーレン・サンである。

　もちろん彼らの意見は本書で議論されているトピックについては実に多岐《たき》にわたるものであり、ここで表明されている見解に対していかなる責任を負うものではないことをお断りしておきたい。

　ロバート・マンネは本書の草稿をわざわざ読み、いくつかの潜在的な問題に対して注意を促《うなが》し、さらには戦略的側面についてより慎重に考え抜くよう励《はげ》ましてくれた。最後にチャールズ・スタート大学には、本書のようなプロジェクトを追求するチャンスを与えてくれたことに感謝を申し上げる。

監訳者解説

山岡鉄秀

シドニーで大学院生だったころ、私は中国系の学生達と仲良くなった。彼（女）達はいわゆるABC(Australian Born Chinese)で、オーストラリアで生まれ育った移民第二、第三世代だった。アジア人的だが、英語がネイティブで適度に西洋化された彼（女）らとは付き合いやすく、よく助けてもらった。多文化主義の申し子で、新しいタイプのオーストラリア人である彼（女）達が世に出て行けば、この国は一層栄えるだろう、と楽観的に考えていた。

しかし、私の期待は予想もしない方向で大きく外れたようだ。今、オーストラリアの大学のキャンパスを闊歩《かっぽ》する中国人学生の多くは、留学生であれ永住者であれ、在外中国人をコントロールして戦略的に活用するのを正式な政策とする本国政府の管理下にあるらしい。学生団体の代表は中国領事館につながり、学生たちに託されたミッションは、中国に批判的な個人や団体の監視、通報ほか多岐にわたる。教師が中国に批判的な発言をしたり、中国政府の公式見解に沿わない資料を使えば、吊るし上げて謝罪を求める。領事館から抗議が入ることもある。私の時代には想像もできなかった。しかし驚くべきことに、中国人留学生が払う多額の学費に経営依存する大学はいとも簡単に屈して謝罪してしまうのだ。

著者のハミルトン教授が遭遇して衝撃を受けたのは、二〇〇八年の北京五輪の際に首都キャンベラで行われた聖火リレーに動員された何万人という中国人学生だった。各地域の大学からバスを仕立てて乗り込んできた彼らは、五星紅旗を振り、チベット独立派を見つけては取り囲み、暴力を振るうなど乱暴狼藉《らんぼうろうぜき》を働いたが、警察は何もできなかった。同じことが日本の長野県でも発生したのを覚えている読者もいるだろう。

彼らはなぜかくも興奮し、攻撃的だったのか。本書で明らかにされているその理由は、単なる「民族性」では説明できない。その背景には極めて重大な中国共産党の政策変更があった。契機となった世界的事件は二つある。まずソ連の崩壊だ。人民を統治する上でのマルクス主義の正当性が薄れてしまった中国共産党は、ソ連や東欧の失敗は「情報開示（グラスノスチ）」のような軟弱な政策に追い込まれた弱さにあると考え、レーニン主義的国家運営の方針に毛ほどの迷いもなかったが、方法論を考え直す必要に迫られた。結果、新たな統治の基軸となったのは自民族中心主義(ethnocentrism)だった。もちろん、自民族を最上位に置く中華思想は大昔からあるが、その新しいバージョンは激しい被害者意識と復讐心《ふくしゅうしん》に特徴づけられる。「中国は百年にわたり、横暴な西洋と残酷な日本人に踏みにじられて来た。しかし、今や中国人（漢民族）は団結して立ち上がり、偉大なる中華帝国を再興する時が来た」と、惨めな犠牲者としての歴史がことさら強調される。さらなる特徴は、中国イコール共産党であり、中国人は世界のどこに住んでいても、国籍が何であれ、あくまでも中国人であり、祖国に貢献しなくてはならない、という思想だ。これが国防動員法などの法律で拘束力を持ち、逆らえば母国の親族に危害が及ぶ。

もうひとつの事件は二〇〇八年のリーマンショックだ。「西洋型の経済システムが限界を露呈《ろてい》し、それを克服して世界を救済したのは中国だ。これからは中国がアメリカに代わる覇権国となる」と確信した習近平政権は、もはや偉大なる中華帝国再興の夢を隠す必要はないと判断した。こうして世界中で復讐心に燃え、愛国の為なら何をしても許されると信じる中国人の若者が見られるようになった。

一方、小国としての脆弱性を感じながら経済至上主義に走っていたオーストラリアは、「これからは中国と共に生きなくてはならない」と思い込み、「中国の夢」を両手を広げて迎え入れてしまったのである。そんなオーストラリアを中国は西洋最弱と見なし、浸透工作による属国化計画の実験場に選んだ。それにしても、オーストラリアの首相経験者を含む著名な政治家のなんと多くが中国に取り込まれ、その代弁者になったか、ため息をつかざるを得ない。ボブ・ホーク、ポール・キーティング、ジョン・ハワードなど元首相を始め、元外相のボブ・カーに至っては、「北京《ベイジン》ボブ」と仇名《あだな》されたほどだ。私が個人的にショックを受けたのは、クレイグ・ローンディという連邦議員の名前を本書で見つけたことである。私がかつて仲間たちとシドニー郊外のストラスフィールド市で、慰安婦像公有地設置に反対する活動をしていた時、こちらの立場を説明して理解を求めた地区選出議員のひとりがローンディ議員だった。その彼がまさかここまで中国と抜き差しならぬ関係とは知らず、改めてぞっとした。

中国による浸透工作が半ば完了しつつあった時、強烈なウェイクアップコールとなったのが、ハミルトン教授による本書「サイレント・インベージョン」である。本書はオーストラリアを変え、アメリカにも大きな影響を与えた。新型コロナウイルスによる惨禍《さんか》で、中国という一党独裁国家の脅威に世界中が目覚めつつある今、ひとりでも多くの日本国民が直面する危機の本質に気付いてくれることを、訳者の奥山真司先生と共に強く願っている。

脚注

第1章　オーストラリアを紅《あか》く染める

1 ここでの説明は下記に基づく。陳用林への筆者によるインタビュー (1 March 2017) と、引用された彼の中国語コメントの出典は *The Epoch Times*, 25 June 2015 <www.epochtimes.com/gb/5/6/25/n965354.htm>. 陳用林自身による興味深い論文の初出は以下。Chen yonglin, 'Australia is in the process of becoming China's backyard', in Chinese in *China in Perspective*, 31 August 2016.

2 Chen, 'Australia is in the process of becoming China's backyard'.

第2章　中国は世界での自国の立場をどう見ているか

1 Zheng Wang, *Never Forget National Humiliation: Historical memory in Chinese politics and foreign relations*, New York: Columbia University Press, 2012(ワン・ジョン著、伊藤真訳『中国の歴史認識はどう作られたのか』東洋経済新報社); Michael Pillsbury, *The Hundred-Year Marathon*, New York: St Martin's Griffin, 2016(マイケル・ピルズベリー著、野中香方子訳『China2049』日経 BP).

2 ここでの私の描写は以下の本に多くを負っている。Wang, *Never Forget National Humiliation*.

3 Wang, p. 104 (前掲『中国の歴史認識はどう作られたのか』).

4 Wang, p. 116 に引用された Geoffrey Crothall の発言。

5 Wang, p. 116.

6 'Chinese Education Minister: The Hostile Forces' First Choice for Penetration Is the Education System', 初出は以下。*Sina*, 10 December 2016, <chinascope.org/archives/10801>.

7 Wang, *Never Forget National Humiliation*, pp. 111–12 (前掲『中国の歴史認識はどう作られたのか』).

8 Wang, p. 115.

9 Wang, p. 114 での Wang による引用。

10 Wang, p. 227.

11 Rachel Liu, 'A new definition of Chinese patriotism', *Foreign Policy*, 11 September 2014.

12 Wang, *Never Forget National Humiliation*, p. 125 (前掲『中国の歴史認識はどう作られたのか』).

13 Liu Xiaobo, in *No Enemies, No Hatred: Selected essays and poems*, Perry Link, Tienchi Martin-Liao and Liu Xia (eds), Cambridge, Mass.: Belknap Press, 2012, p. 73.

14 Liu, *No Enemies, No Hatred*, pp. 74–5.

15 Liu, 'The Communist Party's "Olympic Gold Medal Syndrome"', in *No Enemies, No Hatred*, p. 251.

16 Liu, 'The Communist Party's "Olympic Gold Medal Syndrome"', p. 255.

17 Wang, *Never Forget National Humiliation*, pp. 150–2 (前掲『中国の歴史認識はどう作られたのか』).

18 Lotus Ruan, 'The new face of Chinese nationalism', *Foreign Policy*, 25 August 2016.

19 出典は以下の無署名記事。'Smug Aussie swimmer won't cloud Rio', *Global Times*, 8 August 2016.

20 Jennine Khalik, 'Rio Olympics 2016: CFMEU protests Channel Seven's coverage of China', *The Australian*, 9 August 2016.

21 James Jiann Hua To, *Qiaowu: Extra-territorial policies for the overseas Chinese*, Leiden: Koninklijke Brill, 2014, p. 44.

22 Wang, *Never Forget National Humiliation*, p. 154 (前掲『中国の歴史認識はどう作られたのか』).

23 Lucy Hornby, 'China battles to control growing online nationalism', *Financial Times*, 8 January 2017.

24 Li Jing and He Huifeng, 'Anti-Japan protests turn violent in Shenzhen, Guangzhou and Qingdao', *South China Morning Post*, 17 September 2012.

25 出典は以下の無署名記事。'Chinese state media condemns protests at KFC restaurants in wake of South China Sea ruling', *South China Morning Post*, 20 July 2016.

26 Jun Mai, 'China vows to nip patriotic protests in the bud to maintain stability', *South China Morning Post*, 13 January 2017.

27 Zheping Huang, 'Inside the Global Times, China's hawkish, belligerent state tabloid', *Quartz*, 9 August 2016.

28 Philip Wen, 'This is the deal: "In time, this world will be China's"', *The Sydney Morning Herald*, 10–11 September 2016.

29 Wang, *Never Forget National Humiliation*, pp. 129–32（前掲『中国の歴史認識はどう作られたのか』）.

30 D.S. Rajan, 'China: Can Xi Jinping's "Chinese Dream" vision be realized?', *South Asia Analysis Group*, 3 January 2013.

31 Liu Mingfu, *The China Dream: Great power thinking and strategic posture in the post-American era*, New York: CN Times Books, 2015, back cover.

32 マイケル・ピルズベリー著からの引用。*The Hundred-Year Marathon*, New York: St Martin's Griffin, 2016(前掲『China2049』), p. 28.

33 William A. Callahan, 'Chinese visions of world order: Post-hegemonic or a new hegemony?', *International Studies Review*, 2008, no. 10, p. 753.

34 Pillsbury, *The Hundred-Year Marathon*, pp. 28, 12(前掲『China2049』).

35 Zheng Wang, 'Not rising, but rejuvenating: The "Chinese Dream"', *The Diplomat*, 5 February 2013.

36 市民が忘れないようにと、2017年に当局は映画館で4分間の愛国的なプロパガンダビデオを上映するよう指示した。その中にはジャッキー・チェンが習近平の「中国の夢」と中核的な社会主義的価値を称賛するものもあった。以下を参照 Huang Wan, 'Chinese cinemas to show patriotic trailer ahead of screenings', *Sixth Tone*, 30 June 2017.

37 Pillsbury, *The Hundred-Year Marathon*(前掲『China2049』), p. 235.

38 Pillsbury, *The Hundred-Year Marathon*, p. 230.

39 Liu, *The China Dream*, p. 29.

40 <www.scio.gov.cn/m/zhzc/10/Document/1437648/1437648.htm>.

41 2013年の何並非のスピーチは、中国共産党海外宣伝弁公室長の蔡明照（現・新華社社長）に続くもので、「中国の夢についての海外宣伝を深化させ」、「中国の優越性」のおかげで「中国の夢」は中国人のみならず世界の人々にも利益をもたらすと語るものだった（出典は以下の無署名記事。'China's foreign propaganda chief outlines external communication priorities', China Copyright and Media blog, 22 December 2014, 人民日報からの翻訳）.

42 Paul Keating, 'Australia must heed the shift in the US-China power balance', *The Australian*, 24 December 2016.

43 David Kelly, 'Winding back the China Solution', *The Interpreter*, Lowy Institute, 6 July 2017.

44 Liu, *The China Dream*, pp. 2, 4.

45 Jamil Anderlini, 'The dark side of China's national renewal', *Financial Times*, 21 June 2017.

46 出典は以下の無署名記事。'Trump's Korea gaffe exposes hegemonic thinking in China', *Chosun*, 20 April 2017.

47 Bill Hayton, 'China's "historic rights" in the South China Sea: Made in America?', *The Diplomat*, 21 June 2016.

48 <pca-cpa.org/wp-content/uploads/sites/175/2016/07/PH-CN-20160712-Award.pdf>.

49 John Fitzgerald, 'Handing the initiative to China', *Inside Story*, 19 January 2017.

50 2013年10月24日の胡錦濤のスピーチ全文は以下
<www.smh.com.au/articles/2003/10/24/1066631618612.html>.

51 Geoff Wade, 'Popular History and Bunkum: The book "1421, The Year China Discovered America" is a fairytale & a fiction', posted at Maritime Asia <maritimeasia.ws/topic/1421bunkum.html>. 以下も参照 <www.1421exposed.com/html/1421_and_all_that_junk.html>.

52 Quentin McDermott, 'Junk History', *Four Corners*, ABC TV, 31 July 2006 <www.abc.net.au/4corners/content/2006/s1699373.htm>.

53 Geoff Wade, 'The "Liu/Menzies" world map: A critique', *e-Perimetron*, Autumn 2007, vol. 2, no. 4, pp. 273–80.

54 Timothy Kendall, Within China's Orbit?: *China through the eyes of the Australian parliament*, Canberra: Parliamentary Library, 2008.

55 Kendall, *Within China's Orbit?*.

56 オーストラリア記者クラブでの付瑩の講演より、Geoffrey Barkerが以下で引用した発言。'Diplomacy personified', *Australian Financial Review*, 10 June 2005, p. 20.

57 <www.china.com.cn/chinese/zhuanti/zhxxy/881212.htm>.

第3章 僑務《きょうむ》と華僑

1 <www.scio.gov.cn/m/zhzc/10/Document/1437648/1437648.htm>.

2 Cheong Suk-Wai, 'Beijing's charm offensive: A challenge to test loyalty', *Straits Times*, 30 April 2017.

3 James Jiann Hua To(杜建華), *Qiaowu*(僑務): *Extra-territorial policies for the overseas Chinese*, Leiden: Koninklijke Brill, 2014.

4 To, *Qiaowu*, p. 19.

5 To, *Qiaowu*, p. 47.

6 To, *Qiaowu*, p. 42.

7 To, *Qiaowu*, p. 254.

8 To, *Qiaowu*, p. 258.

9 To, *Qiaowu*, pp. 260, 261, 264.

10 To, *Qiaowu*, p. 257.

11 Hagar Cohen and Tiger Webb, 'Chinese nationals deported from Fiji were sex workers, not fraudsters: Source', *ABC News Online*, 6 October 2017.

12 Gabrielle Chan, 'Cabinet papers 1988-89: Bob Hawke acted alone in offering asylum to Chinese students', *The Guardian*, 1 January 2015.

13 To, *Qiaowu*(杜建華前掲書), p. 27.

14 Chan による引用。出典は前掲 'Cabinet papers 1988-89'.

15 James To, 'Beijing's policies for managing Han and ethnic-minority Chinese communities abroad', *Journal of Current Chinese Affairs*, 2012, no. 4, p. 186.

16 To, *Qiaowu*, pp. 75, 78–9; To, 'Beijing's policies for managing Han', p. 186.

17 Anne-Marie Brady, 'China's foreign propaganda machine', *Journal of Democracy*, October 2015, vol. 26, no. 4, pp. 51–9.

18 杜建華は、5つの主要な僑務組織があり、うち2つ(OCAO 国務院僑務弁公室と All-China Federation of Returned Overseas Chinese Association 中華全国帰国華僑連合会)は中央政府の下に、3つ(Propaganda Department 中共中央宣伝部 , International Department 中共中央対外連絡部 , UFWD 中共中央統一戦線工作部)は共産党内の部局であると説明している。To, *Qiaowu*, pp. 73–80.

19 Marcel Angliviel de la Beaumelle, 'The United Front Work Department: "Magic weapon" at home and abroad', The Jamestown Foundation, *China Brief*, 6 July 2017, vol. 17, no. 9.

20 Anne-Marie Brady, 'Magic Weapons: China's political influence activities under Xi Jinping', Wilson Center, Washington, D.C., September 2017.

21 To, *Qiaowu*, p. 74. 僑務組織は中国共産党国際部が監督し、澳州中国和平統一促進会などの組織は中央統一戦線部が管理しているが、彼らはキャンベラの中国大使館によって調整され、密接に協力している。

22 Rowan Callick, '"Non-profit" group linked to Chinese donors', *The Australian*, 5 September 2016.

23 To, *Qiaowu*, pp. 269–70.

24 <world.people.com.cn/n/2015/0527/c157278-27066031.html> 'Dr William Chiu, founder and chairman of the Australian Council for the Promotion of the Peaceful Reunification of China passes away', *People's Daily*, 27 May 2015.

25 To, *Qiaowu*, p. 268.

26 To, 'Beijing's policies for managing Han', p. 189.

27 Dylan Welch, 'Ernest Wong: Labor's go-to man for access to Chinese community', *7.30*, ABC TV, 19 September 2016.

28 Chris Bowen は妻と一緒に、黄向墨がトップを務めるオーストラリア広東協会と中国共産党の費用負担で、2015 年に中国に飛んだ (Samantha Hutchinson and Ben Butler, 'Bowen on the Yuhu register as China doles out MP largesse', *The Australian*, 7 September 2016)。Bob Carr は回想録の中で「サム・ダスティアリ主催の春節イベントで 20 万ドルの資金集めに大成功した」と述べているが、このカネは労働党本部と Chris Bowen で山分けされた (Rowan Callick and Sarah Martin, 'Dastyari's donor has party cell', *The Australian*, 7 September 2016)。ダスティアリ事件が明るみに出た際、「オーストラリアン」紙は恥ずべき上院議員の仲間と側近の実名を公表した。Bob Carr, 黄向墨、Eric Roozendaal, 祝敏申、韓以文 (Paul Yi-Wen Han) である。

29 <www.acpprc.org.au/schinese/jinqi/2015/jndhSep15.html>.

30 <world.people.com.cn/n1/2016/0207/c1002-28117190.html>.

31 To, *Qiaowu*, p. 268.

32 Julie Makinen, 'Beijing uses Chinese New Year to push China's soft power', *Los Angeles Times*, 18 February 2015.

33 Philip Wen, 'China's patriots among us: Beijing pulls new lever of influence in Australia', *The Sydney Morning Herald*, 28 April 2016.

34 <www.chinesenewyear.com.au/index.html>.

35 John Power, 'Pro-Beijing activism by ethnic Chinese in Australia stirs unease', *Asia Times*, 12 May 2016.

36 Rowan Callick, 'Australia's Chinese community: Inscrutable ties to another China', *The Australian*, 27 August 2016.

37 Wen, 'China's patriots among us'. 黄向墨はそのグループと澳州中国和平統一促進会とのつながりを否定している。

38 <www.xkb.com.au/html/cnc/shetuandongtai/2016/0414/168347.html>. 以下の *Sydney Today* 記事も参照。<www.sydneytoday.com/content-1122194>, この話は人民日報の記事を再録したものである <australia.people.com.cn/n1/2016/0411/c364496-28265283.html>.

39 <www.bobning.com/fca/?page_id=37>.

40 <www.bobning.com/fca/?p=21>.

41 <www.facebook.com/philclearymayor/videos/1048116948618517>.

42 <www.sbs.com.au/yourlanguage/mandarin/zh-hans/content/su-jun-xi-jiang-jing-xuan-mo-er-ben-shi-fu-shi-chang?language=zh-hans>.

43 <world.people.com.cn/n1/2016/0723/c1002-28579502.html>.

44 <english.cri.cn/12394/2016/07/23/4001s935326.htm>.

45 Philip Wen and Daniel Flitton, 'South China Sea protests to come to Melbourne', *The Age*, 21 July 2016.

46 Naaman Zhou, 'Chinese ballet draws protests for "glorifying Red Army"', *The Guardian*, 18 February 2017.

47 出典は以下の無署名記事。'Australian Chinese to boycott Chinese ballet "Red Detachment of Women"', *Duowei News*, 5 February 2017.

48 Rowan Callick, 'Rebel Chinese movement promotes "Australian values"', *The Australian*, 5 September 2016.

49 出典は以下の無署名記事。'Beijing works to rally "sons and daughters" abroad to help create "Chinese Dream"', *ABC News Online*, 4 March 2018.

50 To, *Qiaowu*, p. 122.

51 To, *Qiaowu*, p. 281.

52 To, *Qiaowu*, pp. 114–15.

53 Jamil Anderlini, 'The dark side of China's national renewal', *Financial Times*, 21 June 2017.

54 筆者が受け取った電子メールによる。23 October 2017.

55 Daniel A. Bell, 'Why anyone can be Chinese', *Wall Street Journal*, 14 July 2017.

56 <languagelog.ldc.upenn.edu/nll/?p=33412>.

57 Frank Ching, 'Does Chinese blood really lack the DNA for aggression?', *South China Morning Post*, 2 July 2017.

58 <world.huanqiu.com/exclusive/2017-06/10912308.html>.

59 To, *Qiaowu*, p. 116.

60 David Zweig and Stanley Rosen, 'How China trained a new generation abroad', *SciDev.Net*, 22 May 2013.

61 To, *Qiaowu*, pp. 123–4.

62 To, *Qiaowu*, p. 189.

63 <chinachange.org/2015/06/09/chinese-students-studying-abroad-a-new-focus-of-ccps-united-front-work/>. フランシス・フクヤマは『歴史の終わり (1989 →日本語版 1992) の中で、中国人学生が留学から帰国すれば、民主主義の規範も持ち帰ると予測して大外れしたが、これはフクヤマの予測の持つ影響力がその精度に反比例する「フクヤマ・ルール」のもう一つの例となった。

64 To, *Qiaowu*, p. 130.

65 To, *Qiaowu*, p. 189.

66 To, *Qiaowu*, p. 28.

67 Koh Gui Qing and John Shiffman, 'China's covert global radio network', Reuters, 2 November 2015; John Fitzgerald, 'How the ABC sold out news values to get access to China' <www.abc.net.au/mediawatch/transcripts/1615_afr.pdf>.

68 To, *Qiaowu*, pp. 176–8.

69 <www.abc.net.au/mediawatch/transcripts/s4476824.htm>.

70 To, *Qiaowu*, pp. 179–80.

71 To, *Qiaowu*, p. 180.

72 出典は以下の無署名記事。'Drive-by shooting won't stop Sunnybank-based Chinese-language newspaper Epoch Times, say staff', *Courier-Mail*, 3 November 2010; Kristian Silva, 'One Nation's Shan Ju Lin defends Pauline Hanson, says she fears Chinese Government will "take over"', *ABC News Online*, 21 December 2016.

73 Qing and Shiffman, 'China's covert global radio network'.

74 Anne-Marie Brady, 'Magic Weapons: China's political influence activities under Xi Jinping', Wilson Center, Washington, D.C., September 2017.

75 Rowan Callick, 'Voice of China hits the Aussie airwaves', *News.com.au*, 17 August 2009.

76 Callick, 'Voice of China hits the Aussie airwaves'; <www.multicultural.vic.gov.au/images/stories/documents/2013/2002-12%20recipients%20-%20people.pdf>; <www.chinanews.com/hr/2011/09-19/3335774.shtml>.

77 以下も参照。Jia Gao, *Chinese Migrant Entrepreneurship in Australia from the 1990s*, Waltham, Mass.: Elsevier, 2015, Chapter 6.

78 <www.jl.xinhuanet.com/news/2004-07/16/content_2502263.htm>.

79 <en.people.cn/200503/14/eng20050314_176746.html>.

80 <en.people.cn/200503/14/eng20050314_176746.html>.

81 <www.oushinet.com/qj/qjnews/20160928/243581.html>.

82 John Fitzgerald, 'Beijing's *guoqing* versus Australia's way of life', *Inside Story*, 27 September 2016.

83 Fitzgerald, 'Beijing's *guoqing* versus Australia's way of life'.

84 Kelsey Munro and Philip Wen, 'Chinese language newspapers in Australia: Beijing controls messaging, propaganda in press', *The Sydney Morning Herald*, 10 July 2016.

85 Fitzgerald, 'Beijing's guoqing versus Australia's way of life'.

86 Munro and Wen, 'Chinese language newspapers in Australia'.

87 Wanning Sun, 'Chinese-language media in Australia: An opportunity for Australian soft power', *Australia-Chiåna Relations Institute*, 8 September 2016.

88 Fitzgerald, 'Beijing's *guoqing* versus Australia's way of life'.

89 <www.abc.net.au/mediawatch/transcripts/s4458872.htm>.

90 John Fitzgerald, 'How the ABC sold out news values to get access to China', <www.abc.net.au/mediawatch/transcripts/1615_afr.pdf>.

91 <http://www.acpprc.org.au/schinese/jinqi/2016/qwhOct16.html>.

92 <http://www.acpprc.org.au/schinese/jinqi/2016/qwhOct16.html>; <http://www.radioaustralia.net.au/chinese/our-people/1024564>.

93 Simon Denyer, 'The saga of Hong Kong's abducted booksellers takes a darker turn', *Washington Post*, 17 June 2016.

94 Will Koulouris, '20 years on, Hong Kong's return to China a resounding success: Former Aussie Victoria state premier', *Xinhuanet*, 18 July 2017.

95 Peter Hartcher, 'China's treatment of Hong Kong is a lesson for Australia', *The Sydney Morning Herald*, 11 October 2016.

96 出典は以下の無署名記事。'New Zealand cancels meeting with Hong Kong pro-democracy advocates on "diplomatic" concerns', *ABC News Online*, 21 October 2016.

97 To, *Qiaowu*, p. 222.

98 Anne-Marie Brady, 'Magic Weapons: China's political influence activities under Xi Jinping', p. 13.

99 Philip Wen and John Garnaut, 'Chinese police chase corruption suspects in Australian suburbs', *The Sydney Morning Herald*, 15 April 2015.

100 To, *Qiaowu*, p. 193.

101 出典は以下の無署名記事。'Businessman wrongly jailed pursues justice', *South China Morning Post*, 9 December 2004.

102 John Garnaut, 'China's rulers team up with notorious "White Wolf" of Taiwan', *The Sydney Morning Herald*, 11 July 2014; 出典は以下の無署名記事。'Triad member behind scuffles between pro-China and pro-independence protesters on Taiwan university campus', *Synglobe*, 25 September 2017; 以下の無署名記事も参照。'Zhang Anle, the Sunflower Movement and the China-Taiwan issue', *Synglobe*, 1 April 2014.

103 To, *Qiaowu*, p. 260.

104 To, *Qiaowu*, p. 261.

105 Bethany Allen-Ebrahimian, 'Interpol is helping to enforce China's political purges', *Foreign Policy*, 21 April 2017.

106 Philip Wen, 'Operation Fox Hunt: Law council says extradition treaty with China is "a joke"', *The Sydney Morning Herald*, 2 May 2016.

107 Primrose Riordan, 'China extradition treaty fatal, says freed academic', *The Australian*, 3 April 2017.

108 <www.aic.gov.au/publications/current%20series/facts/1-20/2014/4_courts .html>.

109 出典は以下の無署名記事。'China's top court rejects judicial independence as "erroneous thought"', *The Guardian*, 26 February 2015.

110 Megan Palin, 'The reality of human organ harvesting in China', *News.com.au*, 14 November 2016.

111 出典は以下の無署名記事。'Hospitals ban Chinese surgeon training', *The Sydney Morning Herald*, 5 December 2006.

112 David Hutt, 'The trouble with John Pilger's *The Coming War on China*', *The Diplomat*, 23 December 2016.

113 Fleur Anderson, 'Abbott-Turnbull clash jeopardises China link', *Australian Financial Review*, 1–2 April 2017.

114 Greg Sheridan, 'Desperately seeking someone to blame after China fiasco', *Weekend Australian*, 1–2 April 2017.

115 Wen and Garnaut, 'Chinese police chase corruption suspects in Australian suburbs'.

116 Wen and Garnaut, 'Chinese police chase corruption suspects in Australian suburbs'.

117 Minxin Pei, *China's Crony Capitalism: The dynamics of regime decay*, Cambridge, Mass.: Harvard University Press, 2016, p. 226.

118 Philip Wen, 'Operation Fox Hunt: Melbourne grandmother Zhou Shiqin prosecuted after return to China', *The Sydney Morning Herald*, 26 October 2016.

119 Rowan Callick, 'China tipped to give its spooks a licence to haunt foreign lands', *The Australian*, 4 July 2017.

120 Nigel Inkster, 'China's draft intelligence law', 26 May 2017 <www.iiss.org>.

121 To, *Qiaowu*, pp. 218–19.

122 To, *Qiaowu*, p. 280.

123 To, *Qiaowu*, p. 280.

124 Nick O'Malley and Alex Joske, 'Mysterious Bennelong letter urges Chinese Australians to "take down" the Turnbull government', *The Sydney Morning Herald*, 13 December 2017; Alex Joske, 'Bennelong byelection: The influential network targeting the Turnbull government in Bennelong', *The Sydney Morning Herald*, 15 December 2017.

125 O'Malley and Joske, 'Mysterious Bennelong letter urges Chinese Australians to "take down" the Turnbull government'.

126 Anthony Klan, 'China scare Labor's only success', *The Australian*, 18 December 2017.

127 Fitzgerald, 'Beijing's guoqing versus Australia's way of life'.

128 Fitzgerald, 'Beijing's guoqing versus Australia's way of life'.

第4章　黒いカネ

1 Primrose Riordan, 'China's local emperor Huang Xiangmo says politics just like sport', *Australian*

Financial Review, 1 September 2016.

2 出典は以下の無署名記事。'Honorary President Huang Xiangmo discusses the art of giving', *Shenzhen Chaozhou Chamber of Commerce Online*, 29 March 2013, <chaoshang.org/NewsView.asp?NewsID=327>.

3 Philip Wen and Lucy Macken, 'Chinese "King of the Mountain" brush with corruption scandal', *The Sydney Morning Herald*, 25 February 2016; Riordan, 'China's local emperor Huang Xiangmo says politics just like sport'.

4 <www.hurun.net/CN/HuList/Index?num=612C66A2F245>.

5 <finance.qq.com/a/20110729/006016.htm>.

6 出典は以下の無署名記事。'Huang Xiangmo visits and expresses his sympathy for the pitiful masses', *Shenzhen Chaozhou Chamber of Commerce Online*, 4 March 2011 <chaoshang.org/NewsView.asp?NewsID=340>; 以下の無署名記事も参照。'Hurun publishes 2012 philanthropy list, 3 honorary presidents of our Chamber of Commerce in the first hundred', *Shenzhen Chaozhou Chamber of Commerce Online*, 25 March 2013 <chaoshang.org/NewsView.asp?NewsID=870>.

7 <finance.qq.com/a/20110401/004847.htm>.

8 <www.txcs88.cn/Essay_10410.html>.

9 Wen and Macken, 'Chinese "King of the Mountain" brush with corruption scandal'.

10 <epaper.qlwb.com.cn/qlwb/content/20141010/ArticelA06002FM.htm>.

11 <finance.sina.com.cn/360desktop/china/dfjj/20141010/121920503512.shtml>.

12 Michael Cole, 'Guangzhou party leader's fall tied to corrupt real estate deals', *Mingtiandi*, 15 July 2014.

13 Kirsty Needham, 'Chinese recipient of Huang Xiangmo political donation gets suspended death sentence', *The Sydney Morning Herald*, 7 June 2017.

14 Needham, 'Chinese recipient of Huang Xiangmo political donation gets suspended death sentence'.

15 Wen and Macken, 'Chinese "King of the Mountain" brush with corruption scandal'.

16 Minxin Pei, *China's Crony Capitalism: The dynamics of regime decay*, Cambridge, Mass.: Harvard University Press, 2016.

17 Pei, *China's Crony Capitalism*, pp. 1–2.

18 Pei, *China's Crony Capitalism*, pp. 2–3.

19 Pei, *China's Crony Capitalism*, p. 8.

20 Pei, *China's Crony Capitalism*, p. 243.

21 Pei, *China's Crony Capitalism*, pp. 247–8.

22 Pei, *China's Crony Capitalism*, p. 138.

23 Quoted by Pei, *China's Crony Capitalism*, p. 116.

24 Pei, *China's Crony Capitalism*, p. 117.

25 Pei, *China's Crony Capitalism*, p. 142.

26 Pei, *China's Crony Capitalism*, p. 133.

27 Pei, *China's Crony Capitalism*, p. 225.

28 Pei, *China's Crony Capitalism*, p. 226.

29 Joel Keep and Nila Liu, 'The defector', SBS Investigations, *SBS News Online*, 5 September 2016.

30 Pei, *China's Crony Capitalism*, pp. 82, 262.

31 Anon., 'China voice: catching 14 military "tigers"', *Xinhuanet*, 2 March 2015.

32 Pei, *China's Crony Capitalism*, pp. 6, 262.

33 Frank Fang, 'Former top Chinese military officer taken away for investigation', *The Epoch Times*, 12 February 2015.

34 Kenneth Allen, 'China announces reform of military ranks', *China Brief*, 30 January 2017.

35 Tania Branigan, 'China blocks Bloomberg for exposing financial affairs of Xi Jinping's family', *The Guardian*, 29 June 2012.

36 Li Lingpu and Larry Ong, 'China's Xi set to oust corrupt officials in Hong Kong', *The Epoch Times*, 1–7 December 2016.

37 Li and Ong, 'China's Xi set to oust corrupt officials in Hong Kong'. 中国人民政治協議会議（CPPCC）は、愛国心が強い活動家やビジネスマンに報いるために使われる、権威ある団体で、主席の賈慶林は「強い愛国心の中央統一戦線組織」と評していた (John Garnaut, 'Toeing the line', *The Sydney Morning Herald*, 13 April 2011).

38 Li and Ong, 'China's Xi set to oust corrupt officials in Hong Kong'. 以下も参照。Pei, *China's Crony Capitalism*, p. 147.
39 <www.chinadaily.com.cn/china/2017-01/09/content_27894610.htm>.
40 Jamil Anderlini, 'The political price of Xi Jinping's anti-corruption campaign', *Financial Times*, 4 January 2017.
41 Anderlini, 'The political price of Xi Jinping's anti-corruption campaign'.
42 Pei, *China's Crony Capitalism*, p. 149.
43 Martin Wolf, 'Too big, too Leninist—a China crisis is a matter of time', *Financial Times*, 13 December 2016.
44 Riordan, 'China's local emperor Huang Xiangmo says politics just like sport'.
45 Gabrielle Chan, 'Dastyari's donations reveal a bigger story of links and largesse', *The Guardian*, 7 September 2016.
46 <www.yuhugroup.com.au/aboutus>.
47 例えば以下を参照。Rowan Callick, 'Non-profit group linked to Chinese donors', *The Australian*, 5 September 2016.
48 黄はオーストラリアの組織が北京の資金提供を受けていることを否定する (Primrose Riordan, 'Sam Dastyari linked political donor resigns from Bob Carr institute after major review', *Australian Financial Review*, 21 September 2016; see also Primrose Riordan and Lisa Murray, 'Sam Dastyari linked to Chinese patriotic force group', *Australian Financial Review*, 6 September 2016).
49 <www.chinanews.com/hr/2014/10-31/6738251.shtml>.
50 <www.acpprc.org.au/schinese/huizhang/ourchairman14.html>.
51 Brad Norrington, 'ALP branch accepts Shorten edict on donations from Chinese businessmen', *The Australian*, 21 July 2017; Sean Nicholls and Kate McClymont, 'Former NSW treasurer Eric Roozendaal joins Chinese firm that was a big donor to NSW political parties', *The Sydney Morning Herald*, 4 February 2014.
52 Chris Uhlmann and Andrew Greene, 'Chinese donors to Australian political parties: Who gave how much?', *ABC News Online*, 21 August 2016.
53 Gina McColl and Philip Wen, 'Foreign Minister Julie Bishop's links to Chinese political donors', *The Sydney Morning Herald*, 23 August 2016.
54 <https://www.linkedin.com/in/meijuan-anna-wu-751bb43a/>.
55 <periodicdisclosures.aec.gov.au/Returns/55/SWEQ6.pdf>.
56 Gina McColl, 'Chinese interests play increasing role in Australian political donations', *The Sydney Morning Herald*, 21 May 2016.
57 <www.yuhugroup.com/v2010/newsdetails.asp?id=364>.
58 Nicholls and McClymont, 'Former NSW treasurer Eric Roozendaal joins Chinese firm'.
59 Nicholls and McClymont, 'Former NSW treasurer Eric Roozendaal joins Chinese firm'.
60 Dylan Welch, 'Ernest Wong: Labor's go-to man for access to Chinese community', *7.30*, ABC TV, 19 September 2016.
61 <big5.xinhuanet.com/gate/big5/www.henan.xinhua.org/xhzt/2007-04/14/content_9789459.htm>.
62 <www.fjhk.org.au/cn/aboutus.html>; <http://www.acpprc.org.au/schinese/ben.asp>.
63 <http://www.theaustralian.com.au/national-affairs/state-politics/labors-biggest-individual-donor-cant-recall-his-contribution/news-story/02d77420334a6db3987b91b923964bf9>.
64 <www.yuhugroup.com.au/aboutus>.
65 <www.yuhugroup.com/v2010/newsdetails.asp?id=344>.
66 <www.yuhugroup.com/v2010/newsdetails.asp?id=345>.
67 <www.yuhugroup.com/v2010/newsdetails.asp?id=362>. 黄は 2014 年 10 月、中国広東協会のいくつかの組織を組み合わせてオーストラリア奨学基金を設立し、会長も務めた (<www.chinanews.com/hr/2014/10-31/6738251.shtml>).
68 Rowan Callick, 'Australia's Chinese community: Inscrutable ties to another China', *The Australian*, 27 August 2016.
69 Pei, *China's Crony Capitalism*, p. 260; Bruce J. Dickson, *Wealth into Power: The Communist Party's embrace of China's private sector*, Washington, D.C.: George Washington University, 2008.

70 <www.yuhugroup.com/v2010/newsdetails.asp?id=399>.
71 <www.yuhugroup.com/v2010/newsdetails.asp?id=403>.
72 <world.people.com.cn/n1/2016/0823/c1002-28659866.html>.
73 <www.yuhugroup.com/v2010/newsdetails.asp?id=407>.
74 Anne-Marie Brady, 'China's Foreign Propaganda Machine', Wilson Center, Washington, D.C., 26 October 2015, <https://wilsoncenter.org/article/magic-weapons-chinas-political-influence-activities-under-xi-jinping>, pp. 16–17. 黄は彼のオーストラリアの組織が北京の資金援助を受けていることを否定する。
75 <http://www.acpprc.org.au/schinese/jinqi/2016/hzhSep16.html>; <http://www.acpprc.org.au/english/7thtermlist.asp>.
76 <http://www.yuhugroup.com/v2010/newsdetails.asp?id=577>.
77 <http://www.gqb.gov.cn/news/2017/0324/42073.shtml>.
78 Kelsie Munro, 'Huang Xiangmo's pro-China group denies organising Premier Li rent-a-crowd', *The Sydney Morning Herald*, 24 March 2017.
79 <http://www.gqb.gov.cn>.
80 Bob Carr, 'Seven steps to tame fears over China', *The Australian*, 12 December 2017.
81 Australian Electoral Commission returns, from March 2012 to September 2016. 関係者の名前は以下のとおり。 William Chiu, Luo Chuangxiong, Eng Joo Ang and Peter Chen.
82 Sean Nicholls, 'Chinese property firm Yuhu hires ex-deputy premier Andrew Stoner', *The Sydney Morning Herald*, 18 November 2015.
83 <www.globaltimes.cn/content/1003731.shtml>.
84 <world.people.com.cn/n1/2017/0518/c1002-29285371.html>.
85 McColl and Wen, 'Foreign Minister Julie Bishop's links to Chinese political donors'.
86 <foreignminister.gov.au/speeches/Pages/2014/jb_sp_140516.aspx?w=tb1CaGpkPX%2FlS0K%2Bg9ZKEg%3D%3D>.
87 <http://www.cnadc.com.cn/index.php?m=content&c=index&a=show&catid=65&id=656>.
88 <trademinister.gov.au/speeches/Pages/2014/ar_sp_140915.aspx?w=O%2F%2FeXE%2BIYc3HpsIRhVl0XA%3D%3D>.
89 <www.yuhugroup.com/v2010/newsdetails.asp?id=408>.
90 Michael Koziol, 'Union campaign against China FTA branded racist, short-sighted', *The Sydney Morning Herald*, 21 August 2015.
91 McColl and Wen, 'Foreign Minister Julie Bishop's links to Chinese political donors'.
92 Register of Members' *Interests*, 9 December 2013. 以下も参照。Gina McColl, 'Chinese interests play increasing role in Australian political donations', *The Sydney Morning Herald*, 21 May 2016.
93 Dylan Welch, 'Political donations: Former NSW Labor powerbroker calls for an end to the funding arms race', *ABC News Online*, 19 September 2016.
94 Rowan Callick, 'Overseas Chinese political donors are mystery men in China', *The Australian*, 12 September 2016.
95 Huang Xiangmo, 'South China Sea: Australia would be rash to confront China', *Australian Financial Review*, 7 June 2016.
96 Zhou Bo, 'Duterte's genial tone on the South China Sea is just one of many signs of warmer Sino-Asean ties', *South China Morning Post*, 14 November 2016.
97 <http://www.theaustralian.com.au/news/inquirer/huang-xiangmo-and-dastyari-more-than-a-soap-opera/news-story/5138ad656beb2fc34b0e91246f48764c>.
98 Primrose Riordan, 'Huang Xiangmo quits as head of pro-China advocacy group', *The Australian*, 27 November 2017.
99 <acetca.org.au/en/?dt_portfolio=04>.（リンク先文書のタイトルに薛水華 Xue Shuihua とあるのは誤り。薛水華は薛水和 Xue Shuihe の兄弟である）
100 ACETCA の中国共産党とのつながりは実に広範にわたっている。他の活動として、シドニーのチャイナタウンにオフィスがあるこの協会は、西シドニー大学とマッコーリー大学の学生に中国への旅行費を支払っており、シドニーの 2017 年旧正月の祝賀行事の主催者でもあった。
101 <acetca.org.au/?dt_portfolio=06>.

102 <www.dedeceblog.com/2011/02/03/the-mysterious-dr-chau/>.

103 <periodicdisclosures.aec.gov.au/Donor.aspx?SubmissionId=60&ClientId=20628&utm_source=TractionNext&utm_medium=Email&utm_campaign=Insider-Subscribe-010217>.

104 Uhlmann and Greene, 'Chinese donors to Australian political parties'.

105 <periodicdisclosures.aec.gov.au/Donor.aspx?SubmissionId=60&ClientId=20628&utm_source=TractionNext&utm_medium=Email&utm_campaign=Insider-Subscribe-010217>.

106 マカオのカジノ億万長者スタンリー・ホーと仲間は、2008年から2009年、労働党に160万ドルを寄付し、主にニューサウスウェールズの党支部に送られたが、労働党本部が「デューデリジェンス（適正評価手続き）」を実施した結果、そのほとんどを返済する羽目になった。労働党は明確な理由を示さなかったが、ホーが更新時期だったシドニーのスターカジノのライセンスを狙っていたことが理由と示唆された（出典は以下の無署名記事。'Labor's mystery $200k donation', *New Matilda*, 12 April 2011; 次の無署名記事も参照。'Was Stanley Ho hedging his bets with the Australian Labor Party?', *South China Morning Post*, 6 February 2009).

107 John Garnaut, 'Behind the mysterious Dr Chau', *The Sydney Morning Herald*, 4 July 2009.

108 <www.files.ethz.ch/isn/144769/cds_0606.pdf>, p. 27.

109 Garnaut, 'Behind the mysterious Dr Chau'.

110 Deborah Snow, Nic Christensen and John Garnaut, 'Chinese billionaire funding our MPs', *The Age*, 4 June 2009.

111 <list.juwai.com/news/2012/07/meet-the-chinese-billionaires-with-australia-in-their-sights>.

112 John Garnautとの電子メール通信による。29 September 2017.

113 <web.archive.org/web/20071201202445/http://www.aacfe.org:80/aboutus.aspx?id=99>.

114 人気のある「羊城晩報」は公式の党組織ではないが、共産党から密接な監督を受けている（<contemporary_chinese_culture.academic.ru/916/Yangcheng_Evening_News>).

115 Garnaut, 'Behind the mysterious Dr Chau'.

116 John Garnaut, 'China spreads its watching web of surveillance across Australia', *The Sydney Morning Herald*, 26 April 2014.

117 <zhengxie.thnet.gov.cn/thzx/zxjg/200410/810fefa62cc24cb4b64f1526807da366.shtmlohn>; John Garnaut, 'Toeing the line', *The Sydney Morning Herald*, 13 April 2011.

118 <sttzb.shantou.gov.cn/demeanor_s.asp?ID=78>.

119 Gerry Groot, 'The expansion of the United Front under Xi Jinping', *The China Story*, Yearbook 2015, Australian Centre on China in the World.

120 Statement of Claim, Chau Chak Wing v The Australian Broadcasting Corporation and ORS, Federal Court of Australia (NSW Registry), 5 July 2017.

121 Simon Benson, 'Chinese billionaire hits back at ASIO: I'm not a communist agent', *The Australian*, 27 June 2017.

122 Nick McKenzie and Richard Baker, 'Wikileaked: Billionaire Australian donor's Beijing links detailed in "sensitive" diplomatic cable', *The Sydney Morning Herald*, 16 July 2015.

123 John Garnaut, 'Are Chau Chak Wing's circles of influence in Australia-China ties built on hot air?', *The Sydney Morning Herald*, 16 October 2015.

124 <www.proversepublishing.com/authors/uren_roger>.

125 Liang Zhen, 'UN bribery scandal implicates CCP's Jiang faction', *The Epoch Times*, 31 March 2016.

126 <www.justice.gov/usao-sdny/pr/former-head-foundation-sentenced-20-months-prison-bribing-then-ambassador-and-president>.

127 Garnaut, 'Are Chau Chak Wing's circles of influence in Australia-China ties built on hot air?'.

128 Kaja Whitehouse, 'Troubled ex-UN official dies after barbell falls on his neck', *New York Post*, 23 June 2016.

129 出典はオーストラリア連邦裁判所にABC、フェアファックスメディアおよびNick McKenzieが提出した答弁書。NSW District, 29 September 2017.

130 Primrose Riordan, 'China backs Zhu's private Sydney college', *Australian Financial Review*, 15 April 2013.

131 <periodicdisclosures.aec.gov.au/Returns/60/VTEL6.pdf>.

132 Wendy Bacon と Ben Eltham は、表に出ない方法で他に寄付が行われたと書いている（'A top education?', *New Matilda*, 2 September 2016). 2014 年から 15 年にかけ、労働党はその見返りに当初 Top Education Institute の住所を「祝敏申博士—CEO　兼校長　G01,1 Central Ave, Australian Technology Park」とリストした。後に祝の名前はリストから削除されている。

133 <www.chinaqw.com/node2/node116/node122/node174/userobject6ai3564.html>.

134 <www.chinaqw.com/node2/node116/node122/node174/userobject6ai3564.html>.

135 <www.citic.com/AboutUs/History>.

136 Gerry Groot, *Managing Transitions: The Chinese Communist Party, United Front Work, Corporatism and Hegemony*, Abingdon: Routledge, 2004, p. 108.

137 <www.chinaqw.com/node2/node116/node122/node174/userobject6ai3564.html>.

138 <www.cpaml.org/posting1.php?id=414>.

139 Lisa Murray and Primrose Riordan, 'China singled out Sam Dastyari as one of the country's key international supporters', *Australian Financial Review*, September 2016.

140 <www.fcm.chinanews.com.cn/2001-08-21/2/12.html>.

141 Madalina Hubert, 'Ex-envoy details Chinese regime's overseas scheme', *The Epoch Times*, 10 September 2015.

142 <www.fcm.chinanews.com.cn/2001-08-21/2/12.html>.

143 <www.chinaqw.com/node2/node116/node122/node174/userobject6ai3564.html>.

144 <www.fcm.chinanews.com.cn/2001-08-21/2/12.html>.

145 <http://www.acpprc.org.au/english/2ndtermlist.asp>.

146 Eryk Bagshaw, 'Top Education: Company at centre of donations furore a beneficiary of streamlined visa program', *The Sydney Morning Herald*, 10 September 2016.

147 <www.xzbu.com/7/view-2956207.htm>.

148 <en.people.cn/90001/90777/90856/6622207.html>.

149 <www.xzbu.com/7/view-2956207.htm>.

150 <www.top.edu.au/news/dr-minshen-zhu-of-top-education-attended-the-2nd-meeting-of-chinese-ministerial-consultative-committee-at-the-parliament-house-in-canberra>.

151 Latika Bourke, 'Labor Senator Sam Dastyari had Chinese interests foot the bill for travel entitlement repayment', *The Sydney Morning Herald*, 30 August 2016.

152 James Massola, 'Chinese donor the Yuhu Group steps in to help Sam Dastyari', *The Sydney Morning Herald*, 27 March 2015; Kelsey Monroe, 'Sam Dastyari donor steps down from university's China centre over "supposed Chinese influence"', *The Sydney Morning Herald*, 22 September 2016; Peter Martin, 'China's gifts, research, "special bonds" and Sam Dastyari's ghost from his past', *The Sydney Morning Herald*, 7 September 2016.

153 労働党右派の一部は、反共産主義を放棄していない。左派の多くは、いかなる種類の独裁にも共感せず、外貨（チャイナマネー）の影響下にある自党の漂流を深く懸念している。その中には Stephen Conroy, Kim Beazley, John Faulkner が含まれると報じられている。

154 Primrose Riordan, 'Sam Dastyari pledges to support China on South China Sea beside Labor donor', *Australian Financial Review*, 31 August 2016.

155 Riordan, 'Sam Dastyari pledges to support China on South China Sea beside Labor donor'.

156 Murray and Riordan, 'China singled out Sam Dastyari as one of the country's key international supporters'.

157 Sid Maher and Rosie Lewis, 'China sea conflict interested Labor senator Sam Dastyari', *The Australian*, 3 September 2016.

158 Nick Bryant による引用。'Sam Dastyari tries to fix the ALP', *The Monthly*, July 2013.

159 Fergus Hunter, '"Cash for comment": Malcolm Turnbull questions Sam Dastyari over China money', *The Sydney Morning Herald*, 2 September 2016.

160 <www.abc.net.au/news/2017-06-05/asio-china-spy-raid/8589094>.

161 Rory Medcalf, 'Sam Dastyari's South China Sea support is a big deal and a timely warning', *Australian Financial Review*, 5 September 2016.

162 Nick McKenzie, James Massola and Richard Baker, 'Dastyari's bug warning', *The Age*, 29 November 2017.

163 Adam Gartrell, '"Whose side is he on?": Malcolm Turnbull says Sam Dastyari should be sacked', *The Sydney Morning Herald*, 29 November 2017.

164 Nick O'Malley, Philip Wen and Michael Koziol, 'Give and take', *The Sydney Morning Herald*, 10–11 September 2016.

165 Medcalf, 'Sam Dastyari's South China Sea support is a big deal and a timely warning'.

166 <www.globaltimes.cn/content/1004234.shtml>.

167 <www.globaltimes.cn/content/997320.shtml>.

168 Alex Joskeと筆者によって書かれたこのセクションの一部が公表されている。'Political networking the Chinese way—a Sydney MP and his "community adviser"', *The Sydney Morning Herald*, 22 June 2017.

169 Primrose Riordan, 'NSW Labor leader echoes Chinese criticism of Australian media', *The Australian*, 27 September 2017.

170 Brad Norrington, 'NSW Labor rising star's wife, pro-Beijing staffer in China venture', *The Australian*, 15 June 2017.

171 Alex Joskeへのインタビュー。19 June 2017.

172 <www.shyouth.net/html/zuzhibu/1_tjs_Lijie/2009-07-09/Detail_38416.htm>.

173 筆者によるインタビュー。18 June 2017.

174 <www.aucnlinks.com/chairman.asp>.

175 楊東東の履歴PDFより。<aucnlinks.com/chairman_detail.asp>, 30 November 2016に保存。

176 同上。

177 楊東東は、Alex Joskeの電話取材に対し、多忙を理由に回答を拒否した。

178 楊東東の履歴PDFより。

179 <www.chinaqw.com/hqhr/hrdt/200804/11/113213.shtml>.

180 <www.zhongguotongcuhui.org.cn/hnwtchdt/201506/t20150609_9990253.html>; <www.acpprc.org.au/schinese/jinqi/2009/rally09.html>.

181 <www.chinatown.com.au/news_59551.html>.

182 <localstats.com.au/demographics/federal-electorate/reid>.

183 <www.sydneytoday.com/content-833106>; <http://www.sbs.com.au/yourlanguage/mandarin/zh-hans/article/2016/07/04/jin-nian-da-xuan-hua-ren-zhi-yuan-zhe-zhu-xuan-xing-zhi-gao-zhang?language=zh-hans>.

184 Doug Hendrie, 'How a Chinese-language social media campaign hurt Labor's election chances', *The Guardian*, 9 July 2016.

185 <achina.com.au/bencandy.php?fid=41&id=8431>.

186 <achina.com.au/bencandy.php?fid=41&id=8810>; <www.mofcom.gov.cn/article/i/jyjl/l/201610/20161001406128.shtml>.

187 <mp.weixin.qq.com/s/uW2PCNK0xdSrafIvV0xo1w>.

188 <world.people.com.cn/n/2014/0307/c1002-24557722.html>.

189 <mp.weixin.qq.com/s/o7Q_y38MI1HApmSYBqKIEGg>.

190 Latika Bourke, 'Clive Palmer apologizes for China comments in which he referred to Chinese "mongrels"', *The Sydney Morning Herald*, 26 August 2014.

191 <www.aoweibang.com/view/31188756/>.

192 Fergus Hunter, 'Sam Dastyari contradicted Labor policy, backed China's position in sea dispute at event with donor', *The Sydney Morning Herald*, 1 September 2016.

193 James Robertson and Lisa Visentin, '"Adviser" with ties to Chinese communist lobbyist drops out of council race', *The Sydney Morning Herald*, 24 June 2017.

第5章　「北京《ペイジン》ボブ」

1 黄向墨は、ボブ・カーをACRIのポストに「個人的に任命した」と述べた(Primrose Riordan, 'China's local emperor Huang Xiangmo says politics just like sport', *Australian Financial Review*, 1 September 2016). 2017年9月1日、ボブ・カーは筆者による電子メールでの質問に対し、自分は大学によって選ばれ任命されたと回答した。

2 <www.yuhugroup.com/v2010/newsdetails.asp?id=414>.

3 <https://tinyurl.com/y78mcqcw>.

4 Primrose Riordan, 'Bob Carr's China research used to justify FTA, AIIB membership', *Australian Financial Review*, 5 September 2016.

5 出典は以下の無署名記事。'Xi's speech at Belt & Road forum wins broad approval overseas', *Pakistan Observer*, May 2016.

6 Nick O'Malley, Philip Wen and Michael Koziol, 'Give and take', *The Sydney Morning Herald*, 10–11 September 2016.

7 Tony Stephens, 'Rally speakers decry fascism', *The Sydney Morning Herald*, 7 June 1989.

8 Bob Carr, *Diary of a Foreign Minister*, Sydney: NewSouth Publishing, 2014, p. 140.

9 Bob Carr, 'Australia needs a think tank that sees hope in partnership with China', *The Sydney Morning Herald*, 11 September 2016.

10 出典は以下の無署名記事。'The influence of the People's Republic of China on Australian universities', Parliament House research, September 2017, また筆者と交わした会話による。

11 <www.uts.edu.au/sites/default/files/gsu-aboututs-pdf-annualreport-15-roo.pdf>, p. 34.

12 <www.alumni.uts.edu.au/news/tower/issue-11/the-new-silk-road>.

13「ACRI の設立は、中国の慈善家であり起業家である黄向墨と周楚龍の寛大な寄付によって可能になった」(<www.alumni.uts.edu.au/news/tower/issue-11/the-new-silk-road>. さらに付言して「私たちは、重要なビジネスと社会分野における両国の関係に価値ある結果をもたらす高品質の研究を生み出すビジョンを共有していると黄氏は述べた」。

14 Primrose Riordan, 'Sam Dastyari-linked political donor resigns from Bob Carr institute after major review', *Australian Financial Review*, 21 September 2016.

15 Riordan, 'China's local emperor Huang Xiangmo says politics just like sport'.

16 Louise Yaxley, 'Malcolm Turnbull questions Sam Dastyari's loyalty amid claims he passed security information to Chinese donor', *ABC News Online*, 29 November 2017.

17 Gerry Groot, 'The expansion of the United Front under Xi Jinping', *The China Story*, Yearbook 2015, Australian Centre on China in the World.

18 <www.australiachinarelations.org/about-us>.

19 筆者へのメール返信の中で、ボブ・カーは ACRI が「大学内の機関の標準的な義務を超えてしまった」と述べている。

20 Matthew Knott and Heath Aston による引用。'Don't become "propaganda vehicles" for China: Universities warned over donations', *The Sydney Morning Herald*, 8 September 2016.

21 Riordan, 'Sam Dastyari-linked political donor resigns from Bob Carr institute after major review'.

22 <www.australiachinarelations.org/about-us>.

23 筆者への電子メール返信による。1 September 2017.

24 Philip Wen, 'Former foreign minister Bob Carr photograph "raised eyebrows"', *The Sydney Morning Herald*, 26 February 2016.

25 Stephen McDonnell, 'Carr's challenge on Tibet', The Drum, *ABC News Online*, 12 March 2012.

26 筆者への電子メール返信による。1 September 2017.

27 筆者への電子メール返信による。1 September 2017.

28 <www.uts.edu.au/sites/default/files/gsu-aboututs-pdf-annualreport-14-roo.pdf>.

29 Bob Carr は、2016 年 9 月の意見書で黄向墨と「15 のオーストラリア企業」に言及したが、彼にとっての 2 番目の大恩人である周については言及していない (Carr, 'Australia needs a think tank that sees hope in partnership with China'). 筆者がこれについて尋ねると、彼は、周氏が自分の名をメディアに出さないよう要求したことは決してないと回答した。

30 <www.chinanews.com/gj/2014/05-16/6181200.shtml>.

31 Lucy Macken, 'Access all areas, bought via Beauty Point', *The Sydney Morning Herald*, 2 November 2013.

32 Philip Wen and Lucy Macken, 'Chinese "King of the Mountain" brush with corruption scandal', *The Sydney Morning Herald*, 25 February 2016.

33 Catherine Armitage, 'Falun Gong ban hits uni earnings', *The Australian*, 12 September 2005; Sarah Martin, 'Bob Carr's think tank "operating as Chinese propaganda arm"', *The Australian*, 9 September 2016.

34 Martin, 'Bob Carr's think tank "operating as Chinese propaganda arm"'.
35 Knott and Aston, 'Don't become "propaganda vehicles" for China: Universities warned over donations'.
36 John Fitzgerald, 'Accommodating China's interests in Australia business as usual', *The Australian*, 2 September 2016.
37 Hagar Cohen, 'Australian universities the latest battleground in Chinese soft power offensive', *Background Briefing*, ABC Radio, 14 October 2016.
38 Knott and Aston による引用。'Don't become "propaganda vehicles" for China'.
39 出典は以下の無署名記事。'Dim Sam won't stop Wong show', *The Australian*, 9 September 2016.
40 Kelsey Monroe, 'Sam Dastyari donor steps down from university's China centre over "supposed Chinese influence"', *The Sydney Morning Herald*, 22 September 2016.
41 Riordan, 'Sam Dastyari-linked political donor resigns from Bob Carr institute after major review'.
42 <http://www.australiachinarelations.org/about-us>.
43 <https://www.uts.edu.au/staff/leo-mian.liu>.
44 <http://www.acpprc.org.au/english/events/youth2015.asp>. これは、ACRI が孔子学院のように管理され、それぞれに「外国人院長」と「中国人院長」がいることを示唆する。外国人院長は表向きの顔であり、中国人院長は背後の権力だ (<http://english.hanban.org/node_7877.htm>).
45 Alex Joske へのインタビュー。25 September 2017
46 <http://www.acpprc.org.au/schinese/jinqi/2015/YconMay15.html>.
47 <http://www.acpprc.org.au/schinese/jinqi/2015/YconMay15.html>.
48 <http://australia.people.com.cn/n1/2017/0402/c408038-29186436.html>.
49 <http://politics.people.com.cn/n/2015/0903/c1001-27544025.html>.
50 Elena Collinson(ACRI のシニアプロジェクト・研究責任者) へのインタビュー。17 July 2017.
51 筆者の質問に対する電子メールの回答。1 September 2017.
52 <www.alumni.uts.edu.au/news/tower/issue-11/the-new-silk-road>.
53 筆者の質問に対する電子メールの回答。1 September 2017.
54 出典は以下の無署名記事。'Former Australian FM hails new level in Sino-Australian ties', *China Daily*, 19 November 2014.
55 出典は以下の無署名記事。'China-Australia relations', *Global Times*, 10 December 2016.
56 <world.people.com.cn/n1/2016/0813/c1002-28634074.html>.
57 <world.people.com.cn/n/2015/0102/c1002-26312099.html>.
58 <http://world.people.com.cn/n/2015/0102/c1002-26312099.html>.
59 Bob Carr, 'Why Australia is missing the strategic train in Asia', *Australian Financial Review*, 14 September 2017.
60 <world.people.com.cn/n/2014/0729/c1002-25363671-2.html>.
61 Bob Carr, 'Australia, China, and the lunacy of Trump's talk of trade war', *The Guardian*, 26 November 2016.
62 James Laurenceson, 'China isn't Australia's biggest trade problem: It's the US', *The Sydney Morning Herald*, 30 November 2016.
63 Primrose Riordan, 'Australia "slaughtered" without Beijing links under Trump, Huang Xiangmo warns', *Australian Financial Review*, 12 December 2016.
64 <world.people.com.cn/n/2015/0903/c1002-27543874.html>.
65 Carr, *Diary of a Foreign Minister*.
66 Dylan Welch, 'Ernest Wong: Labor's go-to man for access to Chinese community', *7.30*, ABC TV, 19 September 2016.
67 Jamie Smyth, 'China's $10bn propaganda push spreads Down Under', *Financial Times*, 9 June 2016.
68 Prashanth Parameswaran, 'Beware China's political warfare campaign against US, allies: Experts', *The Diplomat*, 10 October 2015. 劉奇葆は「中国の文化作品を送り出して終わりにするのではなく売り切ったほうが良いと、経験上示されている」とし、中国の国有文化団体による欧米文化産業の戦略的買収を促した。より詳しくは以下を参照。Anne-Marie Brady, 'China's foreign propaganda machine', Wilson Center, Washington, D.C., 26 October 2015 <www.wilsoncenter.org/article/chinas-foreign-propaganda-machine#sthash.LM2r2qad.dpuf>.
69 John Fitzgerald and Wanning Sun, 'Australian media deals are a victory for Chinese propaganda', *The*

Interpreter, Lowy Institute, 31 May 2016.
70 Brady, 'China's Foreign Propaganda Machine'.
71 John Fitzgerald quoted in Smith, 'China's $10bn propaganda push spreads Down Under'.
72 Philip Wen, 'China's propaganda arms push soft power in Australian media deals', *The Sydney Morning Herald*, 31 May 2016.
73 Fitzgerald and Sun, 'Australian media deals are a victory for Chinese propaganda'.
74 <http://www.scio.gov.cn/zxbd/wz/Document/1456644/1456644.htm>.
75 出典は以下の無署名記事。'China tells journalists to learn "Marxist news values"', Reuters, 30 August 2014.
76 Ross Gittins, 'Australia and China, a partnership facing massive change', *The Sydney Morning Herald*, 20 August 2016; Ross Gittins, 'Australia not part of China's Silk Road expansion of trade, for now', *The Sydney Morning Herald*, 31 July 2016; <www.rossgittins.com/2016/08/fast-moving-china-is-big-and-bold-we.html>; Ross Gittins, 'China will keep doing its own thing', *The Sydney Morning Herald*, 30 July 2016.
77 Andrew Clark, 'China: It's got so big it changes everything', *Australian Financial Review*, 15 August 2016; Andrew Clark, 'Australia will be buffeted as China makes a priority of looking after its own', *Australian Financial Review*, 21 July 2016; Andrew Clark, 'China and Australia's complicated security arrangement', *Australian Financial Review*, 25 August 2016; Andrew Clark, 'Xi Jinping's balancing act between the old and the new economy', *Australian Financial Review*, 30 July 2016.
78 Simon Denyer, 'Money can't buy happiness: Why a massive rise in wealth left Chinese people less happy', *Washington Post*, 23 March 2017.
79 Brian Toohey, 'A better way of going to war', *Australian Financial Review*, 21 July 2016. See also: Brian Toohey, 'China's private sector investing heavily in R&D', *Australian Financial Review*, 1 August 2016; Brian Toohey, 'Xi's technocratic crackdown risks China's growth', *Australian Financial Review*, 8 August 2016; Brian Toohey, 'Why suddenly so anxious about foreign capital?', *Australian Financial Review*, 22 August 2016; Brian Toohey, 'Ignore all the fearmongering on Beijing ties', *Australian Financial Review*, 6 September 2016; Brian Toohey, 'Ausgrid denies provision of "critical" service', *Australian Financial Review*, 15 August 2016; Brian Toohey, 'Ausgrid rejection displays disturbing ignorance', *Australian Finaancial Review*, 15 August 2016.
80 Glenda Korporaal, 'China warns Australia not to join US patrols in South China Sea', *The Australian*, 19 July 2016; Glenda Korporaal, 'Let's tread carefully on South China Sea ruling', *The Australian*, 27 July 2016; Glenda Korporaal, 'Bob Carr warns on alienating China over South China Sea patrols', *The Australian*, 26 July 2016.
81 Shane Wright, 'China warms on islands row', *The West Australian*, 20 July 2016.
82 <http://news.xinhuanet.com/zgjx/2016-08/11/c_135585550.htm>. ['Impressions from visiting China: Why were Australian journalists moved to say their "expectations were exceeded"', *All-China Journalists Association Online*, 11 August 2016.
83 John Wallace, 'What's good for Rupert Murdoch should be good for Chau Chak Wing', *Australian Financial Review*, 8 August 2017.
84 Malcolm Farr, 'Bob Carr's backroom manouevering ends Chinese nightmare for Sydney academic', *News.com.au*, 3 April 2017; Troy Bramston, 'Megaphone diplomacy with China will always fail: Bob Carr', *The Australian*, 7 April 2017.
85 <soundcloud.com/user-340830825/feng-chongyi-research-is-not-a-dinner-party>.
86 ABCの記者が馮崇義のインタビューについてツイートした時、Bob Carrは馮の釈放を確実にするよう働きかけたと記者が示唆したことに腹を立て、ABCニュースのディレクターに抗議し謝罪を要求した。

第6章　貿易、投資、統制

1 中国人政治科学者Xie Guijuaの発言。'THAAD can be halted under Moon govt', *Global Times*, 21 May 2017.
2 <data.worldbank.org/indicator/NE.EXP.GNFS.ZS>.
3 <fred.stlouisfed.org/series/B020RE1Q156NBEA>.
4 <TIN-How-dependent-are-Australian-exports-to-China.pdf>.

5 <TIN-How-dependent-are-Australian-exports-to-China.pdf>.
6 Rory Medcalf (ed.), 'China's economic leverage: Perception and reality', National Security College, ANU, Policy Options Paper no. 2, 2017.
7 <dfat.gov.au/trade/agreements/chafta/official-documents/documents/chafta-chapter-9-investment.pdf>.
8 <dfat.gov.au/trade/agreements/chafta/fact-sheets/pages/key-outcomes.aspx>.
9 KPMG, *Demystifying Chinese Investment in Australia*, report by KPMG and the University of Sydney, 2017.
10 KPMG, *Demystifying Chinese Investment in Australia*.
11 Australian Tax Office, 'Register of Foreign Ownership of Agricultural Land: Report of registrations as at 30 June 2017', Australian Tax Office, Canberra, 2017.
12 出典は以下の無署名記事。
'China's agricultural challenges: Roads to be travelled', PricewaterhouseCoopers, London, November 2015.
13 Brad Thompson, 'Chinese lining up for Australian agriculture businesses: HSBC', *Australian Financial Review*, 17 December 2017.
14 2015–16 年に 71 億米ドルから 162 億米ドル (1 オーストラリアドル =0.79 米ドルで計算)。大中華圏には、香港、マカオ、台湾が含まれる。出典：Mergermarket Infographic.
15 Glenda Korporaal, 'Find an Aussie partner, Howard tells potential Chinese investors', *The Australian*, 17 March 2017. 国営新華社通信はハワードの発言を素早く報じた <news.xinhuanet.com/english/2017-03/17/c_136135799.htm>.
16 Peter Drysdale, 'Chinese state-owned enterprise investment in Australia', *East Asia Forum*, 25 August 2014.
17 Linda Jakobson and Andrew Parker, 'High time for proper debate on Chinese investment', *The Australian*, 25 February 2016. 彼らは「党とのつながりを持つことは、中国社会が機能するために不可決だ」と付け加えている。
18 以下を参照 <http://chinamatters.org.au/our-supporters/>.
19 Geoff Wade, 'Chinese investment in Australia needs closer scrutiny', *The Australian*, 9 March 2016.
20 Greg Levesque, 'China's evolving economic statecraft', *The Diplomat*, 12 April 2017.
21 これらすべてに対して James Reilly は、中国が他の国が所有しない手段を使って独自に経済的強制を適用する方法を詳細に説明した後、中国の国家経済には一貫性がなく、オーストラリアはほとんど心配する必要がないと主張している (James Reilly, 'China's economic statecraft: Turning wealth into power', Lowy Institute, undated).
22 Drysdale, 'Chinese state-owned enterprise investment in Australia'.
23 Yi-Zheng Lian, 'China, the party-corporate complex', *The New York Times*, 12 February 2017 (強調は筆者による).
24 Lu Bingyang and Teng Jing Xuan, 'Train manufacturer merges jobs of chairman, party secretary', *Caixin*, 28 November 2016.
25 Wei Yu, 'Party control in China's listed firms', School of Accountancy, The Chinese University of Hong Kong, January 2009 (unpublished) <admin.darden.virginia.edu/emUpload/uploaded2009/party_secretary(yuwei)(full_version).pdf>.
26 <www.globaltimes.cn/content/1024360.shtml>. 以下も参照。Lu and Teng, 'Train manufacturer merges jobs of chairman, party secretary'.
27 Gwynne Guilford, 'Jack Ma: Mowing down demonstrators in Tiananmen Square was the "correct decision"', *Quartz*, 17 July 2013.
28 ポール・キーティングは、中国はアメリカの覇権への挑戦に興味がないと信じており、中国が西側の 50 ほどの国々を経済的に「植民地化」する計画と彼が見ているものについてもさほど危険視していない。以下を参照。Christian Edwards, 'Keating's China bank plans "economic colonisation"', *Australian Banking and Finance*, 2016.
29 John Garnaut, 'Chinese diplomats run rings around Australia', *The Sydney Morning Herald*, 27 March 2015.
30 Garnaut による引用。'Chinese diplomats run rings around Australia'.
31 John Garnaut, 'Chinese military woos big business', *The Sydney Morning Herald*, 25 May 2013.
32 出典は以下の無署名記事。'Fact check: Does the China Free Trade Agreement threaten Australian

jobs?', *ABC News Online*, 13 August 2015.

33 Primrose Riordan, 'Bob Carr's research used to justify FTA', *Australian Financial Review*, 5 September 2016.

34 前掲無署名記事。'Fact check'.

35 'A coup for Australia': ABC Radio National, *The World Today*, 10 November 2014. A bad idea: 'Why an Australian FTA with China has never stacked up', *The Conversation*, 22 October 2013.

36 Geoff Wade, 'Visa and industrial sector traps lurk in the ChAFTA', The Drum, *ABC News Online*, 1 December 2015.

37 <dfat.gov.au/trade/agreements/chafta/official-documents/Pages/official-documents.aspx>.

38 Nick McKenzie, Richard Baker and Chris Uhlmann, 'Liberal Andrew Robb took $880k China job as soon as he left parliament', *The Age*, 6 June 2017.

39 Ian Verrender, 'Australia's FTA experience backs up Treasurer's Ausgrid decision', *ABC News Online*, 15 August 2016.

40 Peter Martin, 'Free trade agreements "preferential" and dangerous, says Productivity Commission', *The Sydney Morning Herald*, 24 June 2015.

41 Geoff Wade, 'Are we fully aware of China's ChAFTA aspirations?', The Drum, *ABC News Online*, 1 December 2015.

42 Zheping Huang, 'Chinese president Xi Jinping has vowed to lead the "new world order"', *Quartz*, 22 February 2017.

43 <www.globaltimes.cn/content/927245.shtml>.

44 Eric Lorber, 'Economic coercion, with a Chinese twist', *Foreign Policy*, 28 February 2017; 以下の無署名記事も参照。'Ralls Corp's Oregon wind farms blocked by President Obama', *Huffington Post*, 28 November 2012.

45 Sarah Danckert, 'FIRB chairman Brian Wilson suspends himself as adviser to Carlyle investment house', *The Sydney Morning Herald*, 5 October 2016.

46 ヘルスケア分野への中国の大規模な投資にも注意を要する。例えば以下を参照 <www.corrs.com.au/thinking/insights/chinese-investment-in-australia-the-rooster-crows-before-sunrise-breaks-the-dawn/>.

47 Chris Uhlmann, 'Chinese investment in Australia's power grid explained', *ABC News Online*, 21 August 2016; Phillip Coorey, 'Scott Morrison says Ausgrid sale to Chinese contrary to the national interest', *Australian Financial Review*, 11 August 2016.

48 Brett Foley, Perry Williams and Prudence Ho, 'Chow Tai Fook adds Australia power firm to property, jewelry', *Bloomberg*, 16 March 2017.

49 Peter Jennings, 'Security crucial when leasing assets to foreign companies', *The Australian*, 20 October 2015.

50 Joe Kelly, 'Ausgrid: Economic "populism behind decision", says Bob Carr', *The Australian*, 12 August 2016.

51 <news.xinhuanet.com/english/2016-08/12/c_135590666.htm>.

52 Jessica Gardner, 'DUET backs $74b takeover bid from Li Ka-shing's Cheung Kong Infrastructure', Australian Financial Review, 16 January 2017; Eric Ng, 'Cheung Kong Infrastructure's bid for Duet faces tough scrutiny in Canberra, say analysts', *South China Morning Post*, 7 December 2016.

53 Australian Cyber Security Centre, *2017 Threat Report*, Australian Cyber Security Centre, Canberra, 2017, p. 48.

54 John Kerin, 'Chinese hackers could shut down Australian power grid, warns former spy boss David Irvine', *Australian Financial Review*, 9 March 2015.

55 <i-hls.com/archives/61652>.

56 <www.energynetworks.com.au/about-us/board-of-directors>.

57 <www.energynetworks.com.au/sites/default/files/key_concepts_report_2016.pdf>.

58 たとえば、2001年から10年まで董事長（理事長・代表取締役）だった秦曉は、北京で共産党中央の要職を務め、太子党と姻戚関係にある。

59 <www.northqueenslandregister.com.au/story/3365767/nq-trade-with-china-moves-forward/>.

60 <www.tiq.qld.gov.au/chinese-delegation-explore-opportunities-with-townsville-and-north-queensland/>.

61 <rajcairnsreport.wordpress.com/2013/03/19/another-labor-mayor-causing-problems-cox-and-hill-in-tit-for-tat-spat-townsville-bulletin-news/>.

62 Lisa Murray, 'China eyes new Sydney airport as part of "belt and road" plan', *Australian Financial Review*, 28 May 2017.

63「パキスタンでは、インターネット通信のみならず地上波テレビ放送用にも国内光ファイバー網が構築された。これは中国メディアの協力による中国文化の普及が目的である」<indianexpress.com/article/india/china-pakistan-economic-corridor-politics-security-risk-amid-sweeping-china-influence-4657511/>.

64 出典は以下の無署名記事。'Backing Big Brother: Chinese facial recognition firms appeal to funds', Reuters, 13 November 2017.

65 中国の一帯一路構想に、オーストラリア人の立場から焦点を当てた最良の情報として、Geoff Wade の以下の記事を参照。Parliamentary Library briefing, Canberra, 2016, <https://www.aph.gov.au/About_Parliament/Parliamentary_Departments/Parliamentary_Library/pubs/BriefingBook45p/ChinasRoad>.

66 <www.youtube.com/watch?v=3W_vp3FKdIg>.

67 Ou Xiaoli, 'Laying the foundations for China's "One Belt, One Road"', *South China Morning Post*, 25 November 2015.

68 Wendy Wu, 'How the Communist Party controls China's state-owned industrial titans', *South China Morning Post*, 17 June 2017.

69 Christopher K. Johnson, 'President Xi Jinping's "Belt and Road" initiative: A practical assessment of the Chinese Communist Party's roadmap for China's global resurgence', Center for Strategic and International Studies, Washington, D.C., March 2016.

70 出典は以下の匿名記事。'China offers wisdom in global governance', *Xinhuanet*, 6 October 2017.

71 Ben Blanchard and Elizabeth Piper, 'China invites Britain to attend new Silk Road summit: Sources', Reuters, 8 February 2017. ブルームバーグは AIIB が「世界への発言力を増し、周辺国とのより深い経済統合を模索する習近平の野心の中核である」と指摘した (<www.bloomberg.com/news/articles/2016-06-24/china-led-aiib-announces-first-loans-in-xi-push-for-influence>).

72 Wade, 'China's "One Belt, One Road" initiative'.

73 Wade Shepard, 'China's "New Silk Road" is derailed in Sri Lanka by political chaos and violent protests', *Forbes*, 21 February 2017.

74 Jessica Meyers, 'Sri Lankans who once embraced Chinese investment are now wary of Chinese domination', *Los Angeles Times*, 25 February 2017.

75 Bharatha Mallawarachi, 'Sri Lanka, China sign long-delayed $1.5 billion port deal', *Washington Post*, 29 July 2017.

76 Brahma Chellaney in <www.japantimes.co.jp/opinion/2015/03/09/commentary/world-commentary/the-silk-glove-for-chinas-iron-fist/#.WK0icBF0VhA>.

77 Michael Fumento, 'As the U.S. sleeps, China conquers Latin America', *Forbes*, 15 October 2015.

78 Andrea Ghiselli, 'The Belt, the Road and the PLA', *China Brief*, The Jamestown Foundation, vol. 15, no. 20, 19 October 2015.

79 Ghiselli, 'The Belt, the Road and the PLA'.

80 Andrew Erickson and Conor Kennedy, 'China's maritime militia', *CNA Corporation*, 7 March 2016.

81 出典は以下の無署名記事。'Pentagon says China's PLA expanding its global footprint', *The Economic Times*, 13 June 2017 <economictimes.indiatimes.com/news/international/world-news/pentagon-says-chinas-pla-expanding-its-global-footprint/articleshow/59119655.cms>.

82 Geoff Wade, 'Landbridge, Darwin and the PRC', *The Strategist*, Australian Strategic Policy Institute, 9 November 2015.

83 Ghiselli, 'The Belt, the Road and the PLA'.

84 Michael Sainsbury, 'Australia stuck in the middle of China's latest attempt at "empire-building"', *Crikey*, 15 May 2017.

85 <news.xinhuanet.com/world/2014-11/17/c_1113285659_2.htm>.

86 <news.xinhuanet.com/english/2015-11/16/c_134822370.htm>.

87 <roll.sohu.com/20150814/n418857073.shtml>.

88 <au.china-embassy.org/eng/gdxw/t1289130.htm>.

89 Rowan Callick, 'One Belt, One Road China advisory group launches in Melbourne', *The Australian*, 27

May 2017.

90 Callick, 'One Belt, One Road China advisory group launches in Melbourne'.

91 <ciw.anu.edu.au/events/event_details.php?id=16356>.

92 <www.china-un.ch/eng/wjyw/t1437164.htm>.

93 Rowan Callick, 'Investor certainty pledge to China', *The Australian*, 21 February 2017.

94 Primrose Riordan, 'Andrew Robb under fire for pushing China's One Belt One Road policy', *Australian Financial Review*, 31 October 2016.

95 <http://www.australiachinaobor.org.au>.

96 Anne-Marie Brady, 'China's foreign propaganda machine', *Journal of Democracy*, vol. 26, no. 4, October 2015, pp. 39–40.

97 Henry Cook, 'Winston Peters says western world is too hard on China over freedom issues', *Stuff*, 5 December 2017; Fran O'Sullivan, 'Winston Peters works to keep China sweet', *New Zealand Herald*, 10 December 2017.

98 <english.cntv.cn/2015/07/07/ARTI1436223299326525.shtml>.

99 <news.xinhuanet.com/2016-12/11/c_1120095586.htm>.

100 <paper.people.com.cn/rmrb/html/2016-01/10/nw.D110000renmrb_20160110_2-03.htm>. この記事は、以前はLowy Institute、現在はVirgin AustraliaのCEO顧問を務めるPeter Caiの発言を重点的に引用している。Virgin Australiaは現在、海航集団が一部を保有している。

101 Ana Swanson, 'Chinese propagandists are using adorable kids to take on Donald Trump', *Washington Post*, 18 May 2017.

102 Zheping Huang, 'China's craziest English-language propaganda videos are made by one mysterious studio', *Quartz*, 27 October 2015.

103 Nadia Daly, 'One Belt One Road: NT businesses welcome Chinese investment despite reluctance over "new Silk Road"', *ABC News Online*, 8 August 2017.

104 Jamie Smyth, 'Australia rejects China push on Silk Road strategy', *Financial Times*, 22 March 2017.

第7章　誘惑と強要

1 Tom Allard and John Garnaut, 'Gas boom as China signs $25bn deal', *The Sydney Morning Herald*, 9 August 2002, p. 5.

2 出典は以下の無署名記事。'Gas contract avails ties with Australia', *People's Daily*, 17 September 2002.

3 陳用林の発言は以下で引用されていたもの。25 June 2005 <www.epochtimes.com/gb/5/6/25/n965354.htm>（原文は中国語）.

4 Kelly Burke, 'Howard stands firm on Dalai Lama meeting', *The Age*, 17 May 2002.

5 前掲無署名記事参照。'Gas contract avails ties with Australia'.

6 John Garnaut, 'Are Chau Chak Wing's circles of influence in Australia-China ties built on hot air?', *The Sydney Morning Herald*, 16 October 2015.

7 Rory Medcalf (ed.), 'China's economic leverage: Perception and reality', *Policy Options Paper* no. 2, National Security College, ANU, March 2017.

8 Linda Jakobson and Andrew Parker, 'High time for a proper debate on Chinese investments', *The Australian*, 25 February 2016.

9 Geoff Wade, 'Chinese investment in Australia needs closer scrutiny', *The Australian*, 9 March 2016.

10 Linda Jakobson and Bates Gill, *China Matters: Getting it right for Australia*, Melbourne: Black Inc., 2017.

11 Stephen FitzGerald, 'Managing Australian foreign policy in a Chinese world', *The Conversation*, 17 March 2017.

12 FitzGerald, 'Managing Australian foreign policy in a Chinese world'.

13 Paul Kelly, 'Friend or foe? Our China dilemma is our biggest test', *The Australian*, 17 August 2016. Paul Kellyは、オーストラリアとアジア、世界の歴史の中での危機、ランドマーク、転換点をいち早く最初に特定したと言わんがために、ドライスデール報告を「大胆」「目覚めの衝撃」「妄想を打ち砕く」「流れを変え」「立ち向かう」などと持ち上げたが、やがて正体は見破られた。

14 East Asian Bureau of Economic Research and China Center for International Economic Exchanges,

Partnership for Change, Australia–China Joint Economic Report, Canberra: ANU Press, 2016, p. 14.

15 *Partnership for Change*, p. 14.

16 *Partnership for Change*, p. 19.

17 Peter Drysdale, 'Chinese state-owned enterprise investment in Australia', *East Asia Forum*, 25 August 2014.

18 Chen Yonglin, 'Australia is in the process of becoming China's backyard', 初出は下記の中国語記事。*China in Perspective*, 31 August 2016, Chun Gwai-lo によって英訳された。

19 Peter Drysdale, 'Australian needs to get its act together on China, and fast', *East Asia Forum*, 7 June 2009.

20 Peter Drysdale and John Denton, 'China's influence and how to use it to Australia's advantage', *Australian Financial Review*, 3 October 2017.

21 <www.china-un.org/eng/gyzg/t555926.htm>.

22 Cheng Li and Lucy Xu, 'Chinese thinks tanks: A new "revolving door" for elite recruitment', *Brookings*, 10 February 2017.

23 出典は以下の無署名記事。'China to introduce dual-management on think tanks', *Xinhuanet*, 4 May 2017.

24 Li and Xu, 'Chinese think tanks'.

25 *Partnership for Change*, p. 19.

26 このセクションの記述は以下の著作に多くを負っている。Robert Blackwill and Jennifer Harris, *War by Other Means: Geoeconomics and statecraft*, Cambridge, Mass.: Belknap Press, 2016.; William Norris, *Chinese Economic Statecraft: Commercial actors, grand strategy, and state control*, Ithaca: Cornell University Press, 2016.

27 Blackwill and Harris, *War by Other Means*, p. 129; Tone Sutterud and Elisabeth Ulven, 'Norway criticised over snub to Dalai Lama during Nobel committee visit', *The Guardian*, 7 May 2014.

28 以下での引用。Blackwill and Harris, *War by Other Means*, p. 129.

29 Sewell Chan, 'Norway and China restore ties, 6 years after Nobel prize dispute', *The New York Times*, 19 December 2016.

30 Blackwill and Harris, *War by Other Means*, p. 130.

31 Grant Holloway, 'Australia snubs Dalai Lama', *CNN.com*, 16 May 2002; Daniel Flitton, 'Praise for Dalai Lama snub', *The Sydney Morning Herald*, 29 June 2012.

32 Andrew Marszal, 'Dalai Lama criticises David Cameron for "money over morality" snub', *The Telegraph*, 23 September 2015.

33 出典は以下の無署名記事。'Dalai Lama's visit: Botswana's President Dr Ian Khama tells China, "We are not your colony"', *The aPolitical*, 19 August 2017.

34 以下の無署名記事での引用。'Beijing's new weapon in economic war: Chinese tourists', *Inquirer.net*, 26 June 2017.

35 Blackwill and Harris, *War by Other Means*, p. 10.

36 James Reilly, 'China's economic statecraft: Turning wealth into power', Lowy Institute, 2013.

37 Stephen FitzGerald, 'Managing Australian foreign policy in a Chinese world', *The Conversation*, 17 March 2017.

38 Blackwill and Harris, *War by Other Means*, p. 3.

39 以下での引用。Blackwill and Harris, *War by Other Means*, p. 129.

40 <www.globaltimes.cn/content/1035359.shtml>; <http://www.globaltimes.cn/content/1037529.shtml>.

41 これに関連して以下を参照。David Josef Volodzko, 'What a jet-lagged football team says about China-Korea relations', *South China Morning Post*, 2 April 2017; Cary Huang, 'Opinion: Why China's shadow boycott of South Korea is self-defeating', *South China Morning Post*, 2 April 2017; Peter Rutherford, 'Chinese women golfers may shun LPGA event amid China-South Korea tensions', Reuters, 30 March 2017.

42 Michael Holtz, 'China gets testier as South Korea advances its missile defense plans', *Christian Science Monitor*, 8 February 2017.

43 Brenda Goh and Muyu Zu, 'Playing favourites? Chinese tourism under scrutiny as Lunar New Year nears', *The Sydney Morning Herald*, 25 January, 2017.

44 Goh and Zu, 'Playing favourites?'.
45 Blackwill and Harris, *War by Other Means*, p. 109.
46 Michael Komesaroff, 'Make the foreign serve China', Center for Strategic and International Studies, paper no. 2, March 2017.
47 Blackwill and Harris, *War by Other Means*, p. 108.
48 Anders Corr and Priscilla Tacujan, 'Chinese political and economic influence in the Philippines: Implications for alliances and the South China Sea dispute', *Journal of Political Risk*, vol. 1, no. 3, July 2013.
49 Blackwill and Harris, *War by Other Means*, p. 113.
50 Corr and Tacujan, 'Chinese political and economic influence in the Philippines'.
51 Blackwill and Harris, *War by Other Means*, p. 116.
52 Martin Fackler, 'Virus infects computers in Japan's parliament', *The New York Times*, 25 October 2011; Blackwill and Harris, *War by Other Means*, p. 109.
53 Blackwill and Harris, *War by Other Means*, p. 101.
54 Goh and Zu, 'Playing favourites?'.
55 Chris Horton, 'China's attempt to punish Taiwan by throttling tourism has seriously backfired', *South China Morning Post*, 9 February 2017.
56 Horton, 'China's attempt to punish Taiwan by throttling tourism has seriously backfired'.
57 Blackwill and Harris, *War by Other Means*, p. 108.
58 Helena Smith, 'Greece blocks EU's criticism at UN of China's human rights record', *The Guardian*, 19 June 2017.
59 Nick Cumming-Bruce and Somini Senguptajune, 'In Greece, China finds an ally against human rights criticism', *The New York Times*, 19 June 2017.
60 <www.seatrade-maritime.com/news/europe/china-cosco-shipping-finally-gets-piraeus-port-majority-stake.html>.
61 Roie Yellinek, 'How can Greece pay back China?', BESA Center Perspectives Paper no. 523, 9 July 2017.
62 出典は以下の無署名記事。'Turkey promises to eliminate anti-China media reports', Reuters, 3 August 2017.
63 Lindsay Murdoch, 'Beijing article warns Australia over South China Sea', *The Sydney Morning Herald*, 2 January 2018.
64 Bob Carr, *Diary of a Foreign Minister*, Sydney: NewSouth Publishing, 2014, p. 331.
65 Patrick Hatch, 'Who really owns this 19 per cent stake in Virgin Australia?', *The Sydney Morning Herald*, 7 August 2017; David Barboza, 'A Chinese giant is on a buying spree. Who is behind it?', *The New York Times*, 9 May 2017.
66 Eryk Bagshaw and Peter Hannam, 'Pilot shortage: Chinese-owned airport in Australia looks to increase its flights by 1000%', *The Sydney Morning Herald*, 27 December 2017.
67 <www.tiq.qld.gov.au/download/business-interest/invest/trade-investment-strategy-TIQ.pdf>.
68 Sue Williams, 'Chinese dominate in tourism investment', *The Sydney Morning Herald*, 27 January 2017.
69 Karen Wales, 'Chinese dominate in tourism investment', *Colliers Radar*, Colliers International, February 2017.

第8章　新旧のスパイ

1 Brian Toohey, 'Enemies old and new', *Inside Story*, 2 November 2016.
2 出典は以下の無署名記事。'China blamed after ASIO blueprints stolen in major cyber attack on Canberra HQ', *ABC News Online*, 28 May 2013.
3 Jonathan Kaiman, 'China calls Australian spy HQ plans hacking claims "groundless"', *The Guardian*, 29 May 2013.
4 Primrose Riordan and Markus Mannheim, 'ASIO's new neighbours' links to China's government', *Australian Financial Review*, 2 November 2015.
5 Kirsten Lawson, 'Failed bidders raise eyebrows at high price for Currong and Allawah flats', *Canberra Times*, 12 February 2016.

6 John Thistleton, 'Chief Minister Andrew Barr and developer Terry Shaw launch Campbell 5 units', *Canberra Times*, 21 September 2015.

7 Riordan and Mannheim, 'ASIO's new neighbours' links to China's government'.

8 Jewel Topsfield, 'Australia grants asylum to Chinese diplomat', *The Age*, 9 July 2005

9 Aaron Patrick, 'Australia is losing the battle against China's "citizen spies"', *Australian Financial Review*, 3–4 September 2016.

10 Bill Gertz, 'China's intelligence networks in United States include 25,000 spies', *Washington Free Beacon*, 11 July 2017.

11 Patrick, 'Australia is losing the battle against China's "citizen spies"'.

12 Patrick, 'Australia is losing the battle against China's "citizen spies"'.

13 Paul Monk, 'Chinese spies and our national interest', *Quadrant Online*, June 2012, <https://quadrant.org.au/magazine/2012/06/chinese-espionage-and-australia-s-national-interest/>.

14 James Jiann Hua To, *Qiaowu: Extra-territorial policies for the overseas Chinese*, Leiden: Koninklijke Brill, 2014, p. 44.

15 Andrew Greene, 'Chinese spies "very active" in Australia, departing defence secretary warns', *ABC News Online*, 12 May 2017.

16 Andrew Greene, 'Chinese spies in Australia on the rise, former diplomat Chen Yonglin says', *ABC News Online*, 20 November 2016.

17 Christopher Joye, 'Spy wars fueled by territorial claims', *Australian Financial Review*, 28 April 2014.

18 <edition.cnn.com/2014/05/20/world/asia/china-unit-61398/>.

19 Paul Maley and Mitchell Bingemann, 'Spies feared China was hacking the NBN', *The Australian*, 28 March 2012.

20 US House of Representatives Permanent Select Committee of Intelligence, 'Investigative report on the US national security issues posed by Chinese telecommunications companies Huawei and ZTE', 8 October 2012 <https://intelligence.house.gov/sites/intelligence.house.gov/files/documents/huawei-zte%20investigative%20report%20(final).pdf>.

21 ビクトリア州首相として、Brumby はファーウェイと協力し RMIT トレーニングセンター設立を支援した (Michael Sainsbury, 'Huawei names John Brumby, Alexander Downer board members', *The Australian*, 6 June 2011). 以下も参照。Maley and Bingemann, 'Spies feared China was hacking the NBN'.

22 Sainsbury, 'Huawei names John Brumby, Alexander Downer board members'.

23 'Investigative report on the US national security issues posed by Chinese telecommunications companies Huawei and ZTE'.

24 出典は以下の無署名記事。'The company that spooked the world', *The Economist*, 4 August 2012.

25 'Investigative report on the US national security issues posed by Chinese telecommunications companies Huawei and ZTE', pp. 13–14.

26 Evan S. Medeiros, Roger Cliff, Keith Crane and James C. Mulvenon, 'A new direction for China's defense industry', RAND Corporation, 2005 <https://www.rand.org/content/dam/rand/pubs/monographs/2005/RAND_MG334.pdf>, p. 218.

27 Bill Gertz, 'Chinese telecom firm tied to spy ministry', *Washington Times*, 11 October 2011.

28 Phillip Coorey, 'ASIO not the target of my outburst, Robb explains', *The Sydney Morning Herald*, 28 March 2012.

29 Paul Osborne, 'Opposition slams NBN exclusion of Huawei', *The Australian*, 26 March 2012.

30 James Chessell, 'Kerry Stokes: Secrets to my China success', *Australian Financial Review*, 3 November 2012.

31 Maley and Bingemann, 'Spies feared China was hacking the NBN'.

32 Hamish McDonald and Mark Forbes, 'Downer flags China shift', *The Age*, 18 August 2004.

33 2005 年 6 月 22 日午後、陳用林のチャッツウッドクラブでの記者会見での発言、筆者との 2018 年 1 月 8 日のやり取りでも確認した。

34 Peter Cai, 'Huawei "extremely disappointed" with NBN ban', *The Sydney Morning Herald*, 1 November 2013.

35 'Investigative report on the US national security issues posed by Chinese telecommunications companies Huawei and ZTE', pp. 34–5.

36 Paul Wiseman and Sadie Gurmin, 'Chinese cellphone giant ZTE to pay US almost $900M for breaking Iran sanctions', *The Mercury News*, 7 March 2017.

37 <http://www.zte.com.cn/global/about/press-center/news/201703ma/0307ma>.

38 Allie Coyne, 'Australian MPs still scared of Huawei', *iTnews*, 17 October 2016.

39 Christopher Joye and Aaron Patrick, 'Chinese spies may have read all MPs emails for a year', *Australian Financial Review*, 28 April 2014.

40 Chris Johnson and Chris Wilson, 'Ex-ASIO director helped Raiders', *The Canberra Times*, 31 March 2012.

41 Chris Wilson, 'Huawei is the real deal for Raiders', *The Sydney Morning Herald*, 31 March 2012. ファーウェイは、キャンベラのラグビーチーム ACT Brumbies とも交渉していた。ジャーナリストがクラブの最高経営責任者に「ファーウェイが連邦政府にロビー活動を行うための政治的駒なのか？」と尋ねると、彼は「絶対にそうではない」と強く答えた。ファーウェイの動機については超自然的な洞察と付け加えて次のように答えた。「彼 [Richardson] の ASIO とのつながりは、スポンサーになるか否かとまったく関係なかった。そうした質問が出るのは理解できるが、絶対に政治的駒ではない」と。

42 Ray Shaw, 'Huawei and Canberra Raiders winning partnership', *iTWire Newsletter*, 29 March 2017.

43 'Investigative report on the US national security issues posed by Chinese telecommunications companies Huawei and ZTE', p. 2.

44 Ben Grubb, 'Telcos could face Huawei ban, Malcolm Turnbull confirms', *The Sydney Morning Herald*, 27 July 2015.

45 前掲の無署名記事 'The company that spooked the world', さらに以下も参照。Medeiros, Cliff, Crane and Mulvenon, 'A new direction for China's defense industry', p. 218.

46 Peter Simpson, 'Huawei devices dropped amid security concerns', *South China Morning Post*, 14 January 2014. この話の初出はイギリスの日曜紙に掲載されたもの。にもかかわらず、英政府はファーウェイがブリティッシュ・テレコムに機器を供給することを許可した。

47 <e.huawei.com/mediafiles/MediaFiles/5/E/7/%7B5E763722-D55C-4813-A6A7-58079BC5C82A%7DState%20Grid%20of%20China%20Powers%20Up%20with%20Huawei%20Storage%20Solution.pdf>.

48 'Investigative report on the US national security issues posed by Chinese telecommunications companies Huawei and ZTE', p. 3.

49 Geoff Wade, 'The State Grid Corporation of China: Its Australian engagement and military links', *The Interpreter*, Lowy Institute, 17 December 2015 <www.lowyinstitute.org/the-interpreter/state-grid-corporation-china-its-australian-engagement-and-military-links>.

50 Greg Sheridan, 'A questionable risk to security—Huawei an extraordinary creation', *The Australian*, 18 May 2013.

51 Greg Sheridan, 'Turnbull government carefully tackles Chinese interference', *The Australian*, 17 June 2017.

52 Juro Osawa, 'AT&T deal collapse forces Huawei to rethink global plans', *The Information*, 9 January 2018.

53 Credlin からそう聞いた人が筆者に語ってくれた。

54 Simon Benson, 'Tony Abbott says China visit is most important trip by Australian Prime Minister', *News.com.au*, 10 April 2014.

55 Nigel Inkster, 'China's draft intelligence law', International Institute for Strategic Studies, blog, 26 May 2017 <http://www.iiss.org/en/iiss%20voices/blogsections/iiss-voices-2017-adeb/may-8636/chinas-draft-intelligence-law-5b2e>.

56 John Schindler, 'The unpleasant truth about Chinese espionage', *The Observer*, 22 April 2016.

57 Nate Thayer, 'How the Chinese recruit American journalists as spies', *Asia Sentinel*, 4 July 2017.

58 Brandi Buchman, 'Bond revoked for ex-CIA agent charged with spying for China', *Courthouse News*, 10 July 2017.

59 Philip Dorling, 'China spies on top ALP figures', *The Canberra Times*, 11 July 2008.

60 Richard Baker, Philip Dorling and Nick McKenzie, 'Defence leaks dirt file on own minister', *The Sydney Morning Herald*, 26 March 2009. 劉は ACPPRC のメンバーでもあった。

61 Richard Baker and Philip Dorling, 'Defence "rejected" minister spy link concerns', *The Sydney Morning*

Herald, 7 May 2009.

62 Richard Baker and Philip Dorling, 'Minister snared in row', *The Sydney Morning Herald*, 27 March 2009.

63 Richard Baker, Philip Dorling and Nick McKenzie, 'ALP donor Helen Liu had close ties with a senior Chinese military intelligence operative', *The Sydney Morning Herald*, 12 June 2017.

64 Baker and Dorling, 'Defence "rejected" minister spy link concerns'.

65 Richard Baker, Philip Dorling and Nick McKenzie, 'Secrets and lies', *The Sydney Morning Herald*, 20 April 2013.

66 Baker and Dorling, 'Minister snared in row'.

67 Richard Baker, Philip Dorling and Nick McKenzie, 'Secret payments to Labor MP listed in Liu files', *The Sydney Morning Herald*, 3 February 2010.

68 Richard Baker, Philip Dorling and Nick McKenzie, 'Immigration probes Helen Liu marriage', *The Sydney Morning Herald*, 18 September 2013.

69 Baker, Dorling and McKenzie, 'Immigration probes Helen Liu marriage'.

70 Baker, Dorling and McKenzie, 'Secrets and lies'.

71 Baker, Dorling and McKenzie, 'Secrets and lies'.

72 Alexi Mostrous and Billy Kenber, 'Fears over rise of Chinese CCTV', *The Times*, 16 September 2016.

73 <ipvm.com/reports/heres-what-really-sets-hikvision-apart>.

74 Xioa Yu, 'Is the world's biggest surveillance camera maker sending footage to China?', *VOA*, 21 November 2016; John Honovich, 'Hikvision CEO admits Hikvision China state-owned company', *IPVM*, 6 October 2016; John Honovich, 'Hikvision and the Chinese government', *IPVM*, 7 December 2016.

75 John Honovich, 'Hikvision exec simultaneously Chinese government security leader', *IPVM*, 27 April 2015; John Honovich, 'Hikvision and the China Communist Party', *IPVM*, 12 January 2016.

76 <ipvm.com/reports/hikvision-cetc-mps>.

77 Yu, 'Is the world's biggest surveillance camera maker sending footage to China?'.

78 筆者によるインタビュー。6 March 2017.

79 そのカメラはハッキングされているからとも言う (<ipvm.com/reports/the-hikvision-hacking-scandal-returns>).

80 <hznews.hangzhou.com.cn/jingji/content/2016-01/11/content_6039653.htm>.

81 <ipvm.com/reports/hik-oems-dir>.

82 筆者によるインタビュー。3 August 2017.

83 <ipvm.com/reports/hik-backdoor>.

84 <ics-cert.us-cert.gov/advisories/ICSA-17-124-01>.

85 Honovich, 'Hikvision and the China Communist Party'.

86 Chris Uhlmann, 'China blamed for "massive" cyber attack on Bureau of Meteorology', *ABC News Online*, 2 December 2015; Andrew Greene, 'Bureau of Meteorology hacked by foreign spies in massive attack, report shows', *ABC News Online*, 12 October 2016.

87 Hamish Boland-Rudder, 'Capital the top spot for weather man', *The Canberra Times*, 30 August 2013.

88 Uhlmann, 'China blamed for "massive" cyber attack on Bureau of Meteorology'.

89 Andrew Greene, 'Chinese technology on Australian supercomputer sparks security concerns', *ABC News Online*, 19 November 2016.

90 Bill Gertz, 'Military warns Chinese computer gear poses cyber spy threat', *Washington Free Beacon*, 24 October 2016.

91 筆者によるインタビュー。15 March 2017.

92 John Lee, 'Innovation in China: More than a fast follower?', *The Diplomat*, 9 June 2016.

93 James Scott and Drew Spaniel, *China's Espionage Dynasty*, Institute for Critical Infrastructure Technology, 2016, pp. 10–11.

94 引用は以下。William Hannas, James Mulvenon and Anna Puglisi, *Chinese Industrial Espionage*, London: Routledge, 2013(ウィリアム・ハンナス、アンナ・プイージ、ジェームズ マルヴィノン著、玉置悟訳『中国の産業スパイ網』草思社), p. 126.

95 Richard A. Clarke, 'How China steals our secrets', *The New York Times*, 2 April 2012.

96 Erin Ailworth, 'Trial over theft of wind technology spotlights U.S.-China Tensions', *The Wall Street*

Journal, 6 January 2018.

97 Scott and Spaniel, *China's Espionage Dynasty*, p. 15.

98 Scott and Spaniel, *China's Espionage Dynasty*, p. 18.

99 Andrew Fowler and Peter Cronau, 'Hacked!', *Four Corners*, ABC TV, online transcript, 29 May 2013; 以下の無署名記事も参照。'"You're on your own": Codan fights back after Chinese hacking attack', *The Sydney Morning Herald*, 25 June 2015.

100 出典は以下の無署名記事。'"You're on your own": Codan fights back after Chinese hacking attack'.

101 Isaac Leung, 'Codan network hacked by Chinese', *Electronics News*, 29 May 2013.

102 Des Ball speaking to Fowler and Cronau, 'Hacked!', *Four Corners*.

103 John Schindler, 'The unpleasant truth about Chinese espionage', *The Observer*, 22 April 2016.

104 Josh Kenworthy, 'In a Midwestern cornfield, a scene of Chinese theft and espionage', *Christian Science Monitor*, 11 April 2016.

105 Schindler, 'The unpleasant truth about Chinese espionage'.

106 Schindler, 'The unpleasant truth about Chinese espionage'.

107 出典は以下の無署名記事。'China warns women off handsome foreign spies in "Dangerous Love" comic', *ABC News Online*, 21 April 2016.

108 Alex Joske, 'Incident at university pharmacy highlights a divided Chinese community, *Woroni*, 28 August 2016.

109 Pavel Polityuk and Eric Auchard, 'Petya attack "likely cover" for malware installation in Ukraine', *iTnews*, 30 June 2017.

110 Allie Coyne, 'Australia has created a cyber warfare unit', *iTnews*, 30 June 2017.

111 <http://www.deakin.edu.au/research/research-news/articles/boost-for-cyber-security-collaboration>.

112 Chris Uhlmann, 'China blamed for "massive" cyber attack on Bureau of Meteorology computer', *ABC News Online*, 2 December 2015.

113 <nsclab.org/nsclab/collaboration.html>.

114 <www.deakin.edu.au/research/research-news/articles/boost-for-cyber-security-collaboration>.

115 <sinosphere.blogs.nytimes.com/2015/01/06/university-in-xian-opens-school-of-cyberengineering/?_r=0>.

116 <news.xidian.edu.cn/info/1004/5824.htm>.

117 <xyh.xidian.edu.cn/info/1020/1890.htm>.

118 <escholarship.org/uc/item/6f26w11m#page-4>.

119 <renshichu.bit.edu.cn/mxms/lyys/89142.htm>.

120 <www.xidian.edu.cn/info/1020/3374.htm>.

121 <news.xidian.edu.cn/info/2106/195863.htm>.

122 <www.weihai.gov.cn/art/2016/11/10/art_16616_785996.html>.

123 <www.81.cn/2016hjcllqzn/2016-04/21/content_7017010.htm>.

124 <mis.xidian.edu.cn/html/team/domestic/2017/0306/20.html>.

125 <info.xidian.edu.cn/info/1010/11236.htm>.

126 <http://www.edu-australia.org/publish/portal72/tab5536/info116240.htm>.

127 <http://ieeexplore.ieee.org/document/7116415/>; <http://ieeexplore.ieee.org/document/7802648/>.

128 Stephen Chen, 'Top 5 most secretive and mysterious research universities in China', *South China Morning Post*, 19 April 2015.

129 Anders Corr, 'Ban official Chinese student organizations abroad', *Forbes*, 4 June 2017.

130 Scott and Spaniel, *China's Espionage Dynasty*, p. 34.

131 US Department of Justice, Federal Bureau of Investigation, 'Higher education and national security: The targeting of sensitive, proprietary and classified information on campuses of higher education', April 2011, p. 9 <https://www.fbi.gov/file-repository/higher-education-national-security.pdf/view>.

132 Scott and Spaniel, *China's Espionage Dynasty*, p. 37.

第9章　「悪意あるインサイダー」と科学機関

1 James Jiann Hua To, *Qiaowu: Extra-territorial policies for the overseas Chinese*, Leiden: Koninklijke Brill,

2014, p. 73ff.
2 ASIO, *ASIO Annual Report 2016–17*, ASIO, 2017.
3 ASIO, *ASIO Annual Report 2015–16*, ASIO, 2016.
4 元中国外交官の陳用林は2007年、オーストラリアの主流社会に影響を与えるために使われる中国人専門家グループを設立する際に、中国人の訪問団がしばしば主導的な役割を果たすと暴露した。以下を参照。Madalina Hubert, 'Ex-envoy details Chinese regime's overseas scheme', *The Epoch Times*, 7 June 2007 <www.theepochtimes.com/n3/1749162-ex-envoy-details-chinese-regimes-overseas-scheme/>.
5 <www.gqb.gov.cn/news/2017/0324/42073.shtml>.
6 <https://taschinese.com/thread-189619-1-1.html>.
7 <news.xinhuanet.com/2016-09/05/c_1119513745.htm>.
8 Scott Harold, 'The U.S.-China cyber agreement: A good first step', *The Cypher Brief*, 31 July 2016.
9 To, *Qiaowu*, p. 43.
10 To, *Qiaowu*, pp. 43–4.
11 James Scott and Drew Spaniel, *China's Espionage Dynasty*, Institute for Critical Infrastructure Technology, 2016, pp. 10–11.
12 Joshua Philipp, 'Rash of Chinese spy cases shows a silent national emergency', *The Epoch Times*, 25 April 2016.
13 ASIO, *ASIO Annual Report 2016–17*, ASIO, 2017, p. 5. See also ASIO, *ASIO Annual Report 2015–16*, ASIO, 2016, pp. 25–6.
14 2016年4月だけで4つの事件が明らかになった。以下を参照。Philipp, 'Rash of Chinese spy cases shows a silent national emergency'.
15 Michael Riley and Ashlee Vance, 'Inside the Chinese boom in corporate espionage', Bloomberg, 16 March 2012.
16 US Department of Justice, 'Michigan man sentenced 48 months for attempting to spy for the People's Republic of China', media release, 21 January 2011.
17 出典は以下の無署名記事。'China tops spy list: CSIS', *The Star*, 30 April 2007.
18 同記事 'China tops spy list'.
19 出典は以下の無署名記事。'Beijing rejects claims Canadian engineer is Chinese spy, *ABC News Online*, 2 December 2013.
20 Haiyan Dong, Yu Gao, Patrick J. Sinko, Zaisheng Wu, Jianguo Xu and Lee Jia, 'The nanotechnology race between China and USA', *Materials Today*, 12 April 2016.
21 Jason Pan, 'Prosecutors charge five with nanotechnology theft', *Taipei Times*, 28 July 2016.
22 Daniel Golden, *Spy Schools: How the CIA, FBI, and Foreign Intelligence secretly exploit America's universities*, New York: Henry Holt, 2017(ダニエル・ゴールデン著、花田知恵訳『盗まれる大学』原書房), p. 17.
23 William Hannas, James Mulvenon and Anna Puglisi, *Chinese Industrial Espionage*, London: Routledge, 2013(前掲『中国の産業スパイ網』), Chapter 5.
24 Hannas, Mulvenon and Puglisi, *Chinese Industrial Espionage*(前掲『中国の産業スパイ網』), pp. 122–3.
25 陳用林への筆者によるインタビュー。1 February 2017. 一部の科学者は中国に情報を提供するため非常に多額のボーナス(オーストラリア国税庁が関知しない支払い)を与えられていると陳は述べた。
26 To, *Qiaowu*, pp. 45–6.
27 陳用林へのインタビュー。1 February 2017.
28 ACAIEPの責任者はGuixia Gao女史である。
29 Hannas, Mulvenon and Puglisi, *Chinese Industrial Espionage*(前掲『中国の産業スパイ網』), pp. 78–80.
30 Hannas, Mulvenon and Puglisi, *Chinese Industrial Espionage*, p. 96.
31 このNoshir Gowadia事件の詳細については下記を参照 <web.archive.org/web/20070523175209/>; <honolulu.fbi.gov/dojpressrel/pressrel06/defensesecrets110906.htm>; and <www.justice.gov/opa/pr/hawaii-man-sentenced-32-years-prison-providing-defense-information-and-services-people-s>.
32 Hannas, Mulvenon and Puglisi, *Chinese Industrial Espionage*(前掲『中国の産業スパイ網』), pp. 79–80.
33 <www.gov.cn/xinwen/2016-12/01/content_5141607.htm>.
34 Hannas, Mulvenon and Puglisi, *Chinese Industrial Espionage*(前掲『中国の産業スパイ網』), p. 110.
35 Hannas, Mulvenon and Puglisi, *Chinese Industrial Espionage*, p. 114.

36 <www.focsa.org.au/aboutus.html>.
37 <www.people.com.cn/GB/guoji/14553/2907862.html>.
38 <2007.chisa.edu.cn/szxrzz/qikan/2009no10/200910/t20091020_123750.html>.
39 <www1.rmit.edu.au/staff/xinghuo-yu>.
40 Stephen Chen, 'Top 5 most secretive and mysterious research universities in China', *South China Morning Post*, 19 April 2015.
41 <www.wacsa.com/conference-zh/welcome/>.
42 <perth.chineseconsulate.org/chn/zlsgxw/t1297108.htm>.
43 <www.qcase.org.au/en/>; <www.mfa.gov.cn/chn//pds/gjhdq/gj/dyz/1206/1206x2/t1419700.htm>; <www.fmprc.gov.cn/ce/cgbrsb/chn/zlgxw/t1014449.htm>; and <www.cnzsyz.com/aozhou/359263.html>.
44 <www.fmprc.gov.cn/ce/cgbrsb/chn/zlgxw/t1014449.htm>.
45 <www.most.gov.cn/cxfw/kjjlcx/kjjl2011/201202/t20120217_92526.htm>.
46 <www.gg.gov.au/sites/default/files/files/honours/ad/ad2017/slkh83xzcb/AO Final Media Notes.pdf>.
47 <www.chinaql.org/c/2015-12-14/485805.shtml>.
48 <news.xinhuanet.com/fortune/2010-09/14/c_12551099.htm>.
49 <www.qcase.org.au/en/professor-max-lu-was-appointed-as-president-and-vice-chancellor-of-the-university-of-surrey-the-united-kingdom-uk/>.
50 <www.cscs.org.au/wp-content/uploads/2016/12/2016-2018-Council-Meeting-Agenda.pdf>.
51 <www.cscs.org.au/wp-content/uploads/2016/12/2016-2018-Council-Name-List1.pdf>; <www.cscs.org.au/?page_id=10>.
52 <www.cscs.org.au/wp-content/uploads/2017/03/CSCS_Attendee_List.pdf>.
53 Hannas, Mulvenon and Puglisi, *Chinese Industrial Espionage*(前掲『中国の産業スパイ網』), pp. 116–17.
54 <www.sydneytoday.com/au-news/1589112?flag=1>.
55 <australia.people.com.cn/n1/2016/1115/c408038-28862609.html>.
56 <acetca.org.au/en/?dt_portfolio=professor-yi-chen-lan>.
57 <www.acpprc.org.au/english/7thtermlist.asp>.
58 筆者によるインタビュー。3 August 2017.
59 Richard Baker and Nick McKenzie, 'Chinese's [sic] scientist absence exposed alleged spying activities at CSIRO', *The Sydney Morning Herald*, 5 December 2013.
60 AFPが引用した匿名のジャーナリストの、2015年9月10日付の電子メール。情報公開法に基づいて公表された文書より引用。
61 情報公開された文書より引用。
62 <www.csiro.au/china/>; <https://www.csiro.au/en/About/We-are-CSIRO>.
63 <www.lksf.org/the-5th-cheung-kong-scholars-award-ceremony-held-in-beijing/>.
64 Paul Mozur and Jane Perlez, 'China bets on sensitive US start-ups, worrying the Pentagon', *The New York Times*, 22 March 2017.
65 Paul Mozur, 'Beijing wants AI to be made in China by 2030', *The New York Times*, 20 July 2017.
66 <www.csiro.au/en/News/News-releases/2017/CSIROs-Data61-strengthening-Australias-cyber-security>.
67 <people.csiro.au/w/c/Chen-Wang>.
68 <xwb.hnedu.cn/chuangxin/UploadFiles_1600/201507/2015070717485119.xls>; <mil.cnr.cn/ztl/gfkdrc/xwbd/201309/t20130926_513699890.html>.
69 <www.huang123.cn/show.php?pid=1010>.
70 <wenku.baidu.com/view/43d5ee49bcd126fff7050bc0.html>; <http://www.defence.org.cn/article-2-28113.html>.
71 <www.cnki.com.cn/Article/CJFDTOTAL-XTFZ201105018.htm>.
72 <xueshu.baidu.com/scholarID/CN-BS74SKWJ>.
73 Ao Fu-jiang, Qi Zong-feng, Chen Bin and Huang Ke-di, 'Data stream mining techniques and its application in simulation systems,' *Computer Science*, issue 03, 2009 (in Chinese); Chen Bin, Ju Ru-sheng, Jiang Zhao-jin and Huang Ke-di, 'Web-based situation display method in combat simulation', *Journal of*

System Simulation, issue 24, 2009 (原文は中国語); Yang, Lun, Chen Bin, Huang Jian and Huang Ke-di, 'Research of general 2-dimension view display system in combat simulation, *Ordnance Industry Automation*, issue 12, 2007 (原文中国語); Yang Lun, Chen Bin, Huang Jian and Huang Ke-di, 'Model development and management in the computational experiment oriented to emergency management', *Journal of National University of Defense Technology*, issue 03, 2015 (原文中国語).

74 <www.cqvip.com/qk/96569x/201108/38633287.html>; <www.cqvip.com/qk/95956x/200712/26266402.html>.

75 <www.cqvip.com/qk/96569x/201108/38633290.html>.

76 <www.cssn.cn/jsx/201611/t20161128_3291681.shtml>.

77 Hu Peng, Qiu Xiao-gang and Meng Rong-qing, 'Resource Description in Remote Sensing Satellite Simulation Integrated Environment', *Computer Simulation*, issue 07, 2011 (原文は中国語).

78 <www.sia.cn/gkjj/lsyg/>.

79 <www.militarytimes.com/news/pentagon-congress/2017/06/23/scientist-gets-time-served-for-theft-of-military-documents/>.

80 検察は、中国への帰国を望む于龍容疑者は、中国科学院瀋陽自動化研究所による雇用を条件に、盗んだ航空機技術の提供を約束したと主張した。研究所は承諾し、彼は「膨大な」機密文書とともに中国に戻った。于龍はメールでアメリカでの仕事の経験を説明し、「私の努力は中国が独自の航空機エンジン技術を成熟させるのに役立つと信じる」と書いている (<www.justice.gov/usao-ct/pr/chinese-national-admits-stealing-sensitive-military-program-documents-united-technologies>).

81 陳士平はシドニー大学で非常勤講師を務めていた (<people.csiro.au/C/S/Shiping-Chen>).

82 陳は 2017 年 6 月に中国石油大学を訪問し、ブロックチェーン技術について話している (<computer.upc.edu.cn/s/120/t/572/20/dc/info139484.htm>). 彼はまたハルビン工科大学威海キャンパスを訪問し、研究所所長およびコンピューター科学技術学校長と研究協力について話し合った (<today.hitwh.edu.cn/news_show.asp?id=27444>).

83 <ieeexplore.ieee.org.virtual.anu.edu.au/document/7983451/>; <ieeexplore.ieee.org.virtual.anu.edu.au/document/7207357/>; <ieeexplore.ieee.org.virtual.anu.edu.au/document/7557479/>.

84 <sklnst.bupt.edu.cn/content/content.php?p=2_8_4>.

85 <https://tinyurl.com/y8nhrjg9>.

86 <www.ixueshu.com/document/f6efe1550ca0d51e318947a18e7f9386.html>.

87 <www.csiro.au/en/News/News-releases/2016/Data61-and-Treasury-to-examine-blockchain-technology-potential>.

88 もう一人の共同執筆者は中国人民解放軍国防科技大学の付印金 (Fu Yinjin) である。

89 <www.ccf.org.cn/c/2017-05-11/594599.shtml>.

90 <zqb.cyol.com/html/2013-08/30/nw.D110000zgqnb_20130830_5-06.htm>.

第 10 章　オーストラリアの大学で「魂に工作する」

1 John Fitzgerald, 'Academic freedom and the contemporary university: Lessons from China', *Humanities Australia*, 2017, 8, pp. 8–22.

2 John Fitzgerald, 'Academic freedom and the contemporary university'.

3 Fitzgerald による引用。'Academic freedom and the contemporary university'.

4 Perry Link, testimony to Committee on Foreign Affairs, House of Representatives, 'Is academic freedom threatened by China's influence on US universities?', Washington, D.C.: US Government Printing Office, 4 December 2014, p. 3.

5 筆者によるインタビュー。10 May 2017.

6 Perry Link, testimony to Committee on Foreign Affairs, House of Representatives, 'Is academic freedom threatened by China's influence on US universities?', p. 11.

7 筆者によるインタビュー。10 May 2017.

8 Rowan Callick, 'Traps for old players, the People's Republic of China way', *The Australian*, 9 September 2016.

9 <world.huanqiu.com/exclusive/2017-05/10701945.html>.

10 Kirsty Needham, 'China's internet erupts over Monash University's drunk officials quiz question', *The*

Sydney Morning Herald, 22 May 2017.

11 Primrose Riordan, 'Monash University suspends lecturer over quiz question', *The Australian*, 22 May 2017.

12 Primrose Riordan, 'Monash throws out the textbook over Chinese student complaints', *The Australian*, 30 May 2017; Riordan, 'Monash University suspends lecturer over quiz question'.

13 <news.163.com/17/0520/06/CKS0O4CL0001899N.html>.

14 <www.sydneytoday.com/content-101720255970006>.

15 <https://www.universitiesaustralia.edu.au/global-engagement/international-collaboration/international-links/Link-Maps/Australian-universities-formal-agreements-by-country>.

16 John Garnaut, 'Our universities are a frontline in China's ideological wars', *Australian Financial Review*, 30 August 2017.

17 Emma Reynolds, 'Tensions rise as Chinese government's influence infiltrates Aussie universities', *News.com.au*, 1 September 2017.

18 <http://en.people.cn/n3/2017/0811/c90000-9254290.html>.

19 Andrea Booth, 'Chinese students left fuming after Sydney uni lecturer uses contested map of China-India border', *SBS News Online*, 22 August 2017.

20 Rowan Callick, 'Chinese students taught to "snitch" on politically incorrect lecturers', *The Australian*, 1 September 2017.

21 Primrose Riordan, 'Top unis admit China influence, Go8 fears backlash', *The Australian*, 23 September 2017; <https://sydney.edu.au/news-opinion/news/2017/09/25/university-of-sydney-engagement-with-china--statement.html>.

22 <sydney.jinriaozhou.com/content-101734356533003>.

23 Primrose Riordan and Rowan Callick, 'China consulate involved in Newcastle Uni Taiwan row', *The Australian*, 28 August 2017.

24 Thomas Cushman, testimony to Committee on Foreign Affairs, House of Representatives, 'Is academic freedom threatened by China's influence on US universities?', p. 16.

25 Maev Kennedy and Tom Phillips, 'Cambridge University Press backs down over China censorship', *The Guardian*, 22 August 2017.

26 UTS と CETC の資料については Geoff Wade に、中国語をソースとする詳細な調査については Alex Joske に多くを負っている。

27 John Fitzgerald, 'China's scientists trapped', *Australian Financial Review*, 3 October 2013.

28 <rms.arc.gov.au/RMS/Report/Download/Report/a3f6be6e-33f7-4fb5-98a6-7526aaa184cf/70>.

29 <www.forbes.com/sites/anderscorr/2016/06/22/chinas-aerospace-defense-industry-sacks-us-military-technology/#49a64c595aae>.

30 <www.scmp.com/news/china/diplomacy-defence/article/2058888/j-15-fighter-jets-chinas-liaoning-aircraft-carrier-make>; <mil.news.sina.com.cn/china/2016-11-29/doc-ifxyawmm3819629.shtml>.

31 <www.biam.ac.cn/tabid/87/Default.aspx>.

32 <www.bloomberg.com/research/stocks/private/person.asp?personId=273713617&privcapId=273591866>.

33 Chris Uhlmann, 'Australian Defence files to be moved out of privately owned data hub after Chinese buy-in', *ABC News Online*, 20 June 2017.

34 <www.adelaide.edu.au/directory/s.qiao>; <news.buct.edu.cn/kxyj/49393.htm>; <http://www.oic.buct.edu.cn/sysgk/index.htm>.

35 <chemeng.adelaide.edu.au/qiao/members/tianyi-ma/>.

36 <www.biam.ac.cn/tabid/86/InfoID/3168/frtid/209/Default.aspx>.

37 William Hannas, James Mulvenon and Anna Puglisi, *Chinese Industrial Espionage*, London: Routledge, 2013(前掲『中国の産業スパイ網』), p. 259.

38 <www.uschamber.com/report/china's-drive-indigenous-innovation-web-industrial-policies>.

39 <https://tinyurl.com/y9per3ct>.

40 Fitzgerald, 'China's scientists trapped'.

41 Matthew Luce, 'A model company: CETC celebrates 10 years of civil-military integration', *China Brief*, The Jamestown Foundation, vol. 12, no. 4, 2012.

42 Danielle Cave and Brendan Thomas-Noone, 'CSIRO cooperation with Chinese defence contractor should raise questions', *The Guardian*, 3 June 2017.

43 <web.archive.org/web/20101029184346/http://www.cetc.com.cn:80/Article_List.aspx?columnID=1>.

44 <jamestown.org/program/a-model-company-cetc-celebrates-10-years-of-civil-military-integration/>.

45 Luce, 'A model company'.

46 Cave and Thomas-Noone, 'CSIRO cooperation with Chinese defence contractor should raise questions'.

47 Hannas, Mulvenon and Puglisi, *Chinese Industrial Espionage*(前掲『中国の産業スパイ網』), p. 259.

48 Hannas, Mulvenon and Puglisi, *Chinese Industrial Espionage*, pp. 259–60.

49 <www.uts.edu.au/about/faculty-engineering-and-information-technology/news/joint-iet-research-centre-china>.

50 <en.yibada.com/articles/55692/20150820/chinese-researchers-hopeful-metamaterials-key-unlocking-invisible-planes.htm>.

51 Cave and Thomas-Noone, 'CSIRO cooperation with Chinese defence contractor should raise questions'.

52 Tom Igguldon, 'Australian universities accused of sharing military technology with China', *ABC News Online*, 15 December 2017.

53 <newsroom.uts.edu.au/news/2016/12/uts-launch-centre-china-promote-research-and-commercialisation>.

54 <news.xinhuanet.com/info/2016-11/17/c_135835124.htm>.

55 <www.cetccity.com/home>.

56 <www.uts.edu.au/about/faculty-engineering-and-information-technology/news/new-uts-centre-driving-big-data>.

57 <www.uts.edu.au/about/faculty-engineering-and-information-technology/news/joint-iet-research-centre-china>.

58 <www.uts.edu.au/research-and-teaching/our-research/global-big-data-technologies-centre>.

59 <news.xinhuanet.com/mil/2017-03/15/c_129509791.htm>; <ndupress.ndu.edu/Media/News/News-Article-View/Article/621113/defense-intelligence-analysis-in-the-age-of-big-data/>.

60 <web.archive.org/web/20160530101219/http://www.uts.edu.au/research-and-teaching/our-research/global-big-data-technologies-centre/working-us/our-partners>.

61 Aaron Patrick, 'China's citizen spies', *Australian Financial Review*, 3–4 September 2016.

62 オーストラリア防衛科学技術機構 (DST) の大学との関係を管理する高官へのインタビュー。3 August 2017.

63 Daniel Golden, *Spy Schools: How the CIA, FBI, and Foreign Intelligence secretly exploit America's universities*, New York: Henry Holt, 2017(前掲『盗まれる大学』), p. 7.

64 <www.xidian.edu.cn/xxgk/xxjj.htm>.

65 Edward Wong, 'University in Xi'an opens school of cyberengineering', *The New York Times*, 7 January 2015.

66 <news.ifeng.com/a/20160531/48886124_0.shtml>.

67 このセクションの残りの部分は、本セクションのほとんどの研究を行った Alex Joske によって書かれた。

68 Minnie Chan, 'Xi Jinping tells Chinese defence firms to aim higher and catch up on weapons technology', *South China Morning Post*, 4 October 2017; Charlotte Gao, '3 Major Takeaways from Xi Jinping's Speech at the 19th Party Congress', *The Diplomat*, 18 October 2017.

69 David Lague, 'In satellite tech race, China hitched a ride from Europe', Reuters, 23 December 2013.

70 <https://link.springer.com/article/10.1007/s10291-010-0165-9>.

71 国防科技大学の張為華とニューサウスウェールズ大学の研究者たちについては次を参照。<http://www.sciencedirect.com/science/article/pii/S1874490714000020>; 張為華は人民解放軍少将でもある <http://www.gzht.casic.cn/n1377750/n1377781/c1802727/content.html>.

72 <http://eng.chinamil.com.cn/news-channels/china-military-news/2015-06/26/content_6556886.htm>; <http://news.xinhuanet.com/mil/2015-06/25/c_127950466.htm>.

73 <https://www.uscc.gov/sites/default/files/Research/Staff%20Report_China%27s%20Alternative%20to%20GPS%20and%20Implications%20for%20the%20United%20States.pdf>.

74 <http://www.sciencedirect.com/science/article/pii/S0273117712005777>; <http://ieeexplore.ieee.org/document/7809968/>.

75 <http://citeseerx.ist.psu.edu/viewdoc/download?doi=10.1.1.156.9303&rep=rep1&type=pdf>; <https://wenku.baidu.com/view/4ee98410227916888486d73f.html?re=view>.
76 <http://www.wendangku.net/doc/e1ba346fff00bed5b9f31dd3-134.html>.
77 Clive Hamilton and Alex Joske, 'Australian universities are helping China's military surpass the United States', *The Sydney Morning Herald*, 28 October 2017.
78 <http://news.xinhuanet.com/politics/19cpcnc/2017-10/22/c_129724787.htm>.
79 筆者への電子メール返信による。14 November 2017.
80 筆者への電子メール。25 July 2017.
81 筆者への電子メール返信。27 October 2017.
82 Alex Joske からの聞き取り。8 November 2017.
83 <www.ctp.gov.cn/hjjh/index.shtml>; <http://www.gov.cn/xinwen/2017-03/24/content_5180907.htm>.
84 Hannas, Mulvenon and Puglisi, *Chinese Industrial Espionage*(前掲『中国の産業スパイ網』).
85 出典は以下の無署名記事。'Chinese scientist Huang Kexue jailed for trade theft', *BBC News*, 22 December 2011.
86 <www.freerepublic.com/focus/news/3229656/posts>.
87 <newsroom.unsw.edu.au/news/general/unsw-partners-china-100-million-innovation-precinct>.
88 <http://www.president.unsw.edu.au/speeches/torch-gala-dinner-speech-address-professor-ian-jacobs-unsw-sydney-16-august-2016>.
89 <https://newsroom.unsw.edu.au/news/general/unsw-partners-china-100-million-innovation-precinct>.
90 Hannas, Mulvenon and Puglisi による引用。*Chinese Industrial Espionage*(前掲『中国の産業スパイ網』), p. 63.
91 <news.xinhuanet.com/world/2017-03/24/c_1120688273.htm>.
92 John Ross, 'Torch precinct lights the way for UNSW innovators', *The Australian*, 7 May 2016.
93 Anders Furze and Louisa Lim, '"Faustian bargain": Defence fears over Australian university's $100m China partnership', *The Guardian*, 19 September 2017; Brian Boyle, 'Chinese partnerships are vital for universities and global research', *Australian Financial Review*, 30 October 2017.
94 Ross, 'Torch precinct lights the way for UNSW innovators'.
95 Laurie Pearcey へのインタビュー取材。2 August 2017.
96「私たちはすべてのパートナー(予定者含む)に対し広範なデューデリジェンスを、専門の独立した第三者によって行う。これには企業の受益権情報や制裁/規制/除外リストなどのさまざまな基準への考慮が含まれ、このプロセスで考慮する事項の一部として軍事とのリンケージは必ず検討される」。出典は筆者への電子メール(5 October 2017). 10月17日の Pearsey からの電子メールは次の通り。「海外パートナーと当社との研究契約はすべて、厳格なデューデリジェンス手続きを経ており、すべての契約が軍需品貿易の規制に準拠しているか確認している」。
97 Laurie Pearcey は共産党政権の目標に共感しているようだ。以下の発言を参照。「民主主義を求めるエリートの要求が薄らいでくれば、香港人は自分たちの運命が常に中国の一部だったことに気付くだろう」('Beyond the fog of tear gas, Hong Kong's future remains with China', *The Conversation*, 2 October 2014)「一帯一路構想がオーストラリアを孤立から救う」('China's Belt and Road initiative counters isolationist sentiment: Australian academics', *Xinhuanet*, 23 November 2016)「オーストラリアの大学は偏狭から脱却して、新しいシルクロードに沿った大胆な最初の一歩を踏み出さなければならない」('Scholar urges bold step for Australia's higher education along new Silk Road', *Global Times*, 26 May 2015). 彼の見解は、中国の公的メディアによって定期的に吹聴されている。彼は NSW 大学孔子学院院長でもある。
98 このトピックはデリケートで、まだ何の研究もされていない。飛び地の存在は、特定の部門やセンターの大学職員リストで簡単にわかる。ここでの学問文化に対する影響の可能性は、逸話に基づく推測の域を出ないものであることを断っておく。
99 University of Adelaide: <www.adelaide.edu.au/directory/peng.shi>; Victoria University: <www.vu.edu.au/contact-us/peng-shi>.
100 <www.fjut.edu.cn/e3/56/c467a58198/page.htm>.
101 <www1.hrbust.edu.cn/xueyuan/zidonghua/shownews.asp?id=97>.
102 <heuac.hrbeu.edu.cn/2016/0530/c1467a34057/page.htm>; <heuac.hrbeu.edu.cn/1540/list.htm>.
103 <heuac.hrbeu.edu.cn/1478/list.htm>.

104 <military.people.com.cn/n/2014/1020/c1011-25868325.html>.
105 <www.fjut.edu.cn/e3/56/c467a58198/page.htm>; <www.vu.edu.au/contact-us/peng-shi>.
106 <www.eleceng.adelaide.edu.au/Personal/cclim/research/pgstudents.html>.
107 出典は以下の無署名記事。'A message from Confucius', *The Economist*, 22 October 2009.
108 Omid Ghoreishi, 'Beijing uses Confucius Institutes for espionage, says Canadian intelligence veteran', *The Epoch Times*, 14 October 2014.
109 <english.hanban.org/node_10971.htm>.
110 David Shambaugh, 'China's propaganda system: Institutions, processes and efficacy', *The China Journal*, no. 57, January 2007.
111 James Jiann Hua To, *Qiaowu: Extra-territorial policies for the overseas Chinese*, Leiden: Koninklijke Brill, 2014, p. 146.
112 Rachelle Petersen, *Outsourced to China: Confucius Institutes and soft power in American higher education*, New York: National Association of Scholars, 2017, p. 80.
113 出典は以下の無署名記事。'Sydney University criticised for blocking Dalai Lama visit', *The Guardian*, 18 April 2013.
114 Adam Harvey, 'Uni under fire for pulling pin on Dalai Lama event', *ABC News Online*, 18 April 2013.
115 Petersen, Outsourced to China, p. 83.
116 Hagar Cohen, 'Australian universities the latest battleground in Chinese soft power offensive', *ABC News Online*, 14 October 2016.
117 Zhiqun Zhu, 'The undoing of China's soft power', *The Diplomat*, 8 August 2014.
118 Petersen, *Outsourced to China*.
119 Petersen, *Outsourced to China*, p. 88.
120 Ghoreishi, 'Beijing uses Confucius Institutes for espionage, says Canadian intelligence veteran'.
121 Raffy Boudjikanian, 'Local Chinese school visited by CSIS, director says', *CBC News*, 8 September 2014.
122 <pkuasc.fasic.org.au/australian-minister-of-education-the-hon-christopher-pyne-visits-peking-university/>.
123 Geoff Wade, 'Confucius Institutes and Chinese soft power in Australia', Canberra: Parliamentary Library, 24 November 2014.
124 <sydney.edu.au/confucius_institute/about/profiles.shtml>.
125 <web.archive.org/web/20140301220106/http://confuciusinstitute.unsw.edu.au/about-us/our-people/>.
126 Wade, 'Confucius Institutes and Chinese soft power in Australia'.
127 John Fitzgerald, 'Academic freedom and the contemporary university—lessons from China', *Humanities Australia*, 2017.
128 <www.uq.edu.au/news/article/2015/12/uq-vice-chancellor-receives-confucian-award-china's-vice-premier>.
129 <english.hanban.org/node_10971.htm>.
130 <schoolsequella.det.nsw.edu.au/file/33b88803-c07c-46dc-8c43-eccfbae5f80c/1/mcc-nsw.pdf>.
131 Justin Norrie, 'Confucius says school's in, but don't mention democracy', *The Sydney Morning Herald*, 20 February 2011.
132 Michael Churchman, 'Confucius Institutes and controlling Chinese languages', *China Heritage Quarterly*, ANU, no. 26, June 2011.
133 <theory.people.com.cn/GB/12650342.html>.
134 Norrie, 'Confucius says school's in, but don't mention democracy'.
135 Louisa Lim, *The People's Republic of Amnesia: Tiananmen revisited*, Oxford: Oxford University Press, 2014.
136 <www.parliament.nsw.gov.au/la/papers/DBAssets/tabledpaper/webAttachments/27820/10,000%20%2B%20petition%20on%20Confucius%20Classrooms.pdf>.
137 Tom Cowie, 'Theatre group raises questions about Chinese Consulate intimidating schools', *Crikey*, 23 February 2011.
138 Kelsie Munro and Hannah Francis, 'Confucius Classrooms: Chinese government agency teaching Victorian kids', *The Age*, 29 May 2016.

139 Alex Joske and Philip Wen, 'The "patriotic education" of Chinese students at Australian universities', *The Sydney Morning Herald*, 7 October 2016.

140 Angus Grigg, Lisa Murray and Primrose Riordan, 'Canberra pharmacy at front line of China's push for global influence', *Australian Financial Review*, 1 September 2016. 注：権力（power）という言葉は発表された記事からは偶然削除されていた。

141 Geremie Barmé からオーストラリア国立大学副総長 Brian Schmidt と総長 Gareth Evans への公開書簡。15 August 2016. なお 2017 年 5 月、William Maley 教授は雷希穎が ANU で博士課程に引き続き在籍していることを確認した。

142 Philip Wen, 'The Australian connection behind China's ultra-nationalist viral video', *The Sydney Morning Herald*, 4 August 2016.

143 Andrew Chubb, 'Are China's most extreme nationalists actually foreign stooges?', *Foreign Policy*, 26 July 2016.

144 <weibo.com/1634365454/DEOLuCkNR?from=page_1005051634365454_profile&wvr=6&mod=weibotime&type=comment>.

145 前掲 Barmé から Schmidt と Evans 宛ての公開書簡。

146 Alex W. Palmer, 'The lonely crusade of China's human rights lawyers', *The New York Times Magazine*, 25 July 2017.

147 To, *Qiaowu*, p. 31.

148 To, *Qiaowu*, pp. 32–4.

149 <https://internationaleducation.gov.au/research/International-Student-Data/Pages/InternationalStudentData2017.aspx>.

150 Ross Peake, 'Overseas students are good for Canberra – and vice versa', *Canberra Times*, 4 September 2015.

151 出典は以下の無署名記事。'Protect uni students from foreign spies, says Gareth Evans', *The Australian*, 4 October 2017.

152 Alexander Joske, Kelsey Munro and Philip Wen, 'Australia's top-ranked global university moves to lower share of Chinese students', *The Sydney Morning Herald*, 5 October 2017.

153 James To, 'Beijing's policies for managing Han and ethnic-minority Chinese communities abroad', *Journal of Current Chinese Affairs*, no. 4, 2012, pp. 183–221, 205–6.

154 To, *Qiaowu*, p. 29.

155 To, *Qiaowu*, p. 218.

156 Chang Ping, 'Chinese students studying abroad a new focus of CCP's "United Front work"', *China Change*, 9 June 2015.

157 Gerry Groot, 'The expansion of the United Front under Xi Jinping', *China Story Yearbook*, Canberra: Australian Centre for China in the World, 2015.

158 James Scott and Drew Spaniel, *China's Espionage Dynasty*, Institute for Critical Infrastructure Technology, 2016, p. 34.

159 Madalina Hubert, 'Ex-envoy details Chinese regime's overseas scheme', *The Epoch Times*, 10 September 2015.

160 Hubert, 'Ex-envoy details Chinese regime's overseas scheme'.

161 Joske and Wen, 'The "patriotic education" of Chinese students at Australian universities'.

162 2017 年の非公開の会議で、郭小航 Guo Xiaohang が ANU / ACT CSSA の会長に「全会一致で」選出された (<hmp.weixin.qq.com/s/7wYwZYtpM2X9pVTXT7GCfQ>).

163 Matthew Robertson, 'Columbia University closes Chinese students group', *The Epoch Times*, 24 March 2015.

164 Nick McKenzie, Sashka Koloff and Anne Davies, 'Power and influence', *Four Corners*, ABC TV, 6 June 2017.

165 John Garnaut, 'Chinese spies at Sydney University', *The Sydney Morning Herald*, 21 April 2014.

166 McKenzie, Koloff and Davies, 'Power and influence', *Four Corners*. オーストラリアに滞在中の若い中国人留学生盧璐品（Lu Lupin）は、ビクトリア州高等裁判所で ABC とフェアファックス・メディアへの名誉毀損訴訟を開始した。番組では、彼女が中国共産党のスパイ、もしくは代理人であると暗示され、番組に続く報道の結果、彼女の名誉が著しく毀損されたと主張。被告に対して盧は損害賠償、加重損害、さ

らなる報道への差し止め命令、損害への利息、法的費用、および「裁判所が適切と考えるその他の救済」を訴えた (Ping (Lupin) Lu Statement of Claim lodged at the Supreme Court of Victoria on 29 November 2017).

167 McKenzie, Koloff and Davies, 'Power and influence', *Four Corners*.

168 Grigg, Murray and Riordan, 'Canberra pharmacy at front line of China's push for global influence'.

169 Chang Ping, 'Chinese students studying abroad a new focus of CCP's "United Front work"', *China Change*, 9 June 2015.

170 Central Intelligence Agency, 'China: Student informant system to expand, limiting school autonomy, free expression', Washington, D.C.: Directorate of Intelligence, 23 November 2010, <https://fas.org/irp/world/china/docs/cia-sis.pdf>.

171 Garnaut, 'Chinese spies at Sydney University'.

172 Alex Joske との私信による。30 March 2017.

173 John Horwitz, 'Chinese students in the US are using "inclusion" and "diversity" to oppose a Dalai Lama graduation speech', *Quartz*, 15 February 2017.

174 Zhang Xunchao (CSSA メンバーで Ostar 社員), 'Open letter to Woroni regarding the ANU Chinese student community', Facebook への投稿、1 September 2016.

175 Chenchen Zhang, 'The curious rise of the "white left" as a Chinese internet insult', *Open Democracy*, 11 May 2017.

176 Jim Waterson, 'The Chinese Embassy told Durham University's debating society not to let this former Miss World contestant to speak at a debate', *Buzzfeed*, 11 February 2017 <https://www.buzzfeed.com/jimwaterson/the-chinese-embassy-told-durham-universitys-debating-society?utm_term=.gix2qE5NR#.iekolLEOn>.

177 Committee on Foreign Affairs, House of Representatives, 'Is academic freedom threatened by China's influence on US universities?', Washington, D.C.: US Government Printing Office, 4 December 2014.

178 Chris Uhlmann, 'ASIO warned ANU of donor links to Chinese Communist party, Opposition ramps up inquiry call', *ABC News Online*, 13 June 2017.

第 11 章　文化闘争

1 Sue Neales, 'China's Ningbo Dairy Group looks to greener Australian pastures', *The Australian*, 4 April 2015.

2 <finance.sina.com.cn/consume/puguangtai/20130504/123015349344.shtml>; <news.ifeng.com/gundong/detail_2013_02/27/22524284_0.shtml>; <news.ifeng.com/gundong/detail_2013_03/01/22609837_0.shtml>.

3 Powell Tate, 'The licence that matters: Beyond Foreign Investment Review Board approval', report by Powell Tate, 2017, p. 46.

4 Sue Neales, 'Dreams blocked as council cries over milk spilling to China', *The Australian*, 5 September 2015.

5 Sue Neales and Primrose Riordan, 'Avoid Aussie icons: FIRB boss's tips for China on investment', *The Australian*, 1 March 2017.

6 Glenda Korporaal, 'Find an Aussie partner, Howard tells potential Chinese investors', *The Australian*, 17 March 2017.

7 Powell Tate, 'The licence that matters', p. 30.

8 Powell Tate, 'The licence that matters', p. 48.

9 Dominique Schwartz, Anna Vidot and Clint Jasper, 'S Kidman and Co: Scott Morrison approves sale of cattle empire to Gina Rinehart, Chinese company', *ABC News Online*, 10 December 2016.

10 Cameron England and Tory Shepherd, 'Chinese mining magnate Sally Zou is SA Libs' largest donor as PM Malcolm Turnbull reveals his $1.75m donation', *Adelaide Now*, 2 February 2017.

11 <www.sbs.com.au/yourlanguage/cantonese/zh-hant/article/2017/08/15/chinese-ferrari-protesting-sydney-towards-india?language=zh-hant>; <www.sydneytoday.com/content-101733241010010>.

12 <scholarships.adelaide.edu.au/scholarship/ug/ecms/ausgold-mining-engineering-scholarship>.

13 <www.portadelaidefc.com.au/news/2016-10-26/ausgold-joins-port-as-world-program-backer>. おまけに

サリー・ゾウは、サッカーチームの「アデレードユナイテッド」も支援している (<www.adelaideunited.com.au/article/adelaide-united-and-ausgold-join-forces-for-afc-champions-league/1r7qsivp77mwe1wowegfucy87u>). 上海 CRED 社不動産開発のボスで、Gina Rinehart のビジネスパートナーである Gui Guojie は、ポートアデレード FC の主要な資金提供者だ (Brad Thompson, 'Kidman owner wins with AFL in Shanghai', *Australian Financial Review*, 25 October 2017).

14 <culture.people.com.cn/GB/40494/40496/13836208.html>.

15 <zqb.cyol.com/content/2006-10/19/content_1543581.htm>.

16 <www.xwtoutiao.cn/p/ict8k50s/>.

17 Primrose Riordan, 'Sally Zou denies billion-dollar deal with Chinese state-owned company', *The Australian*, 17 May 2017.

18 <www.xwtoutiao.cn/p/ict8k50s/>.

19 出典は以下の無署名記事。'Tips and rumours: Who is Gloria and why did she take out a full page ad in The Oz?', *Crikey*, 19 March 2015.

20 <en.people.cn/n/2015/1027/c90000-8967567.html>.

21 <australia.people.com.cn/n/2015/1124/c364496-27850484.html>.

22 2017 年 6 月、労働党が議会で Julie Bishop Glorious Foundation（ジュリー・ビショップ・グロリアス財団）について質問し、Bishop を批判の俎上に乗せようとしたとき、政府はお返しに、危ないゴールド業者 Simon Zhou から献金を受け、上院議員選挙の候補者にまでしてやったとして、労働党に反撃した。労働党は Andrew Robb の中国との取引を持ち出すことで報復し、政府は「上海サム」(Sam Dastyari) と Joel Fitzgibbon を非難した。このやりとりは悪質で、両主要政党の中国マネーによる腐敗がどれだけ深いものか、なぜ両党が少なくともターンブル首相が 2017 年 12 月に新たな国家安全保障法制を導入する（非常に重要な動きだった）まで両党ともその問題を追求することにずっと消極的であったことに強く責任を感じていることが露呈した（議会でのやりとりについては以下を参照。Louise Yaxley, 'Julie Bishop denies knowledge of Chinese donor setting up company bearing her name', *ABC News Online*, 14 June 2017.)

23 Sally Rose, 'FIRB Chinese real estate buyer crackdown called "racist" as Ray White urges calm', *The Sydney Morning Herald*, 26 March 2015.

24 Lucy Macken, 'Cashed-up Chinese find the sweet spot', *The Sydney Morning Herald*, 23–24 August 2014.

25 Elizabeth Redman, 'Foreigners spending $8bn a year on new housing in NSW and Victoria', *The Australian*, 24 March 2017.

26 Jackson Gothe-Snape, 'Property sector scrambling to recruit Chinese real estate agents on 457 visas', *SBS Online*, 10 April 2017.

27 Property Council of Australia, 'New report demonstrates value to the Australian economy from foreign investment in real estate', media release, 30 May 2017.

28 Sarah Martin, '"Migrant millionaires" fuel property boom', *The Australian*, 26 April 2017.

29 Martin, '"Migrant millionaires" fuel property boom'.

30 Kirsty Needham, 'Chinese police chief Wang Jun Ren jailed for buying Australian real estate with corrupt money', *The Sydney Morning Herald*, 18 March 2017; Angus Grigg and Lisa Murray, 'Corrupt Chinese payments fund education, housing and holidays in Australia', *Australian Financial Review*, 2 March 2016.

31 Paul Maley, 'China's dodgy $1bn in property', *The Australian*, 30 January 2017.

32 Miles Godfrey, 'Foreign buyers cash out', *Daily Telegraph*, 6 February 2017.

33 Larry Schlesinger, 'Foreign investor crackdown dismissed as "farce"', *Australian Financial Review*, 11 August 2015.

34 David Pierson, 'Mega-mansions in this LA suburb used to sell to Chinese buyers in days. Now they're sitting empty for months', *Los Angeles Times*, 23 February 2017.

35 Larry Schlesinger, 'Chinese developers surge back into Melbourne', *Australian Financial Review*, 18 January 2017.

36 Anon., 'World's biggest real estate frenzy is coming to a city near you', *Bloomberg News*, 15 November 2016.

37 <writersvictoria.org.au/civicrm/event/info?id=120&reset=1>.

38 そのウェブサイトには、第 4 章で紹介したニューサウスウェールズ州政府閣僚諮問委員会のメンバー、

楊東東の「国会議事堂で習主席の発言を聞く」などのテーマで 19 本の記事が掲載されている (<www.aucnln.com/>).

39 <chinavitae.com/biography/Tie_Ning%7C3506>; <https://en.wikipedia.org/wiki/19th_Central_Committee_of_the_Communist_Party_of_China>.

40 Yaxue Cao, 'Mo Yan, according to you—part two', *China Change*, October 2012, <chinachange.org/2012/10/23/mo-yan-according-to-you-part-two/>.

41 <www.sbs.com.au/news/article/2017/06/12/sbs-mandarin-broadcaster-may-hu-honoured-order-australia-medal>.

42 <www.aucnln.com/article_12782.htm>.

43 <www.gzqw.gov.cn/site6/sqqw/10/57335.shtml>; <http://www.aucnln.com/article_867.htm>.

44 <www.chinaqw.com/m/zhwh/2016/08-11/98769.shtml>.

45 <www.chinawriter.com.cn/zxhy/member/1907.shtml>.

46 <sn.xinhuanet.com/snnews2/20160824/3399533_c.html>.

47 <world.people.com.cn/n1/2016/0830/c1002-28677567.html>.

48 <world.people.com.cn/n1/2016/0830/c1002-28677567.html>.

49 James Jiann Hua To, *Qiaowu: Extra-territorial policies for the overseas Chines*e, Leiden: Koninklijke Brill, 2014, p. 150.

50 <www.cccowe.org/content_pub.php?id=catw200507-8>.

51 <web.archive.org-Presbyterian Church of Aotearoa New Zealand (1).pdf>.

52 <http://www.achina.com.au> (スクリーンショットを保存済み).

53 <http://blog.ccmchurch.com.au/archives/18913/comment-page-1>.

54 筆者によるインタビュー。6 June 2017.

55 Hong Liu and Els van Dongen, 'China's Diaspora policies as a new mode of transnational governance', *Journal of Contemporary China*, vol. 25, no. 102, 2016.

56 Anne-Marie Brady, 'China's foreign propaganda machine', *Journal of Democracy*, vol. 26, no. 4, October 2015, pp. 51–9.

57 筆者への Australian War Memorial 広報マネージャー Greg Kimball からの電子メール, 10 July 2017.

58 <news.xinhuanet.com/english/photo/2015-09/17/c_134633608_5.htm>; <news.xinhuanet.com/world/2015-09/17/c_1116592509.htm>.

59 <news.xinhuanet.com/english/photo/2015-09/17/c_134633608_5.htm>; <news.xinhuanet.com/world/2015-09/17/c_1116592509.htm>.

60 Email to the author from Greg Kimball, media relations manager, Australian War Memorial, 18 July 2017.

61 Sheng Fei (ed.), *Quiet and Loyal Spirit: Commemorating Chinese Australian military service*, New Century Publications Fund, 2015.

62 これを確認してくれた第一艦隊の歴史家 Cathy Dunn に感謝する。歴史家の Shirley Fitzgerald によれば、最も古い中国人入植者として記録に残っているのは、1818 年に到着しパラマッタの土地を購入した Mak Sai Ying である (<dictionaryofsydney.org/entry/chinese>). しかし Fitzgerald は「オーストラリアの東海岸と中国の接触は、ほぼ確実に漢王朝の時代（紀元前 202 年～ 220 年）までに発生しており、記録に残っていない過去に遡る可能性がある」という誤った主張を繰り返している。

63 Howard French, 'China's textbooks twist and omit history', *The New York Times*, 6 December 2004.

64 Ian Johnson, 'China's memory manipulators', *The Guardian*, 8 June 2016.

65 中国共産党は、日本の侵略者を打ち破ったのは人民解放軍だと主張するが、実際には彼らは撤退し、戦闘の大部分を国民党に任せていた。

66 この戦略は、米国のコーク兄弟にも適用されていると、David L. Levy は述べている ('It's the real thing', ClimateInc, 8 September 2010).

67 Karl Wilson, 'Exploring a shared history', *China Daily*, 11–17 December 2017. 以下も参照。Robert Macklin, *Dragon & Kangaroo: Australia and China's shared history from the goldfields to the present day*, Sydney: Hachette, 2017.

68 <www.yeeyi.com/news/index.php?app=home&act=article&aid=149963>; <au.fjsen.com/2016-08/25/content_18366654.htm>.

69 <mayt.com.au/2017/01/tw/>.

70 Mao Tse-tung, 'Talks at the Yenan Forum on Literature and Art' (May 1942) in *Selected Works of Mao Tse-tung*, Peking: Foreign Languages Press, 1967（毛沢東「延安文芸座談会での講話」『毛沢東選集第三巻』）.

71 <www.cyberctm.com/zh_TW/news/detail/873395#.WaeyfMZjKi4>.

72 <www.meipian.cn/gkpajr3>.

73 Amy Hawkins, 'KFC China is using facial recognition tech to serve customers—but are they buying it?', *The Guardian*, 11 January 2017.

74 James T. Areddy, 'One legacy of Tiananmen: China's 100 million surveillance cameras', *Wall Street Journal*, 5 June 2104.

75 Nathan Vanderklippe, 'Chinese blacklist an early glimpse of sweeping new social credit control', *The Globe and Mail*, 3 January 2018.

76 以下の無署名記事を参照。'China invents the digital totalitarian state', *The Economist*, 17 December 2016.

77 Nathan Vanderklippe, 'Chinese blacklist an early glimpse of sweeping new social credit control', *The Globe and Mail*, 3 January 2018.

78 <https://en.oxforddictionaries.com/definition/big_data>

79 前掲無署名記事 'China invents the digital totalitarian state'. 米国の技術研究者たちは現在、人々が自分の顔が記録されることから身を守る方法を開発している。有望な方法の一つに、フレームにおかしな模様の入ったメガネをかけ撮像を混乱させることがある (<www.theguardian.com/technology/2016/nov/03/how-funky-tortoiseshell-glasses-can-beat-facial-recognition>).

80 <news.xinhuanet.com/info/2016-11/17/c_135835124.htm>.

81 <en.cetc.com.cn/enzgdzkj/news/408468/index.html>.

82 <newsroom.uts.edu.au/news/2016/12/uts-launch-centre-china-promote-research-and-commercialisation>.

83 Sam Levin, 'Half of US adults are recorded in police facial recognition databases, study says', *The Guardian*, 18 October 2016.

84 Geoff Wade, 'Beidou: China's new satellite navigation system', post on website of the Parliamentary Library, Canberra, 26 February 2015 <http://www.aph.gov.au/About_Parliament/Parliamentary_Departments/Parliamentary_Library/FlagPost/2015/February/Beidou_China_new_satellite_navigation_system>.

85 Anne-Marie Brady, 'China's expanding Antarctic interests: Implications for Australia', Australian Strategic Policy Institute, Canberra, August 2017; Anne-Marie Brady, 'China's expanding Antarctic interests: Implications for New Zealand', paper presented at the conference Small States and the Changing Global Order: New Zealand Faces the Future, University of Canterbury, Christchurch, New Zealand, June 2017 <http://www.arts.canterbury.ac.nz/political/documents/ssanse2017_documents/Anne-Marie_Brady_policybrief.pdf>.

86 Nicola Davison, 'China eyes Antarctica's resource bounty', China Dialogue, 19 November 2013; Jo Chandler, 'Chinese resources chief eyes Antarctica minerals', *The Sydney Morning Herald*, 7 January 2010.

87 Brady, 'China's expanding Antarctic interests'.

88 <www.fmprc.gov.cn/mfa_eng/topics_665678/xjpzxcxesgjtldrdjcfhdadlyxxlfjjxgsfwbttpyjjdgldrhw/t1212943.shtml>.

89 この点を指摘してくれたシドニー大学ロースクールの Tim Stephens に感謝する。

90 Brady, 'China's expanding Antarctic interests: Implications for Australia', Table 1.

91 Will Koulouris, 'Interview: Australia-China collaboration in Antarctica a shining example of great relationship', *Xinhuanet*, 15 September 2017.

92 Nengye Liu, 'How China came in from the cold to help set up Antarctica's vast new marine park', *The Conversation*, 1 November 2016 <theconversation.com/how-china-came-in-from-the-cold-to-help-set-up-antarcticas-vast-new-marine-park-67911>.

93 Nengye Liu, 'Demystifying China in Antarctica', *The Diplomat*, 9 June 2017 <thediplomat.com/2017/06/demystifying-china-in-antarctica/>.

94 David Leary, 'The future of Antarctica: Conflict or consensus?' ブログへの投稿, 14 January 2016 <www.uts.edu.au/about/faculty-law/news/future-antarctica-conflict-or-consensus>.

95 長年にわたりオーストラリアの南極部門を率い、現在も中心的な役割を担う Dr Tony Press は、中国が条約に加盟していることで、採掘禁止の約束が確実に守られると考えている (Nick Rowley, 'In Conversation on Antarctic sovereignty: full discussion', *The Conversation*, 3 July 2014 <theconversation.com/in-conversation-on-antarctic-sovereignty-full-discussion-28600>).
96 <blogs.adelaide.edu.au/confucius/2016/10/05/china-joining-the-polar-club/>.
97 Thomas Kellogg, 'The South China Sea ruling: China's international law dilemma', *The Diplomat*, 14 July 2016 <thediplomat.com/2016/07/the-south-china-sea-ruling-chinas-international-law-dilemma/>.
98 以下の無署名記事を参照 , 'China's international law problem is as wide as the sea', *The Globe and Mail*, 12 July 2016.

第 12 章　中国の友人：親中派

1 Anne-Marie Brady, 'China's foreign propaganda machine', in Larry Diamond, Marc Plattner and Christopher Walker (eds), *Authoritarianism Goes Global*, Baltimore: Johns Hopkins University Press, 2016, p. 190.
2 Jiayang Fan, 'Trump, Confucius, and China's vision', *The New Yorker*, 19 May 2017.
3 Joo-Cheong Tham, 'Of aliens, money and politics: Should foreign political donations be banned?', *King's Law Journal*, 2017, vol. 28, no. 2, pp. 1–17.
4 <www.newworldencyclopedia.org/entry/Bob_Hawke>.
5 Sue Neales, 'Labor backing China bid for Kimberley land, says Barnaby Joyce', *The Australian*, 1 June 2012.
6 以下の無署名記事を参照 , 'Tony Abbott says Labor "should listen to Bob Hawke" over China trade deal', *The Guardian*, 28 August 2015.
7 Bob Hawke, 'Forging an iron bond of friendship with China', *Australian Financial Review*, 19 December 2012.
8 Paul Kelly, 'Australia must heed the shift in the US-China power balance: Keating', *The Australian*, 24 December 2016.
9 Chang Ping, 'Chinese students studying abroad a new focus of CCP's "United Front work"', *China Change*, 9 June 2015.
10 <www.chinafile.com/document-9-chinafile-translation#start>.
11 <www.latrobe.edu.au/news/ideas-and-society/the-hon.-paul-keating-on-our-role-in-asia-in-the-trump-era>. From minute 33.00 to minute 36.35.
12 Philip Wen, 'Chinese foreign minister Wang Yi flies off the handle on video', *The Sydney Morning Herald*, 2 June 2016.
13 Brady, 'China's foreign propaganda machine', p. 189.
14 Kelly, 'Australia must heed the shift in the US-China power balance'.
15 別の時には、Paul Keating は中国共産党の不条理な主張に共鳴せず、矛盾することもある。それでも彼は中国による植民地化をある意味当然のことだとする。一帯一路構想で「中国の西部国境から少なくとも西ヨーロッパまでの 50 数カ国の経済植民地化」を計画している、と述べた (<www.rfigroup.com/australian-banking-and-finance/news/keatings-china-bank-plans-economic-colonisation>).
16 Hugh White, 'China's power and the future of Australia', Annual lecture, Centre on China in the World, Australian National University, 11 April 2017 <http://ciw.anu.edu.au/lectures_seminars/2017.php>. This section is drawn largely from: Clive Hamilton, 'China capitulationism: What's missing from Hugh White's China calculus', *policyforum.net*, 28 April 2017 <https://www.policyforum.net/china-capitulationism/>. Hugh White replied: 'We need to talk about China', *policyforum.net*, 4 May 2017 <https://www.policyforum.net/need-talk-china/>.
17 White, 'China's Power and the Future of Australia'.
18 Rory Medcalf (ed.), 'China's economic leverage: Perception and reality', National Security College, ANU, Policy Options Paper no. 2, 2017.
19 Jonathan Fenby, *Will China Dominate the 21st Century?*, Cambridge, U.K.: Polity Press, 2017.
20 Michael Danby, Carl Ungerer and Peter Khalil, 'No winners by appeasing China', *The Australian*, 16 September 2010.

21 White, 'China's power and the future of Australia'. 以下も参照 Hugh White, *Without America: Australia in the New Asia*, Quarterly Essay, issue 68, 2017,Melbourne: Black Inc. Books. ホワイトにとっての唯一の選択肢は中国を選択するか戦争するかだが、2人の米国の戦略アナリストは、中国の積極的な拡大に対応するためのより幅広い選択肢を検討している。以下を参照 Hal Brands and Zack Cooper, 'Getting serious about strategy in the South China Sea', *Naval War College Review*, Winter 2018, vol. 71, no. 1.

22 White, *Without America*, p. 9.

23 White, *Without America*, pp. 11, 12.

24 Michael Pillsbury, *The Hundred-Year Marathon*, New York: St Martin's Griffin, 2016(前掲『China2049』), Chapter 7.

25 Australia-China Relations Institute 主催のフォーラム「South China Sea: What next?」での発言。National Library of Australia, 23 November 2016.

26 White, 'China's power and the future of Australia'.

27 White, 'China's power and the future of Australia'.

28 White, 'China's power and the future of Australia'.

29 White, *Without America*, p. 69.

30 White, 'China's power and the future of Australia'.

31 Richard Bullivant, 'Chinese defectors reveal Chinese strategy and agents in Australia', *National Observer*, Spring 2005, no. 66, pp. 43–8.

32 Bob Carr は回顧録の中で、Andrew Forrest が中国人について「彼らは我々に謙虚さを求めているのだと思う」と発言したと書いている (Bob Carr, *Diary of a Foreign Minister, Sydney*: NewSouth Publishing, 2014).

33 Geoff Raby, 'Northern Australia takes its place on Xi Jinping's new silk road map', *Australian Financial Review*, 11 May 2016.

34 Geoff Raby, 'Xi Jinping's One Belt, One Road triumph and Australia's Sino confusion', *The Australian*, 17 May 2017.

35 2017 年に首都キャンベラの「風」は新しい方向に吹き始めた。政府は少なくとも口先上はオーストラリアの政治と社会に対する中国の介入に対抗を始めている。Geoff Raby も態度を変えつつあり、10月には習近平は自分に権力を集中させすぎたと書いている。この集中は中国全土を不安定にしつつあり、西側諸国にとっても経済面のリスクを上げているとしている。 Geoff Raby, 'A stronger Xi Jingping (sic) means a more brittle Chinese state', *Australian Financial Review*, 30 October 2017.

36 <https://www.griffith.edu.au/__data/assets/word_doc/.../Xi-Jinping Mackerras-1.docx>.

37 <www.chinanews.com/cul/2016/08-04/7962178.shtml>.

38 <https://www.griffith.edu.au/__data/assets/word_doc/.../Xi-JinpingMackerras-1.docx>.

39 Callum Smith, 'Fears of Chinese infiltration of Australia overblown', *Global Times*, 8 June 2017.

40 Callum Smith, 'No room for fear, greed in Sino-Australian ties', *Global Times*, 11 August 2016.

41 Callum Smith, 'Australian hypocrisy on full view in UNCLOS case', *Global Times*, 7 September 2016.

42 Andrew Parker, 'Populist alarm skews Chinese investment debate', *The Australian*, 1 May 2017.

43 <resources.news.com.au/files/2012/09/18/1226476/658338-full-transcript-australia-in-chinas-century-conference.pdf>.

44 元関係者へのインタビュー証言。 4 May 2017.

45 Ben Butler, 'Seven in China media ties', *Herald Sun*, 6 May 2010.

46 Editorial, 'Australia must not get sucked into dangerous US power play', *The West Australian*, 5 November 2015.

47 元ジャーナリストへのインタビューによる。 4 May 2017.

48 Cheng Jingye, 'China seeks peaceful solution to sea dispute', *The West Australian*, 17 June 2016.

49 Merriden Varrall, 'Four Corners sees the Party-state in all the shadows', *The Reporter*, Lowy Institute, 6 June 2017.

50 2017 年 6 月 6 日から 7 月 31 日までの間に、Dr Varrall は(一時的に)論調を変えて、ニューヨーク・タイムズ紙に、オーストラリアの中国人学生が自分たちの意見を自制してはならず、大学が対処しなければならない「議論と開放性への脅威」だと書いた (Merriden Varrall, 'A Chinese threat to Australian

openness', *The New York Times*, 31 July 2017).

51 収監されていた作家劉暁波の死の一週間後の Merriden Varrall の寄稿は、劉の死を中国の看守ではなく西洋のせいにした中国ナショナリストの反応を同情的に報道するものだった。彼女の記事は、中国の作家や反体制派の反応を含む西側での悲しみの噴出に、反発したものだ。(Merriden Varrall, 'China sees the West behind Liu Xiaobo', *The Interpreter*, Lowy Institute, 18 August 2017). この記事では他にも、ローウィー研究所の世論調査結果を誤解して、オーストラリア人は「混乱している」と言い、中国がもたらす軍事的脅威へのオーストラリア人の不安の高まりは、われわれにとり中国は経済的に重要だという信念と矛盾する、と解釈していた。Varrall の目的は、オーストラリア人側が一方的に中国情報に精通すれば中国への不安は軽減し、友好度は増すだろうと主張することだった。

52 Merriden Varrall, 'Why Australia needs a smarter China policy', *South China Morning Post*, 17 December 2017.

53 Bob Carr, 'One Chinese political donation does not a scandal make', *The Australian*, 10 June 2017.

54 Chris Uhlmann, 'Bob Carr fascinates with sins of omission on Chinese influence', *The Australian*, 12 June 2017.

55 Michael Danby, Carl Ungerer and Peter Khalil, 'No winners by appeasing China', *The Australian*, 16 September 2010.

56 Jamie Smyth, 'Australia rejects China push on Silk Road strategy', *Financial Times*, 22 March 2017.

57 East Asian Bureau of Economic Research and China Center for International Economic Exchanges, *Partnership for Change*, Australia-China Joint Economic Report, Canberra: ANU Press, 2016, p. 181.

58 *Partnership for Change*, p. 183.

59 Peter Drysdale and John Denton, 'Chinese influence and how to use it to Australia's advantage', *Australian Financial Review*, 3 October 2017.

第 13 章　自由の価格

1 電子メールによる返答。17 April 2017.

2 Lindsay Murdoch, 'Beijing article warns Australia over South China Sea', *The Sydney Morning Herald*, 2 January 2017.

3 Grant Wyeth, 'Why has Australia shifted back to the Quad?', *The Diplomat*, 16 November 2017.

4 Philip Wen and Daniel Flitton, 'South China Sea protests to come to Melbourne', *The Age*, 21 July 2016.

【著者略歴】
クライブ・ハミルトン
オーストラリアの作家・批評家。著作には『成長への固執』(Growth Fetish)、『反論への抑圧』(Silencing Dissent：サラ・マディソンとの共著)、そして『我々は何を求めているのか：オーストラリアにおけるデモの歴史』(What Do We Want: The Story of Protest in Australia) などがある。14年間にわたって自身の創設したオーストラリア研究所の所長を務め、過去数年にわたってキャンベラのチャールズ・スタート大学で公共倫理学部の教授を務めている。

【監訳者略歴】
山岡鉄秀（やまおか　てつひで）
1965年、東京都生まれ。中央大学卒業後、シドニー大学大学院、ニューサウスウェールズ大学大学院修士課程修了。2014年4月豪州ストラスフィールド市で中韓反日団体が仕掛ける慰安婦像公有地設置計画に遭遇。シドニーを中心とする在豪邦人の有志と共に反対運動を展開。オーストラリア人現地住民の協力を取りつけ、一致団結のワンチームにて2015年8月、阻止に成功。現在は日本を拠点に言論活動中。主な著書に『日本よ、もう謝るな！』(飛鳥新社)『日本よ、情報戦はこう戦え！』(扶桑社)『新・失敗の本質』(育鵬社) など。

【訳者略歴】
奥山真司（おくやま　まさし）
国際地政学研究所上席研究員、青山学院大学国際政治経済学部非常勤講師。1972年、横浜市生まれ。カナダのブリティッシュ・コロンビア大学を卒業。英国レディング大学大学院で修士号 (MA) と博士号 (PhD) を取得。戦略学博士。著書に『地政学：アメリカの世界戦略地図』(五月書房) のほか、訳書に『戦略の未来』コリン・グレイ著 (勁草書房)、『大国政治の悲劇　新装完全版』ジョン・ミアシャイマー著 (五月書房新社)、『現代の軍事戦略入門 増補新版』エリノア・スローン著 (芙蓉書房出版　共訳)、『不穏なフロンティアの大戦略』ヤクブ・グリギエル&ウェス・ミッチェル著 (中央公論新社　監訳) などがある。

目に見えぬ侵略　中国のオーストラリア支配計画

2020年6月5日　第1刷発行
2020年7月3日　第6刷発行

著者　クライブ・ハミルトン
調査協力　アレックス・ジョスク
監訳者　山岡鉄秀
訳者　奥山真司

発行者　大山邦興
発行所　株式会社　飛鳥新社
〒101-0003
東京都千代田区一ツ橋2－4－3　光文恒産ビル
電話　03-3263-7770（営業）
03-3263-7773（編集）
http://www.asukashinsha.co.jp

装幀　神長文夫＋松岡昌代
印刷・製本　中央精版印刷株式会社

ISBN 978-4-86410-747-1

編集担当　工藤博海